경험적 접근 방법

경영 정보 시스템

4th Edition

경험적 접근 방법

경영 정보 시스템

France Bélanger, Craig Van Slyke, Robert E. Crossler 지음

김정욱, 박기우, 오혜림, 유상석, 이주민, 채상미, 최병구, 최재원, 홍태호 옮김

INFORMATION SYSTEMS FOR BUSINESS

AN EXPERIENTIAL APPROACH

Prospect Press

한빛아카데미
Hanbit Academy, Inc.

경영 정보 시스템 경험적 접근 방법 4판

초판발행 2024년 3월 18일

지은이 France Bélanger, Craig Van Slyke, Robert E. Crossler
옮긴이 김정욱, 박기우, 오혜림, 유상석, 이주민, 채상미, 최병구, 최재원, 홍태호
펴낸이 전태호 / **펴낸곳** 한빛아카데미(주) / **주소** 서울시 서대문구 연희로2길 62 한빛아카데미(주) 2층
전화 02-336-7112 / **팩스** 02-336-7199
등록 2013년 1월 14일 제2017-000063호 / **ISBN** 979-11-5664-023-3 93320

총괄 김현용 / **기획·편집** 김민송 / **교정** 박민정
디자인 표지 최연희, 내지 박정우 / 전산편집 이상화 / **제작** 박성우, 김정우
영업 김태진, 김성삼, 이정훈, 임현기, 이성훈, 김주성 / **마케팅** 길진철, 김호철, 심지연

이 책에 대한 의견이나 오탈자 및 잘못된 내용에 대한 수정 정보는 아래 이메일로 알려주십시오.
잘못된 책은 구입하신 서점에서 교환해 드립니다. 책값은 뒤표지에 표시되어 있습니다.
홈페이지 www.hanbit.co.kr / 이메일 question@hanbit.co.kr

김정욱 현재 세종대학교 경영학과 대우교수이며 경영학과장, 경영대학장을 역임했다. KAIST에서 경영학 박사 학위를 취득했다. 산업통상자원부·통일부 자문교수, 한국경영과학회 편집위원장·이사, 한국품질경영학회 편집위원장·부회장, 한국경영정보학회 편집위원을 역임했으며, 《Computer & Industrial Engineering》, 《Industrial Management & Data Systems》, 《경영학연구》, 《경영과학회지》, 《품질경영학회지》, 《경영정보연구》 등 국내외 저널에 논문을 게재했다. 저서로 《경영정보시스템》 등이 있다.

박기우 현재 성균관대학교 글로벌경영학과 교수로 재직 중이다. KAIST에서 경영공학 박사 학위를 취득했다. 성균관대학교 교무처장, 한국경영학회 수석부회장, 세계정보시스템학회 Korean Chapter 회장을 역임했으며, 2012년부터 지금까지 《Information & Management》의 Associate Editor로 활동하고 있다. 한국경영정보학회의 최우수논문상을 수차례 수상하고, 한국경영학회의 미래에셋 중견경영학자상을 수상했다. 역서로 《미래 비즈니스를 위한 경영정보시스템》, 《사회연구조사방법론》, 《e비즈니스 전략》 등이 있다.

오혜림 현재 서강대학교 경영학과 부교수로 재직 중이다. 캐나다 맥길대학교에서 경영학 박사 학위를 취득한 후 싱가포르국립대학에서 조교수를 역임했으며, 지금은 한국경영정보학회·한국경영학회 이사 등으로 활동 중이다. 주요 연구 분야는 디지털 콘텐츠 비즈니스와 모바일 플랫폼 전략, 비즈니스 애널리틱스를 활용한 실증 연구 등이다. 다수의 연구 논문이 《MIS Quarterly》, 《Information Systems Research》 등 국내외 최우수 학술지에 게재되었고, MIS 분야 최고 권위 학술대회인 ICIS International Conference on Information Systems에서 2013년 최우수논문상을 수상했다.

유상석 현재 성균관대학교 경영학과 교수로 재직 중이다. 미시간대학교에서 박사 학위를 취득했다. 프랑스 HEC Paris에서 교수를 역임했다. 주요 연구 분야는 로봇 및 인공지능을 활용한 협업, 업무 프로세스 혁신, 서비스 개발 등이다. 다수의 연구 논문이 《MIS Quarterly》, 《Journal of Management Information Systems》 등 국제 최우수 학술지에 게재되었다. 《Journal of Association for Information Systems》의 최우수논문상을 수상했다. 한국경영정보학회 이사, Americas Conference on Information Systems, Hawaii International Conference on System Sciences, International Conference on Information Systems 등 국제 학술회의 및 학술지의 편집위원으로 활동하고 있다.

이주민 현재 경희사이버대학교 마케팅리더십경영학부 교수로 재직중이며 미디어개발처장, 교수학습센터 소장, 학부장 등을 역임했다. KAIST에서 경영공학 박사 학위를 취득했다. 딜로이트컨설팅에 재직했으며, 지금은 한국IT서비스학회·한국지능정보시스템학회 부회장 및 이사, 경영정보학회 이사, 서울디지털재단·한국공항공사 등의 자문위원, 행정안전부·기획재정부의 경영평가단 위원 등으로 활동하고 있다. 저서로《정보분석과 경영의사결정》, 역저로《e비즈니스전략》등이 있다.

채상미 현재 이화여자대학교 경영대학 경영학 전공 교수로 재직 중이다. 뉴욕주립대학교에서 경영학 박사 학위를 취득했다. 이화여자대학교 경영학과 부학장·관리 부처장, 경영정보학회 부회장, 디지털자산연구회 회장을 역임했으며, 지금은《경영정보학연구》,《Asia Pacific Journal of Information Systems》,《정보시스템 연구》,《IT 서비스학회지》,《공공경영학회지》등의 편집위원 및 편집위원장으로 활동하고 있다. 지식경영학회의 최우수논문상을 수상했다.

최병구 현재 국민대학교 경영대학 교수, 경영대학원장으로 재직 중이다. KAIST에서 경영공학 박사 학위를 취득했다.《Asia Pacific Journal of Information Systems》,《Information Systems Review》의 편집위원장을 역임했으며, 지금은《Information and Management》,《한국전자거래학회지》등의 편집위원으로 활동하고 있다. 한국경영정보학회의 IBM BCS 신진연구자상, 최우수논문상, 우수논문상 등을 수상하고 지식경영학회, 전자거래학회 등의 최우수논문상, 우수논문상 등을 수상했다. 저서로《경영정보시스템원론》이 있다.

최재원 현재 순천향대학교 경영학과 교수, 경영학과장, 일반대학원 경영학과 주임교수로 재직 중이다. 가톨릭대학교에서 경영학 박사 학위를 취득했다. KAIST 테크노경영연구소 연수연구원, 연세대학교 정보대학원 연구교수를 역임했으며, 지금은 한국경영정보학회, 한국지능정보시스템학회, 한국IT서비스학회, 한국전자거래학회, 한국지식경영학회, 한국경영과학회, 한국마케팅학회, KNU경영연구소의 이사 및 편집위원으로 활동하고 있다. 한국경영정보학회, 한국지능정보시스템학회, 한국전자거래학회 등의 최우수논문상, 우수논문상, 학술상 등을 수상했다.《International Journal of Electronic Commerce》,《Journal of Electronic Commerce Research》등에 다수의 논문을 게재했으며, 저서로《연결사회에서의 소통과 공유》등이 있다.

홍태호 현재 부산대학교 경영학과 교수로 재직 중이다. KAIST에서 경영공학 박사 학위를 취득했다. 데이터마이닝과 인공지능의 경영학 응용에 대한 연구를 수행해왔으며, 한국지능정보시스템학회장을 맡고 있다. 한국경영학회의 우수연구자상을 수상했으며, 역서로《고객관계관리》,《시스템분석 및 설계》,《비즈니스 인텔리전스를 위한 데이터마이닝》등이 있다.

오늘날 사람들의 입에 가장 많이 오르내리는 단어는 아마도 '인공지능AI'일 것이다. 이러한 시대 흐름 탓인지 경영 정보 전공 교수로서 최근 기업인들에게 가장 많이 받는 질문은 '도대체 인공지능을 어떻게 사업에 적용해야 하느냐'이다. 인공지능을 필두로 한 정보 기술은 이제 학생이든 경영자든 남녀노소를 불문하고 평생 공부해야 하는 주제가 되었다.

그럼에도 다양한 수준 및 분야의 사람들에게 최신 정보 기술을 효과적으로 가르칠 만한 교재를 찾기가 어려운 것이 현실이다. 기존의 경영 정보 시스템 개론 교재는 핸드폰, PC 및 기업의 정보 시스템 사용에 익숙한 사람들에게는 너무 기본적이고 일반적인 내용을 다루거나, 반대로 불필요한 내용을 많이 담고 있기 때문이다. 게다가 개정판이 나올 때까지 인공지능과 같은 최신 기술에 대한 내용을 신속히 반영하지 못하는 약점도 있다.

그러나 이 책은 앞서 언급한 기존 교재의 단점을 극복했을 뿐만 아니라, 다음과 같이 미래 지향적인 교수법에 적합하게 구성되어 있다.

첫째, 이 책은 '정보+시스템' 중 시스템이나 기술의 중요성을 놓치지 않으면서도 정보의 가치와 평가, 활용에 매우 큰 비중을 두고 있다. 인공지능의 발전 사례에서 보듯이 앞으로 기술은 짧은 시간 안에 사용자가 사용하기 쉽도록, 심지어 사용자가 그 기술을 사용하고 있는지조차 알지 못하도록 하드웨어 안에 내장되는 방향으로 진화할 것이다. 여기서 중요한 점은 시스템이나 기술 자체보다 그 활용 그리고 이를 통한 가치 창출일 것이다. 이러한 관점에서 이 책은 기존 교재와 달리 본문 전체에 걸쳐 정보 시스템의 '정보'와 '시스템'을 매우 균형 있게 다루고 있다.

둘째, 중언부언하지 않고 핵심적인 내용을 심도 깊게 다루어 학부는 물론이고 대학원, MBA, 실무 교육에 이르기까지 다양한 수준의 독자가 정보 시스템과 관련된 기본기를 다지는 데 부족함이 없다. 또한 전자책의 장점을 최대한 살려 최신 기술의 개념과 사례를 신속히 갱신하고 있어 강사 입장에서는 따로 자료를 준비할 필요가 없다. 예컨대 이 책에는 COVID-19 팬데믹 동안의 정보 기술 관련 사례가 실려 있다.

셋째, 실생활과 관련된 예시와 질문으로 구성된 [주목할 만한 사례]로 각 장을 시작한다. 이 사례와 질문을 사전 학습용으로 이용하면 강사는 각 장의 핵심 주제를 손쉽게 풀어나갈 수 있다. 또한 각 장의 [실제 경영 사례]는 깊이 있는 토론을 진행하는 데 활용할 수 있다. 해외 유수 대학의 사례집을 사용하면 보통은 비용 부담이 큰데, [실제 경영 사례]와 관련된 자료를 미리 조사하게 한 후 토론을 진행하면 해외 유수 대학의 사례집을 사용하는 것에 버금가는 효과를 얻을 수 있을 것이다.

넷째, 본문 중간중간에 등장하는 [학습 활동]은 '거꾸로 학습flipped learning'을 하기에 매우 유용하다. 학생들이 [학습 활동]의 질문을 미리 조사한 자료를 가지고 와서 공유하면 자연스럽게 토론으로 이어져 학습 효과를 극대화할 수 있다. 또한 [숫자로 이해하기]는 최근의 통계를 살펴봄으로써 과거와 현재를 비교해볼 수 있는 기회가 된다.

다섯째, 각 장 마지막의 [학습 정리 질문]은 기본 개념을 확인할 수 있는 문제이고, [생각해보기]에는 토론하기에 적합한 문제를 수록했다. 여기서 한 걸음 더 나아간 [추가 학습 활동]은 높은 수준의 문제를 담고 있어 대학원과 실무 교육에서 활용한다면 매우 효과적일 것이다. 실제로 이 책을 학부와 대학원에서 모두 사용해본 결과 모든 수준의 교육에 부족함이 없었다.

위와 같은 장점을 지닌 이 경영 정보 시스템 개론서를 우리나라 대학에서도 유용하게 사용하기를 바란다. 이 책은 전자책으로도 이용 가능하며, 강사에게는 영문 및 한글 강의 자료, 영문 강의 매뉴얼, 시험문제를 제공하고 있다. 정보 활용을 통한 가치 창출이 그 어느 때보다 중요한 시대에 이 책이 정보 시스템 학습에 작은 보탬이 되기를 바란다.

성균관대학교 글로벌경영학과 교수 **박기우**

감사의 말

경영 분야에서 급격히 변화하는 인공지능, 암호화폐 등의 IT 기술을 적절히 응용할 수 있도록 이론을 충실하게 담고자 노력해주신 오혜림, 유상석, 이주민, 채상미, 최병구, 최재원, 홍태호 교수님에게 진심으로 감사드린다. 여러분의 노고로 이 책은 경영 사례를 기반으로 다양한 경영 정보 이론을 제공하고 있다. 번역서의 초기 작업을 진두지휘하고 품질을 향상하는 데 이바지한 박기우 교수님에게도 감사드린다. 마지막으로 편집 및 출간을 위해 애써주신 한빛아카데미 관계자 분들에게도 감사의 마음을 전한다.

세종대학교 경영학과 대우교수 **김정욱**

France Bélanger 버지니아공과대학교 R. B. Pamplin 교수이자 Tom and Daisy Byrd Faculty Fellow이다. 미국, 캐나다, 에티오피아, 포르투갈, 뉴질랜드에서 25년 이상 정보 시스템을 가르쳤으며, 원격 학습을 비롯해 정보 시스템 교육 관련 저서와 논문을 다수 펴냈다. 2008 IEEE Education Society Research Award 등 국제 상을 수차례 수상했다. 정보 시스템 교육의 학습자 중심 접근법을 지지하며, 이러한 학습을 용이하게 하기 위해 많은 도구와 자료를 개발했다.

Craig Van Slyke 루이지애나공과대학교 컴퓨터 정보 시스템 학과 Mike McCallister Eminent Scholar Chair이다. 그 전에는 노던애리조나대학교 W. A. Franke College of Business 컴퓨터 정보 시스템 학과 교수 겸 학장을 역임했다. 대학에서 20년 이상 정보 시스템을 가르쳤으며, 정보 시스템 교육 관련 논문을 다수 발표하고 4권의 교재를 공동 집필했다.

Robert E. Crossler 워싱턴주립대학교 정보 시스템 학과 부교수이자 워싱턴주립대학교 Carson College of Business 경영, 정보 시스템 및 기업가정신 학과장이다. 대학에서 15년 이상 정보 시스템을 가르쳤으며, 정보 시스템 교육 관련 논문을 다수 발표하고 혁신적인 교육 워크숍을 주최했다. 또한 학습자 중심 교육 원칙을 학부생용 컴퓨터 개념 과목, 중·고등학생용 정보 시스템 과목, MBA용 핵심 IT 과목, 학부 및 석사 수준 데이터베이스 과목, 학부 수준 정보 보안 과목 등에 적용했다.

이 책의 목적

정보 시스템 입문 과정에는 흥미로운 역설이 존재한다. 정보 시스템은 학생들에게 많은 영향을 미치지만 그들은 정보 시스템에 무관심한 경향이 있다. 정보 시스템 전공자가 아닌 이상 관련 수업을 들을 필요가 없다고 생각한다. 이 책은 학습자 중심 접근 방식을 취하며, 본문 전체에 걸쳐 다양한 학습 요소를 통해 질문을 제시하여 정보 시스템에 대한 관심을 불러일으키는 데 목적을 두고 있다. 학습자 중심 교육은 학습 결과 측면에서 효과적일 뿐만 아니라 학습자에게 큰 만족감을 준다. 학습자 중심 수업의 초점은 학습에 대한 책임을 공유하는 학습자와 강사 간의 파트너십에 있다. 이 방법은 중요한 개념을 소개하고, 개념을 적극적으로 적용하며, 학습 내용을 성찰함으로써 깊이 있는 학습이 이루어질 수 있다. 학습자 중심 접근 방식은 팀 지향적이고, 지속적인 학습을 중시하며, 빈번한 피드백을 추구하는 밀레니얼 세대의 특성과 잘 맞아떨어진다.

이 책은 학생들이 지적으로 정보를 소비하는 데 도움을 주면서 그들의 참여를 유도하는 것을 목적으로 한다. 정보를 중심에 두어 정보 시스템의 중요성을 명확하게 이해할 수 있도록 학생들의 흥미를 유발한다. 우리의 목표는 독자가 개인 생활과 사회 생활에서 정보를 사용하게 된다는 것을 이해하도록 돕는 것이다. 정보 시스템은 정보를 생성하는 데 그치지 않고 정보를 더 잘 활용하도록 돕는다. 시스템의 기술적인 측면보다는 시스템이 어떻게 정보를 생성·저장·처리·전달하는지를 이해시킴으로써 독자는 정보 시스템이 개인 생활과 사회 생활에 왜 필요한지를 보다 명확히 알고 더 적극적으로 학습에 참여하게 된다.

이 책의 특징

이 책은 적극적인 학습자 중심 방식을 통해 학습을 실제에 적용하는 과정을 강조하며, 이를 위해 '실천'이라는 지도 모델을 활용한다. 단순히 개념을 암기하는 것보다 학습 내용을 실제로 적용할 때 학습 효과가 가장 좋기 때문에, 이 책은 개념 '이해-활동-적용'이라는 학습 주기를 강조하는 경험적 학습 방식을 따른다.

정보 기술 및 경영 분야에서의 정보 사용이 계속 발전함에 따라 이 책은 자주 업데이트될 것이다. 이 책은 간결하면서도 핵심 사항을 집중적으로 다루기 때문에 간추린 정보에 익숙한 요즘 학생들에게 도움이 된다. 소셜 미디어 세계에 살고 있는 학생들은 상세한 내용으로 가득한 두꺼운 책을 부담스러워한다. 그래서 이 책은 불필요한 세부 설명보다 필요한 핵심 정보를 제공하며, 독자는 능동적인 학습 활동과 온라인 자료를 통해 많은 세부 사항을 스스로 채워넣을 수 있다. 각 장의 목표는 모든 주제의 세부 사항을 제공하는 것이 아니라, 독자가 관심 있는 주제를 탐구할 수 있는 일반적인 지침을 제공하는 것이다.

이 책에서는 새로운 정보를 대부분의 독자가 이미 알고 있는 내용 또는 앞서 설명한 내용과 연결하려고 노력했다. 이에 다음과 같은 방법으로 참여형 학습을 구현했다.

- 대부분의 교재는 주제와 관련된 내용을 가능한 한 모두 다루려고 하는 경향이 있다. 하지만 입문 과정에서는 핵심 정보에 집중하는 것이 더 효과적이므로 이 책에서는 개념을 간결하게 설명한다.
- 각 장을 [주목할 만한 사례]와 관련 질문으로 시작한다. 이는 구체적인 예시를 바탕으로 본문의 내용을 이해하는 데 도움이 되고 독자의 참여를 증진한다. 사례는 대부분의 학생들과 관련이 있으면서도 이해하기 쉬운 것을 선별하여 수록했다.
- 주요 주제별로 독자가 직접 해결하고 토론하면서 학습을 심화할 수 있도록 다양한 [학습 활동]을 제공한다.
- 각 장의 끝부분에는 본문에서 설명한 개념을 종합적으로 이해하는 데 도움이 되는 세 가지 학습 강화 요소가 있다. [학습 정리 질문]은 사실과 정보에 관련된 지식을 확인하는 데 도움이 되는 간단한 질문이고, [생각해보기]는 여러 개념을 종합하여 더 깊이 사고해야 하는 질문으로 구성되었다. 또한 [추가 학습 활동]은 각 장의 내용을 깊이 있게 이해하는 데 도움이 되는 활동 중심의 문제이다.

이 책의 구성

이 책은 다음과 같이 세 개의 부로 이루어졌다. 각 장은 [주목할 만한 사례]로 시작되어 [단원 요약], [학습 정리 질문], [생각해보기], [추가 학습 활동], [참고 문헌], [용어 사전]으로 마무리되며, 본문에는 각 주요 주제에 대한 [학습 활동]이 포함되어 있다.

1부: 개요

1장: 정보의 가치

정보 및 정보의 역할에 대해 설명하여 책의 나머지 부분을 이해하기 위한 초석을 다진다. 정보의 본질 그리고 개인과 조직에서 정보가 어떻게 활용되는지를 이해하는 데 중점을 둔다. 이 책에서는 정보의 활용 영역을 의사소통, 프로세스 지원, 의사결정으로 분류하며, 이는 이 책의 주요 프레임워크이다. 또한 데이터, 정보, 지식, 지혜의 위계 구조를 설명한다.

2장: 정보 시스템의 개요

정보 시스템을 이해하기 위한 기본적인 지식을 제공하고 주요 시스템을 간단히 소개한다. 정보 및 정보 시스템을 전략적 자원으로 이해하는 방법에 대해 알아보고, 정보 시스템의 이해가 전문가뿐만 아니라 모든 사람에게 중요하다는 점을 강조한다.

3장: 정보 평가

방대한 양의 정보를 사용하기 위한 정보 평가 능력이 중요하므로 정보 품질 및 평가 방법을 설명한다. 또한 정보 과부하, 정보 품질, 신뢰성에 대한 처리 방법을 알아본다.

4장: 정보를 통한 전략적 가치 창출

1~3장에서 다룬 개념을 확장하여 정보의 전략적 가치를 탐구한다. 정보 및 정보 시스템이 경쟁우위를 창출하고 유지하는 데 어떻게 기여하는지에 대한 주요 프레임워크와 개념을 알아본다. 전략적 이니셔티브를 식별하는 데 사용되는 주요 프레임워크, 그러한 이니셔티브를 평가하는 데 사용되는 프레임워크를 다루고, 경쟁우위를 유지하는 데 필요한 조건을 설명한다.

2부: 경영 정보

5장: 정보 저장 및 조직화

데이터베이스는 정보 시스템의 중요한 구성 요소이므로 관계형 데이터베이스, 데이터베이스 관리 시스템, 데이터 웨어하우스에 대해 설명한다. 또한 데이터베이스와 온라인 원천에서 정보를 검색하는 방법을 알아본다.

6장: 경영 의사결정을 위한 정보 분석

올바른 결정을 내리려면 정보가 필요하지만 단순히 정보를 가지고 있는 것만으로는 충분하지 않으며 정보를 분석할 수 있는 능력도 필요하다. 이에 경영 중심 의사결정과 의사결정 프로세스, 의사결정 지원 시스템에 대해 알아본다. 의사결정 프로세스와 해당 프로세스에서 정보를 검색하고 분석하는 데 도움이 되는 도구도 살펴본다.

7장: 정보 전송

인터넷, 웹, 사물 인터넷과 같은 기본 네트워킹의 개념을 알아본다. 클라우드 컴퓨팅에 대한 설명으로 시작하여 협업을 위한 고려 사항 및 도구로 마무리한다.

8장: 정보 보안

정보 보안의 개념 및 문제와 정보 보안을 처리하는 데 사용되는 기술을 살펴보고 개인 정보 보안, 보안 위협, 보안 기술 및 접근 방식을 설명한다.

9장: 기밀 유지 및 정보 프라이버시

정보 프라이버시와 이를 보호하는 기술을 알아본다. 또한 프라이버시 윤리에 대해 설명하고 개인 및 조직의 관점에서 이 문제를 다룬다.

3부: 정보 활용

10장: 정보 시스템 개발

정보 시스템 개발 프로세스를 개괄적으로 살펴본다. 최종 사용자의 관점에서 프로세스에 참여하는 방법에 중점을 두며, 시스템 개발과 관련된 목표, 프로세스, 역할을 이해하도록 돕는다.

11장: 정보 기반 비즈니스 프로세스

정보가 비즈니스 프로세스를 지원하는 방법을 알아본다. 몇 가지 친숙한 예와 함께 프로세스의 개념을 설명하고, 정보와 그 흐름이 프로세스의 성공적 완료에 얼마나 중요한지를 강조한다. 또한 정보 기술을 활용하기 위한 프로세스의 재설계를 다룬다.

12장: 전사적 정보 시스템

전사적 정보 시스템을 개략적으로 설명하고 ERP, SCM, CRM 시스템에 대해 자세히 설명한다. 대부분의 경영 전문가는 이러한 시스템 중 하나 이상을 사용하므로 각 시스템의 적용 예를 통해 깊이 있게 다룬다.

13장: e-비즈니스의 정보

오늘날 e-비즈니스는 개인과 기업 모두에게 중요하기 때문에 한 개 장을 할애하여 이를 다룬다. 일반적인 e-비즈니스 모델에 대해 설명하고 전자정부를 간략히 살펴본다.

14장: 경영 의사결정을 위한 정보와 지식

올바른 결정을 내리려면 좋은 정보와 효과적인 의사결정 프로세스, 기술 및 도구가 필요하므로 정보가 의사결정 프로세스에서 어떻게 중요한지 설명하면서 이 책의 다양한 측면을 통합한다. 조직의 경쟁우위는 경영 문제에 지식을 적용하는 직원의 능력에 달려 있기 때문에 올바른 결정에 필요한 요소와 의사결정 방법론, 지식경영의 개념을 자세히 다룬다.

차례

PART 01 개요

PART 02 경영 정보

PART 01

개요

CHAPTER

01

정보의 가치

학습목표

- 5G, 사물 인터넷, 인공지능과 같은 신기술을 설명할 수 있다.
- 데이터, 정보, 지식을 비교하여 설명할 수 있다.
- 정보와 관련하여 연결성과 유용성의 개념을 이해할 수 있다.
- 정보 활용 능력을 향상하는 데 필요한 기술을 설명할 수 있다.
- 비즈니스 경력에 정보 활용 능력이 왜 중요한지 이해할 수 있다.
- 경영에서 정보를 사용하는 세 가지 주요 방법을 설명할 수 있다.
- 정보 시스템 관련 직업과 정보 분석 관련 직업을 비교하여 설명할 수 있다.

정보와 신기술

이 책에서 다루는 **정보 시스템**information system은 '정보'와 '시스템'으로 이루어져 있다. 사람들은 시스템, 즉 기술 부분에 사로잡혀서 정보 부분을 소홀히 하는 경향이 있다. 그러나 정보 또한 중요하며, 정보가 없다면 시스템의 효용이 크지 않을 것이다. 그러므로 이 장에서는 정보의 가치에 중점을 두어 살펴본다.

기술에 대해 알면 정보를 잘 다루는 데 도움이 될 수 있다. **정보 기술**Information Technology(IT)은 우리가 정보를 구성하고, 찾고, 사용하는 데 도움을 준다. 따라서 정보에 초점을 맞추면서 이 책의 문을 열지만, 본문 전체에 걸쳐 정보를 다루는 데 도움이 되는 기술과 시스템을 설명할 것이다.

기술의 세계가 급변하면서 우리의 일상생활과 작업 방식에도 변화를 가져왔다. 30년 전의 집과 직장은 오늘날과 많이 달랐다. 과거에는 휴대폰으로 이메일과 소셜 미디어를 확인하지도 않았고, 음성 인식으로 피자 주문을 도와주는 디지털 비서도 없었다. 낯선 곳에서 운전할 때는 지도를 참조했고, 군사 조직과 정부만 GPS를 활용했다. 운전 중 음악을 듣고 싶으면 카세트테이프 플레이어를 틀거나 라디오의 음악 방송을 들었다.

직장에는 컴퓨터가 놓인 책상이 거의 없었고, 당시의 컴퓨터는 부피가 크고 원시적이었다. 보통의 직장인은 화상회의가 무엇인지도 몰랐다. 외근 중인 직원은 기껏해야 무선 호출기(삐삐)에 의존했고, 휴대폰이 있기는 했지만 희귀하고 비쌌다.

기술은 우리의 삶에 끊임없이 변화를 가져왔으며, 앞으로 더 많은 변화를 가져올 것으로 기대된다. 이러한 변화의 배후에 있는 기술의 공통점은 바로 정보 처리이다. 정보를 수집·저장·처리·전달·출력하는 능력이 향상됨에 따라 이를 영리하게 써먹는 사람들이 나타났다. 이들은 세상을 뒤흔드는 변화를 가져오는 데 그러한 능력을 적용하는 새로운 방법을 찾아냈다. 이 장에서는 우리의 삶을 더욱더 변화시킬 신기술을 살펴보려 한다. 이러한 기술은 정보를 흥미로

주목할 만한 사례

정보 부족으로 입는 손해

다음은 좋은 정보의 가치, 다시 말해 올바른 정보를 얻지 못했을 때의 결과를 보여주는 개인적 경험이다.

나는 몇 년 동안 사업을 운영하다 다른 일을 해야겠다고 마음먹었다. 때마침 한 고객사가 새로운 부서에 컴퓨터를 들여놓기 위해 나와 같은 능력을 갖춘 사람을 필요로 했다. 그 회사는 오래된 고객이라 나는 회사뿐만 아니라 직원들도 잘 알고 있었다. 회사는 물론이고 회사의 요구 사항도 마음에 들었기 때문에 나는 사장을 만나 이야기를 나누었다. 그는 나에게 큰 관심을 보였고, 면접이 끝날 무렵 원하는 급여를 물었다. 내가 생활비를 충당하는 데 필요한 급여 수준을 제시하자 사장은 곧바로 수락했다. 그 순간 나는 실수를 저질렀다는 것을 깨달았다. 나는 이 직업의 급여가 어느 정도인지 정보를 수집하지 않았다. 그 정보만 있었더라도 20% 이상 높은 급여를 받을 수 있었을 것이다. 나는 결국 좋은 기회를 놓치고 말았다. 이 이야기에서 기억해야 할 점은 더 나은 정보가 대개 더 나은 결과를 가져온다는 것이다.

이것은 간단한 예시이지만 '정보 부족'이 얼마나 심각한 결과를 초래하는지를 여실히 보여준다. 경영자의 결정은 큰 영향을 미치며, 좋은 결정을 내리기 위해서는 좋은 정보가 반드시 필요하다. 오늘날 급변하는 경영 환경에서 경력을 쌓으려면 필요한 정보를 이해하고 해당 정보를 효율적·효과적으로 수집·평가·분석할 수 있어야 한다. 이 책의 주제는 정보이며, 기업이 생성 및 활용하는 방대한 정보를 처리하는 데 사용하는 정보와 시스템을 이해하도록 도움을 준다. 이 책의 목표는 독자가 성공적으로 경력을 쌓는 데 필요한 지식과 기술을 제공하는 것이다.

생각해보기

1. 급여 수준에 대한 정보를 얻지 못한 결과로 어떤 상황이 발생했는가?
2. 급여 수준에 대한 정보를 가지고 있다고 가정해보자. 그러나 이 정보가 부정확하다면 그로 인해 어떤 결과가 초래될 수 있는가?

운 방식으로 활용하는 것과 관련이 있다.

어떤 신기술이 미래에 가장 큰 영향을 미칠 것인지 미래학자나 정보 시스템 전문가에게 물어보면 다양한 대답을 들을 수 있다. 그러한 신기술 중에서 공통적으로 언급되는 것은 바로 **5세대 이동통신**5G, **사물 인터넷**Internet of Things(IoT), **인공지능**Artificial Intelligence(AI)이다. 특히 이 세 가지가 결합된 애플리케이션은 흥미로운데, 앞으로 이에 대해 자세히 설명할 것이다.

오늘날 세계 곳곳에서 구현되고 있는 5G는 4G보다 훨씬 빠른 데이터 전송 속도, 더 넓은 지역 범위, 더 빠른 응답 시간을 제공한다. 즉 5G는 이전 세대의 무선 네트워킹보다 정보 처리 능력이 훨씬 더 뛰어나다. 5G의 향상된 데이터 처리 능력은 빠른 정보 송수신이 중요한 신기술 애플리케이션에 많은 가능성을 안겨준다. 이러한 데이터 처리 능력은 사물 인터넷과 결합될 때 특히 유용하다. (데이터와 정보가 어떻게 다른지 다음 절에서 살펴볼 것이며, 지금은 같은 의미로 사용한다.)

사물 인터넷은 냉장고에서 비행기에 이르기까지 온갖 사물에 내장된 센서가 거의 무한정으로 연결되어 있는 네트워크를 말한다. 이러한 센서는 사물과 주변 환경에서 데이터를 수집하고, 제한된 방식으로 데이터를 처리한 뒤, 인터넷을 통해 컴퓨터로 전송한다. 컴퓨터는 데이터를 추가로 처리하여 센서로 다시 전송하고, 사물에 내장된 다른 프로세서에 명령을 내릴 수 있다. 예를 들어 교통 센서는 스마트 교통 신호에 데이터를 보내는 교통관제 시스템에 데이터를 전송하여 신호 타이밍을 조정함으로써 교통 흐름을 개선할 수 있다.

사물 인터넷 기반의 애플리케이션은 이미 많이 나와 있다. 스마트 온도 제어 및 조명 시스템, 감시 시스템, 비디오 초인종, 스마트 냉장고, 스마트 잠금장치 등의 사물 인터넷 지원 기기가 포함된 스마트홈smart home에 대해 들어보았을 것이다. 스마트홈의 경우 집을 나설 때 온도 조절 장치를 조정하여 집을 비우는 동안의 온도를 적절히 맞출 수 있다. 또한 누군가가 현관문에 접근하면 비디오 초인종을 통해 알람을 받아 조치를 취할 수 있다. 냉장고의 내용물을 확인하여 집에 오는 길에 필요한 식재료를 사올 수도 있다. 외출하면서 문단속을 잊었다면 휴대폰을 사용하여 원격으로 잠그면 된다.

인공지능은 추론, 계획, 학습, 문제 해결, 인식, 언어 처리 등 인간의 인지 능력에 근접한 기술의 집합이다. 인공지능을 신기술에 포함하는 것은 다소 아이러니하다. 인공지능의 역사는 1930년대 앨런 튜링Alan Turing의 연구로 거슬러 올라가기 때문이다. 그러나 인공지능은 미래의 기술 응용 분야에서 핵심 요소가 될 것이므로 신기술에 포함하겠다.

인공지능이라는 말은 전문가 시스템, 머신러닝, 자연어 처리, 지능형 에이전트 등 많은 도구와 기술에 적용되었다(이 중 일부는 진정한 인공지능인지에 대해 논란이 있지만 여기서는 논

학습 활동 1-1

데이터 요소 연결

우리를 둘러싼 데이터와 정보의 양이 지속적으로 증가하고 있다. 5년 전, 아니 2년 전에는 없었던 정보를 생각해 보라. https://www.youtube.com/watch?v=u06BXgWbGvA의 동영상을 시청한 후 다음 질문에 답하라.

1. 정보의 변화율은 우리에게 어떤 영향을 미치는가?
2. 동영상의 데이터가 최신의 것이라고 생각하는가? 그 이유는 무엇인가?
3. 동영상의 내용은 학교를 졸업하고 직장 생활을 시작하는 사람에게 어떤 의미가 있는가?

외로 한다). 인공지능은 체스와 비둑 같은 특정 분야에서 인간을 추월했지만, 광범한 일반 지식이 필요하거나 상당한 모호성이 포함된 작업의 경우 아직까지는 인간의 지능을 따라잡지 못하고 있다.

5G, 사물 인터넷, 인공지능이 어떻게 융합되는지에 따라 미래의 가능성은 흥미진진할 것이다. IT 애플리케이션은 정보를 수집·전달·처리하는 능력을 기반으로 한다. 이 세 가지 능력은 사물 인터넷(수집), 5G(전달), 인공지능(처리)의 주요 기능과 밀접한 연관이 있는데, 이러한 기술의 융합을 '지능형 연결'(https://iot-analytics.com/how-5g-ai-and-iot-enable-intelligent-con)이라고 한다. 앞으로 기술이 계속 발전하면 정보 시스템의 새롭고 혁신적인 애플리케이션이 속속 등장할 것이다.

이 책 전반에 걸쳐 유념해야 할 점은, 정보는 IT 활용 능력 향상의 원동력이었고 앞으로도 그럴 것이라는 사실이다. 요컨대 정보가 핵심이다. 사물 인터넷의 목적은 정보를 수집하는 것이고, 5G의 목적은 정보(데이터)를 더 빠르게, 더 효율적으로 전달하는 것이며, 인공지능의 목적은 정보를 더 효과적으로 사용하는 것이다. 새로운 기술의 가능성을 알아보기 위해서는 조직과 개인이 정보를 처리하고 사용하는 데 어떻게 도움이 되는지를 생각해보면 된다. 여기서는 사물 인터넷, 5G, 인공지능이 계속 발전함에 따라 더욱 중요해질 몇 가지 애플리케이션을

학습 활동 1-2

IT 없이 살아보기

자기도 모르는 사이에 우리는 하루 종일 IT와 상호 작용을 하고 있다. 이메일이나 웹 서핑은 비교적 뚜렷한 예이지만 문자 메시지 발송이나 직불카드 사용 등은 쉽게 눈에 띄지 않는다. 반나절(또는 깨어 있는 6시간) 동안 IT를 사용하지 않고 그 경험을 리포트로 작성하라. 사용할 수 없는 IT는 페이스북, 이메일, 웹(컴퓨터를 켜지 말 것), 문자 메시지, 직불카드, 신용카드, 스마트폰 앱 등이다.

학교 수업에 지장이 없도록 시간을 정해야 한다. 또한 IT를 사용해야 하는 긴급한 일이 발생하면 우선 그 상황에 대처하라. 수시로 연락을 주고받는 가족이나 친구에게 IT를 사용하지 않는 과제를 할 것이라고 미리 알려두는 것도 좋다. 그러면 문자 메시지에 응답하지 않더라도 걱정하지 않을 것이다.

정해진 시간이 지난 후 다음 질문에 대해 1~2쪽 분량의 리포트를 작성하라.

1. IT를 사용하지 않는 경험을 통해 무엇을 배웠는가?
2. 없으면 가장 불편한 IT는 무엇인가?
3. IT 없이 해내기에 가장 어려웠던 작업은 무엇인가?
4. IT를 사용하지 않으면 어떤 이점이 있는가?

숫자로 이해하기 1-1

사물 인터넷 응용 분야

다음 도표는 2020년 초의 사물 인터넷 응용 분야를 보여준다. 사물 인터넷 응용 분야는 건물 자동화 및 유지·관리, 운송 등 매우 다양하다. 그러나 이러한 분야는 가변적이며, 사물 인터넷의 새로운 응용 분야가 개발됨에 따라 크게 달라질 수 있다.

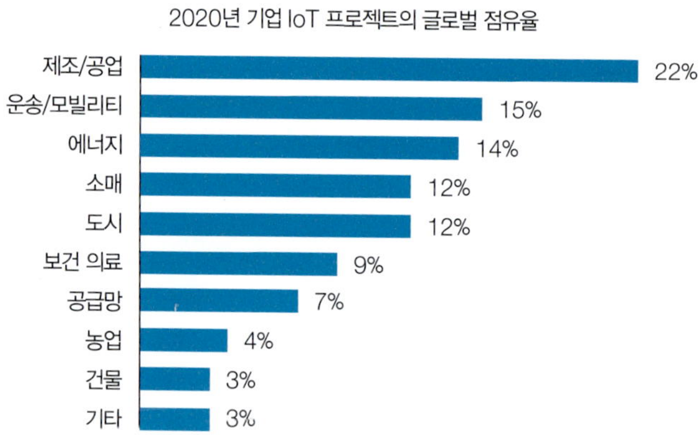

출처: https://iot-analytics.com/top-10-iot-applications-in-2020/

살펴보려 한다.

5G, 인공지능과 결합된 사물 인터넷에 의해 스마트시티smart city가 더욱 확대되고 있다. 스마트시티라는 말은 사실 애플리케이션을 가리키는 것이 아니라 하나의 철학을 의미한다. 스마트시티의 기본 아이디어는 사물 인터넷을 통해 데이터를 수집하여, 자원을 더 효율적으로 관리하고 서비스를 더 효과적으로 제공하는 데 그 데이터를 사용하는 것이다. 각 도시는 시민의 요구에 따라 특정 애플리케이션과 기술을 배포할 것이다.

예를 들어 심각한 교통 체증을 앓고 있는 도시는 앞서 설명한 스마트 교통관제 시스템을 이용할 수 있다. 스마트시티는 사물 인터넷 지원 센서와 같은 기술을 사용하여 특정 지역의 교통 혼잡을 감지하고 신호등을 조정하여 교통 체증을 완화하고, 덜 혼잡한 경로로 교통량을 유도하기 위해 최적의 경로를 선택함으로써 교통을 제어한다. 교통량, 날씨, 시간 및 기타 요인을 바탕으로 교통 신호의 최적 타이밍을 결정하는 데에는 인공지능을 사용할 수 있다. 이러한 시스템은 사물 인터넷과 5G에 의해 성능이 향상될 자율주행 자동차가 증가하면 더욱 효과적일 것이다. 이와 같은 네트워크는 교통안전을 향상하기도 한다. 예를 들어 사물 인터넷 센서가 포함된 교통관제 시스템은 보행자의 무단 횡단을 감지하여 인공지능 시스템에 데이터를 신속히 보내고, 인공지능 시스템은 5G 네트워크를 통해 자율주행 자동차에 명령을 내려 급정지시킬 수 있다.

스마트시티 애플리케이션의 또 다른 예로는 환경 모니터링, 에너지 관리, 지능형 교통 시스템, 공공장소 관리 등이 있다. 쓰레기 수거도 스마트시티 네트워크에 통합되고 있다. 예를 들어 쓰레기통이 얼마나 찼는지를 센서가 감지하면 적절한 시점에 작업자를 보내어 쓰레기통을 비우게 할 수 있다. 현재 스마트시티 애플리케이션은 수십 개에 달하며, 기본 기술이 더 보편화되고 각 도시가 이러한 기술을 잘 활용하는 방법을 배운다면 스마트시티 애플리케이션이 더 많이 개발될 것이다.

자율주행 자동차는 사물 인터넷, 5G, 인공지능이 융합된 애플리케이션이다. 아직은 완전 자율주행 자동차가 상용화되지 않았지만 요즘 출시되는 최신 자동차에는 부분 자동화 기능이 탑재되어 있다. 이러한 차량의 운전자는 도로를 주시하고 반응해야 하지만, 자동화 시스템이 전방의 급정거 차량과 같은 위험 요소를 경고한다. 또한 자동화 시스템은 장애물이 감지되면 차량에 제동을 걸 수도 있다(이러한 시스템 중 일부는 사물 인터넷을 사용하지 않으며, 독립형이라 5G 연결이 필요하지 않은 것도 있다).

SAE인터내셔널SAE International에 따르면 자동 운전 시스템에는 비자동화(0등급)부터 완전 자동화(5등급)까지 여섯 가지 등급이 있다(Shuttleworth, 2019). 2등급은 조향, 제동, 가속과 같은 일부 시스템이 자동화되었지만 운전자가 운전 환경을 계속 모니터링하고 필요시 제어할 준비가 되어 있어야 한다. 현재 많은 자동차 제조사는 2등급 자율주행 자동차에 자동 제동·차

학습 활동 1-3

자율주행 자동차

지난 수십 년 동안 공상과학 소설에나 나오던 자율주행 자동차가 곧 현실화될 것으로 보인다. SAE인터내셔널의 주행 자동화 등급(Levels of Driving Automation) 웹사이트(https://www.sae.org/news/2019/01/sae-updates-j3016-automated-driving-graphic)를 살펴보고 다양한 등급의 주행 자동화에 대해 조사하라. 그리고 자율주행 자동차와 관련된 가능성과 문제점에 대해 생각해보고 다음 질문에 답하라.

1. 어떤 등급이 가장 이상적이라고 생각하는가?
2. 상위 등급의 자율주행에 어떤 문제가 있다고 생각하는가?
3. 공유 자율주행 자동차를 탑승하고 사용할 용의가 있는가? 그 이유를 설명하라.

선 유지 시스템, 적응식 정속 주행과 같은 '능동적 안전 기능'을 제공하고 있다. 또한 3등급 자율주행 자동차가 점차 보편화되고 있는데, 이는 특정 조건에서는 완전 자율주행이 가능하지만 운전자의 주의가 필요하다.

자율주행 자동차는 사물 인터넷을 포함한 센서 기술, 통신망, 인공지능의 융합으로 작동한다. 비디오카메라, 제한된 범위의 레이다 시스템, 위치 및 근접 센서 등의 센서는 다양한 네트워크를 통해 데이터를 송수신하며, 이 중 일부는 차량 외부에 달려 있다. 예를 들어 근접 센서는 5G 네트워크를 통해 교통관제 시스템과 상호 작용하여 초록색에서 빨간색으로 바뀌려는 신호등에 접근하는 차량의 속도를 자동으로 늦출 수 있다. 다른 차량의 센서와도 통신하여 교통 흐름을 원활하게 하고 충돌을 피할 수도 있다. 인공지능 시스템은 사물 인터넷 센서와 기타 원천의 정보를 사용하여 발생할지도 모를 충돌을 피하도록 조치를 취한다. 이 모든 것의 이면에는 우리 눈에 보이지 않는 복잡한 기술이 숨어 있으며, 자동차의 자율주행은 정보를 수집·전달·사용하는 다양한 시스템에 의해 가능한 일이다.

가상현실Virtual Reality(VR)과 관련된 증강현실Augmented Reality(AR)과 혼합현실Mixed Reality(MR)은 5G, 사물 인터넷, 인공지능에 의해 중요성과 기능이 커질 또 다른 신기술 영역이다. 가상현실, 증강현실, 혼합현실은 디지털 기술을 사용하여 물리적 현실을 표현한다는 점이 유사하다. 가상현실은 몰입 경험을 안겨주는 기술로, 우리가 지금 있는 곳이 아닌 다른 환경에 있는 것처럼 느끼게 해준다. 컴퓨터로 생성된 3D 이미지를 사용하여 실제에 가깝게 표현하는 가상현실 시스템을 통해 우리는 컴퓨터가 만들어낸 환경을 탐색하고 상호 작용을 할 수 있다. 예를 들어 사용자는 시뮬레이션 환경에서 게임을 하거나, 가상 박물관을 관람하거나, 복잡한 수술을 연습해볼 수 있다.

증강현실은 현실 세계의 요소에 정보를 중첩하는 것으로, 〈포켓몬 고Pokemon Go〉가 대표적인 예이다. 증강현실은 의료 분야에서도 활용되는데, 예를 들어 수술 도구의 위치를 감지하고 환자의 CT 스캔 디스플레이에 중첩하여 외과의사에게 일종의 엑스레이 시야를 제공할 수 있다. 또 다른 예로, 기계를 수리하는 정비사에게 부품 번호, 진단 및 수리 절차, 안전 경고 등의 중요한 정보를 중첩하여 보여줄 수도 있다. 이때 사물 인터넷 센서가 부품의 현재 온도와 같은 진단 정보를 제공하기도 한다.

가상현실과 증강현실 사이에 있는 혼합현실은 실제 세계와 가상 세계의 요소를 결합하여 증강현실을 한 단계 더 발전시킨 것이다. 혼합현실을 통해 사용자는 실물, 가상물과 상호 작용을 할 수 있다. 실물과 가상물이 공존한다는 것은 수술, 훈련, 소매업, 부동산, 엔터테인먼트 등 많은 분야의 애플리케이션 개발 가능성을 열어준다. 혼합현실은 원격 팀이 가상 환경에서 협업하는 데 도움을 주고, 대면으로 일하는 것과 같은 근무 분위기를 만들어준다.

[그림 1-1]은 증강현실, 가상현실, 혼합현실의 관계를 보여준다. 그림에 나타냈듯이 증강현실은 실제 세계에 가상의 요소를 겹겹이 쌓은 것이고, 가상현실은 가상 세계에 존재하는 것이며, 혼합현실은 이 두 세계를 합한 것이다. 증강현실, 가상현실, 혼합현실 기술이 계속 발달함에 따라 우리 삶의 많은 측면이 변화할 가능성은 무궁무진하다.

그림 1-1 가상현실, 증강현실, 혼합현실

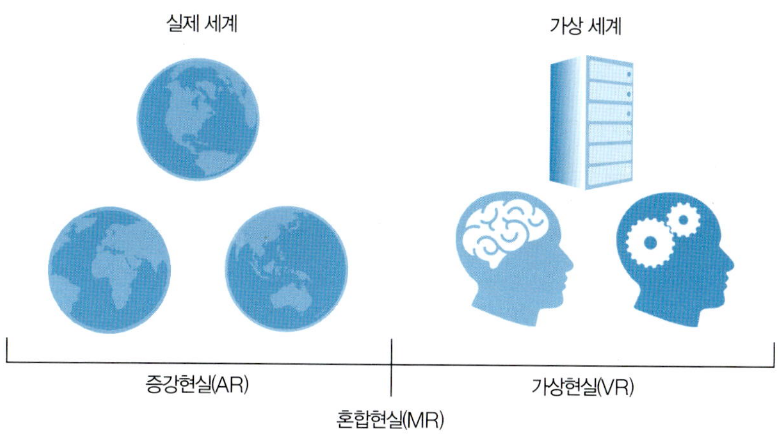

출처: https://docs.microsoft.com/en-us/windows/mixed-reality/images/mixedrealityspectrum.png를 수정

이 절을 마무리하면서 두 가지를 짚고 넘어가려 한다. 첫째, 흥미로운 신기술을 겉핥기식으로 살펴보았는데, 이러한 기술과 애플리케이션은 각각 별도로 설명해야 할 만큼 내용이 방대하다. 이에 사물 인터넷은 이 책 전반에 걸쳐 다루고 5G는 7장에서, 인공지능은 14장에서 자세히 다룰 것이다. 둘째, 이러한 모든 애플리케이션과 앞으로 등장할 모든 IT는 정보에 의존한다는 사실을 기억하라. 정보는 정보 시스템과 IT의 생명선이다. 다음 절에서는 정보와 관련된 개념인 데이터, 지식, 지혜에 대해 자세히 알아보자.

데이터, 정보, 지식, 지혜

'62라는 숫자는 좋은가, 나쁜가?' 이 질문은 무의미하다. 왜 그럴까? 숫자 62는 **데이터**data, datum 중 하나이지만 실질적인 의미가 없다. 그런데 62를 다른 데이터와 결합해보자. 만약 62가 시험 점수라면, 과목에서 A를 받기 위해 기말 시험에서 받아야 할 점수를 의미할 수도 있다. 이렇게 데이터를 결합하면 62가 좋은지, 나쁜지 해석하는 데 도움이 되는 **정보**information가 된다. 일단 의미 있는 정보를 얻으면 이를 해석하여 어떤 조치를 취할지 결정해야 한다(앞서 든 예의 경우 기말 시험에서 더 높은 점수를 받기 위해 시험공부에 시간을 더 할애하기로 결정할 수 있다). 어떤 결정이나 행동에 정보를 적용하면 **지식**knowledge이 된다. 그리고 더 큰 이익을 위해 지식을 사용하는 것은 **지혜**wisdom에 포함된다. 따라서 지혜는 더욱 심오한 것이고 인간만이 가진 능력이다. 지혜를 잘 활용하기 위해서는 선과 악, 옳고 그름, 윤리적 및 비윤리적 감각이 필요하다.

이를 이해하기 위해 데이터(D), 정보(I), 지식(K)의 위계 구조를 살펴보자. 데이터는 원시 기호(연결되지 않은 사실)이고, 정보는 유용하게 처리된 데이터이며, 지식은 어떤 결정이나 행동에 정보가 적용된 것이다. Russell Ackoff(1989)는 이러한 DIK 위계 구조의 개념을 대중화했는데, 이 아이디어의 기원은 T. S. Eliot의 시 〈The Rock〉에서 찾아볼 수 있다.

> 우리가 살아가면서 잃어버린 생명은 어디에 있는가?
> 우리가 지식에서 잃어버린 지혜는 어디에 있는가?
> 우리가 정보에서 잃어버린 지식은 어디에 있는가?

DIK 위계 구조를 사용하는 데에는 두 가지 이유가 있다. 첫째, 다양한 종류의 시스템 그리고 시스템이 어떻게 진화했는지에 대해 이해하는 방법을 제공한다. 데이터 처리는 비교적 간단하지만 정보 처리는 더 복잡하다. 데이터에 대한 다양한 관점을 고려하고 데이터를 조합하려면 임시 쿼리ad hoc query(일시적인 특정 목적에 맞게 작성된 쿼리)를 수행할 수 있는 기능이 필요하다. 또한 지식 관리는 더 복잡하다.

DIK 위계 구조는 기업이 IT를 적용하는 방식과 유사하다. 초기에는 급여 추적이나 부기와 같은 비교적 간단한 작업을 위한 데이터 처리에 중점을 두었다. 이것은 사용자가 데이터를 연결하고 처리하여 경영 의사결정을 하는 데 도움이 되는 정보 시스템으로 발전했으며, 최근에는 지식 관리를 위한 방향으로 나아가고 있다. 어쩌면 지혜를 관리하는 데 기술이 도움이 되는 날이 올지도 모른다. 하지만 많은 사람은 지혜가 인간만의 것이라고 생각하기 때문에 이것은 논쟁을 불러일으킬 수도 있다.

DIK 위계 구조를 사용하는 두 번째 이유는 더 중요하다. DIK 위계 구조는 연결성과 유용성이라는 중요한 개념을 구조화하는 데 도움이 되기 때문이다. 데이터가 정보로 전환되는 데에는 데이터 요소 간의 연결이 필요하다. 데이터 비트를 결합하면 데이터에 맥락과 의미가 부여된다. 그러나 이 의미는 유용할 수도 있고 그렇지 않을 수도 있다. 정보가 유용하려면 정보가 해석되고 적용(사용)되어 지식으로 이어져야 한다. 그리고 지식 수준에 도달하면 더 많은 데이터와 정보가 필요하다는 것을 깨닫게 된다.

이러한 DIK 위계 구조는 [그림 1-2]와 같은 일종의 사이클을 생성한다.

그림 1-2 데이터, 정보, 지식, 지혜의 위계 구조

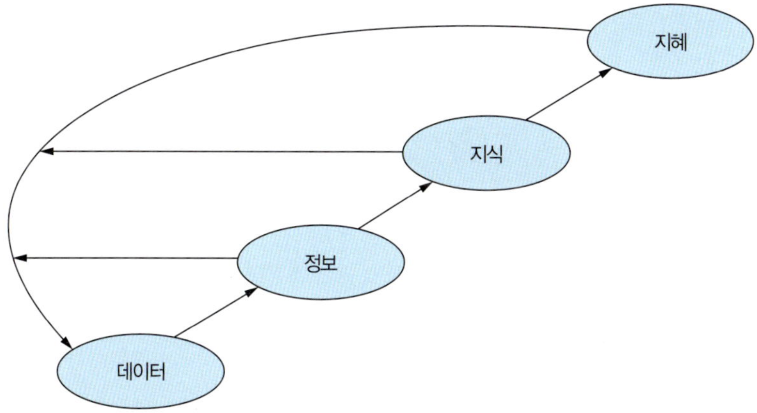

데이터, 정보, 지식의 관계를 이해하는 것이 유용하지만, 오늘날 이용 가능한 엄청난 양의 정보를 처리하는 방법을 아는 것이 더 중요하다. 이에 다음 절에서는 정보 활용 능력에 대해 알아보자.

학습 활동 1-4

개인이 정보를 사용하는 방법

우리가 매일 정보를 사용하는 방법은 매우 다양하다. 자신이 정보를 사용하는 방법을 다섯 가지 정도 생각해보라. 예를 들어 점심 메뉴를 결정할 때 메뉴에 대한 설명과 가격 등 식당에서 제공하는 정보를 사용할 수 있다. 자신이 정보를 사용하는 방법을 토대로 다음 질문에 답하라.

1. 정보를 사용하는 단순한 의사결정부터 복잡한 의사결정까지 생각해보라.
2. 각각의 의사결정에서 질이 낮은 정보에 따른 영향력이 큰 경우, 보통인 경우, 작은 경우로 구분하여 설명하라. 각 항목을 왜 그렇게 구분했는가?

정보 활용 능력

정보 활용 능력information literacy이 있다는 것은 무엇을 의미하는가? 정보 활용 능력에 대한 정의는 다양하지만, 필요한 정보를 효율적·효과적으로 결정하고 그 정보를 윤리적인 방식으로 접근·평가·사용·관리하는 능력으로 귀결된다.

얼마 전까지만 해도 우리는 매우 제한된 양의 정보만 이용할 수 있었다. 그러나 웹의 등장으로 지금 우리는 엄청난 양의 정보를 가지고 있다. 거의 무제한에 가까운 정보에 접근할 수 있다는 것은 좋은 일이지만 대가를 치러야 한다. 다시 말해 정보를 다루는 방법을 배워야 한다. 돈이 없다면 재테크를 이해할 필요가 없겠지만, 어느 정도 돈을 벌고 있다면 재테크에 더 많은 관심을 기울여야 한다. 돈이 있다는 것은 좋은 일이지만, 그 대신에 돈을 효과적으로 사용하는 방법을 배워야 한다. 정보도 이와 마찬가지이다. 정보가 풍부하다는 것은 많은 이점이 있지만, 정보를 효과적으로 사용하려면 더 많은 기술과 노력이 필요하다.

웹이 등장하기 이전에는 자동차를 구매하기 전에 관련 잡지 몇 개를 보고, 가격을 파악하기 위해 자동차 대리점을 두세 군데 방문하고, 보상 판매의 견적도 받았다. 이는 시간이 많이 걸리고 비효율적이며, 수집한 정보가 부정확한 경우도 있었다. 하지만 지금은 집 안에서 다양한 자동차에 대한 리뷰를 찾아보고, 수십 명의 영업사원에게 가격을 받아보고, 보상 판매의 혜택도 확인할 수 있다. 그런데 문제는 자신이 무엇을 하고 있는지 알아야 한다는 것이다. 필요한 정보가 무엇인지, 그 정보를 어디서 얻을 수 있는지, 신뢰할 만한 정보인지 알아야 한다. 많은 정보를 가지고 있다면 정보를 효율적으로 관리하고 사용할 수 있어야 한다. 즉 정보 활용 능력이 있어야 한다.

정보를 다루는 방법을 이해하면 경력을 쌓을 때 큰 이점이 있다. 정보 활용 능력이 낮으면 정보의 비대칭성을 초래한다. 정보 비대칭은 거래 시 한 당사자가 다른 당사자보다 더 많은 정보 또는 더 나은 정보를 가지고 있는 것을 말하며, 정보가 더 많은 쪽이 상당히 유리하다. 따라서 정보를 효과적으로 활용할 수 있는 능력이 중요한 것이다. 미래에는 이러한 정보 활용 능력이 중요하다고 생각하는 사람이 많다. 정보 활용 능력 분야의 권위자인 Ilene Rockman(2004)은 다음과 같이 언급했다.

> 정보를 찾고, 평가하고, 분석하고, 통합하고, 관리하며, 다른 사람에게 효율적·효과적으로 정보를 전달하는 능력이 있는 사람은 높은 평가를 받는다. 이들은 문제를 해결하고 해결책을 제공하며 미래를 위한 새로운 아이디어와 방향을 제시하는 데 가장 성공적인 학생, 근로자, 시민이다.

정보의 사용

모든 기업은 규모에 관계없이 의사소통, 프로세스 지원, 의사결정이라는 주요 목적을 위해 정보를 사용한다. IT를 적절히 적용하면 이 세 가지 목적을 이루는 데 도움이 된다.

《메리엄-웹스터 사전Merriam-Webster's Dictionary》에 따르면 의사소통은 "상징, 기호 또는 행동의 공통 시스템을 통해 개인 간에 정보를 교환하는 과정"이다. 이 정의는 정보의 용도가 의사소통임을 명확히 드러낸다. 조직은 아이디어 공유, 조정, 이해관계자에게의 정보 전달 등 다양한 이유로 정보를 교환해야 한다.

또한 기업은 프로세스를 지원하기 위해 정보를 사용한다. **비즈니스 프로세스**business process는 특정 목표 또는 결과로 이어지는 일련의 조정된 활동을 말한다(11장에서 이에 대해 자세히 다룰 것이다). 대부분의 비즈니스 프로세스는 매우 복잡하며 경영의 다양한 부분을 포함하고 있다. 한 예로 [그림 1-3]은 고객 주문 프로세스(매우 단순화된 예시)를 나타낸 것이다.

그림 1-3 고객 주문 프로세스

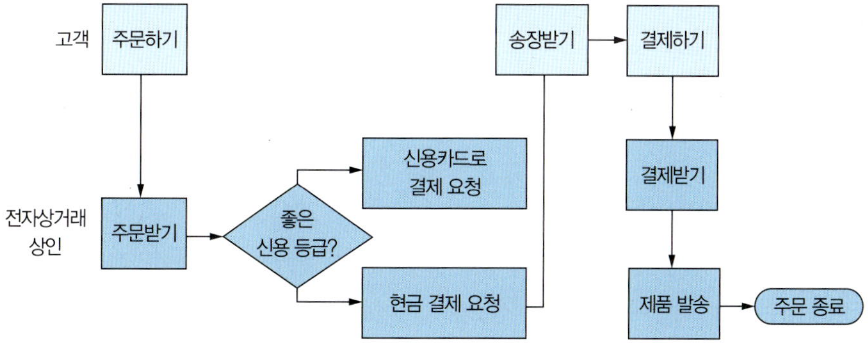

출처: http://www.readbag.com/media-visual-paradigm-media-documents-bpva20ug-pdf-bpva-user-guide-ch6을 수정

학습 활동 1-5

기업이 정보를 사용하는 방법

기업은 다양한 방법으로 정보를 사용하고 있다. 다른 학생과 팀을 이루어 사업(자신이 일해본 적이 있거나, 자주 이용하거나, 강사가 지정해준 사업)에 대해 생각해보자. 사업과 관련된 세 가지 의사결정 또는 프로세스를 찾아보라. 그리고 각각의 의사결정 또는 프로세스를 지원하는 데 필요한 핵심 정보를 파악하여 정리하고 다른 팀들과 이에 대해 토론하라.

정보는 프로세스의 각 단계에서 사용된다. 어떤 제품을 주문했는지, 고객이 누구인지, 제품을 어디로 배송해야 하는지, 제품 가격이 얼마인지 등의 정보가 있어야 한다. 이러한 정보는 프로세스 전반에 걸쳐 전달되고 적절히 처리되어야 한다. 정보가 없으면 프로세스를 완료할 수 없다. 정보 시스템은 비즈니스 프로세스의 품질을 합리화하고 개선하는 데 도움이 된다.

개인은 물론이고 기업도 **의사결정**decision-making을 위해 정보를 사용한다. 대안 중에서 선택하는 것도 의사결정에 포함된다. 선택을 하려면 대안에 대한 정보와 그 밖의 정보가 필요하다. 즉 정보 없이는 의사결정을 내릴 수 없다. 이것이 바로 정보를 사용하는 주된 이유이며, 그래서 이 책의 내용 중 상당 부분은 의사결정을 위한 정보 사용과 관련이 있다.

경영 정보 사용은 두 가지 측면에서 중요하다. 첫째, 일부 기업은 정보를 제품으로 내놓는다. 예를 들어 구글Google은 검색 엔진, 이메일과 같은 서비스를 제공하지만 사실은 정보 사업을 하고 있다. 구글은 정보를 수집하기 위한 수단으로 제품을 무료로 제공함으로써 "전 세계의 정보를 체계화하여 모두가 편리하게 이용할 수 있도록 한다"*는 사명을 달성한다. 모든 사업에서는 의사소통, 프로세스 지원, 의사결정을 위해 정보를 사용하지만 일부 사업에서는 정보를 제품으로 사용한다. 둘째, 전략적 가치를 얻기 위해 정보를 사용하기도 하는데, 이에 대해서는 4장에서 구체적으로 살펴볼 것이다.

우리가 사용할 수 있는 엄청난 양의 정보를 처리하는 방법을 아는 것은 우리의 삶과 직업에 매우 중요하다. 기업은 의사소통, 프로세스 지원, 의사결정을 비롯해 여러 가지 중요한 일에 정보를 사용한다. 정보가 곧 제품인 기업의 경우 정보를 수집·분석하고, 해당 정보를 다양한 목적으로 사용하는 다른 기업에 판매한다. 정보를 이해하고 사용하는 방법과 정보 활용 능력을 갖추면 개인적 성장과 직업적 성공에 도움이 될 수 있다.

* https://about.google

실제 경영 사례 1-1

정보 관련 유망 직업

정보 시스템 및 정보 분석과 관련된 직업은 수요가 많고 연봉도 높다. 이러한 직업의 예를 다음 표에 제시했다.

구분		중간 급여($)	성장(%)
정보 시스템 관련 직업	컴퓨터 시스템 분석가	90,920	9
	정보 시스템 관리자	146,360	11
	컴퓨터 지원 전문가	54,760	10
	소프트웨어 개발자	107,590	21
	데이터베이스 관리자	97,750	9
정보 분석 관련 직업	금융 분석가	85,660	6
	회계사	71,550	6
	정보 보안 분석가	99,730	32

참고: 중간 급여는 2019년 이후의 자료이고, 예측 성장률은 2018~2028년을 말함

출처: Bureau of Labor Statistics, U.S. Department of Labor. 2020. *Occupational Outlook Handbook*. http://www.bls.gov/ooh/

정보와 직업(경력)

정보 시스템과 IT는 경영의 핵심 요소로, 이 책에서 다루는 정보 시스템과 IT 관련 지식은 미래의 직업 및 경력에 도움을 준다. 정보 시스템 분야에 종사하는 사람들은 정보 시스템을 설계·구축·지원·관리하는 일을 한다. 이들은 일반적으로 정보 시스템 또는 관련 분야 전공자이다. 정보 분석 관련 직업을 가진 사람들은 정보 시스템에 포함된 정보를 검색·보고·분석한다. 분석 결과는 정보 소비자에게 전달되고, 정보 소비자는 그것을 이용하여 거래를 하고 의사결정을 내린다. [표 1-1]과 [표 1-2]에 제시했듯이 정보 분석 및 정보 시스템 관련 직업은 다양하고 흥미로우며 보람도 있다. 정보를 사용하는 직종에는 거의 모든 비즈니스 경력이 포함되므로 이에 대한 예시는 표로 제시하지 않았다.

표 1-1 정보 분석 관련 직업

직업	설명
비즈니스 인텔리전스 전문가	다양한 보고 및 통계 도구를 사용하여 정보 자산의 가치를 높인다.
데이터 분석가	다양한 데이터 관리 및 통계 분석 도구를 사용하여 데이터를 수집·처리·분석한다.
데이터 과학자	데이터에서 지식과 통찰력을 얻기 위해 시스템과 프로세스를 개발하고 구현한다.
인사 관리 분석가	직원의 급여와 관련된 정보를 분석한다.
경제 분석가	조직이 경제 상황과 결과를 예측하는 데 도움이 되는 경제 모델을 개발한다.
재무 분석가	금융 자산을 가장 잘 활용하는 방법에 대한 지침을 제공한다.
포렌식 회계사	조직의 활동이 불법인지 아닌지 판단하기 위해 회계 및 재무 정보를 분석한다.
IT 감사인	조직의 정보 시스템이 제대로 작동하고 정확한 정보를 생성하는지 확인한다.
마케팅 분석가	조직의 마케팅 활동과 관련된 정보를 분석한다.

표 1-2 정보 시스템 관련 직업

비즈니스 프로세스 분석기	비즈니스 프로세스를 분석하여(정보 시스템을 활용하여) 효율성과 효과를 개선하는 방법을 찾는다.
최고 정보 책임자	조직의 모든 정보 및 정보 시스템 관련 활동을 감독한다.
데이터베이스 관리자	정보 시스템에서 사용되는 데이터를 저장·정리하는 시스템을 관리한다.
정보 보안 전문가	정보 시스템에 포함된 정보가 적절히 보호되는지 확인한다.
정보 시스템 교육자	사용자가 정보 시스템을 활용할 수 있도록 교육 프로그램을 설계하거나 제공한다.
IT 프로젝트 관리자	정보 시스템과 관련된 프로젝트를 구성하고 통제한다.
소프트웨어 개발자	정보 시스템의 일부를 구성하는 컴퓨터 프로그램을 만든다.
시스템 분석가	사용자와 협력하여 시스템 요구 사항을 이해하고 문서화한다.
시스템 아키텍트	전체 구조 및 필수 설계 기능을 포함한 정보 시스템의 고급 설계를 담당한다.

단원 요약

이 장의 목표는 경영 및 개인 생활에서 정보가 왜 중요한지 이해하도록 돕는 것이다. 정보의 가치를 이해하는 것은 이 책에서 다루는 다양한 정보 시스템의 중요성을 이해하는 데 중요하다. 이 장에서 설명한 주요 내용은 다음과 같다.

- 5G, 사물 인터넷, 인공지능과 같은 신기술은 정보를 수집·전달·사용하는 능력 때문에 중요하다.
- 데이터는 원시 기호 또는 연결되지 않은 사실이다.
- 정보는 유용하게 처리된 데이터이다.
- 지식은 어떤 결정이나 행동에 정보가 적용된 것이다.
- 정보 활용 능력은 개인적·직업적으로 중요한 기술이다.
- 정보 활용 능력을 갖추려면 필요한 정보를 효율적·효과적으로 결정하고 그 정보를 윤리적인 방식으로 접근·평가·사용·관리해야 한다.
- 기업은 의사소통, 프로세스 지원, 의사결정을 위해 정보를 사용한다.
- 정보 관련 지식은 거의 모든 직업에서 중요하다.
- 정보 설계·구축·지원·관리·분석과 관련된 많은 직업이 있다.

학습 정리 질문

1. 데이터, 정보, 지식을 비교하라.
2. 새로운 IT 애플리케이션에서 5G, 사물 인터넷, 인공지능이 왜 중요한지 간략히 설명하라.
3. IT가 경영에 어떻게 적용되어 진화해왔는지를 데이터, 정보, 지식의 DIK 위계 구조를 통해 설명하라.
4. DIK 위계 구조와 관련하여 연결성과 유용성의 개념을 설명하라.
5. DIK 위계 구조의 사이클을 설명하라.
6. 정보 활용 능력과 관련된 핵심 능력은 무엇인가?
7. 정보 활용 능력을 갖추는 것은 왜 중요한가?
8. 경영에서 정보를 사용하는 세 가지 일반적인 영역을 설명하라.
9. 정보 시스템 관련 직업의 예를 세 가지 들고 간략히 설명하라.
10. 정보 분석 관련 직업의 예를 세 가지 들고 간략히 설명하라.

생각해보기

1. 이 장에서 배운 내용 중 가장 중요한 것은 무엇인가? 그것이 왜 중요한가?
2. 경영 전문가에게 정보 활용 능력이 중요한 이유는 무엇인가?
3. 양질의 정보는 경영에 어떻게 도움이 되는가?
4. 정보 활용 능력의 향상이 자신의 경력에 어떤 영향을 미칠 것이라고 생각하는가?
5. 질이 낮거나 불완전한 정보가 자신의 삶에 나쁜 결과를 가져온 적이 있는가? 만약 그러한 상황에 다시 처하게 된다면 어떻게 할 것인가?

추가 학습 활동

1. SmartCity.Press 웹사이트(https://www.smartcity.press/)에 접속하여 스마트시티 애플리케이션을 선택하고 다음을 확인하라. 어떤 정보가 수집되고 있는가? 정보가 어떻게 사용되는가? 선택한 애플리케이션에서는 5G와 인공지능이 어떻게 사용되는가?
2. 인터넷에서 증강현실 스마트폰 앱을 검색하여 현재 또는 미래에 유용할 것으로 생각되는 세 가지 앱을 선택하라. 앱에 대해 간략히 설명하고, 유용할 것이라고 생각하는 이유를 밝혀라.
3. 마케팅, 회계, 재무 등의 경영 전문가가 겪을 수 있는 일반적인 상황을 생각해보라. 예를 들어 재무 전문가가 투자 기회를 분석하고 있는 상황에서 유용한 다섯 가지 정보를 찾아보라. 각각의 경우에 질이 낮거나 불완전한 정보가 부정적인 결과를 초래할 수 있는지 설명하라.
4. 3번에서 알게 된 결과를 다른 학과 학생 두 명과 공유하고 비교해보라. 유사점과 차이점은 무엇인가?
5. (a) 어느 대학원에 진학할 것인가? (b) 어떤 차를 구매할 것인가? (c) 어떤 아파트로 이사할 것인가? (d) 어떤 구인 제안을 받아들일 것인가? 이 중에서 하나를 선택하고, 올바른 결정을 내리는 데 필요한 다섯 가지 핵심 정보를 찾아보라.
   - 결과에 초점을 맞추어 왜 그 정보가 중요하다고 생각하는지 설명하라.
   - 필요한 정보를 어디서 찾을 수 있는가?
   - 수집한 정보가 신뢰할 만한지를 어떻게 알 수 있는가?
6. [그림 1-3]에 제시한 고객 주문 프로세스의 각 단계에서는 어떤 정보가 필요한가? 각 단계에서 잘못된 정보는 어떤 결과를 초래하는가?
7. 구직 웹사이트에서 정보 시스템 및 정보 분석 관련 직업의 채용 공고를 찾아보고 발표 자료를 준비하라.

참고 문헌

Ackoff, R. L. 1989. "From Data to Wisdom." *Journal of Applied Systems Analysis* 16: 3–9.

Shuttleworth, J. 2019. "SAE Standards News: J3016 Automated-Driving Graphic Update." SAE International. https://www.sae.org/news/2019/01/sae-updates-j3016-automated-driving-graphic.

Rockman, I. F. 2004. *Integrating Information Literacy into the Higher Education Curriculum: Practical Models for Transformation*. San Francisco: Jossey-Bass.

용어 사전

5G: 5세대 이동통신

데이터: 원시 기호(연결되지 않은 사실)

비즈니스 프로세스: 특정 목표 또는 결과로 이어지는 일련의 조정된 활동

사물 인터넷(IoT): 온갖 사물에 내장된 센서가 거의 무한정으로 연결되어 있는 네트워크

의사결정: 대안 중에서 선택하는 과정

인공지능(AI): 추론, 계획, 학습, 문제 해결, 인식, 언어 처리 등 인간의 인지 능력에 근접한 기술의 집합

정보: 유용하게 처리된 데이터

정보 기술(IT): 정보를 저장·구성·검색·전달하는 데 사용되는 하드웨어, 소프트웨어와 매체

정보 시스템: 정보를 수집·가공·저장·구성·검색·전달하기 위한 기술, 데이터, 사람, 프로세스의 조합

정보 활용 능력: 정보가 필요한 시점을 파악하고, 해당 정보를 찾아 평가하며, 효과적으로 사용하는 능력

지식: 어떤 결정이나 행동에 정보가 적용된 것

지혜: 더 큰 이익을 위해 지식을 사용하는 것

CHAPTER

02

정보 시스템의 개요

학습목표

- 정보 시스템의 주요 기능을 이해할 수 있다.
- 경영 전문가가 정보 시스템을 이해하는 것이 왜 중요한지 설명할 수 있다.
- 시스템과 관련된 주요 개념을 이해할 수 있다.
- 정보 처리 주기를 설명할 수 있다.
- 정보 시스템의 핵심 요소를 파악할 수 있다.
- 정보 시스템이 어떻게 관리자의 정보 처리를 돕는지 설명할 수 있다.
- 비즈니스 규칙의 예를 들 수 있다.
- 정보 시스템이 어떻게 조직 변화를 촉진하는지 설명할 수 있다.
- 일반적인 정보 시스템을 비교하여 설명할 수 있다.

경영 전문가가 정보 시스템 관리자가 되어야 하는 이유

다음의 [주목할 만한 사례]에서 언급한 수강 신청 시스템과 같은 **정보 시스템**Information System(IS)은 오늘날 우리의 삶에서 필수 불가결하다. 우리는 일상생활에서 많은 정보 시스템과 상호 작용을 하지만, 곳곳에 스며든 정보 시스템을 체감하지 못하는 경우도 많다. 대부분의 사용자는 소비자로서 정보 시스템을 사용하고 있다. 예컨대 온라인에서 성적을 확인하고,

주목할 만한 사례

1980년대의 수강 신청

오늘날 대학생은 인터넷으로 수강 신청을 하지만 1980년대에는 지금과 사뭇 달랐다. 우선 인쇄된 수업 일정표를 받은 후 시간을 들여 수강 과목 목록을 살펴보고 이상적인 시간표를 생각해낸다. 그러나 첫 번째로 선택한 과목의 수강 신청에 성공할 가능성이 매우 희박하다. 그래서 예비 계획, 즉 가장 선호하는 것은 아니지만 등록이 가능한 대체 과목을 고려한다.

수강할 과목을 선택하면 수강 신청 시간 내에 학교로 가서 길게 늘어선 줄에 합류한다. 학생들은 줄을 서서 기다리는 동안 가장 선호하는 과목의 수강 신청이 마감되지는 않았는지 계속 확인한다. 만약 수강 신청이 마감되면 예비 계획으로 전환해야 한다. 마침내 컴퓨터 단말기와 학생들이 가득한 전산실에 들어간다. 학생들은 줄을 서서 수강 신청 현황을 보여주는 화면을 주시하고, 수강 신청이 마감된 과목이 하나씩 사라진다. 줄을 서서 기다린 끝에 컴퓨터 단말기 앞에 앉은 교직원을 만난다. 교직원은 수강 신청표를 받아 시스템에 코드 번호를 입력하고 1~2분 안에 등록 여부를 확인한다. 만약 그 사이에 마감된 과목이 있으면 교직원과 머리를 맞대고 수강 신청을 마무리한다. 수강 신청을 완료하면 다른 줄로 가서 인쇄된 시간표와 등록금 고지서를 받는다. (운이 좋다면) 이 모든 과정을 거치는 데 몇 시간이 걸린다.

생각해보기

위의 시나리오를 자신의 수강 신청 프로세스와 비교해보라.

1. 오늘날의 수강 신청 프로세스가 학생들에게 더 나은 점 네 가지를 설명하라.
2. 오늘날의 수강 신청 프로세스가 대학에 더 나은 점 네 가지를 설명하라.

웹에서 직불카드나 신용카드로 음원을 구입한다. 미래에는 대부분의 사람들이 정보 시스템을 이용하여 업무를 할 테니 정보 시스템 관리자의 입장에서 사고하면 유용할 것이다.

오늘날 경영 분야에 몸담은 사람은 누구나 어느 정도는 정보 시스템 관리자가 되어야 한다. 사실 대부분은 전공이나 경력에 관계없이 정보 시스템을 사용하게 될 것이며, 정보 시스템을 효과적으로 사용하는 방법을 배우면 성공적인 경력을 쌓는 데 도움이 될 수 있다. 예를 들어 고객관계 관리 시스템을 제대로 사용하는 방법을 알고 있는 영업 담당자, 전사 시스템을 속속들이 알고 있는 회계사, 다양한 투자 시나리오를 분석하기 위해 스프레드시트를 사용하는 방법을 알고 있는 재무 관리자는 이러한 시스템에 대한 지식이 부족한 사람들보다 더욱 성공할 것이다. 정보 시스템의 작동 방식을 알면 정보 시스템을 활용하는 데 도움이 되므로 이 장에서는 모든 정보 시스템의 기본 개념을 이해하여 기초를 다져보자.

정보 시스템 관리자처럼 생각하는 것이 유용한 이유 중 하나는 정보 시스템이 경영 및 직업 생활과 밀접하게 연관되어 있다는 것이다. 오늘날에는 정보 시스템과의 상호 작용이 필수적이며, 정보 시스템을 사용하는 방법을 이해하는 것이 중요하다. 미래에는 정보 시스템이 더욱 보편화될 것으로 예상되므로 그 중요성 또한 더욱 커질 것이다. 일하는 데 필요한 도구의 사용법을 아는 것은 성공적인 경력을 쌓는 데 큰 부분을 차지한다. 목수가 망치와 톱을 다루는 기술을 지녀야 하듯이 경영자는 정보 시스템을 다루는 기술을 지녀야 한다. 이 장을 비롯해 이 책의 전반적인 내용은 정보 시스템을 최대한 활용하는 데 필요한 지식을 얻을 수 있도록 돕는 것을 목표로 한다.

학습 활동 2-1

나의 정보 시스템 찾아보기

정보 시스템은 정보를 수집·가공·저장·구성·검색·전달하기 위한 기술, 데이터, 사람, 프로세스의 조합이다. 수강신청 시스템은 정보 시스템의 대표적인 예이며, COVID-19 팬데믹 동안 온라인 수업에 참석하기 위해 이용한 화상회의 시스템 또한 정보 시스템의 예라고 볼 수 있다.

1. 자신이 자주 사용하는 세 가지 정보 시스템은 무엇인가?
2. 어떤 목적으로 그 시스템을 사용하는가?
3. 만약 이러한 정보 시스템이 없다면 삶에 어떤 영향을 미칠 것 같은가?

시스템의 개요

시스템system은 목표 달성을 위해 입력을 받아 처리하여 결과물을 생성하는 구성 요소의 집합으로, 이러한 구성 요소는 상호 작용을 하면서 함께 작동한다. [그림 2-1]은 단순한 시스템과 핵심 요소를 보여준다. 시스템과 관련된 주요 개념을 이해하기 위해 먼저 그 정의를 살펴보자.

- 시스템은 다양한 구성 요소로 이루어져 있으며, 그러한 구성 요소는 인간의 장기에서 컴퓨터 소프트웨어에 이르기까지 형태가 매우 다양하다.
- 구성 요소는 서로 연관되고 함께 작동한다.
- 시스템에는 목적 또는 목표가 있다.
- 입력을 받아 처리하여 결과물을 생성함으로써 목표를 달성할 수 있다.

그림 2-1 시스템과 그 환경

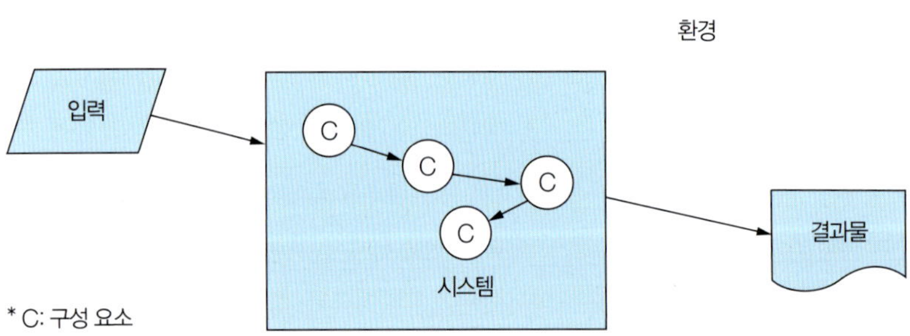

이러한 시스템의 정의에서 몇 가지 명확하지 않은 개념이 있다. 시스템은 그 경계에 의해 환경과 분리되어 있다. 대부분의 시스템은 **열린 시스템**open system이며, 이러한 시스템은 환경과 상호 작용을 한다(닫힌 시스템은 상호 작용을 하지 않는다). 가령 우리의 몸은 더운 날씨(환경 요소)에 땀을 흘려 반응하는데, 이는 **피드백**feedback의 한 예이다. 신체는 체온 상승을 감지

학습 활동 2-2

시스템의 구성 요소

1. 다음 시스템 중 하나를 선택하여 시스템의 구성 요소를 그리고(예: 텔레비전은 홈 엔터테인먼트 시스템의 구성 요소), 서로 상호 작용하는 구성 요소를 선으로 연결하라.
   - 비디오 게임 시스템
   - 개인용 컴퓨터
   - 홈 엔터테인먼트 시스템
2. 모교의 수강 시스템을 이루는 구성 요소를 알아보고, 서로 상호 작용하는 구성 요소를 선으로 연결하라.

하고 뇌는 땀샘에 신호를 보내 활성화한다. 또한 대부분의 시스템은 **하위 시스템**subsystem으로 구성되며, 하위 시스템은 상위 시스템의 일부분이다. 예를 들어 호흡계는 그 자체로 완전한 시스템이지만, 그것을 포함하는 신체 시스템의 일부이기도 하다. 그리고 **등결과성**equifinality은 열린 시스템의 경우 최종 결과물을 얻는 많은 경로가 있다는 개념이다. 다시 말해 어떤 장소에 도달하는 길이 여러 가지라는 것이다.

시스템을 이해하는 한 가지 방법은 구성 요소를 변환 프로세스의 집합으로 보는 것으로, 이러한 관점에서 시스템은 '입력-처리-결과물'이라는 순서를 따른다. 제조 시스템을 생각해보자. 원자재는 입력물이고, 다양한 기계로 이를 처리하여 최종 제품(결과물)을 생산한다. 물론 이는 제조 시스템을 매우 단순화한 것이지만 정보 시스템도 비슷하게 작동한다. 정보 시스템의 경우 데이터라는 원자재를 다양한 방법으로 변환하여 유용한 정보를 생산해낸다.

시스템과 관련된 일반적인 개념으로, 시스템의 올바른 작동을 위한 기능인 피드백과 **제어**control에 대해 살펴보자. 시스템은 종종 피드백 루프를 가지고 있으며, 환경으로부터 수집한 정보를 감지하여 해당 피드백을 기반으로 행동을 변경할 수 있다. 피드백은 시스템 제어의 개념과 밀접한 관련이 있다. 많은 시스템에는 제어 요소가 포함되어 있다. 냉난방 시스템의 하위 시스템인 온도 조절 장치를 생각해보자. 온도 조절 장치는 환경으로부터의 피드백으로 데이터(현재 온도)를 수신한다. 온도가 일정 수준에 도달하면 온도 조절 장치는 에어컨이나 히터를 켜라는 신호를 보내고(제어 장치), 원하는 온도가 되면 에어컨이나 히터를 끄라는 신호를 보낸다.

이제 일반적인 시스템에 대한 기본적인 이해를 정보 시스템에 적용해보자. 다음 절에서는 정보 처리를 위해 설계된 시스템과 관련된 몇 가지 중요한 개념을 다룰 것이다.

학습 활동 2-3

경영 정보 시스템의 구성 요소

다음 경영 정보 시스템 중 하나를 선택하여 시스템의 구성 요소를 다섯 개 제시하고, 각 구성 요소의 목적을 간략히 설명하라.

- 온라인 주문 시스템(예: 아마존에서의 주문)
- 헬스클럽 회원 추적 관리 시스템
- 호텔 예약 시스템

정보 시스템의 기초

앞에서 언급했듯이 정보 시스템은 정보를 수집·가공·저장·구성·검색·전달하기 위한 기술(하드웨어, 소프트웨어, 통신 매체), 데이터, 사람, 프로세스의 조합으로 정의된다. 이 장의 후반부에서는 정보 시스템의 여섯 가지 요소에 대해 자세히 설명하고, 이 절에서는 정보 시스템과 관련된 기본 개념을 이해하는 데 도움을 주고자 한다. 이를 염두에 두면 이 책의 나머지 내용을 이해하는 데 도움이 될 것이다.

먼저 정보 시스템에는 컴퓨터가 필요하지 않다는 점을 이해하는 것이 중요하다. 정보 시스템은 컴퓨터가 발명되기 전에 이미 수백 년 동안 존재했지만, 이 책에서는 컴퓨터가 사용되는 정보 시스템을 다룬다. 이 책에서 말하는 정보 시스템은 컴퓨터화된 시스템을 의미하며, 그렇지 않은 시스템은 '수동 정보 시스템'이라고 부른다.

자세한 내용을 살펴보기 전에 인적 자원은 모든 정보 시스템에서 가장 중요한 구성 요소임을 유념해야 한다. 정보 시스템에서 인적 자원이 하는 역할은 뒤에서 자세히 다룰 것이다.

[그림 2-2]에 나타냈듯이 정보 시스템에는 다음과 같은 작업이 포함되는데, 이를 정보 처리 주기라고도 한다. (참고: 일부 정보 처리 주기에는 제어가 포함되지 않는다.)

- 입력: 데이터 수집 및 처리 가능한 형태로의 전환
- 처리: 데이터 가공 및 변환
- 저장: 추후 검색을 위한 데이터 보관
- 결과물: 처리된 데이터를 최종 사용자가 이해할 수 있는 형태로 변환
- 제어: 올바른 처리 절차 수행

그림 2-2 정보 처리 주기

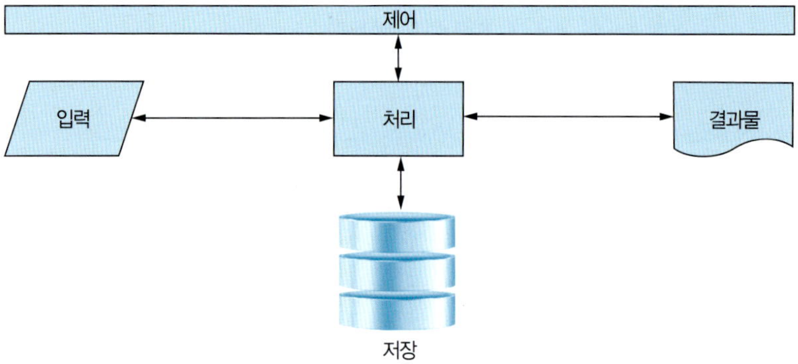

정보 시스템의 다양한 구성 요소는 이러한 작업을 수행한다. 예를 들어 랩톱 컴퓨터의 화면은 출력 작업을 수행할 수 있다. 여느 시스템의 경우와 마찬가지로 이러한 구성 요소는 조직적인 방식으로 상호 작용을 한다. 예를 들어 일부 텍스트를 선택하기 위해 마우스를 드래그하면 마우스가 시스템에 입력을 제공하고, 시스템은 입력을 처리하여 화면(출력 장치)의 텍스트를 강조한다. 컴퓨터의 중앙 처리 장치CPU는 처리 및 제어의 많은 부분을 수행하고 하드드라이브는 저장을 수행한다. 이러한 작업은 정보 시스템이 하는 것으로, 정보 시스템의 핵심 구성 요소와 구분될 수 있다.

[그림 2-3]은 정보 시스템의 핵심 구성 요소를 보여준다.

그림 2-3 정보 시스템의 핵심 구성 요소

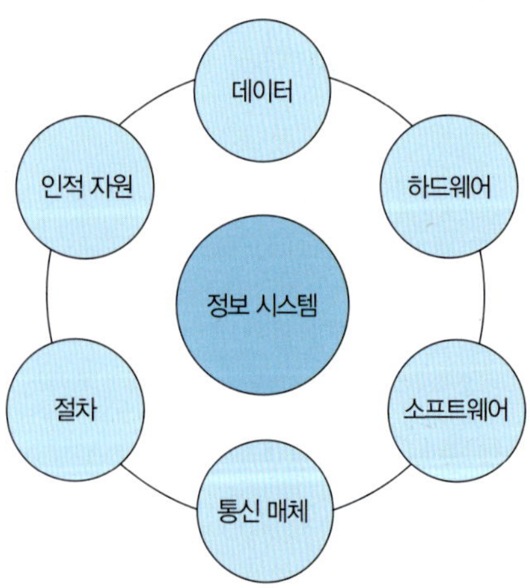

- 데이터: 정보를 생산하는 데 입력으로 사용되는 가공되지 않은 사실, 텍스트, 숫자, 이미지 등
- 하드웨어: 프로세서, 저장 매체, 주변 장치(예: 프린터, 디스플레이)와 같은 물리적 장치
- 소프트웨어: 정보 시스템의 작동을 관리하는 명령어의 집합
- 통신 매체: 컴퓨터가 서로 통신할 수 있게 해주는 장치와 프로토콜(규칙)의 집합
- 절차: 정보 시스템의 적절한 사용을 위한 지침
- 인적 자원: 정보 시스템을 사용하는 사람

인적 자원은 모든 정보 시스템에서 매우 중요한 요소이다. 인적 자원은 정보 시스템의 결과물을 사용하고 해석하는 데 필수 불가결하다. 완전히 자동화된 것처럼 보이는 정보 시스템이라도 올바르게 작동하는지 확인하기 위해 사람이 모니터링을 해야 한다. 물론 정보 시스템을 구축하고 유지하는 데에도 사람이 필요하다. 또한 정보 시스템을 사용하기 위한 절차도 있어야 한다. 이러한 절차는 사용자가 업무를 지원하기 위해 시스템을 적절히 활용하는 방법을 알려준다.

다음 절로 넘어가기 전에 하드웨어와 소프트웨어에 대해 짚고 넘어가겠다. 소프트웨어는 컴퓨터 시스템의 작동을 제어하는 지침을 제공한다. 소프트웨어는 크게 시스템 소프트웨어와 응용 소프트웨어로 구분된다. 윈도우, 맥OS, 리눅스, 안드로이드, iOS 등의 운영체제, 바이러스 백신, 데이터 압축 소프트웨어와 같은 유틸리티는 시스템 소프트웨어이다. 운영체제를 설치할 때 많은 유틸리티 프로그램이 동시에 설치되는 경우가 많기 때문에 다소 구분이 어려울 것이다. 시스템 소프트웨어는 컴퓨터 시스템을 이용하여 목적을 달성하기 위한 '필요악'이라고 볼 수도 있다. 대부분의 사람들은 시스템 소프트웨어를 실행하기 위해 컴퓨터를 구입하지는 않지만, 컴퓨터가 작동하려면 시스템 소프트웨어가 있어야 하기 때문이다.

우리는 무언가를 하는 데 필요한 응용 소프트웨어를 실행하기 위해 컴퓨터를 구입한다. 워드프로세서, 스프레드시트, 회계 패키지, 게임, 미디어 플레이어는 이러한 응용 소프트웨어의 예이다. 오늘날에는 수많은 애플리케이션이 쏟아져 나와 컴퓨터가 더욱더 유용하고 재미있어졌다.

일부 애플리케이션은 컴퓨터, 태블릿 또는 기타 장치에 직접 설치된다. 또 다른 애플리케이션은 클라우드에 있는데, 이는 컴퓨터에 저장되지 않고 인터넷과 같은 네트워크를 통해 액세스된다. 이러한 애플리케이션은 네트워크로 연결되는 거의 모든 곳에서 액세스할 수 있다는 것

을 비롯해 많은 장점이 있다. 한 가지 단점은 제한된 오프라인 작업이 가능하지만 보통은 네트워크를 통한 액세스가 필요하다는 것이다. 7장에서 클라우드 컴퓨팅에 대해 자세히 살펴볼 것이다.

정보 시스템과 관련된 하드웨어는 컴퓨터뿐만 아니라 저장 장치(예: 하드디스크), 프린터, 키보드, 통신 장치 등 종류가 다양하다.

정보 시스템의 구성 요소가 어떻게 서로 연결되는지 이해하기 위해 호텔 예약 시스템의 단순한 예를 살펴보자(간략히 설명하기 위해 시스템의 일부 세부 사항을 생략했다). 이 시스템은 호텔의 예약 담당자가 고객의 객실을 예약하기 위한 것으로, 각 요소가 수행하는 역할은 다음과 같다.

- 데이터: 예약 담당자와 호텔 관리자가 사용하는 정보를 생성하기 위해 시스템에서 가공하는 사실을 말한다(객실 목록, 객실 현황, 가격, 결제, 고객 정보, 예약 담당자 이름).
- 하드웨어: 계산을 수행하고, 시스템에서 사용하는 데이터와 소프트웨어를 저장하며, 정보를 표시하고, 사용자가 시스템과 상호 작용할 수 있는 플랫폼을 제공한다(예약 담당자의 개인용 컴퓨터, 시스템용 소프트웨어가 있는 컴퓨터, 시스템용 데이터를 저장하는 데이터베이스가 있는 하드드라이브, 보고서 출력용 프린터).
- 소프트웨어: 데이터 검색·가공·전달 방법을 포함하여 컴퓨터의 작동을 제어한다(다양한 시스템 컴퓨터의 운영체제, 객실 예약 업무에 특화된 하나 이상의 애플리케이션).
- 통신 매체: 다양한 하드웨어 구성 요소가 통신 매체를 통해 서로 통신할 수 있다(라우터와 같이 통신을 용이하게 하는 네트워크 케이블 및 기타 장치).
- 절차: 예약 담당자와 호텔 관리자가 시스템과 상호 작용하는 방법은 절차에 따라 결정된다(시스템에 들어가는 방법, 입력해야 하는 데이터, 정보 검색 방법, 보고서 작성 방법에 대한 지침).
- 인적 자원: 사람들은 시스템에 입력하고, 시스템 사용 방법을 제어하며, 시스템의 정보를 해석한다(고객, 예약 담당자, 호텔 관리자).

지금까지 살펴본 정보 시스템의 기초를 바탕으로 다음 절에서는 기업이 매일 처리해야 하는 엄청난 양의 정보를 처리하는 데 정보 시스템이 어떻게 도움이 되는지 알아보자.

정보 시스템은 정보 처리에 어떻게 도움이 되는가

기업은 날로 증가하는 정보 속에 놓여 있다. 경영 환경이 점점 더 복잡해지는 오늘날, 이러한 상황은 쉽게 바뀔 것 같지 않다. 다행히 기업은 정보의 쓰나미에 대처하는 데 도움이 되는 정보 시스템을 가지고 있다. 정보 시스템이 어떻게 여기에 대처하는지 알아보자.

첫째, 기업은 정보 시스템을 통해 대량의 데이터를 빠르고 쉽게 안정적으로 수집할 수 있다. 최근에 마트에서 장을 본 경험을 떠올려보라. 오늘날 대부분의 상점에는 제품의 바코드, 즉 범용 상품 코드Universal Product Code(UPC)를 읽는 전자 스캐너가 있다. 계산원이 이 스캐너로 각 제품의 바코드를 찍으면 스캐너는 그것을 읽어 해당 제품의 판매 사실을 계산 시스템에 전자적으로 입력한다(결국 이 데이터는 재고 관리 시스템과 같은 다른 시스템에도 입력된다). 계산 시스템은 데이터베이스에서 해당 제품의 가격을 검색하여 그 가격을 주문 총액에 더한다(이것은 POSPoint Of Sale 정보 시스템의 한 예이다). 이 모든 작업은 순식간에 이루어지며, 여러 계산원이 동시에 동일한 작업을 수행할 수 있다. 또한 데이터가 매우 정확하게 입력된다. 대형 마트에서는 하루에 수만 건의 거래가 이루어지므로 이러한 데이터를 빠르고 정확하게 수집하는 것이 중요하다.

둘째, 기업은 정보 시스템을 통해 대량의 데이터를 저장하고 정리할 수 있다. 수 테라바이트의 데이터베이스를 갖춘 정보 시스템에 의해 신속한 검색이 가능한 체계적인 방식으로 대량의 데이터를 저장할 수 있다. 이는 수동 시스템에서는 불가능한 일이다.

셋째, 정보 시스템은 빠르고 정확하며 일관되게 데이터 가공을 수행한다. 하드웨어가 제대로 작동하고 소프트웨어가 올바르게 설계 및 구현되는 한 정보 시스템의 가공은 매우 일관되게 이루어진다. 예를 들어 마트의 계산 시스템은 어떤 제품을 스캔할 때마다 (가격이 변동되지 않는 한) 동일한 가격을 적용한다. 또한 세금을 정확히 계산하고 고객의 주문을 정확히 합산한다. 이러한 정확성 및 일관성과 속도는 수동 시스템과 비교가 되지 않는다.

숫자로 이해하기 2-1

애플 앱스토어의 앱 증가세

애플(Apple)의 아이폰은 매우 성공적인 사례로 손꼽힌다. 아이폰이 성공한 이유 중 하나는 애플 앱스토어에서 사용할 수 있는 앱이 많은 데다 계속 증가하고 있다는 것이다. 이러한 앱은 업무와 관련된 것이든 재미를 위한 게임이든 관계없이 아이폰의 가치를 높여준다. 다음 그림은 애플 앱스토어의 앱이 꾸준히 증가한다는 것을 보여준다(2020년에 감소세를 보인 것은 더 엄격한 기준으로 인해 일부 앱이 삭제되었기 때문이다). 한편 구글과 아마존(Amazon)에도 안드로이드 및 아마존 기기용 앱스토어가 있다.

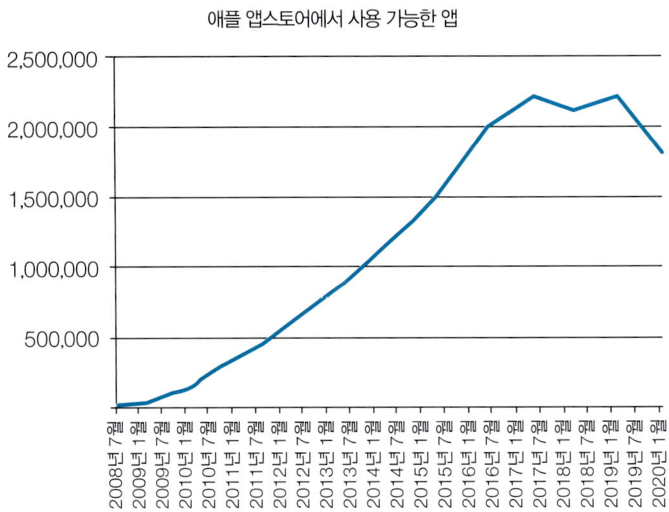

출처: http://en.wikipedia.org/wiki/App_Store_(iOS), https://www.lifewire.com/how-many-apps-in-app-store-2000252

넷째, 정보 시스템은 사용자에게 유용한 정보가 무엇인지에 따라 다양한 형태로 정보를 검색하고 결과물을 생성할 수 있다. 동일한 정보를 화면에 보여주거나 인쇄하거나 그래프로 나타낼 수 있다. 목적에 따라 데이터 표현 형식을 달리할 수도 있는데, 차트와 그래프는 많은 양의 데이터를 한눈에 파악하는 데 적합하고, 인쇄된 보고서는 세부 정보를 담기에 더 좋다.

많은 경영 정보 시스템의 중요한 기능 중 하나는 **비즈니스 규칙**business rule을 시행하는 것이다. 비즈니스 규칙은 경영에서의 행위를 조작하려는 의도로 경영의 한 측면을 정의하거나 제한하는 명령문 또는 표현이다. 모든 사업에는 그 사업의 운영을 관리하는 규칙이 있다. 다음은 몇 가지 예이다.

실제 경영 사례 2-1

우버가 정보 시스템으로 온디맨드 서비스를 제공하는 방법

2009년에 설립된 우버(Uber Technologies Inc.)는 전 세계 600개 이상의 도시에서 온디맨드(on-demand) 차량 서비스를 제공한다. 회사명에서 알 수 있듯이 운영의 중심에는 기술이 자리하고 있다. 실제로 기술이 매우 중요하기 때문에 우버는 스스로를 '기술 플랫폼'이라고 일컫는다(https://help.uber.com/riders/article/how-does-uber-work?nodeId=738d1ff7-5fe0-4383-b34c-4a2480efd71e). 우버는 스마트폰 앱을 이용하여 차량 서비스를 원하는 사람과 운전자를 연결해준다. 우버 앱을 통해 차량 서비스를 요청하면 인근에 있는 운전자에게 전달되고, 운전자가 요청을 수락하면 앱에서 운전자에 대한 정보(운전자의 이름, 차량에 대한 설명, 차량 번호 등)와 대략적인 대기 시간을 알려준다. 이 앱은 승차 비용의 견적도 제공한다. 또한 운전자가 승차 위치로 이동하는 상황을 지도로 보여주고, 차량 서비스가 완료되면 우버의 정보 시스템은 탑승자가 미리 선택한 결제 수단으로 요금을 자동 청구한다.

우버 앱은 사용법이 간단하지만 그 정보 시스템은 꽤 복잡하다. 예를 들어 우버는 탑승자와 운전자를 찾는 데 지리적 위치 기술을 사용한다. 구글 지도 및 기타 매핑 기술은 주행 중 진행 상황을 보여주는 경로 정보를 제공한다. 또한 운전자가 차량 서비스 요청을 수락했을 때, 그리고 탑승 위치에 접근했을 때 알려주기 위해 문자 메시지 기술을 사용한다. 우버는 동적인 수요 기반 가격을 적용하며, 우버의 시스템에는 탑승에 대한 지불을 처리하고 운전자에게 지불하는 시스템도 포함되어 있다. 이것은 우버가 차량 서비스를 제공하기 위해 원활하게 함께 작동해야 하는 다양한 시스템의 일부이다. 우버의 기술에 대해 더 자세히 알고 싶다면 https://eng.uber.com/tech-stack-part-one/를 참조하라.

출처: Abrosimova(2014)

- 고객이 사용 중인 객실의 배정이 불가능한 호텔 예약 시스템
- 인원이 다 찬 과목의 수강 신청이 불가능한 수강 신청 시스템
- 세금을 자동으로 계산하여 고객의 송장에 추가하는 주문 입력 시스템

이러한 정보 시스템은 위반이 발생하는 것을 허용하지 않음으로써 비즈니스 규칙을 적용한다. 또 다른 예를 살펴보자. 청구 기한이 30일 이상 지난 고객의 주문을 수락할 수 없다는 경영 방침이 있고, 관리자만이 그러한 주문을 승인할 수 있다고 가정하자. 회사의 주문 입력 시스템은 영업 담당자가 기한이 지난 고객의 주문을 입력하지 못하게 함으로써 이 규칙을 적용한다. 청구 기한이 30일 이상 지난 경우 시스템은 관리자가 승인할 때까지 주문을 수락하지 않는다. 뒤에서 정보 시스템이 어떻게 분석 및 설계되는지 설명할 것이다. 비즈니스 규칙을 제대로 이해하고 시스템 설계에 신중하게 적용하는 것은 시스템 분석 및 설계의 중요한 측면 중 하나이다.

학습 활동 2-4

정보 시스템과 변화

COVID-19 팬데믹 동안 많은 대학이 온라인 수업으로 신속히 전환했다. 이는 다양한 정보 시스템 덕분에 가능한 일이었는데, 이러한 정보 시스템을 두 가지 찾아보라.

1. 각 시스템에 대해 간략히 설명하라.
2. 각 시스템은 어떻게 사용되었는가?
3. 각 시스템의 효과성을 알아보고, 대면 수업을 향상하기 위해 시스템을 활용할 수 있는 방안에 대해 토론하라.

정보 시스템은 조직의 변화를 어떻게 촉진하는가

정보 시스템은 경영자가 조직의 변화를 이끌어내는 데 여러모로 도움이 된다. 정보 시스템이 어떻게 조직의 변화를 촉진하는지 프로세스, 자동화, 제어, 정보 흐름으로 구분하여 살펴보자.

프로세스

정보 시스템의 사용이 증가한 것은, 1990년대에 시작되어 오늘날까지 계속되고 있는 비즈니스 프로세스 재설계 운동의 원인이기도 하다. 정보 시스템은 조직이 프로세스의 효율성과 효과성을 개선하는 데 도움을 줄 수 있다. 예를 들어 많은 회사는 고객 셀프서비스를 제공하는 데 정보를 사용한다. 대표적인 예는 현금 자동 입출금기Automated Teller Machine(ATM)이다. 과거에는 현금이 필요할 때 거래하는 은행에 직접 가서 현금을 찾았지만, 이제는 가까운 현금 자동 입출금기에 가서 카드를 넣고 버튼을 몇 번 누르면 현금이 나온다. 일부 은행은 카드 없이 스마트폰 앱을 사용하여 현금 자동 입출금기에 액세스할 수도 있다. 과거의 프로세스에서는 창구 직원이 있어야 하기 때문에 은행의 관점에서 비효율적이었다. 현금 자동 입출금기는 정보 시스템이 프로세스를 개선하고 제어할 수 있는 방법을 보여준다.

정보 시스템을 통해 개선된 비즈니스 프로세스는 더 효율적일 뿐만 아니라 오류가 적고 고객의 편의성이 크기 때문에 더욱 효과적이다. 앞에서 예로 들었던 수강 신청을 비롯해 정보 시스템이 비즈니스 프로세스의 효율성과 효과성를 향상한 예는 수도 없이 많다.

자동화

일부 프로세스는 완전히 자동화되었다. 대표적인 예가 온라인 주문이다. 웹이 대중화되기 전에는 회사에 무언가를 주문하려면 일반적으로 회사에 전화를 걸어 영업 담당자에게 주문하거나 주문 양식을 작성하여 우편으로 보내야 했고, 이를 처리하는 담당자가 주문 양식을 회사의 주문 시스템에 입력했다. 그러나 오늘날에는 회사 웹사이트에 접속하여 온라인 주문 양식을 작성하기만 하면 주문 시스템에 바로 입력된다. 예를 들어 주유와 같은 단순한 작업은 완전히 자동화되었다. 주유소에서 주유할 때 해야 할 일은 신용카드나 직불카드를 슬롯에 밀어넣고 자동차의 연료 탱크를 채운 뒤 영수증을 받아 행선지로 출발하는 것뿐이다(일부 주유소에서는 스마트폰 앱으로도 결제가 가능하다).

제어

정보 시스템은 프로세스 제어를 개선하여 조직의 변화를 이끌기도 한다. 적절히 설계 및 구현된 정보 시스템은 프로세스 전반에 걸쳐 비즈니스 규칙을 준수하게 만든다. 예를 들어 주문 입력 시스템은 결제에 문제가 있는 고객의 주문을 수락하지 않는다. 오늘날의 정보 시스템은 고객이 주유하기 전에 결제가 가능한지 확인한다. 앞에서 다루었던 수강 신청 시스템은 규칙이 적용된 또 다른 예이다. 완전 자동화가 아닌 시스템에서는 전제 조건이 충족되지 않더라도 비교적 쉽게 수강 신청을 할 수 있었으나, 오늘날의 시스템에서는 수강 신청을 받기 전에 전제 조건을 확인한다(전제 조건이 시스템에 올바르게 입력되었다는 가정하에).

정보 흐름

정보 시스템은 조직의 의사소통과 정보 흐름을 개선한다. 워크플로 시스템은 업무 전반에 걸쳐 정보 흐름을 촉진한다. 대학의 성적 변경을 예로 살펴보자. 교수는 정보 시스템에 성적 변경을 입력한다. 시스템은 성적 변경이 승인 대기 중임을 해당 관리자에게 알리는 이메일을 생성한다. 관리자는 요청을 검토하고 승인하거나 거부한다. 요청이 승인되면 시스템은 교수와 학생에게 알리고 성적이 변경되어 적용된다. 프로세스 전반에 걸쳐 시스템은 정보 흐름을 관리하고 프로세스를 제어한다. 또한 정보 시스템은 정보 공유를 촉진하는데, 문서 저장소 및 이메일과 같은 통신 시스템이 바로 그 예이다.

정보 시스템이 변화를 일으키는 방식은 조직 형태의 변화를 불러올 수 있다. 이해를 돕기 위해 가상 조직과 중간 관리자의 역할에 대해 생각해보자. 가상 조직의 구성원은 반드시 같은 장소에 있는 것은 아니며, 말 그대로 전 세계에 퍼져 있을 수도 있다. 이러한 팀은 구성원이 멀리 떨어져 있어도 정보 시스템을 통해 이메일, 화상회의와 같은 의사소통 기능을 사용하여 함께 일할 수 있다. 공유 일정, 문서 저장소 등의 도구도 가상 조직의 업무에 일조한다.

실제 경영 사례 2-2

농업을 보다 효율적이고 지속 가능하게 만드는 애그테크

세계 인구가 계속 증가함에 따라 식량 공급 문제가 대두되고 있다. 한편으로 전 세계는 식량 생산이 환경에 미치는 영향을 점점 더 우려하고 있다. 애그테크(AgTech, 농업 생산에의 첨단 기술 적용)는 환경적으로 지속 가능한 방식으로 식량 생산을 늘리는 열쇠가 될 수 있다. 다양한 정보 시스템은 특히 자원 사용과 관련하여 수확량을 증가시키고 효율성을 향상하기 위해 정보를 수집·처리하는 데 도움이 된다. 예를 들어 다른 기술과 접목된 지리 정보 시스템을 통해 농부는 토양 구성, 날씨 및 기타 요인에 따라 특정 지역에 비료를 정확하게 뿌릴 수 있다. 또한 센서와 드론이 결합되어 밭의 특정 지역에 어떻게 물을 공급해야 하는지에 관한 정보를 제공한다. 이 두 가지 예는 모두 자원 사용을 줄임으로써 농업의 지속 가능성을 향상한다.

일부 낙농장은 인간의 개입을 최소화하면서 사료를 혼합하고 젖소에게 분배하기 위해 로봇을 광범위하게 사용하고 있다. 자동 착유기는 젖소의 젖을 짤 뿐만 아니라 영양 상태를 모니터링한다. 또한 이 착유기는 다양한 건강 문제를 처리하기 위해 사료의 혼합을 조정하도록 사료 로봇과 통신한다. 이러한 시스템은 젖소의 건강을 해치지 않으면서 우유 생산을 극대화하는 데 도움이 된다. 스트레스는 우유 생산을 감소시키기 때문에 이 시스템의 목표 중 하나는 젖소를 스트레스 없이 키우는 것이다. 정확한 관개에서부터 스트레스 없는 젖소에 이르기까지 애그테크는 증가하는 인구를 위한 식량을 지원하는 동시에 농업의 환경적 영향을 줄이는 데 큰 힘을 발휘할 것이다.

출처: CB Insights. 2017. "The AgTech Market Map: 100+ Startups Powering the Future of Farming and Agribusiness." https://www.cbinsights.com/research/agriculture-tech-market-map-company-list/; Kinnard Farms. 2016. "Kinnard Farms Dairy Tour." https://www.youtube.com/watch?v=v761DlLatzg; Kite-Powell, J. 2016. "Take a Look at How Technology Makes Smart and Sustainable Farming." *Forbes*, December 31. https://www.forbes.com/sites/jenniferhicks/2016/12/31/take-a-look-at-how-technology-makes-smart-and-sustainble-farming/#6667d7bb3deb

더 광범위한 규모에서 정보 시스템은 기업이 평면 조직 구조로 변화하는 데 도움이 된다. 과거에는 하위 직원의 활동을 모니터링하고 조직의 하위 수준과 상위 수준 간 의사소통을 촉진하기 위해 많은 중간 관리자가 존재했다. 오늘날의 정보 시스템은 비즈니스 규칙을 시행하고 다양한 프로세스를 통해 의사소통을 촉진함으로써 그러한 기능 중 일부를 제공할 수 있다. 또한 이메일, 웹사이트와 같은 의사소통 기술은 조직 수준 전체의 의사소통 흐름을 개선하고, 이전에는 조직의 상위 수준에만 머물렀던 정보를 직원들에게 제공한다. 그 결과 많은 기업이 평면 조직 구조로 거듭났다.

이 장의 학습 목표는 정보 시스템 및 조직에서 정보 시스템이 하는 역할을 이해하는 것이었다. 다음 절에서는 일반적인 정보 시스템에 대해 간략히 설명하고, 더 자세한 내용은 이 책의 뒷부분에서 다룰 것이다.

일반적인 정보 시스템

현대 조직에는 다양한 유형의 정보 시스템이 있으며, 이 책의 나머지 부분에서 이러한 정보 시스템을 다룰 것이다. 이 절에서는 조직이 사용하는 정보 시스템의 범위를 개관하려 한다. [그림 2-4]는 그 영향 또는 범위에 따라 분류한 정보 시스템을 보여준다. 삼각형의 맨 아래에는 일반적으로 한 사람 또는 소규모 집단이 사용하는 개인용 애플리케이션이 있고, 맨 위에는 전 세계의 여러 조직이 사용하는 글로벌 시스템이 자리한다.

그림 2-4 정보 시스템의 분류

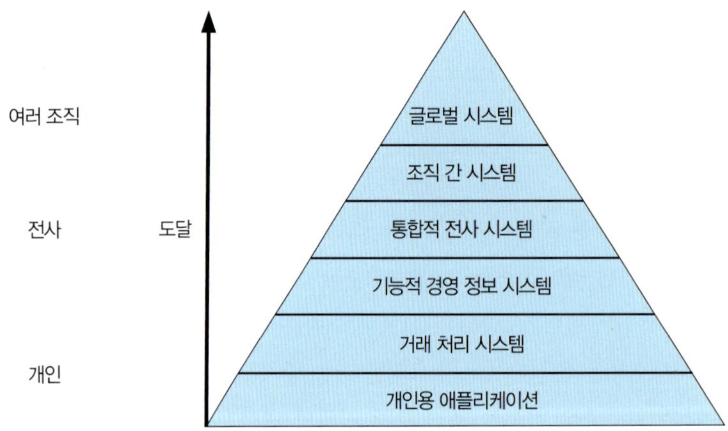

출처: Turban and Volonino(2009), p. 43을 수정

오늘날 사용 가능한 정보 시스템의 범위를 쉽게 이해하기 위해 각 수준별 시스템의 몇 가지 예를 살펴보자.

- 개인용 애플리케이션personal application: 개인이 작업을 더 효율적·효과적으로 하게 해준다. 사무 자동화 시스템(예: 마이크로소프트 오피스와 같은 사무용 제품군), 에버노트

Evernote 또는 원노트OneNote와 같은 필기 시스템, 작업 목록 시스템, 개인 정보 관리자, 개인 일정, 드로잉 프로그램 등이 여기에 포함된다.

- 거래 처리 시스템Transaction Processing System(TPS): 비즈니스 프로세스에 의해 생성되는 대량의 데이터를 수집·추적·처리·저장한다. 앞에서 언급한 마트의 POS 시스템이 그 예이며, 다수의 TPS를 가지고 있는 조직이 많다. 또 다른 예로 급여 처리 시스템, 송장 발행 시스템, 재고 관리 시스템이 있다(이러한 독립 실행형 TPS 중 일부는 통합적 전사 시스템으로 대체되었다). 초기의 정보 시스템에서는 대부분의 TPS가 배치 모드에서 작동했다. 즉 처리할 모든 데이터를 수집한 뒤 데이터를 일괄 처리했다. 그러나 지금은 데이터를 수집하는 즉시 처리하는 온라인 거래 처리 시스템OnLine Transaction Processing(OLTP) system을 사용하는 추세이다.
- 기능적 경영 정보 시스템functional and management information system: 기업의 업무에서 기능 영역의 운영을 모니터링·제어·분석한다. 재무 관리 시스템, 영업 인력 자동화 시스템, 자재 요구 사항 계획 시스템Material Requirements Planning(MRP) system, 복리후생 관리 시스템이 그 예이며, 슬랙Slack 또는 팀스Teams와 같은 협업 시스템, 줌Zoom과 같은 화상회의 시스템이 여기에 해당된다. 이러한 독립 실행형 시스템 중 일부는 통합적 전사 시스템으로 대체되었으나 협업 시스템과 화상회의 시스템의 사용이 증가하고 있다.
- 통합적 전사 시스템integrated enterprise system: 오늘날 많은 조직(특히 대기업)은 독립 실행형 거래 처리 시스템과 기능적 경영 정보 시스템의 많은 부분을 여러 기능 영역에 걸쳐 영향을 미치는 통합적 전사 시스템으로 대체했다. 독립 실행형 시스템은 대개 다른 시스템과 분리되어 사용되는 반면, 통합 시스템의 경우 일관적이고 상호 관련된 시스템에 여러 애플리케이션이 포함되어 있다. 예를 들어 전사적 자원 관리 시스템은 전체 조직의 정보 처리 및 보고 시스템을 수행하는 통합 모듈 세트를 제공한다. 통합적 전사 시스템은 매우 중요하므로 12장에서 자세히 다룰 것이다.
- 조직 간 시스템interorganizational system: 소비자와 연결하기 위해 조직의 경계에 걸쳐 있는 시스템이다. **EDI**Electronic Data Interchange는 많은 시스템의 핵심으로, EDI를 사용하면 한 조직의 시스템이 파트너 조직의 시스템과 직접 상호 작용할 수 있다. 많은 e-비즈니스 시스템은 파트너 조직이 원활하게 상호 작용할 수 있게 해주므로 조직 간 시스템이라고 할 수 있다.
- 글로벌 시스템global system: 국경을 넘나드는 조직 간 시스템이다. 이러한 시스템은 언어, 통화, 문화의 국가 간 차이로 인해 다른 시스템보다 더 복잡하다.

독립 실행형 시스템은 데이터를 교환할 수 있도록 통합되는 경우가 많다. 예를 들어 회계 애플리케이션은 거래 처리 시스템에서 데이터를 가져올 수 있다. 이러한 통합은 조직을 원활하게 운영하는 데 매우 중요하다.

단원 요약

이 장에서는 조직을 효율적으로 운영하는 데 정보 시스템이 어떻게 도움이 되는지를 알아보았다. 여기서 배운 내용은 이 책의 나머지 부분을 이해하는 데 밑거름이 된다. 이 장에서 설명한 주요 내용은 다음과 같다.

- 정보 시스템은 기술, 데이터, 사람, 프로세스를 결합하여 정보를 수집·가공·저장·구성·검색·전달하는 데 도움을 준다.
- 정보가 풍부한 오늘날의 경영 환경에서 경영 전문가는 다양한 정보 시스템을 능숙하게 다루어야 한다.
- 시스템은 목표 달성을 위해 입력을 받아 처리하여 결과물을 생성하는 구성 요소로 이루어져 있다.
- 정보 처리 주기는 입력, 처리, 저장, 결과물, 제어로 구성된다.
- 정보 시스템의 핵심 구성 요소는 데이터, 하드웨어, 소프트웨어, 통신 매체, 절차, 인적 자원이다.
- 정보 시스템은 데이터 수집·구성·가공·출력 방식을 향상하여 관리자가 정보를 처리하는 데 도움이 된다.
- 정보 시스템은 비즈니스 규칙을 적용하는 데 도움이 될 수 있다.
- 정보 시스템은 프로세스, 자동화, 제어, 정보 흐름의 개선을 통해 조직의 변화를 촉진한다.
- 일반적인 정보 시스템에는 개인용 애플리케이션, 거래 처리 시스템, 기능적 경영 정보 시스템, 통합적 전사 시스템, 조직 간 시스템, 글로벌 시스템 등이 포함된다.

학습 정리 질문

1. 경영 전문가가 정보 시스템을 이해해야 하는 이유는 무엇인가?
2. 시스템을 정의하라.
3. 이 장에서 언급된 시스템의 핵심 개념은 무엇인가?
4. 정보 처리 주기에 대해 설명하라.
5. 정보 시스템의 여섯 가지 핵심 구성 요소는 무엇인가?
6. 인적 자원이 정보 시스템의 핵심 구성 요소 중 하나인 이유는 무엇인가?
7. 시스템 소프트웨어와 응용 소프트웨어를 비교하여 설명하라.
8. 정보 시스템이 대량의 정보를 처리하는 관리자를 돕는 네 가지 방법은 무엇인가?
9. 비즈니스 규칙이란 무엇인가? 이는 정보 시스템과 어떤 관련이 있는가?
10. 정보 시스템이 조직의 변화를 촉진하는 다섯 가지 방법은 무엇인가?
11. 일반적인 정보 시스템의 여섯 가지 유형은 무엇인가?

생각해보기

1. 이 장에서 배운 내용 중 가장 중요한 것은 무엇인가? 그것이 왜 중요한가?
2. 이 장에서 배운 내용과 1장에서 배운 내용은 어떤 관련이 있는가?
3. 정보 시스템은 우리의 삶에 어떤 영향을 미치는가? 정보 시스템을 하나 선택하고, 그것이 컴퓨터화된 형태가 아니라면 자신의 삶이 어떻게 달라질지 설명하라.
4. 앞으로 자신이 가질 직업에 대해 생각해보라. 그 직업에서는 정보 시스템을 어떻게 사용할 것이라고 생각하는가? 정보 시스템을 더 잘 이해하는 것은 경력에 어떻게 도움이 되겠는가?
5. 정보 시스템의 핵심 구성 요소인 인적 자원이 어떻게 정보 시스템을 실패로 이끌 수 있는지 구체적인 예를 들어 설명하라.

추가 학습 활동

1. 정보 처리 주기를 수강 신청 시스템과 연관 지어 생각해보고 입력, 처리, 결과물, 데이터, 제어의 예를 들라.
2. 정보 처리 주기를 이용하여 인터넷 쇼핑몰 구매 시스템에 대해 설명하라(강사가 다른 정보 시스템의 예를 제시할 수도 있다).
3. 회사의 급여를 처리하는 정보 시스템을 구성하는 핵심 요소(데이터, 하드웨어, 소프트웨어, 통신 매체, 절차, 인적 자원)의 예를 각각 들라.
4. 자신이 경험한 세 가지 비즈니스 규칙을 제시하고, 정보 시스템이 각 규칙을 어떻게 시행하는지 간단히 설명하라(예: 수강 신청 시스템에서는 필수 과목을 이수하지 않은 학생이 수강 신청을 할 수 없다).
5. 정보 시스템이 조직의 변화를 촉진한 예를 찾아보고, 어떻게 변화를 촉진했는지 본문에 제시된 범주에 따라 설명하라.
6. 정보 시스템이 비즈니스 프로세스의 효율성 또는 효과를 개선한 예를 두 가지 들고 구체적으로 설명하라(프로세스의 어떤 요소가 개선되었는지, 어떻게 개선되었는지, 그러한 개선이 조직과 고객 또는 공급업체에 어떤 도움이 되었는지 등).
7. 본문에서 설명한 여섯 가지 일반적인 정보 시스템의 예를 각각 들라(예: 마이크로소프트 엑셀은 개인용 애플리케이션이다). 단, 본문에 언급된 예는 제외하라.
8. 한 친구가 작은 카페를 차렸다고 가정하자. 카페를 운영하는 데 도움이 되는 다섯 가지 정보 시스템을 추천하고, 각 정보 시스템이 도움이 되는 이유를 간략히 설명하라.

참고 문헌

Abrosimova, K. 2014. "Building an App Like Uber: What Is the Uber App Made From?" *Medium*. https://medium.com/yalantis-mobile/uber-underlying-technologies-and-how-it-actually-works-526f55b37c6f.

Pauli, D. 2010. "IT and Beer: A Love Story." *Computerworld*, June 4. https://www.computerworld.com/article/3470392/it-and-beer-a-love-story.html.

Turban, E., and L. Volonino. 2009. *IT for Management: Improving Performance in the Digital Economy*. New York: John Wiley & Sons.

용어 사전

EDI: 표준 형식을 사용하여 둘 이상의 조직 간에 정보를 전자적으로 교환하는 데 중점을 둔 B2B e-비즈니스 모델

거래 처리 시스템(TPS): 조직의 거래에서 생성되는 데이터를 수집·모니터링·처리·보고·저장하는 시스템

등결과성: 열린 시스템의 경우 최종 결과물을 얻는 많은 경로가 있다는 개념

비즈니스 규칙: 경영에서의 행위를 조작하려는 의도로 경영의 한 측면을 정의하거나 제한하는 명령문 또는 표현

시스템: 목표 달성을 위해 입력을 받아 처리하여 결과물을 생성하며 상호 작용을 하는 구성 요소의 집합

열린 시스템: 환경과 상호 작용하는 시스템

정보 시스템: 정보를 수집·가공·저장·구성·검색·전달하기 위한 기술, 데이터, 사람, 프로세스의 조합

제어: 시스템의 올바른 작동을 위한 일련의 기능

피드백: 시스템이 자체 결과물을 모니터링하여 스스로 조절하는 프로세스

하위 시스템: 더 큰 시스템의 일부인 시스템

CHAPTER

03

정보 평가

학습목표

- 정보 평가를 토대로 정보 소비자가 되는 것이 왜 중요한지 개인적·직업적 측면에서 설명할 수 있다.
- 정보 과부하와 그 결과, 그리고 정보 과부하를 처리하는 접근 방식을 이해할 수 있다.
- 정보 과부하와 정보 평가의 관계를 이해할 수 있다.
- 정보 품질의 차원을 설명할 수 있다.
- 정보 평가 프레임워크와 개별 요소를 설명할 수 있다.
- 정보 관련 작업에서 정보의 유용성과 신뢰성을 평가할 수 있다.

현명한 정보 소비자 되기

오늘날과 같은 지식 사회에서 성공하려면 정보 소비자가 되어야 한다. 우리는 끊임없이 증가하는 정보 속에 놓여 있기 때문에 정보를 다루는 능력은 현대 사회를 살아가는 데 중요하다. 정보 활용 능력의 개념을 다룬 1장에서는 정보를 효과적으로 평가하는 것이 정보 활용 능력의 한 요소임을 살펴보았다. 이 장은 **정보 평가**information evaluation와 관련된 지식과 기술을 향상하는 데 도움을 줄 것이다.

주목할 만한 사례

잘못된 정보가 개인에게 미치는 영향

최근에 '가짜 뉴스'라는 말이 널리 쓰이고 있지만, 미디어를 통해 퍼지는 잘못된 정보(misinformation)와 허위 정보(disinformation)는 이미 오래전부터 존재했다. 수년 전에는 자극적인 제목의 타블로이드 신문이 가판대에서 한 자리를 차지했다. 지금은 소셜 미디어를 통해 뉴스 기사의 링크를 쉽게 공유할 수 있어 우리 사회에 가짜 뉴스가 퍼지고 있다. 대부분의 뉴스 기사는 공유되더라도 바로 잊히기 때문에 큰 문제가 없지만 가짜 뉴스는 심각한 결과를 초래하기도 한다.

에볼라 바이러스가 창궐했을 때 서아프리카에서 간호 활동을 한 국경없는의사회의 자원봉사자 Kaci Hickox의 경우를 예로 살펴보자(에볼라 바이러스에 감염되어 걸리는 에볼라 출혈열은 치료가 거의 불가능한 치명적인 질병이다). Hickox는 미국으로 돌아와 에볼라 바이러스 검사에서 음성 판정을 받을 때까지 80시간 동안 격리 생활을 해야 했다. 뉴어크 공항에서 일반 체온계를 이마에 대어 측정한 체온은 약간 높았지만 구강 체온계로 측정한 체온은 정상이었고 별다른 증상이 없었다. 뉴스 매체 NJ.com에 따르면 당시 뉴저지 주지사는 Hickox에게 부당한 격리로 불편을 끼친 것에 대해 사과했지만, Hickox가 아프다고 말했다면서 추가 검사를 받아야 할 수도 있다고 언급했다. "그녀가 아프다는 것은 분명한데, 문제는 무슨 병인지 모른다는 것이다"라는 주지사의 말은 온라인상에서 공유되어 다른 언론 매체를 통해 퍼져나갔다. Hickox가 메인주에 있는 자기 집으로 돌아왔을 때, 메인 주지사는 격리를 거부하는 Hickox에게 강제로 3주간 격리하라고 했다. 또한 집주인은 에볼라 바이러스를 우려하여 Hickox에게 집을 비워달라고 했고, 지역 주민은 경찰에 민원을 넣었다. 심지어 Hickox는 살해 위협을 받았고, 함께 살던 룸메이트는 다니던 간호학교를 그만두었다. 결국 메인주를 떠난 Hickox는 메인주와 뉴저지주를 상대로 소송을 제기했다.

뉴저지 주지사의 말은 별다른 의도가 없는 잘못된 정보라고 할 수 있다. Hickox에게 해를 끼칠 의도가 없었을 것이고, 자신의 말이 부정확하다는 사실조차 인식하지 못했을 수도 있기 때문이다. 보편적인 정의는 없지만, '잘못된 정보'는 일반적으로 거짓이지만 해를 입히려는 의도가 없는 정보로 정의할 수 있다. 반면에 '허위 정보'는 해를 입히려는 의도가 있는 거짓 정보를 말한다(Spies, 2020). 때때로 가짜 뉴스는 풍자 언론사인 디어니언(The Onion)의 기사처럼 풍자적인 경우도 있다. 이러한 기사는 의도적으로 거짓이지만 오도하기 위한 것이 아니라 재미를 위한 것이다(풍자적인 뉴스 기사는 명확히 구분되어야 하지만 항상 그런 것은 아니다).

Kaci Hickox의 이야기는 오해의 소지가 있거나 부정확한 뉴스 기사가 실제로 개인에게 어떻게 해를 끼칠 수 있는지를 보여주는 한 사례이다. 오늘날 우리는 기술의 발달로 신속한 커뮤니케이션을 향유하고 있지만, 이러한 기술은 유해한 가짜 뉴스의 확산에 쓰이기도 한다.

출처: Akpan, N. 2016. "The Very Real Consequences of Fake News Stories and Why Your Brain Can't Ignore Them." *PBS News Hour*, December 5. https://www.pbs.org/newshour/science/real-consequences-fake-news-stories-brain-cant-ignore; Arco, M. 2019. "Christie Defends Ebola Quarantine Announcement, Saying He's Trying to Protect N.J. Residents." *NJ.com*, March 29. https://www.nj.com/politics/2014/10/christie_defends_ebola_quarantine_announcement.html; Sullivan, G., and A. Ohlheiser. 2014. "Maine Gov. Paul Lepage Is Seeking Legal Authority to Enforce Ebola Quarantine on Nurse." *The Washington Post*, October 29. https://www.washingtonpost.com/news/morning-mix/wp/2014/10/29/after-fight-with-chris-christie-nurse-kaci-hickox-defies-ebola-quarantine-in-maine/; Sherwood, D., and C. Jenkins. 2014. "Nurse Kaci Hickox and State of Maine Settle Quarantine Lawsuit." *Scientific American*, November 3. https://www.scientificamerican.com/article/nurse-kaci-hickox-and-state-of-maine-settle-quarantine-lawsuit/; Washburn, L. 2017. "Quarantined Ebola Nurse Settles Case against Gov. Christie." *NorthJersey.com*, July 28. https://www.northjersey.com/story/news/health/2017/07/28/quarantine-ebola-patients-bill-of-rights/520480001/

생각해보기

1. 가짜 뉴스가 초래하는 결과에는 어떤 것들이 있는가?
2. 가짜 뉴스를 구별하는 방법은 무엇인가? 뉴스의 어떤 측면이 진실성에 의문을 품게 만드는가?
3. 인터넷에서 본 가짜 뉴스를 생각해보라. 처음에 그 뉴스를 믿었는가? 그 뉴스가 '가짜'라는 것을 어떻게 알게 되었는가?

인터넷에서 쉽게 접근할 수 있는 정보에는 장점과 단점이 공존한다. 분명한 장점은, 불과 몇 년 전만 해도 정보를 습득하는 데 오랜 시간이 걸리고 그 출처를 명확히 알 수 없었지만 이제는 인터넷의 방대한 정보에 쉽게 접근하여 습득할 수 있다는 것이다. 반면에 단점은 인터넷에서 공유되는 내용을 결정하는 '문지기gatekeeper'가 거의 없다는 것이다. 이는 인터넷의 최대 장점 중 하나이기도 하지만, 한편으로는 품질 관리가 되지 않는다는 의미이기도 하다. 인터넷 시대 이전에 신문, 방송과 같은 전통적인 매체에서 정보의 품질과 정확성을 평가하는 것은 각

학습 활동 3-1

좋은 정보란 무엇인가

좋은 정보는 좋은 의사결정으로, 나쁜 정보는 나쁜 의사결정으로 이어질 수 있다. 그렇다면 나쁜 정보란 무엇인가? 소집단을 이루어 정보 품질의 의미에 대해 토론하고, 좋은 정보의 특성을 목록으로 만들라. 토론 후 강사가 블로그나 위키와 같은 정보 원천을 알려주면 목록을 참고하여 정보 원천에 포함된 정보를 평가하라.

매체의 편집자와 발행인이었다. 하지만 지금은 인터넷상의 거의 모든 사람이 거의 모든 주제에 대한 정보를 생산하고 게시할 수 있다. 이는 오늘날 인터넷에 있는 많은 정보와 관련하여 그 책임이 정보 소비자, 즉 개인에게 있다는 의미이다. 따라서 이제 개인의 정보 평가 능력은 매우 중요한 자질이다.

우리는 일상적으로 어떤 일을 처리할 때 종종 무의식적으로 행동하는 경향이 있다. 많은 경우에 깊이 생각하지 않고 어떤 행동을 한다. 일상에서 인터넷을 활용할 때도 너무 많은 정보에 노출된 나머지, 우리는 인터넷의 정보를 비판적으로 생각하지 않고 무의식적으로 사용하곤 한다. 사소한 결정을 내릴 때는 이러한 무의식적 사용이 크게 상관없을 것이다. 그러나 어떤 결정의 결과와 그 영향이 클 때는 정보의 품질을 비판적으로 평가함으로써 더 분별력 있는 정보 소비자가 되어야 한다.

정보 평가는 정보의 장점과 가치를 체계적으로 결정하는 것이다. 정보 평가 기술은 개인의 인적 네트워크와 직무 경력에 중요한 영향을 끼친다. 정보 소비자로서 우리는 다종다양한 정보를 선별하고 평가할 수 있어야 한다. 우리는 인생을 살아가면서 크고 작은 결정을 내린다. 직업을 선택하거나 집을 매매하는 것과 같은 중대한 결정을 내릴 때 잘못된 정보를 참고하면 그

숫자로 이해하기 3-1

낮은 정보 품질의 비용

품질이 떨어지는 정보는 상당한 비용을 초래한다. 한 연구에서는 75%의 조직이 부정확한 정보로 인해 고객 서비스 품질이 저하된다고 추정했다. 또한 부정확한 데이터가 업무상 실수를 만드는 가장 큰 원인이라고 밝혔다(Experian Data Quality, 2016). 데이터웨어하우징인스티튜트(Data Warehousing Institute)가 수행한 또 다른 연구에서는 낮은 품질의 정보가 미국 내 기업에 연간 6,000억 달러 이상의 비용을 발생시킨다고 추정했다(http://www.crmbuyer.com/story/44711.html?wlc=1278446605).

결과가 매우 심각할 수도 있다. [주목할 만한 사례]에서 보았듯이 나쁜 정보를 토대로 행동하는 것은 부정적인 결과를 초래하기도 한다.

정보를 지능적으로 처리하는 것 또한 경력에 중요하다. 우리는 개인적인 삶뿐만 아니라 직장 생활에서도 많은 결정을 하게 된다. 따라서 처리해야 할 정보를 평가하는 방법을 아는 것이 특히 중요하다. 우리의 평판과 성공적인 경력은 대부분이 우리가 내린 결정의 결과라고 할 수 있다. 더 나은 정보를 기반으로 결정을 내리면 보통은 더 나은 결과를 얻는다.

경영에서는 불확실성을 줄이기 위해 다양한 정보를 활용하곤 한다. 의사결정을 둘러싼 불확실성이 많을수록 우리는 그 불확실성을 줄이기 위해 더 많은 정보를 찾는다. 당연한 말이겠지만, 기본적인 가정은 정보의 품질이 좋아야 한다는 것이다. 품질이 낮은 정보는 어떤 의사결정의 불확실성을 줄이는 데 오히려 방해가 된다.

한 예로 신입사원을 채용하는 경우를 생각해보자. 관리자는 잘못된 채용에 따른 실패와 비용을 줄이기 위해 지원자의 정보를 수집한다. 이때 지원자의 경력, 교육, 성격에 대한 정보를 모두 활용한다. 이 정보가 정확하다면 관리자는 회사가 원하는 인재를 선별할 수 있을 것이다. 그런데 지원자의 이력서에 담긴 정보가 거짓이라면 어떨까? 적임자를 채용할 가능성이 당연

실제 경영 사례 3-1

정보 품질이 기업에 미치는 영향

기업은 정보를 더욱 효과적으로 평가하고 활용하기 위해 정보 시스템에의 투자를 아끼지 않는다. 좋은 정보와 나쁜 정보가 기업에 어떤 영향을 미치는지는 항상 어려운 문제이다. 본문에서도 언급했듯이 고품질 정보는 의사결정을 향상한다. 예를 들어 마케팅 및 판매와 관련된 양질의 정보를 통해 기업은 제품의 가격을 적절히 책정하고 제품에 맞는 목표 고객의 수요를 충족하는 제품을 비축할 수 있다. 또한 양질의 정보는 작업자가 정보의 오류를 발견하고 수정하는 데 소요되는 시간을 줄여주어 생산성 향상에 기여한다.

양질의 정보는 각종 규제를 준수하는 데에도 필수적이다. 기업은 경영의 다양한 측면에 대해 정확한 보고서를 작성해야 하는데, 이러한 보고서에 부정확한 정보가 포함되어 있으면 심각한 법적 문제가 발생할 수도 있다. 나쁜 정보는 예컨대 코카콜라(Coca-Cola)가 질이 떨어지는 시장 조사 데이터를 기반으로 '뉴코크(New Coke)'를 출시했을 때와 같이 기업의 평판에 먹칠을 하기도 한다. 나쁜 품질의 정보는 새로운 사업 기회를 놓치고 수익을 잃는 등 기업에 여러모로 부정적인 결과를 안겨줄 수 있다.

출처: Forbes Staff. 2017. "Poor-Quality Data Imposes Costs and Risks on Business, Says New Forbes Insights Report, May 31. https://www.forbes.com/sites/forbespr/2017/05/31/poor-quality-data-imposes-costs-and-risks-on-businesses-says-new-forbes-insights-report/#5479c128452b

히 줄어들 것이다.

여기서 주목할 점은, 어떤 의사결정을 내릴 때 활용되는 모든 종류의 정보를 체계적으로 평가할 수 있어야 한다는 것이다. 이 장에서는 정보의 품질을 이해하는 데 도움이 되는 몇 가지 접근 방식에 대해 알아보자.

정보 과부하 및 정보 평가의 필요성

노벨상을 수상한 심리학자이자 경제학자인 Herbert Simon(1971)은 다음과 같이 말했다.

> 정보가 풍부한 세상에서 정보의 풍요로움은 다른 것의 부족, 즉 정보가 소비하는 것이 무엇이든 부족함을 의미한다. 정보가 무엇을 소비하는지는 명백하다. 바로 정보 수용자의 관심이다. 따라서 정보의 풍요로움은 관심의 빈곤을 야기하고, 넘쳐나는 정보의 홍수 속에서 수용자의 관심을 효과적으로 배분할 필요가 있다.

정보 과부하information overload라는 말을 사용하지는 않았지만 Simon의 요지는 바로 그것이다. 우리는 효과적으로 처리할 수 있는 것보다 더 많은 정보를 가지고 있다. 걸러내야 할 정보가 많을수록 다른 일에 쏟을 시간이 줄어든다. 정보 과부하는 일과 사생활 둘 다의 현실적인 문제이다. 정보 과부하는 생산성을 떨어뜨리고, 스트레스를 증가시키며, 신체적 문제로 이어질 수도 있다.

실무에서 경영 관리자는 이러한 정보 과부하의 부정적 영향을 흔히 경험한다. 이들은 정보의 가치를 알고 다음과 같은 이유로 정보를 수집한다(Butcher, 1998).

- 의사결정 개선
- 의사결정의 정당화와 설득
- 이미 얻은 정보의 재확인
- 관련 정보의 누락으로 인한 불이익 방지
- 수집한 정보의 추후 재사용

여기에 관리자가 원치 않는 정보의 양을 더하면 정보 과부하가 왜 많은 관리자에게 문제가 되는지 가늠이 될 것이다.

이를 쉽게 이해하기 위해 IT 관리자인 팻을 예로 들어보겠다. 팻이 몸담고 있는 회사는 컴퓨

학습 활동 3-2

온라인 생활과 정보 과부하

매일 정보가 쏟아지고 있다. 더 많이 접속할수록 더 많은 정보를 접하게 된다. 자신이 하루를 보내면서 마주하는 정보를 어떻게 처리하는지 주의 깊게 생각해보라. 다음 질문에 대해 1~2쪽 분량의 리포트를 작성하라.

1. 중요한 정보를 결정하고 정보 처리의 양을 줄이기 위해 어떤 전략을 사용하는가?
2. 그러한 전략은 얼마나 성공적인가?
3. 정보 필터링에 대한 접근 방식을 어떻게 개선할 수 있는가?

터를 대량 구입하려고 하며, 그녀는 구입할 컴퓨터 브랜드를 결정해야 한다(필요한 사양은 이미 결정되었다). 팻은 컴퓨터 구매 과정에서 얻은 정보로 인해 과부하를 느낄 수도 있다. 그녀는 다양한 브랜드의 리뷰를 읽고 가격과 사양 등을 확인할 것이다. 또한 고려 중인 브랜드에 대한 경험이 어땠는지 동료들에게 물어볼 수도 있다. 이렇게 팻은 점점 더 많은 정보를 얻음으로써 어려움을 겪을 가능성이 크다. 방대한 정보를 활용하여 결정하기가 어려운 만큼, 관리자로서 성공하기 위해서는 이러한 상황에 대처할 수 있는 능력을 갖추는 것이 중요하다.

정보 과부하를 처리하기 위한 두 가지 주요 전략은 필터링과 철회이다(Savolainen, 2007). 정보 철회는 이메일을 확인하지 않고, 텔레비전을 끄고, 웹 서핑을 하지 않는 등 정보 출처와의 연결을 끊는 것을 말한다. 하지만 이는 실무자가 항상 실행할 수 있는 방법이 아니기 때문에 대부분의 경우 정보 필터링이 더 나은 전략이다.

정보 필터링은 어떤 정보가 필요한지, 어떤 정보에 주목해야 하는지, 사용할 만한 가치가 있는 정보가 무엇인지 아는 것과 관련이 있다. 정보 필터링에 필요한 중요한 능력은 정보 평가이다. 대부분의 사람들은 지속적으로 정보를 평가하지만 정보 평가 방법에는 거의 주의를 기울이지 않는다. 가령 우리는 받은 이메일함을 열람할 때 당장 읽을 이메일, 나중에 읽기 위해 저장해둘 이메일, 삭제하거나 무시할 이메일을 선별한다. 이렇게 구분하기 위해 결정을 내릴 때 우리는 이메일에 포함되어 있다고 생각하는 정보에 대한 평가를 토대로 하는데, 대부분의 경우 진행 중인 작업과의 관련성을 기준으로 정보를 평가한다. 이러한 관련성은 정보 품질의 한 측면이며, 이는 이 장의 뒷부분에서 다룰 것이다.

정보 평가 과정을 좀 더 깊이 파고들면 정보의 관련성이 퍼즐의 한 조각에 불과하다는 것을 알 수 있다. 의식적이든 무의식적이든 우리는 정보로 무엇을 할지 결정할 때 정보의 다양한 측면을 평가한다. 정보가 너무 오래되었거나, 신뢰할 수 없거나, 품질이 의심스러울 때는 정보를 무시하고 사용하지 않는다(정보를 평가할 때 이렇게 하지 않았다면 지금부터라도 그래야 한다). 정보를 평가하는 기술을 향상하면 정보 과부하를 더 잘 처리할 수 있을 것이다.

정보 과부하 처리

매일 접하는 수많은 정보를 어떻게 처리할 수 있을까? 다행히 정보 과부하를 막는 여러 가지 방법이 있다. 먼저 정보의 우선순위와 요구 사항을 이해하고 식별한다. 그런 다음 가장 관련성이 높은 정보에 집중한다. 관련성에 대한 판단은, 지금은 관련이 없지만 나중에 관련될지도 모를 정보를 평가할 때 어려워진다. 이러한 상황에서는 '나중에 필요할 수도 있는 정보'를 체계적으로 조직할 수 있는 구조를 개발하는 것이 좋다. 이를 위한 온라인 도구가 몇 가지 있다.

정보가 대부분 웹 기반인 경우 포켓(https://getpocket.com)은 나중에 읽을 수 있도록 항목을 저장하는 손쉬운 방법을 제공한다. 또한 에버노트(http://www.evernote.com)와 같은 필기 애플리케이션을 사용하면 나중에 읽을 웹페이지를 저장하고, 저장된 웹페이지에 대해 빠르게 메모할 수도 있다. 에버노트는 태그를 지정하여 정리할 수 있어 정보를 더 쉽게 불러올 수 있다. 그리고 구글 독스(Google Docs)는 급히 메모를 작성하거나, 나중에 사용하기 위해 링크를 기록할 수 있다. 여기서 중요한 점은 나중에 찾을 수 있도록 문서에 의미 있는 내용을 넣어야 한다는 것이다.

끝으로 여러 정보 중 출처가 가장 유용하고 신뢰할 만한지 생각해본다. 관련 정보를 제공하거나 활용해야 할 때 이러한 출처를 먼저 고려해야 한다. 이렇게 하면 검색 시간을 상당히 절약할 수 있다.

정보 품질

"쓰레기가 들어가면 쓰레기가 나온다Garbage in, garbage out"라는 속담은 **정보 품질**information quality의 중요성을 간단명료하게 드러낸다. 1, 2장에서 언급했듯이 기업은 비즈니스 프로세스를 수행하고 의사결정을 내리기 위해 정보에 의존하므로 좋은 정보를 필요로 한다. 나쁜 정보를 근거로 삼는다면 잘못된 의사결정을 내릴 가능성이 높다. 그렇다면 '좋은' 정보란 무엇인가?

정보 품질은 매우 복잡한 문제이다. [학습 활동 3-3]을 통해 알 수 있듯이 정보 품질의 정의에 대해서는 다양한 의견이 있다. 이 책에서는 정보 품질을 정보가 특정 목적에 적합한 정도로 정의한다. 따라서 품질이 좋은 정보는 당면한 목표를 달성하는 데 유용한 정보이다. 이러한 정의는 그럴듯하게 들리지만, 실제로 정보 품질을 제대로 이해하는 데 유용하다고 할 수는 없다. 정보 품질에 대한 보다 유용한 접근법은, 정보 품질을 평가할 때 정보를 유용하게 혹은 무용하게 만드는 특성을 생각해보는 것이다.

많은 연구가 정보 품질의 차원을 고찰하여 다양한 목록을 도출했다(이러한 연구 중 일부를 이 장 뒷부분의 참고 문헌에 제시했다). Richard Wang과 Diane Strong(1996)은 정보 품질을 이해하고 평가하는 데 유용한 프레임워크를 개발했다(이들은 '데이터 품질'이라는 용어를 사용했지만 이 개념은 정보 품질에도 적용될 수 있다).

학습 활동 3-3

정보 품질 차원

정보 품질은 중요하면서도 복잡한 주제이다. 그래서인지 '고품질' 정보의 구성 요소에 대한 의견이 분분하다. 인터넷을 검색하여 정보 품질의 차원에 대한 다양한 관점을 찾아보라. 정보 품질의 가장 중요한 세 가지 차원이 무엇이라고 생각하는가? 왜 그렇게 생각하는가?

Wang과 Strong은 정보 품질의 차원을 다음과 같이 네 가지 범주로 분류했다.

- 내재적 품질intrinsic quality: 정보의 표현이나 사용 매락과 상관없이 중요한 품질의 차원이 포함된다.
- 맥락적 품질contextual quality: 당면한 일에 따라 다르게 볼 수 있는 차원이 포함된다.
- 표현 품질representational quality: 사용자에게 정보가 제공되는 방식과 관련이 있다.
- 접근성 품질accessibility quality: 권한이 있는 사용자가 정보에 쉽게 접근할 수 있는지와 관련이 있다.

이 장에서는 내재적 품질과 맥락적 품질을 중점적으로 알아본다. 이 두 가지 범주에 해당하는 정보 품질의 차원과 각각의 정의를 [표 3-1]에 정리했다.

표 3-1 정보 품질 차원의 정의

내재적 차원	정의: 특정 정보가…
정확성	정확하고 오류가 없으며 신뢰할 수 있다.
신뢰성	진실되고 신뢰할 수 있는 것으로 간주된다.
객관성	편견이 없다.
일관성	이전 정보와 호환 가능하다.
이해 가능성	쉽게 이해된다.
맥락적 차원	**정의: 특정 정보가…**
관련성	당면한 일에 적용할 수 있고 유용하다.
적시성	당면한 일을 수행하는 시간에 사용할 수 있다.
포괄성	당면한 일을 수행하기에 충분한 깊이와 범위이다.
최신성	당면한 일에 필요한 최신 정보이다.

출처: U.S. Department of Justice(2010), Knight and Burn(2005)

[표 3-1]의 정보와 관련하여 짚고 넘어가야 할 몇 가지 사항이 있다.

첫째, 정보 품질의 차원에 대해서는 상당한 의견 차이가 있다. 강사에 따라 가장 중요한 차원에 대한 관점이 다를 수도 있음을 고려해야 한다.

둘째, 정보 품질을 고려할 때 맥락이 중요하다는 것을 잊지 말자. 주가에 관한 정보를 예로 살펴보자. 야후 파이낸스Yahoo! Finance와 같은 무료 정보 서비스에서는 일반적으로 15분 늦은 주가 정보를 제공한다. 이와 같이 지연된 정보는 개인 투자자가 포트폴리오의 가치를 가늠하는 데에는 큰 문제가 되지 않겠지만, 전문 주식 투자자에게는 용납될 수 없어(15초 지연도 문제가 될 수 있음) 품질이 낮은 정보로 간주될 것이다.

셋째, 정보 품질은 비용을 발생시킨다. 겉으로 보기에 우리는 가능한 한 최고 품질의 정보를 원하는 것처럼 보이지만, 실제로 개인이나 조직이 최고 품질의 정보를 보장하는 데 필요한 자원에 적극적으로 투자하는 경우는 드물다. 일반적으로는 최고 품질의 정보를 추구하기보다 일을 효과적으로 수행하기에 충분하면 된다. 다시 말해 우리는 '적당히 좋은' 품질의 정보를 원한다. 이는 정보 품질이 중요하지 않다는 말이 아니라 오히려 그 반대이다. 즉 정보 품질이 매우 중요한 사업에서는 최고 품질의 정보를 얻는 데 들어가는 비용을 고려해야 한다.

보다 미시적인 수준에서 정보 품질의 비용을 고려할 때 좋은 방법은 품질이 낮은 정보로 인한 결과를 예상해보는 것이다. 중요하고 영향력이 큰 의사결정은 사소한 의사결정보다 정보 품질에 훨씬 더 주의를 기울여야 한다. 예를 들어 집을 구입하는 경우에는 매우 수준 높은 정보가 필요하지만, 공책 한 묶음을 구입하는 경우라면 품질이 낮은 정보도 괜찮을 것이다. 이에 대해서는 의사결정을 다루는 6장에서 자세히 설명하겠다.

실제 경영 사례 3-2

윤리적 이슈로서의 정보 품질

1986년, 《MIS Quarterly》에 Richard Mason의 중요한 논문 〈정보화 시대의 네 가지 윤리적 문제(Four Ethical Issues of the Information Age)〉가 실렸다. 이 논문에서 제시한 네 가지 윤리적 문제 중 하나는 정보의 정확성이었으며, Mason은 부정확한 정보의 희생자인 March 가족의 이야기를 들려주었다. March 부부는 수년 동안 주택담보대출을 성실히 상환해왔는데, 은행의 전산 시스템이 상환 중 하나를 기록에서 누락하여 결국 압류 절차로 이어졌다. 불행히도 March 부인은 심장 마비에서 회복하던 중 압류 사실을 알게 되었고, 큰 충격을 받은 나머지 뇌졸중으로 목숨을 잃을 뻔했다. 불행 중 다행으로 March 가족은 상당한 시간과 노력 끝에 집을 지키고 은행으로부터 큰 합의금을 받았다.

Mason은 우리의 삶이 정보에 좌우되기 때문에, 정보를 책임지는 조직이 정보의 정확성을 보장하고 유지할 윤리적 의무가 있다고 지적한다. 신용 보고서의 오류로 대출을 거부당한 사람도 있을 것이다. 거부의 사유가 12세 때 발급받은 신용카드 사용액을 갚지 않았다는 것처럼 어처구니없는 경우도 있다. 결국 신용 보고서를 정리하는 데 꽤 많은 시간과 노력이 들었을 테고, 어쩌면 물건을 구매하기 위한 대출을 받지 못하여 간접적으로 소매점이 손해를 보았을 수도 있다. 부정확한 정보로 인해 사소한 불편함에서 사망에 이르기까지 다양한 결과가 초래될 수 있다. 독자는 정보의 정확성이 윤리적 문제이며, 정보를 저장하고 제공하는 조직의 의무라는 Mason의 주장에 공감할 것이다.

나쁜 품질의 정보가 어떻게 경영에 부정적인 영향을 미치는지는 쉽게 이해할 수 있다. 인터넷 쇼핑몰을 이용할 때 상품 설명이 정확하지 않으면 자신의 요구를 충족하지 않는 상품을 구매할 가능성이 크다. 재고 정보가 최신이 아니라면 예상한 기한 내에 상품을 받지 못할 수도 있고, 편향된 리뷰로 인해 저품질 상품을 주문할 수도 있다. 이와 같은 예는 수도 없이 많으며, 거의 모든 경영 상황에서 나쁜 품질의 정보가 불러올 부정적 결과는 불을 보듯 뻔하다.

컴퓨터 브랜드를 선택해야 하는 IT 관리자 팻의 예로 돌아가보자. 그녀는 이 결정을 내리는 데 사용할 정보의 품질에 세심한 주의를 기울여야 한다. 정보가 정확해야 할 뿐만 아니라 적시에 정보를 얻어야 한다. 이 경우에는 정보의 객관성이 매우 중요하다. 팻은 컴퓨터의 내구성에 관한 정보를 공급업체의 영업 담당자에게 의존하고 싶지 않을 것이다. 이러한 상황에서 정보의 완결성은 까다로운 문제이다. 팻은 정보 과부하를 피하면서도 결정을 내리기에 충분한 양의 정보를 필요로 한다. 최신 정보를 얻는 것도 중요하다. 컴퓨터 업계에서는 사양 및 가격 정보가 자주 바뀌기 때문에 팻은 현재의 정보가 최신인지 확인해야 한다.

이제 정보 품질에 대해 어느 정도 이해했을 테니 다음 절에서는 정보를 평가하는 방법을 알아보자.

정보 평가

정보 품질을 이해했다면 정보를 평가하는 방법에 대해 생각해볼 차례이다. 조직의 정보 시스템 내부에 있는 정보를 평가하는 방법은 여러 가지이다. 이 주제를 포괄적으로 다루는 것은 이 장의 범위를 벗어나므로 14장에서 자세히 설명할 것이다. 이 장에서는 웹사이트와 인터넷 뉴스 기사 등 제삼자로부터 얻은 정보를 평가하는 방법을 중심으로 살펴본다. 주로 정보의 외부 출처에 초점을 두지만, 기본 원칙은 조직이나 개인의 내부 정보에도 적용할 수 있다.

인터넷에서 정보 평가 전략을 검색해보면 다양한 접근 방식이 있음을 알게 될 것이다. 이러한 전략의 대부분을 관통하는 공통 주제가 있다. 기본적으로 답해야 할 두 가지 질문이 떠오를 것이다. 첫째, 정보가 유용한가? 둘째, 정보가 믿을 만한가? 이 장의 나머지 부분에서는 정보 평가를 위해 답해야 할 다양한 '질문 속의 질문'에 대해 알아볼 것이다. [그림 3-1]은 정보 평가 프레임워크를 보여준다.

그림 3-1 정보 평가 프레임워크

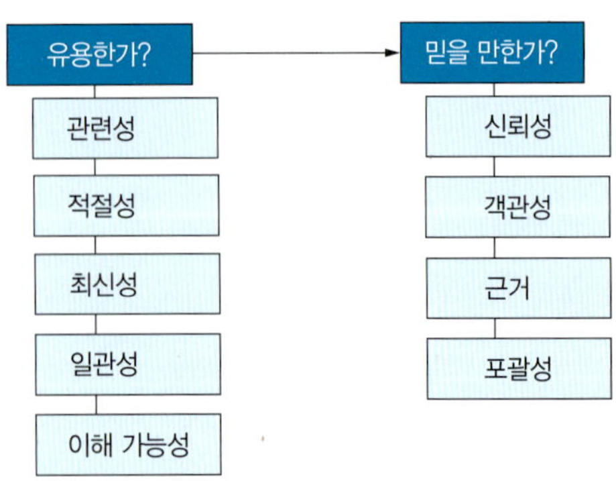

학습 활동 3-4

정보 출처 평가

부동산 투자를 하려고 생각 중이며, 초기 조사에서 다음과 같은 정보 출처를 얻었다고 가정하자.

- 2014년 출간된 주거용 부동산 투자 관련 도서
- 현지 부동산 중개인
- 현지 세금 징수원이 제공한 과거 매매가 데이터베이스

정보 출처를 얼마나 참고할 것인지에 따라 위 세 가지의 순위를 정하고 그 이유를 설명하라.

앞서 언급했듯이 필터링은 넘쳐나는 정보를 처리하는 하나의 전략이라고 할 수 있다. 정보를 효과적으로 평가하는 능력은 정보를 효과적으로 필터링하는 데 중요한 부분을 차지한다. 품질이 낮은 정보를 무시할 수 있다면 정보 과부하를 처리하는 데 큰 도움이 된다.

정보 평가 방법의 세부 내용으로 들어가기 전에 정보 평가의 맥락 의존성을 이해하는 것이 중요하다. 정보 평가는 해당 정보가 필요한 맥락이나 상황 안에서만 제대로 이루어질 수 있다. 한 예로 위키피디아Wikipedia를 살펴보자. 위키피디아에서는 자격이나 능력에 상관없이 누구나 정보를 추가할 수 있다. 재미로 어떤 주제를 조사할 때 위키피디아는 종종 훌륭한 정보 원천이 된다. 그러나 일과 관련된 주제를 조사할 때는 위키피디아에만 의존하면 안 된다. 재미를 찾는 경우에는 정보가 약간 부정확하거나 불완전하거나 시대에 뒤떨어져도 크게 문제 되지 않지만, 일과 관련된 경우에는 부정확하거나 불완전하거나 오래된 정보를 허용하지 않을 수도 있다.

유용성 평가

정보의 신뢰성을 평가하기 전에 당면한 일에 그 정보가 유용한지를 결정해야 한다. 유용하지 않은 정보라면 신뢰성을 평가할 필요가 없다. 정보의 유용성을 알아보려면 정보가 관련성 있고, 적절하며, 시의성이 있는지를 평가해야 한다. 어느 시점에서든 이 기준에 부합하지 못하면 더 이상 평가를 진행할 필요가 없다. 가령 당면한 일과 관련이 없는 정보는 적절성이나 시의성을 평가할 필요 없이 유용하지 않은 정보라고 판단할 수 있다.

정보 관련성information relevance이란 당면한 일과 정보가 관련된 정도를 말한다. '이 정보는 일을 수행하는 데 도움이 되는가?'라고 자문해보면 정보 관련성을 확인할 수 있다. 그 질문에 대

해 '예' 또는 '아니요'로 간단히 대답할 수 있는 경우는 많지 않다. 정보 관련성에는 다양한 층위가 있다. 어떤 정보는 관련성이 높지만 어떤 정보는 간접적으로만 관련될 수도 있으며, 경험을 통해 추가 평가가 필요한 관련성 정도를 결정할 수 있다. 그러나 정보 관련성에 대한 평가를 더 복잡하게 만드는 것은 관련성이 상황에 따라 다르다는 점이다. 경우에 따라 작업 초기에는 관련성이 없어 보이는 정보가 작업 후반부에 혹은 해결 방안을 도출할 때 관련성이 높아질 수도 있다. 정보 관련성에 대한 평가는 결국 일을 수행하는 데 도움이 되는 정보인지 파악하는 문제에 답하는 것이다.

일단 관련성이 있는 정보로 보이면 그다음에는 그 정보가 적절한지, 즉 합목적성을 평가해야 한다. 예를 들어 경영자에게 보여줄 보고서를 준비하는 경우, 만약 신기술을 연구 중이라면 고등학생의 보고서에 포함된 정보는 적합하지 않을 것이다. 다시 말해 상황에 맞게 정보의 세부적인 수준과 깊이를 평가해야 한다. 정보의 합목적성에 대한 평가도 상황에 따라 달라질 수 있다.

유용성과 관련된 마지막 평가 기준은 정보의 최신성이다. 정보가 시대에 뒤떨어지지 않는지 평가하려면 필요한 정보가 얼마나 최신이어야 하는지를 고려해야 한다. IT와 같이 급속히 발달하는 주제와 관련된 정보를 찾을 때는 가장 최신 정보가 필요하지만, 휘발성이 덜한 주제의 경우 오래된 정보도 괜찮을 수 있다. 그런데 인터넷에서 얻는 정보의 경우 최신성을 판단하기가 쉽지 않다. 최종 업데이트 날짜를 명확하게 밝히지 않은 웹사이트가 많기 때문이다. 최신 정보가 필요할 때는 날짜를 밝히지 않은 웹사이트 정보에 의존하지 않는 것이 바람직하다.

신뢰성 평가

정보가 충분히 유용하다는 것을 확인하고 나면 믿을 수 있는 정보인지 여부를 판단해야 한다. 이를 위해서는 정보가 신뢰할 만하고 객관적인 출처에서 나온 것인지, 올바르게 뒷받침되는지, 충분히 포괄적인지를 평가해야 한다.

정보 출처의 신뢰성을 평가하는 것은 까다로운 경우가 많지만, 상대적으로 간단한 경우도 있다. 예를 들어 동료 평가peer-reviewed 저널과 같은 보다 공식적인 출판물에는 종종 짧은 저자 소개가 포함되어 있어 신뢰성을 평가하는 데 도움이 된다. 평판이 높은 출처에 주제 관련 글을 다수 올린 저자라면 정보에 관한 전문 지식이 풍부할 것이다. 한편 정보를 누가 작성했는지 확인할 수 없는 경우도 있다. 믿을 수 있는 기관이 제공하는 정보가 아닌 한, 사람들은 이러한 출처의 정보를 신뢰하지 않는다. 반면에 명성 있는 기관이 제공하는 정보의 경우 일반적으로 정보를 만들거나 편집한 사람이 해당 주제에 대해 잘 알고 있다고 신뢰할 수 있다.

다음 단계는 정보의 객관성을 평가하는 것이다. 정보가 객관적인지 판단하려면 먼저 정보의 출처를 살펴보아야 한다. 신뢰할 만한 조직이나 개인이라도 객관성을 저해하는 편견이나 특성을 지녔을 수도 있다. 예를 들어 기업이 자사 제품이나 서비스에 대한 리뷰를 제공하는 경우 편향된 의견일 수 있다. 델Dell의 웹사이트에 실린 사실 정보를 사용하는 것은 괜찮지만, 델 컴퓨터와 휴렛팩커드Hewlett-Packard 컴퓨터를 공정하게 비교할 때 델이 제공하는 정보에 의존하는 것은 바람직하지 않다. 또한 정보에 사용된 언어에도 주의를 기울여야 한다. 많은 부분이 설득력 있는 언어나 감정적인 언어로 표현되어 있다면 그 정보는 객관적이지 않을 가능성이 높다. 반면에 보다 사실을 기반으로 하고 중립적인 언어로 표현된 정보는 객관적일 가능성이 높다. 그리고 논쟁적인 주제의 경우 그 주제의 모든 측면이 제시되었는지 고려해야 한다. 한쪽만 제시되었다면 객관적인 정보라고 보기 어렵다.

정보에 포함된 주장에 대한 근거를 평가하는 것도 중요하다. 주장을 뒷받침하는 근거가 제시되었는지를 먼저 판단해야 한다. 근거 없는 주장을 신뢰해서는 안 된다. 예컨대 누군가는 이 책이 지금까지 출간된 정보 시스템 관련 도서 중에서 가장 훌륭하다고 말할 수 있지만, 이 주장을 뒷받침하는 증거를 제시하지 않는 한 믿기 힘들다. 근거가 제시되었다면 그 품질을 평가해야 한다. 동료 평가 저널과 같이 신뢰할 만한 출처에 의해 뒷받침되는 주장은 일반적으로 믿을 수 있다. 또한 주장의 합리성을 고려해야 한다. 특별한 주장에는 특별한 증거가 필요하다는 말이 있다. 주장이 불합리해 보이거나 해당 주제에 대한 다른 주장과 차이가 크다면 더 많은 근거가 필요할 것이다. 주장을 검증할 수 있는지도 고려해야 한다. 이는 실제로 주장을 검증해야 한다는 의미가 아니라, 합리적인 검증 방법이 없다면 그 정보를 사용하는 데 더욱 신중해야 한다는 의미이다.

최종 평가 기준은 정보의 포괄성이다. 포괄성을 평가하려면 정보의 깊이와 범위를 평가해야 한다. 범위는 주제의 모든 측면을 다루는지와 관련이 있고, 깊이는 정보가 제공하는 세부 사항의 수준이라고 할 수 있다. 포괄성을 평가할 때는 정보에서 유난히 눈에 띄는 부분에 주의를 집중하라. 무언가가 빠진 것 같으면 실제로도 그럴 가능성이 있다. 또한 정보를 평가할 때 했던 모든 자문에 답했는지 고찰해야 한다. 답하지 못한 것이 있다면 정보 수집을 더 해야 한다. 정보 평가 과정에서 작업의 맥락을 항상 염두에 두어라. 어떤 일에서는 충분히 포괄적인 정보가 다른 일에서는 부족한 정보일 수 있기 때문이다.

앞의 모든 설명이 복잡다단해 보일 수도 있다. 그러나 더 많은 정보를 평가할수록 앞에서 설명한 일련의 과정 중 일부가 매우 자연스럽게 느껴질 것이다. 또한 일의 중요성과 거기에 필요한 정보를 평가하는 데 쏟는 노력을 비교해보는 것도 유용하다. 중요한 일일수록 정보 평가에 들어가는 노력이 헛되지 않을 것이다.

단원 요약

이 장에서는 정보 품질과 정보 평가에 대해 알아보았다. 이 장의 목적은 개인적·직업적 관점에서 정보 평가의 중요성에 대한 인식을 제고하고, 정보를 효과적으로 평가하는 데 필요한 지식을 습득하도록 돕는 것이다. 이 장에서 설명한 주요 내용은 다음과 같다.

- 정보 평가는 정보 활용 능력의 핵심 요소이며, 이는 개인적 삶과 직장 생활에 모두 중요한 기술이다.
- 개인적·직업적 성공의 많은 부분은 우리가 내리는 의사결정의 결과에 달려 있다. 이러한 의사결정을 내리는 데 사용하는 정보를 평가하는 능력은 의사결정의 질에 영향을 미친다.
- 우리가 효과적으로 처리할 수 있는 것보다 더 많은 정보에 처했을 때 정보 과부하가 발생한다.
- 정보 평가 능력을 향상하면 품질이 떨어지거나 유용하지 않은 정보에 쏟는 관심과 시간이 줄어듦으로써 정보 과부하를 처리하는 데 도움이 된다.
- 정보 품질의 내재적 차원에는 정확성, 신뢰성, 객관성, 이해 가능성, 일관성이 포함된다.
- 정보 품질의 맥락적 차원에는 관련성, 적시성, 포괄성, 최신성이 포함된다.
- 정보 평가는 정보가 유용하고 신뢰할 수 있는지를 결정하는 것이다.
- 유용한 정보는 당면한 일에 적절하고 충분히 최신인 것이다.
- 신뢰할 수 있는 정보는 믿을 만하고, 객관적이며, 근거가 있고, 포괄적이다.

학습 정리 질문

1. 정보 평가 기술이 개인적으로나 직업적으로 중요한 이유를 간략히 설명하라.
2. 의사결정에서 정보와 불확실성의 관계를 예를 들어 설명하라.
3. 정보 과부하란 무엇인가? 정보 평가는 정보 과부하와 어떤 관련이 있는가?
4. 관리자가 정보를 수집하는 다섯 가지 이유를 간략히 설명하라.
5. 정보 과부하를 처리하기 위한 두 가지 주요 전략을 간략히 설명하라.
6. 정보 품질 및 의사결정과 관련하여 "쓰레기가 들어가면 쓰레기가 나온다"라는 속담은 무엇을 의미하는가?
7. 이 장에서는 정보 품질의 차원을 네 가지 범주로 분류했는데 이에 대해 간략히 설명하라.
8. 내재적 정보 품질과 맥락적 정보 품질을 비교하여 설명하라.
9. 정보를 평가할 때 해결해야 하는 두 가지 주요 질문은 무엇인가?
10. 정보 평가 프레임워크의 구성 요소를 나열하고 설명하라.

생각해보기

1. 이 장에서 배운 내용 중 가장 중요한 것은 무엇인가? 그것이 왜 중요한가?
2. 잘 이해되지 않는 주제는 무엇인가? 어떤 내용이 잘 이해되지 않는가?
3. 잘못된 정보와 허위 정보를 비교하여 설명하라. 이러한 개념은 가짜 뉴스와 어떤 관련이 있는가?
4. 이 장에서 배운 내용과 1, 2장에서 배운 내용은 어떤 관련이 있는가?
5. 정보 평가는 정보 시스템과 어떤 관련이 있는가?
6. 정보 평가 기술이 앞으로 자신의 경력에 어떻게 도움이 될 것이라고 생각하는가?
7. 정보 수집에 많은 시간을 허비한 경험을 생각해보라. 충분한 정보를 수집했는지 어떻게 알 수 있었는가?
8. 정보 품질은 왜 윤리적인 문제인가?
9. 정보 품질과 정보 평가에 얼마나 많은 노력을 기울일지 어떻게 결정하는가?
10. 정보 품질과 정보 평가에서 맥락이 중요한 이유는 무엇인가?

추가 학습 활동

1. 품질이 낮은 정보를 참고했던 상황을 생각해보고, 당시 상황과 어떤 정보를 참고했는지 간략히 설명하라. 품질이 낮은 정보라고 판단한 이유는 무엇인가? (예: 필요하다고 생각한 과목을 수강했지만, 과거의 강의 정보를 참고했고 더 이상 필요하지 않은 과목이다. 이 경우에 과거의 강의 정보는 정보 품질의 정확성과 적시성이 떨어진다.)
2. 루브릭은 무언가를 평가하기 위한 일련의 규칙으로, 많은 강사는 과제를 채점할 때 루브릭을 사용한다. 정보 품질을 판단하기 위한 루브릭을 개발하라(루브릭 템플릿은 http://templatelab.com/rubric-templates/를 참조하라).
3. 향후 대학원에 진학하는 독자도 있을 텐데, 적절한 대학원을 선택하는 것은 중요한 의사결정이다. 정규 MBA 과정을 밟고 싶다고 가정하고, 정보 평가 프레임워크를 사용하여 다음 정보 출처에서 찾을 수 있는 정보를 평가하라. 각 정보 출처에 대해 각 차원을 1(최저)~5(최고)로 등급을 매기고 간략히 설명하라.
   a. 프린스턴리뷰(Princeton Review)의 경영대학원 웹사이트(https://www.princetonreview.com/business-school)
   b. MBA 프로그램에 관한 대학 웹사이트
   c. 최근에 MBA를 취득한 친구
   d. MBA 과정 입학 상담 직원

4. 다음 결정에 이용할 정보를 평가하는 데 소요되는 시간을 1(아주 짧은 시간)~10(상당한 시간)으로 나타내고 간략히 설명하라.
   a. 축하 파티 장소 결정
   b. 운동화 구매 결정
   c. 노트북 구매 결정
   d. 졸업 후 두 가지 입사 기회 중에서의 선택
5. COVID-19 팬데믹 동안 우리는 많은 불확실성에 직면했으며, 불확실성을 줄이는 데 정보를 이용했다. 자신 또는 친구가 팬데믹에 잘 대처하는 데 도움이 될 것 같은 정보의 종류를 생각해보라. 자신이 얻고자 했던 정보, 그 정보를 찾은 방법, 그리고 정보 품질을 평가하기 위해 거친 단계를 설명하라. 또한 자신이 접했던 정보 중에서 나쁜 품질의 정보에 대해 간략히 설명하라.
6. 고객 서비스가 불만족스러웠던 경험(예: 수리 시간에 대한 정보가 잘못된 경우)을 떠올려보고 간략히 설명하라. 해당 회사가 그러한 고객 경험을 방지하거나 개선하기 위해 할 수 있는 일은 무엇인가?
7. 이베이(eBay) 또는 엣시(Etsy)에서 제품을 판매하는 소규모 사업을 시작한다고 가정하고, 도움이 될 만한 다섯 가지 정보를 찾아보라. 이러한 정보를 평가하는 방법을 제시하고, 각 정보의 품질이 낮을 때 사업에 미칠 결과를 설명하라.
8. 이 장에서는 정보 품질과 정보 평가에 대해 배웠다. 정보 품질의 차원을 정보 평가 기준과 연관 짓는 다이어그램을 작성하라.

참고 문헌

Butcher, H. 1998. *Meeting Managers' Information Needs*. London: Aslib.

Experian Data Quality. 2016. *The 2016 Global Data Management Benchmark Report*. https://www.edq.com/globalassets/white-papers/2016-global-data-management-benchmark-report.pdf.

Knight, S., and J. Burn. 2005. "Developing a Framework for Assessing Information Quality on the World Wide Web." *Informing Science* 8: 159–72. http://inform.nu/Articles/Vol8/v8p159-172Knig.pdf.

Lee, Y., D. Strong, B. Kahn, and R. Wang. 2002. "AIMQ: A Methodology for Information Quality Assessment." *Information & Management* 40: 133–46.

Mason, R. O. 1986. "Four Ethical Issues of the Information Age." *MIS Quarterly* 10(1): 5–12.

Savolainen, R. 2007. "Filtering and Withdrawing: Strategies for Coping with Information Overload in Everyday Contexts." *Journal of Information Science*, 33(5): 611–21.

Simon, H. 1971. "Designing Organizations for an Information-Rich World." In *Computers, Communications and the Public Interest*, edited by Martin Greenberger, 40–41. Baltimore: Johns Hopkins University Press.

Spies, S. 2020. "Defining 'Disinformation'." *MediaWell: Live Research Review*. https://mediawell.ssrc.org/literature-reviews/defining-disinformation/versions/1-1/.

Tuna, C. 2008. "How to Spot Résumé Fraud." *Wall Street Journal*, November 13. http://www.wsj.com/articles/SB122653695797922735.

United States Department of Justice. 2010. *Information Quality: The Foundation for Justice Decision Making*. http://www.it.ojp.gov/documents/IQ_Fact_Sheet_Final.pdf.

Wang, R., and D. Strong. 1996. "Beyond Accuracy: What Data Quality Means to Consumers." *Journal of Management Information Systems* 12(4): 5-34.

용어 사전

(정보) 목적: 정보가 편향되지 않은 정도

(정보) 신뢰성: 정보가 사실이고 신뢰할 수 있다고 간주되는 정도

(정보) 이해 가능성: 정보를 쉽게 이해할 수 있는 정도

(정보) 일관성: 정보가 이전 정보와 호환되는 정도

잘못된 정보: 어떤 사람이나 집단에 해를 끼칠 의도 없이 생성된 허위 정보

(정보) 적시성: 당면한 일을 수행하기 위해 적시에 정보를 사용할 수 있는 정도

정보 과부하: 효과적으로 처리할 수 있는 것보다 더 많은 정보에 직면하는 것

정보 관련성: 당면한 일에 정보를 적용할 수 있고 유용한 정도

정보 평가: 정보의 장점과 가치를 체계적으로 판단하는 것

정보 품질: 정보가 특정 목적에 적합한 정도

(정보) 정확성: 정보가 정확하고 오류가 없는 정도

(정보) 최신성: 정보가 당면한 일에 대해 충분히 최신인 정도

(정보) 포괄성: 당면한 일에 필요한 정보의 깊이와 폭이 충분한 정도

허위 정보: 어떤 사람이나 집단에 해를 끼치기 위해 의도적으로 생성된 허위 정보

CHAPTER

04

정보를 통한 전략적 가치 창출

학습목표

- 전략 계획 프로세스의 주요 단계를 설명할 수 있다.
- 경쟁우위 프레임워크를 이해하고 그 목적을 설명할 수 있다.
- 전략적 이니셔티브 평가 방법을 설명할 수 있다.
- 초경쟁의 개념을 이해할 수 있다.

전략적 정보 시스템

현대 사회의 기업에서는 일상 업무를 수행할 때 다양한 정보 시스템을 활용한다. 예를 들어 일부 정보 시스템은 급여 시스템과 같은 기본적인 회계 서비스, 이메일과 같은 통신 지원 서비스에 활용될 수 있다. 이 장에서는 기업에 경쟁우위를 안겨주는 정보 시스템에 대해 구체적으로 알아보자.

기업에서 경쟁우위 확보를 위해 정보 시스템을 활용하는 비즈니스 이니셔티브business initiative를 **전략적 정보 시스템**strategic information system이라고 한다. 여기서 중요한 점은 비즈니스 이니셔티브를 전략적으로 만드는 데 독특하고 독점적인 IT가 꼭 필요한 것은 아니라는 것이다. 비즈니스 이니셔티브로서의 전략적 정보 시스템은 기업이 추구하는 부가 가치 또는 전략적 효과를 제공할 수 있도록 정보 시스템을 활용하는 방식이라는 사실을 염두에 두기 바란다.

주목할 만한 사례

스마트폰을 활용한 건강관리

경영 세계에서 많은 기업의 핵심 목표는 경쟁사보다 어떤 형태로든 경쟁우위를 확보하는 것이다. 물론 기업이 경쟁우위를 확보하는 확실한 방법은 지금까지 아무도 생각하지 못한 신제품을 내놓거나 기존 제품보다 훨씬 뛰어난 제품을 만드는 것이다(우버를 예로 들 수 있다). 그런데 기존 기술을 창의적으로 사용하여 경쟁우위를 개발하는 것도 가능하다. 의학계에서 흥미로운 최신 트렌드 중 하나로 모바일헬스(mHealth)가 있다. 모바일헬스는 스마트폰, 태블릿 PC와 같은 모바일 기술과 다양한 피트니스 기술을 통해 건강관리 서비스를 제공한다. 모바일 건강관리 서비스에는 투약 관리(환자가 거르지 않고 투약하도록 도와줌), 정보 전달(비만 환자에게 칼로리 정보 제공, 당뇨병 환자에게 당 함량 정보 제공 등), 모니터링(혈압이나 콜레스테롤 측정, 활동 추적 등)이 포함된다.

모바일헬스의 주요 가치는 의료 서비스에 쉽게 접근할 수 없는 사람들을 비롯해 필요한 곳에 의료 서비스를 제공하는 것이다. 복시바(Voxiva)의 텍스트포베이비(text4baby)라는 애플리케이션은 젊은 여성에게 아기의 건강에 대한 문자 메시지를 매주 보내 유아 사망을 예방하도록 도움을 준다. 파키스탄에서는 경영자들에게 가정용 모바일 건강 검진 프로그램을 제공하고, 캐나다에서는 이 같은 서비스를 트럭 정류장에서 트럭 운전사들에게 제공한다.

모바일헬스 금연 애플리케이션은 실제로 흡연자의 금연 노력에 효과가 있는 것으로 나타났다. 아박타(Avacta)는 검사용 샘플을 실험실로 가져오지 않고도 현장에서 위험한 독감을 탐지할 수 있는 휴대용 장치를 개발했다. 또한 의사가 진료 예약 알림을 보낼 때 전화 통화보다 저렴한 문자 메시지가 전 세계적으로 널리 사용되고 있다. 그 결과 중국에서는 진료 예약 출석률이 7% 향상되었고, 말레이시아에서는 결석률이 40% 감소했다.

모바일헬스는 생명을 위협하는 만성 질환(고혈압, 비만, 심장 질환, 당뇨병 등)과 전염병의 지속적 증가를 겪고 있는 개발도상국의 오지에 의료 서비스를 제공하기도 한다. 개발도상국은 의료 기반 시설과 병원 자원이 제한적이고 특히 오지에는 의료 인력이 부족하지만, 웬만한 지역에서는 휴대폰을 사용할 수 있기 때문에 모바일헬스가 큰 역할을 할 수 있다. 예를 들어 2016년에 ITU(International Telecommunications Union)와 WHO(World Health Organization)는 휴대폰을 사용하여 당뇨병과 같은 비전염성 질병을 퇴치하는 방법에 대한 보고서 〈Be He@lthy, Be Mobile: A Handbook on How to Implement mDiabetes〉를 내놓았다. 또한 WHO는 2020년까지 COVID-19 팬데믹에 따른 발병 및 공중 보건 정보를 제공하는 글로벌 보건용 애플리케이션을 제작했다. 애플과 구글도 COVID-19 감염자와 접촉한 사람들에게 신속히 알릴 수 있도록 모바일 플랫폼에서 접촉 추적 서비스를 제공했다.

핏빗(Fitbit)과 같은 피트니스 트래커나 애플 워치(Apple Watch)와 같은 스마트워치를 사용하여 건강 정보를 추적하는 개인용 생활 건강 서비스도 모바일헬스에 포함된다. 이러한 기기를 하루 종일 일주일 내내 착용하면 맥박 수, 수면 패턴, 활동, 음식 섭취량 등을 수집할 수 있다. 개인 건강/피트니스 장치는 대개 손목에 착용하지만 입는 스마트 의류와 레그웨어(leg wear)도 있다. 설문 조사에 따르면 2020년 초 미국인 5명 중 1명이 건강 데이터를 추적하는 애플리케이션을 사용하는 것으로 나타났다. 사람들은 다시 시계를 차게 되었다!

출처: "Case Study: Organizations, Technology and PR Unite to Deliver Mobile Health Service Targeted at Moms and Moms-to-Be." 2010. *PR News* 66(45): 45; Contant, J. 2008. "Mobile Health Unit Rolls into Truck Stop." *OH & S Canada* 24(7): 21; "Dow University Launches Mobile Health Screening Program." 2010. *Financial Post*, October 15; Kahn, J. G., J. S. Yang, and J. S. Kahn. 2010. "Mobile Health Needs and Opportunities in Developing Countries." *Health Affairs* 29(2): 252–58; World Health Organization. 2016. "A Handbook on How to Implement mDiabetes." *World Health Organization and International Telecommunications Union*. https://www.itu.int/dms_pub/itu-d/opb/str/D-STR-E_HEALTH.09-2016-PDF-E.pdf; 1 in 5 Americans Track Their Health Statistics Using an App. 2020. Marketing charts, January 7. https://www.marketingcharts.com/industries/pharma-and-healthcare-111492; World Health Organization. 2020. https://www.who.int/mediacentre/multimedia/app/en/

생각해보기

1. 어떤 모바일헬스 애플리케이션을 사용하고 있는가?
2. 의료 기관이 모바일헬스로 얻는 이점은 무엇인가? 또한 소비자가 모바일헬스로 얻는 이점은 무엇인가?
3. 지난 몇 년간 헬스 기구는 사람들의 건강을 어떻게 변화시켰는가?
4. 지역사회의 건강을 위해 연락처 추적 프로그램에 참여하겠는가? 참여 또는 불참하는 이유는 무엇인가?
5. 경쟁 환경을 변화시키기 위해 어떤 일상적 기기를 바꿀 수 있는가?

전략 계획 프로세스

전략적 정보 시스템을 구축하려면 구조화된 일련의 단계 또는 **전략 계획 프로세스**strategic planning process를 따라야 한다. 물론 기술에 민감한 일부 사람이 새로운 기술을 먼저 사용해보고, 생산성을 높이기 위해 모든 사람이 이 기술을 사용해야 한다고 생각하는 경우도 있다. 블랙베리와 아이폰이 나왔을 때 많은 경영자는 구체적인 이유도 모른 채 필요한 기기라고 생각했다. 일부 기업은 블랙베리와 아이폰 등의 모바일 기기를 통해 기동성이 향상되는 등 실질적인 효과를 보았지만, 대부분의 기업은 모바일 기기가 직원의 정보 접근성을 높이는 것 외에는 실제로 도움이 되지 않는다는 것을 깨달았다.

대부분의 대기업에는 전략 계획 프로세스가 있다. 전략 계획의 목표는 기업이 전략적 목적을 위해 자원을 어떻게 사용하고 관리할지 이해하는 것이다(경쟁우위를 생각해보라). 전략 계획 프로세스는 정보 시스템과 관련된 의사결정을 위한 로드맵을 제공한다.

[그림 4-1]은 일반적인 정보 시스템 전략 계획 프로세스에 관한 단계의 한 예로, 프로세스가 어떻게 반복되는지 살펴보자. 각 단계(직사각형)는 다시 하위 단계로 나누어질 수도 있다. 때때로 관리자는 프로세스의 후반부에 이전 단계를 되짚어야 한다.

그림 4-1 정보 시스템 전략 계획 프로세스의 예

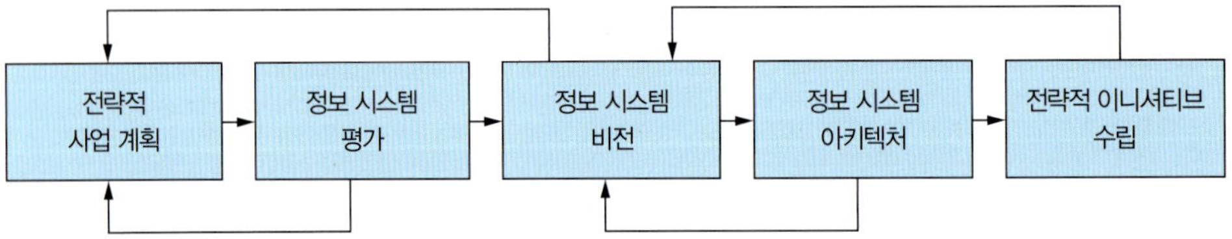

1단계: 전략적 사업 계획

기업이 경쟁우위를 확보하기 위한 IT 이니셔티브를 결정하기 전에 기업의 사명이 무엇인지, 그리고 그 사명을 어떻게 달성할 것인지 명확히 파악해야 한다. 기업이 전략적 사업 계획을 수립하는 단계는 '자신이 누구인지 파악하는 과정'이라고도 할 수 있다. 기업의 임원이나 경영자는 정기적으로 전략적 사업 계획을 수립해야 한다. 전략적 사업 계획을 수립하는 과정에는 기업의 사명과 비전, 미래의 목표, 그리고 목표를 달성하는 데 사용할 세부 전략이 포함되어야 한다.

전략적 사업 계획은 정보 시스템과 직접적으로 관련된 것은 아니지만, 정보 시스템 전략 계획 프로세스를 수립하는 데 선결되어야 하는 조건으로서 중요하다. 기업의 전략적 사업 계획이 수립되어야만 그러한 전략적 목표를 달성하기 위한 수단으로서 정보 시스템의 역할을 가늠해 볼 수 있기 때문이다. 따라서 기업의 경영 측면과 정보 시스템 간의 조화가 중요하다. 경영 전략에 맞는 정보 시스템 전략을 수립함으로써 정보 시스템의 다양한 기능 중 기업의 전략적 목표 달성에 적합한 부분을 우선적으로 활용할 수 있다.

2단계: 정보 시스템 평가

정보 시스템 관리자는 기업의 주요 전략적 목표를 파악하고 나서 기업의 정보 시스템 자원이 어떤 상태인지 알아보아야 한다. 이 단계는 '어디서부터 시작할지 파악하는 과정'으로, 자원에 대한 평가를 수행해야 한다. 관리자는 이러한 자원을 통해 일부 전략적 목표를 달성하거나 초과 달성할 수도 있지만, 반대로 기업의 활동을 제한할 수도 있다. 예를 들어 기업이 오랫동안 고객 데이터를 수집해놓고 이 데이터를 사용한 적이 없는 경우, 새로운 시스템이 해당 데이터를 사용한다면 잠재적 효과가 클 수도 있다(12장에서 고객관계 관리 시스템을 자세히 다룰 것이다). 반면에 특정 자원이 부족하면 기업의 목표 달성을 제한할 수도 있다. 예를 들어 모든 구성원이 특정 시스템에 익숙해진 상황에서 새로운 시스템으로 교체하면 업무에 큰 혼란을 초래하여 한동안 수익에 영향을 미칠지도 모른다. **정보 시스템 평가**information system assessment는 기업의 정보 시스템 자원이 현재 상태인지 이해하는 데 효과적이다. 정보 시스템 평가의 결과에 따라 기업은 전략적 목표를 수정해야 할 수도 있다.

정보 시스템의 자원은 기술에만 국한되지 않으며, 크게 세 가지 범주가 있다. 하드웨어·소프트웨어·네트워크 등의 기술적 자원, 데이터베이스와 같은 데이터 및 정보 자원, 정보 시스템 관련 직원·사용자 커뮤니티·경영진의 기술·개별적 특성·기업의 구조와 보상 체계 등을 포함

학습 활동 4-1

최고경영진의 관심사 동향

경영 전략에 맞는 정보 시스템 목표 수립은 최고경영자의 주요 관심사이다. 매년 SIM(Society for Information Management)은 회원을 대상으로 최고경영진의 IT 관련 주요 관심사에 대해 설문 조사를 실시한다. 가장 최근의 설문 조사(Kappelman 등, 2020)는 IT와 비즈니스의 연계를 최우선순위 중 하나로 강조하는데, 세부적인 순위는 다음과 같다.

1. 보안/사이버 보안/개인 정보
2. IT와 비즈니스의 연계
3. 데이터 분석/데이터 관리
4. 디지털 전환
5. 준수 및 규정
6. 클라우드/클라우드 컴퓨팅
7. 민첩성/유연성
8. 비용 절감/제어(IT 관점)
9. 혁신
10. 비용 절감/제어(경영 관점)

MISQ Executive 웹사이트에 접속하여 과거의 IT 관련 주요 문제 및 동향에 관한 연구를 찾아보거나 강사가 제공한 것을 조사하라. 10~15년 전으로 거슬러 올라감에 따라 최고경영진의 관심사가 어떻게 변해왔는지 파악하라. 시대에 따라 어떤 문제가 주목을 끌었는지 확인하고 그 이유에 대해 토론하라.

한 인적 자원이 그것이다.

3단계: 정보 시스템 비전

전략적 사업 계획 단계에서 기업의 경영진은 기업 전체의 사명과 비전을 수립한다. 이러한 기업의 사명과 2단계에서 확인된 정보 시스템 자원을 고려하여 3단계에서 정보 시스템 관리자는 정보 시스템에 관한 구체적인 비전을 개발해야 한다. **정보 시스템 비전**information system vision을 수립하기 위해 기업의 정보 시스템 담당 고위 관리자는 기업의 일반 직원뿐만 아니라 정보 시스템 관련 직무 집단과 개별 경영 영역 기능 관리자의 기술적 특성을 이해해야 한다. 직무 관리자는 회계, 마케팅과 같은 다양한 영역에서 최종적으로 개발될 정보 시스템 이니셔티브의 최종 사용자일 가능성이 높다. 따라서 각 경영 영역의 기능 관리자들이 정보 시스템 전략 계획 프로세스의 초기부터 참여하는 것이 좋다.

정보 시스템 비전은 기업이 전략적 목표를 달성하기 위해 정보 시스템을 활용 및 관리하는 방법에 대한 광범위한 방향을 제시해야 한다. 즉 기업은 '어떤 방향으로 나아가야 하는지' 알아야 한다. 앞서 언급했듯이 정보 시스템 비전은 기업 전체의 사명, 비전, 전략과 일치해야 하는데, 이 과정에서 기업의 전략을 재검토해야 하는 경우도 있다. 정보 시스템 비전은 '우리는 기능 영역에서 최첨단이지만 테스트된 기술을 제공하고, 외부 및 내부 데이터 관리에서 리더십을 제공하며, 기업의 경쟁우위를 강화할 기술을 촉진하기 위해 노력할 것이다'와 같이 구체적일 수도 있다. 물론 정보 시스템 비전은 기업의 상황에 따라 달라지고 구체성도 다를 것이다. 그러나 한 가지 분명한 점은, 정보 시스템 비전은 정보 시스템이 기업에서 수행해야 하는 역할을 명시적으로 정의해야 한다는 것이다.

4단계: 정보 시스템 아키텍처

사실 대부분의 기업은 어떤 형태로든 정보 시스템 비전을 가지고 있을 가능성이 크다. 따라서 이미 존재하는 정보 시스템 비전을 수정하는 것도 비전 수립에 포함된다. 이와 마찬가지로 **정보 시스템 아키텍처**information system architecture도 이미 많은 대기업에 구축되어 있을 것이다. 정보 시스템 아키텍처는 정보 시스템 자원을 활용하는 방법, 다양한 자원을 종합적으로 활용하는 방법에 대한 것으로, '어떻게 거기에 도달할지 파악하는 것'이라고 할 수 있다. 7장에서 정보 시스템 아키텍처에 대해 더 깊이 다룰 것이다. 정보 시스템 아키텍처를 수립할 때 앞서 구체화한 정보 시스템 비전을 재검토하고 수정해야 할 수도 있다. 정보 시스템 아키텍처가 비전을 현실화하는 데 도움이 되지 않는다면 수정이 불가피하다.

구축된 정보 시스템 아키텍처는 정보 시스템의 향후 활용 방안, 새로운 정보 시스템의 도입과 관리에 관한 지침이 될 수 있다. 따라서 정보 시스템 아키텍처는 다년간 적용할 수 있으면서도 구체적이고 실행 가능한 지침을 줄 수 있도록 명확해야 한다. 다음과 같은 아키텍처를 생각해보자. "우리는 개별 기술 플랫폼과 상관없이 다양한 공급업체가 우리 시스템과 상호 작용할 수 있는 기술적 환경을 제공하기 위해 노력할 것이다." 이는 관련 기술 간의 상호 운용성, 즉 다양한 시스템이 서로 소통할 수 있는 환경을 추구한다. 따라서 상호 운용성을 제한하는 소프트웨어나 하드웨어의 도입은 해당 아키텍처와 일치하지 않는다. 아키텍처가 제공하는 지침에는 하드웨어, 소프트웨어, 네트워크를 비롯한 모든 정보 시스템 자원에 대한 설명이 포함된다. 또한 정보 저장·보호·관리, 아웃소싱과 같은 정보 시스템을 통한 인적 자원 관리 등도 여기에 해당한다.

5단계: 전략적 이니셔티브 수립

정보 시스템 전략 계획 프로세스의 궁극적인 목표는 기업에 경쟁우위를 제공할 **전략적 정보 시스템 이니셔티브**strategic information system initiative를 수립하는 것이다. 이러한 이니셔티브는 장기적(2~5년)인 경향이 있지만, 일부 전략적 이니셔티브는 신속하게 적용될 수 있다. 전략적 이니셔티브는 보통 정보 시스템에 관한 것이지만, 대부분의 경우 기술보다 훨씬 더 많은 것을 포함하므로 기업의 새로운 전략적 방향을 제시할 때가 많다. 예를 들어 기업이 고객관계관리 시스템을 구현하려 할 때 소프트웨어와 하드웨어를 설치하는 것만으로는 충분하지 않으며, 직원들 또한 고도로 고객 지향적이 되도록 교육을 받아야 한다.

전략적 정보 시스템 이니셔티브를 수립하는 데 유용한 프레임워크는 다양하며, 다음 절에서 그중 몇 가지를 살펴볼 것이다. 그러나 프레임워크를 활용하여 이니셔티브를 수립하는 과정을 이해할 때, 수립된 이니셔티브가 정보 시스템 비전 및 기업의 전반적인 전략적 목표와도 일치해야 한다는 것을 염두에 두어야 한다.

정보 시스템 전략 계획 프로세스의 장점

전략적 이니셔티브 수립은 정보 시스템 전략 계획 프로세스의 중요한 목표이다. 전략적 이니셔티브를 수립하기 위해 구조화된 접근 방식을 사용하면 다음과 같은 이점이 있다.

- 의사소통 향상: 이해관계자가 계획 프로세스에 참여하면 모든 사람이 기업 내 다양한 영역의 구성원들에게 잠재적으로 영향을 미칠 이니셔티브에 의견을 제공할 수 있다. 각 이니셔티브의 장단점에 대한 문서화된 토론을 제공함으로써 기업 내부의 전반적인 의사소통이 향상된다.
- 업무 조율 향상: 다양한 이해관계자가 계획 프로세스에 참여함으로써 이니셔티브, 목적, 장단점에 대한 추상적 이해가 공유된다. 또한 기획 팀의 각 구성원은 모든 사람의 책임을 명확히 파악할 수 있다. 이를 통해 구현 전과 구현 중에 이니셔티브와 관련된 전반적인 업무 관련 조율이 향상된다.
- 의사결정 향상: 전략적 이니셔티브를 수립하기 위해 구조화된 접근 방식을 사용하면 이니셔티브 선택을 위한 명확한 지침과 기준이 설정된다. 예를 들어 이니셔티브는 기업의 목표와 일치해야 한다. 그 결과 어떤 전략적 이니셔티브가 지원되는지, 왜 지원되는지에 대한 의사결정이 시간이 지남에 따라 더욱 일관성을 띠게 된다.

전략적 정보 시스템을 위한 프레임워크

전략 계획 프로세스의 마지막 단계는 전략적 이니셔티브를 구체화하는 것이다. 앞에서 언급했듯이 이는 여러 하위 단계로 구성된다. 이 절에서는 전략적 정보 시스템 이니셔티브를 구체화하는 데 사용할 수 있는 프레임워크 또는 도구를 자세히 알아보자.

정보 시스템 SWOT 분석

경영 또는 마케팅 수업에서 **SWOT 분석**Strengths, Weaknesses, Opportunities, and Threats analysis을 들어보았을 것이다. SWOT 분석은 기업의 다른 영역과 마찬가지로 정보 시스템 전략 계획에 사용될 수 있다. SWOT 분석 기법은 오랫동안 사용되어왔으나 기본 개념은 그대로 유지되고 있다. 한 예로 아마존에 적용할 수 있는 몇 가지 예시문과 SWOT 분석의 구성 요소를 [표 4-1]에 요약했다.

표 4-1 SWOT 분석의 구성 요소

요소	설명	아마존의 예
강점	업계의 다른 기업에 비해 자사에 이점을 제공하는 것은 무엇인가?	온라인 소매업에서의 주도적 위치
약점	업계의 다른 기업에 비해 자사에 불리한 점은 무엇인가?	기업 규모가 커짐에 따라 필요한 더 많은 투자
기회	자사가 업계의 다른 기업보다 새로운 이점을 얻는 데 도움이 되는 활동 또는 요인은 무엇인가?	단순한 소매가 아닌 서비스로의 확장
위협	업계의 다른 기업에 비해 자사에 불리하거나 문제를 일으킬 수 있는 활동 또는 요인은 무엇인가?	온라인 소매업의 글로벌 경쟁 심화

잠재적인 전략적 정보 시스템 이니셔티브를 구체화하기 위해 SWOT 분석을 고려할 때 강점, 약점, 기회, 위협 측면에서 기술 이상의 요소를 고려하는 것이 중요하다. 예를 들어 한 회사가

SWOT 분석 활용 사례

SWOT 분석이 너무 기초적이라고 느껴지는가? SWOT 분석이 학계에서 더 자주 논의되는 것은 사실이지만 현실 세계에서도 자주 활용되고 있다. 인터넷에서 'SWOT 분석 사례'를 검색해보면 실제로 프레임워크를 사용하여 분석된 많은 회사를 찾을 수 있다. 예를 들어 사파이어스트레이티지(Sapphire Strategy)는 정기적으로 아마존에서 SWOT 분석을 사용하는 방법을 설명한다. 아마존은 2017년에 홀푸드마켓(Whole Foods Market)를 인수했을 때 유통망과 오프라인 매장 확보의 가능성을 강점으로 보고, 식료품 사업의 작은 이익률을 약점으로 보았다. 그러나 식료품 사업에서 시장 점유율을 높일 수 있다는 것과 아마존 프라임 멤버십이 시장 점유율 증가에 도움을 줄 수 있는 것을 기회로 여겼다. 반면에 월마트(Walmart)를 외부 위협으로 인식했다.

SWOT 분석은 기술 회사만을 위한 것이 아니다. 예를 들어 《비즈니스 뉴스 데일리(Business News Daily)》의 기사에 따르면 건설 및 엔지니어링과 관련된 법률 전문 지식에 중점을 둔 숄필드컨스트럭션로(Sholefield Construction Law)는 중개 사업에의 진출을 결정하는 데 SWOT 분석을 사용했다.

출처: Golding, J. L. 2018. "These Tech Companies Used SWOT Analysis to Come Out on Top of Competitors," Marketing Lifecycle, Sapphire Strategy, September 4. https://sapphirestrategy.com/these-tech-companies-used-swot-analysis-to-come-out-on-top-of-competitors/; Schooley, S. 2019. "SWOT Analysis: What It Is and When to Use It," *Business News Daily*, June 23. https://www.businessnewsdaily.com/4245-swot-analysis.html

영업 담당자에게 모바일 기기를 제공하여 판매 주기를 개선하는 정보 시스템을 구현한다는 아이디어를 고려 중이라고 가정해보자. 보안상 시설에서의 모바일 기기 사용이 허용되지 않는 군사 기관이 고객 기반이라는 것이 이 회사의 약점 중 하나라면 그 아이디어는 바람직한 이니셔티브가 아닐 수 있다. 반면에 고객과 실제로 자주 접촉할 수 있다는 것이 기회 중 하나라면 (온라인 매체 사용이라는 것과 모순되어 보일 수 있지만) 영업 담당자가 재택근무를 하면서 기술을 이용함으로써 고객과의 접촉 시간을 절약할 수 있다. 여기서 중요한 점은 SWOT 분석을 수행할 때 기술에만 한정하지 말고 기업의 전략을 포괄적으로 생각해야 한다는 것이다.

그렇다면 SWOT 분석을 이용하여 구체적인 정보 시스템의 전략적 이니셔티브를 어떻게 만들어낼 수 있을까? 물론 기회를 파악하고 정보 시스템의 활용을 통해 어떤 기회를 현실화할 수 있는지 살펴보는 방법이 있다. 또한 약점을 파악하고 정보 시스템을 더 잘 활용하여 그러한 약점을 제거하거나 줄이는 방안을 모색할 수 있다. 마찬가지로 정보 시스템을 더 잘 활용하여 외부 위협을 줄이는 방안을 모색할 수도 있다. 새로운 정보 시스템을 활용하여 어떻게 강점을 더 부각할 수 있는지에 대한 답을 구하는 것도 한 방법이다. SWOT의 요소를 고려하면 정보 시스템의 전략적 이니셔티브를 다양하게 수립하는 데 도움이 된다. 이러한 모든 이니셔티브가 실행 가능한 것은 아니지만, 일단 선택지를 얻게 된다는 데 의의가 있다.

Porter의 5 경쟁 요인 모델

Porter의 5 경쟁 요인 모델 Porter's five competitive forces model은 기업의 경쟁 환경을 형성하는 주요 요인을 살펴봄으로써 경쟁적 위치를 분석하는 프레임워크이다. 가장 인기 있는 프레임워크 중 하나인 5 경쟁 요인 모델의 구조는 [그림 4-2]와 같다. 이 모델의 원래 목적은 산업이 얼마나 경쟁력이 있는지 분석하여 기업이 특정 시장(제품, 서비스, 지역 등)에 진출할지 결정하는 것이다. 또한 경쟁 세력 중 하나가 변했을 때(예: 대규모 합병으로 특정 산업의 경쟁 수준이 변하는 경우) 기업의 경쟁적 위치를 재평가하는 데 사용할 수 있다.

그림 4-2 Porter의 5 경쟁 요인 모델

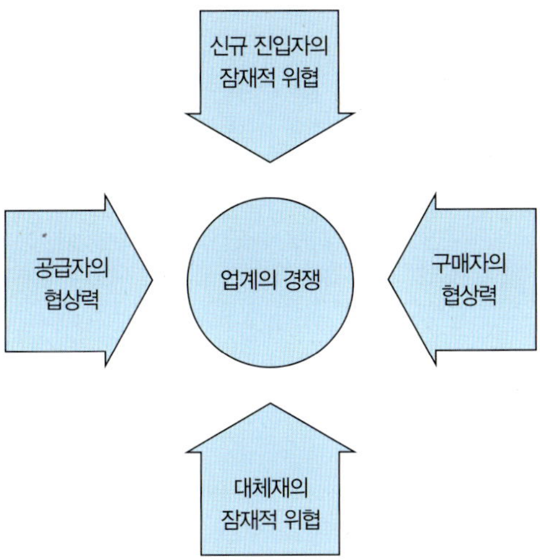

출처: Porter(1979, 2008)를 수정

5 경쟁 요인 모델은 1979년에 개발되었으나 2008년에 Michael Porter가 개선했다. 어떤 사람들은 이 모델이 상대적으로 구조가 안정적이고 단순한 시장(경쟁 구도가 크게 변하지 않는 시장), 즉 완벽한 시장 상황에 너무 초점을 맞추고 있다고 비판하기도 한다(Recklies, 2015). 그럼에도 불구하고 5 경쟁 요인 모델은 오늘날 경영 세계에서 기업의 경쟁적 위치를 분석하는 방법으로 여전히 사용되고 있다. 예를 들어 주식 분석 회사인 트레피스Trefis는 5 경쟁 요인 모델을 사용하여 언더아머Under Armour, 페이스북Facebook, 나이키Nike, 코치Coach, 랄프로렌Ralph Lauren 등을 분석했다(Martin, 2019). 또한 팬모어인스티튜트Panmore Institute는 이 모델을 사용하여 맥도날드McDonald's가 경쟁, 고객의 협상력, 대체재의 위협에 전략을 집중해야 한다고 분

석했다(Gregory, 2018).

정보 시스템의 맥락에서 전략적 정보 시스템 이니셔티브를 수립하기 위해 Porter의 5 경쟁 요인 모델을 사용할 수 있다. [표 4-2]는 전략적 정보 시스템의 관점에서 각 경쟁 요인을 어떻게 적용할 수 있는지를 보여준다.

표 4-2 Porter의 5 경쟁 요인 모델과 전략적 정보 시스템

경쟁 요인	설명	바람직한 수준	전략적 정보 시스템	예
신규 진입자의 잠재적 위협	새로운 기업의 시장 진입이 얼마나 쉬운가?	낮음(새로운 기업이 시장에 진입할 수 없음)	시장 진입 장벽을 높이기 위해 정보 시스템을 어떻게 사용할 수 있는가?	진입 장벽 생성: 다른 기업이 얻을 수 없는 고객 데이터를 활용하여 정보 비대칭을 만든다.
구매자의 협상력	고객이 경쟁적 위치를 낮추는(예: 가격 인하) 능력(또는 시장 지배력)은 무엇인가?	낮음(고객이 더 낮은 가격이나 더 나은 조건을 요구할 수 없음)	고객의 협상력을 줄이기 위해 정보 시스템을 어떻게 사용할 수 있는가?	전환 비용 생성: 고객에게 개인화와 같은 부가가치 서비스를 제공하거나(규모의 경제를 통해) 비용을 절감하여 고객 충성도를 높인다.
공급자의 협상력	공급업체가 경쟁적 위치를 낮추는(예: 가격 인상) 능력(또는 시장 지배력)은 무엇인가?	낮음(공급업체가 더 높은 가격이나 더 나은 조건을 요구할 수 없음)	공급업체의 협상력을 줄이기 위해 정보 시스템을 어떻게 사용할 수 있는가?	공급업체의 부족은 높은 장벽이 되는 경향이 있다. 정보 시스템을 사용하여 다른 기업과 구매력을 통합하거나(예: 온라인 교환) 구매 비용을 줄인다(전자 조달).
대체재의 잠재적 위협	동일하거나 더 우수한 가치를 지닌 다른 제품을 사용할 수 있는 가능성은 얼마나 되는가?	낮음(기업의 제품 또는 서비스를 대체할 수 있는 제품 또는 서비스가 없음)	독특한 제품을 만들거나 고객이 대체재 사용을 꺼리도록 정보 시스템을 어떻게 사용할 수 있는가?	고객이 대체재를 사용하지 못하도록 전환 비용을 창출하거나(개인화, 비용 절감 등), 정보 시스템을 이용하여 고유하거나 특허를 받은 제품(예: 구글 애플리케이션 또는 애플 제품)을 만든다.
업계의 경쟁	업계의 현재 경쟁 수준은 어떠한가?	낮음(경쟁이 제한적임)	업계의 경쟁이 제한되도록 정보 시스템을 어떻게 사용할 수 있는가?	경쟁자가 거의 또는 전혀 없도록 정보 시스템을 사용하여 제품을 차별화한다.

Porter의 가치사슬 분석

Porter는 전략적 정보 시스템 이니셔티브를 구축하는 데 유용한 또 다른 프레임워크를 제안했다. 이는 **가치사슬 분석**value chain analysis으로, 이를 통해 경영자는 기업이 사업을 위해 수행해야 하는 모든 활동을 파악할 수 있다(Porter, 1996). 각 활동을 수행할 때 기업은 자신의 제품 또는 서비스에 부가가치를 부여한다. 대부분의 산업과 기업에는 고유한 가치사슬이 있으며, Porter는 가치사슬의 활동을 크게 두 가지로 구분했다. 첫 번째로 주요 활동은 제품 또는 서비스의 생성·처리·전달과 직접적으로 관련된다. 두 번째로 지원 활동은 제품 또는 서비스에 직접 관여하지 않지만 기업의 전반적인 기능을 돕는 제반 작업을 말한다.

[그림 4-3]은 제조 기업의 일반적인 가치사슬을 보여준다. 오늘날 많은 기업은 서비스 산업에 속해 있어 가치사슬이 완전히 다를 것이다. 다음 절에서는 이러한 서비스 기업에 대해 설명하겠다.

그림 4-3 제조 기업의 가치사슬 예

출처: Porter(1996)를 수정

기업이 가치사슬의 모든 활동에 대해 비용적으로 우세하거나 또는 차별화할 수 있는지 확인하기 위해 경영자는 다음과 같이 자문할 수 있다. 그 활동의 비용을 낮추기 위해 정보 시스템을 어떻게 사용해야 하는가? 그 활동을 통해 최종 제품 또는 서비스에서 더 많은 부가가치를 창출하기 위해 정보 시스템을 어떻게 사용해야 하는가?

제품 마케팅을 예로 들면, 정보 시스템이 마케팅 비용을 절감할 수 있는 방법은 무엇인가? 이를 위해 기업은 소셜 네트워크 또는 이메일을 통해 온라인 마케팅을 시도할 수 있다. 제품에 가치를 더하는 것은 어떠한가? 이를 위해 기업은 개인 맞춤형 제품을 제공할 수 있다. 예컨대 귀여운 곰 인형을 판매하는 대신 곰 인형의 온라인 프로필을 생성하여 가상의 '생명'을 불어넣음으로써 보통의 곰 인형보다 더 매력적으로 만들 수 있다.

경영자는 다양한 방법으로 정보 시스템을 전략적으로 사용하기 위해 자사에 대해 검토할 필요가 있다. 그런데 이를 기업 가치사슬 외부의 공급업체와 고객 영역으로 확장해보자. 온라인상에서 점점 더 많은 기업이 연결됨에 따라, 기업의 가치 시스템(업스트림 및 다운스트림 가치사슬)을 구성하는 기업들의 활동이 기술을 통해 어떻게 향상될 것인가? 예를 들어 거대 소매업체인 월마트는 자사 내뿐만 아니라 공급업체 내에서도 재고를 관리하고 있다(12장 참조).

가상 가치사슬

앞에서 언급했듯이 오늘날 많은 기업은 정보를 기반으로 조직되어 있다. 예를 들어 구글은 소프트웨어 도구를 만들어 개인과 기업에 제공한다. 또한 구글은 검색 엔진을 통해 개인에게 정보를 제공하고, 웹사이트의 트래픽 분석을 제공하는 분석 소프트웨어를 통해 기업에 정보를 제공한다.

제조업에서 원자재를 가공하여 최종 제품으로 바꾸는 것과 마찬가지로 **가상 가치사슬**virtual value chain은 가공되지 않은 데이터를 유용한 정보로 바꾸는 활동으로 이루어진다(Rayport와 Sviokla, 1995). 컨설팅 회사를 예로 살펴보자. 컨설팅 회사의 주요 결과물은 특정 문제에 대해 고객에게 제공하는 정보 및 지식 기반 보고서와 문서, 현재 사업이나 고려 중인 특정 시장에 대한 분석, 일반적인 산업 동향 보고서이다. 컨설팅 회사의 전문가는 상당량의 데이터와 정보를 정기적으로 수집하여 이를 유용한 방식(검색 가능화, 색인화 등)으로 구성 및 저장한다. 기업이 특정 주제의 컨설팅을 요청하면 전문가는 데이터베이스에서 관련 정보를 찾아내어 유용하게 가공한 뒤 기업에 제공한다. [그림 4-4]는 가상 가치사슬의 예이다.

그림 4-4 가상 가치사슬: 정보 처리

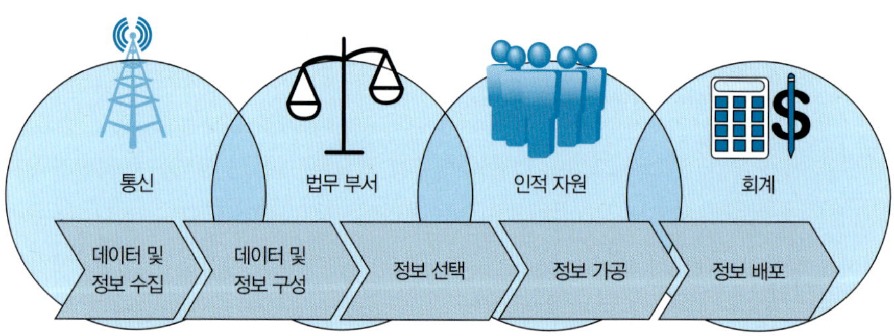

출처: Piccoli(2008)를 수정

앞에서 다루었던 다른 프레임워크와 마찬가지로 가상 가치사슬 분석은 전략적 정보 시스템 이니셔티브를 수립하는 데 도움이 될 수 있다. 경영자는 정보 시스템이 수집·구성·선택·가공·배포 비용을 낮추고 기업의 정보에 더 많은 가치를 부여할 수 있는 방법을 구상한다. 예를 들어 인사 부서 내에서 인트라넷을 통해 직원들에게 보다 신속하게 정보를 배포할 수 있다(7장 참조). 인사 부서를 위해 정보와 데이터를 수집하는 더 좋은 방법은 무엇일까? 가령 종이 양식이 아닌 웹사이트 애플리케이션을 통해 원격 직원의 근무 시간 정보를 수집할 수 있을 것이다. 또한 인사 부서 내에서 정보를 구성하고 선택하는 더 좋은 방법은 무엇일까? 해외 출장을 가는 직원의 정보 요구 사항을 더 잘 처리하기 위해 새로운 시스템을 구현할 수도 있다. 앞서 언급했듯이 경영자는 다양한 질문을 통해 잠재적인 전략적 정보 시스템을 구상하고 수립할 수 있다. 여기서는 한 예로 인사 부서의 경우를 살펴보았으나 이는 정보 수집·구성·선택·가공·배포가 필요한 모든 부서에 적용될 수 있다.

오늘날 기업이 국제화됨에 따라 전략적 정보 시스템은 **글로벌 가치사슬**global value chain을 촉진하는 데 활용될 수도 있다. 글로벌 가치사슬에는 국제적 규모의 제품 및 서비스 생산이 포함되며, 생산은 여러 나라에서 수행되는 활동과 작업으로 세분화된다.

전략적 이니셔티브 평가

앞 절에서는 기업이 고려해야 할 잠재적인 전략적 정보 시스템 이니셔티브를 수립하기 위해 사용하는 다양한 프레임워크에 대해 알아보았다. 이상적인 경우라면 이 시점에는 다수의 전략적 이니셔티브를 얻게 되는데, 그중 어떤 것들은 기술이 존재하지 않아서 실현 불가능하고, 또 어떤 것들은 비용이 너무 많이 들고 효과가 제한적이라 수행할 가치가 없을 것이다. 따라서 이니셔티브의 순위를 정하거나, 고려할 수 없는 것 또는 고려해서는 안 되는 것을 제거해야 한다. 이를 위한 분석을 수행하는 데 유용한 몇 가지 방법이 있는데, 이 절에서는 핵심 성공 요인과 우선순위 매트릭스를 살펴보려 한다. 두 가지 방법 모두 전략적 정보 시스템 이니셔티브의 실행 가능성을 평가하는 데 활용되지만, 우선순위 매트릭스는 보다 심층적인 분석을 제공한다.

핵심 성공 요인

핵심 성공 요인 Critical Success Factor(CSF)은 기업이 생존하고 성공하기 위해(즉 기업의 사명을 달성하기 위해) 확보해야 하는 중요한 고려 사항이라고 할 수 있다. 이는 대개 기술에 관한 것이 아니라 경영 목표에 관한 것이다. 다시 말해 CSF는 기업의 비전 및 사명과 일치해야 한다. 일반적으로 기업은 몇 가지 CSF를 가지고 있으며, 최고경영진은 그것이 무엇인지 잘 알고 있다.

CSF를 확인하는 과정은 최고경영자가 기업의 성공에 필요한 주요 요소를 자유롭게 연상하는

> 학습 활동 4-2
>
> **기업의 성공을 위한 CSF**
>
> CSF를 파악하는 연습을 해보자. 집단을 구성한 뒤 리프트(Lyft) 또는 스포티파이(Spotify)의 최고경영진이 되었다고 가정하고 브레인스토밍을 하여 CSF를 파악하라.

브레인스토밍 세션과 비슷하다. 이때 주로 하는 질문은 다음과 같다. 수익을 늘리려면 어떻게 해야 하는가? 경쟁력을 강화하기 위해 취해야 할 가장 중요한 조치는 무엇인가? 크게 성공하려면 무엇이 필요한가? 이러한 질문은 CSF를 식별하는 데 도움이 되며, 이후에는 경영진의 심의, 잠재적인 장애 요소 예측, 기업의 성공에 가장 중요한 요소의 우선순위 선정 등이 포함된다.

대학의 미래를 위한 전략 개발에 관여하는 관리자가 되었다고 상상해보자. 대학의 관리자들은 본 대학이 교육의 리더가 되기 위해 무엇이 필요한지 알아야 한다. 아마도 관리자들은 다음과 같은 요소를 파악하게 될 것이다.

숫자로 이해하기 4-1

호주 기업의 경영 개선을 위한 CSF

CSF는 기업 전체는 물론이고 특정 프로젝트나 산업에도 사용할 수 있다. 서호주 정부의 농림식품부는 기업이 경영 목표를 달성하기 위해 명확한 CSF와 핵심 성과 지표(Key Performance Indicator, KPI)를 확보하는 방법을 밝혔다. KPI는 CSF가 제대로 작동하는지 확인하는 데 사용되는 기준이다. KPI를 활용하여 기업은 CSF를 설정하기 위한 평가 기준표를 만들 수 있는데, 여기서는 레스토랑과 제조업의 예를 살펴보자. 레스토랑의 목표는 총마진을 줄이지 않고 점심 및 저녁 식사 처리량을 10% 증가시켜 특정 날짜까지 수익을 5% 늘리는 것이다. 다음 표는 CSF의 예이다.

CSF	KPI	목표
시장 점유율	반경 5km 이내에 있는 레스토랑의 비율	10%
고객 만족	만족하는 고객의 비율	95%
식사의 질	품질이 떨어져 반환된 식사의 비율	2%

제조업의 경우, 세탁기 회사가 특정 기간 내에 5%의 영업 이익을 늘리는 것이 목표라고 하자. 이 회사는 제품 품질, 공정 수율, 생산 비용, 시장 점유율과 관련된 네 가지 CSF를 파악한다. CSF를 파악하는 데 도움이 되는 질문은 다음과 같다. 목표를 달성하는 데 꼭 필요한 것은 무엇인가?(이 질문의 답이 곧 CSF) CSF가 잘 작동하는지 알 수 있는 방법은 무엇인가?(이 질문의 답이 곧 KPI) 기업이 목표를 향해 잘 진행하고 있는지 어떻게 알 수 있는가?(이 질문의 답이 곧 단기 목표) (https://www.agric.wa.gov.au/improvement-tools-critical-success-factors-and-key-performance-indicators)

출처: Department of Agriculture and Food. 2017. "Improvement Tools: Critical Success Factors and Key Performance Indicators." Government of Western Australia. https://www.agric.wa.gov.au/improvement-tools-critical-success-factors-and-key-performance-indicators

- 가능한 한 최고의 학생 선발
- 최고의 교수진 확보
- 커뮤니티와의 긴밀한 연결 제공

기업의 CSF를 파악했다면 경영자는 제안된 전략적 정보 시스템 이니셔티브를 CSF와 연관 지어야 한다. 기업의 CSF를 지원하지 않는 이니셔티브를 최우선순위로 두면 안 된다. 이를 통해 기업은 이 장의 앞부분에서 설명한 경영과 IT의 조율을 달성하고 기획 부서는 체계적인 방식으로 이니셔티브의 우선순위를 정할 수 있다. 실제로 컨설팅 회사는 기업이 전략적 목표를 달성하고 CSF를 정기적으로 재확인하는 것이 중요하다고 강조하곤 한다(Janse, 2019; Lucco, 2020).

우선순위 매트릭스

경영자는 **우선순위 매트릭스**priority matrix를 사용하여 잠재적인 이니셔티브를 평가하기 위해 두 가지 주요 차원을 사용한다. 주요 차원은 바로 시스템 또는 프로젝트를 구현하기 위한 노력, 그리고 그것을 통해 얻을 수 있는 잠재적 이익이다. 노력 차원에는 필요한 비용·시간·노력, 시스템의 복잡성과 같은 요소가 포함되고, 잠재적 이익은 수익, 시장 점유율, 예금, 평판 등으로 나타날 수 있다. [그림 4-5]는 우선순위 매트릭스의 예이다.

그림 4-5 우선순위 매트릭스의 예

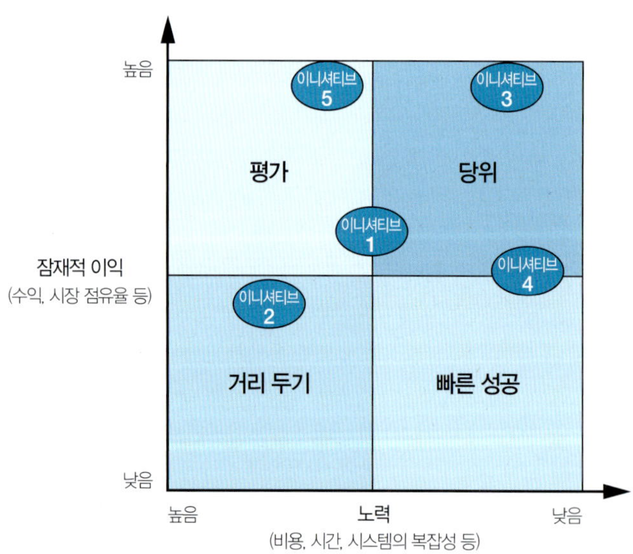

[그림 4-5]를 보면 경영자가 어떤 전략적 정보 시스템 이니셔티브에 더 높은 우선순위를 부여해야 하는지를 쉽게 알 수 있다. **당위**imperatives는 비용이 적게 들거나 기술이 이미 있기 때문에 비교적 구현하기 쉽고(즉 노력이 덜 듦) 기업에 높은 이익을 가져다줄 수 있는 이니셔티브이다. 또한 **빠른 성공**quick wins은 긍정적인 잠재력이 크지는 않지만 제한된 노력(즉 비용이 낮거나 없거나, 어려움이 적거나 없거나, 복잡성이 없음)으로 쉽게 구현할 수 있는 이니셔티브를 말한다. 많은 노력을 기울이지 않고도 눈에 보이는 효과를 얻을 수 있기 때문에 '빠른 성공'이라고 한다. 이는 최우선순위 이니셔티브가 아닐지라도 빠르고 쉽게 구현할 수 있으므로 고려할 가치가 있다. 한편 경영자가 철저히 논의하고 평가해야 하는 **평가**evaluate 이니셔티브는 높은 이익을 안겨줄 잠재력이 있지만 상당한 노력을 필요로 한다. 그중 일부는 구현되고 일부는 구현되지 않을 것이다. 결국 얼마나 많은 이니셔티브가 있고, 이니셔티브를 구현하기 위해 기업이 사용할 수 있는 자원이 무엇인지에 따라 달라질 것이다. 끝으로 **거리 두기**stay away에는 구현하는 데 상당한 노력이 들지만 잠재적 이익이 적은 이니셔티브가 포함된다.

초경쟁: 경쟁우위의 지속 가능성

잠재적인 전략적 정보 시스템 이니셔티브를 식별하는 데 도움이 되는 프레임워크는 시간이 지남에 따라 기업이 경쟁업체와 차별화되는 경쟁우위를 창출할 수 있다는 것을 전제로 한다. 그러나 오늘날 IT 및 기타 혁신의 변화 속도는 그 어느 때보다 빠르다. 이로 인해 어떤 사람들은 기업이 이니셔티브를 통해 얻은 경쟁우위의 지속 가능성에 의문을 제기했다. 이것이 바로 **초경쟁**hypercompetition의 개념이다.

Richard D'Aveni는 1994년에 출간한 《초경쟁Hypercompetition》에서 기업이 지닌 모든 경쟁우위는 경쟁자에 의해 빠르게 잠식될 것이며, 경쟁우위를 유지하려는 노력에 집중하는 것은 기업에 치명적인 방해가 될 수 있다고 했다. 그리고 기업은 일련의 이니셔티브를 통해 시장에 혼란을 일으키도록 노력해야 한다고 제안했다. D'Aveni는 기업이 초경쟁 시장에서 경쟁하기 위해 고려해야 할 일곱 가지 전략적 행위를 제시했는데, 이를 D'Aveni의 7S라고 한다.

7S 초경쟁 프레임워크를 사용하는 기업이 많지는 않지만 전략적 정보 시스템 이니셔티브를 식별하는 데 유용할 수 있다. 기업이 정보 시스템을 사용하여 고객 만족(뛰어난 이해관계자 만족)을 극대화하기 위해 시도할 수 있는 새로운 방법을 생각해보자. 예를 들어 새로운 고객

학습 활동 4-3

트립밤의 경쟁우위

이 활동을 하려면 먼저 트립밤(TRIPBAM)의 경쟁 분석을 완료해야 한다(Piccoli와 Pigni, 2016). 사례는 강사가 제공할 수도 있다. 본문에서 살펴본 프레임워크 중 하나를 사용하여 트립밤의 경쟁적 위치를 살펴본 다음, 기업이 고려해야 하는 세 가지 전략적 정보 시스템 이니셔티브를 확인하라.

출처: Piccoli, G., and F. Pigni 2016. "TRIPBAM: Leveraging Digital Data Streams to Unleash Savings." *Communications of the Association for Information Systems* 39(25). https://aisel.aisnet.org/cais/vol39/iss1/25

표 4-3 D'Aveni의 7S

전략적 행위	설명
뛰어난 이해관계자 만족(superior stakeholder satisfaction)	전략적으로 가치를 더하여 고객 만족을 극대화한다.
전략적 예측(strategic soothsaying)	새로운 지식을 사용하여 새로운 기회를 예측하거나 생성한다.
속도 포지셔닝(positioning for speed)	가능한 한 빨리 대응할 수 있도록 준비한다.
서프라이즈 포지셔닝(positioning for surprise)	경쟁업체를 놀라게 할 방식으로 시장에 대응할 수 있도록 준비한다.
경쟁 규칙 변경(shifting the rules of competition)	고객에게 서비스를 제공하는 새로운 방법을 모색하여 업계를 혁신한다.
전략적 의도 신호(signaling strategic intent)	경쟁업체의 대응을 중단시키려는 의도를 전달한다.
동시 및 순차적 전략적 추진(simultaneous and sequential strategic thrusts)	경쟁업체를 무력화하고 혼란을 유발하여 그들의 노력을 방해하거나 차단하는 조치를 취한다.

출처: D'Aveni(1994)

관계 관리 시스템(12장 참조)을 사용하여 기업과의 상호 작용에서 고객이 선호하는 것을 알아낼 수 있다. 또한 새로운 웹 2.0 기술(7장 참조)을 사용하여 잠재 고객으로부터 직접 새로운 지식을 얻을 수 있다(전략적 예측). 이어지는 장들에서 현재와 가까운 미래에 활용할 수 있는 다양한 기술과 정보 시스템을 살펴보면서, 전략적 정보 시스템 이니셔티브가 전략적으로 어떻게 사용될 수 있는지를 생각해보라.

학습 활동 4-4

기존 시장 뒤흔들기

[학습 활동 4-2]에서와 같이 집단을 구성한 뒤 리프트 또는 스포티파이의 최고경영진이 되었다고 가정한다. D'Aveni의 7S 중 하나를 선택하고, 리프트가 우버와 더 잘 경쟁할 수 있는 방법을 찾거나 스포티파이가 판도라(Pandora)와 더 잘 경쟁할 수 있는 방법을 찾아라. 선택한 전략을 구현하는 데 사용할 전략적 이니셔티브를 파악하고, [학습 활동 4-2]에서 확인한 CSF를 사용하여 모든 이니셔티브의 우선순위를 정하라.

단원 요약

이 장에서는 기업이 전략적 정보 시스템을 구현하여 경쟁우위를 확보할 수 있는 방법을 살펴보았다. IT에 대한 계획 이상의 것을 포함하는 전략 계획 프로세스 그리고 경영자가 전략적 정보 시스템 이니셔티브를 수립하는 데 도움이 되는 다양한 프레임워크를 알아보았다. 또한 경영자가 구현해야 할 전략적 이니셔티브를 평가하는 방법을 설명하고, 경쟁우위가 지속될 수 없는 상황에서의 초경쟁을 다루었다. 이 장에서 설명한 주요 내용은 다음과 같다.

- 전략 계획 프로세스는 크게 다섯 단계, 즉 전략적 사업 계획, 정보 시스템 평가, 정보 시스템 비전, 정보 시스템 아키텍처, 전략적 이니셔티브 수립으로 이루어진다.
- 전략적 정보 시스템 이니셔티브를 파악하는 프레임워크 중 SWOT 분석은 기업의 강점, 약점, 기회, 위협을 확인하는 데 사용된다. Porter의 5 경쟁 요인 모델은 기업의 경쟁 환경에서 다섯 가지 주요 요인(신규 진입자의 위협, 대체재의 위협, 구매자의 협상력, 공급자의 협상력, 업계의 경쟁)을 살펴봄으로써 기업의 경쟁적 위치를 분석하는 데 도움이 된다. Porter의 가치사슬은 기업이 사업을 위해 수행해야 하는 모든 활동을 파악하는 데 도움이 된다. 가상 가치사슬은 제조업체처럼 원자재를 최종 제품으로 만드는 활동이 아닌, 가공되지 않은 데이터를 유용한 정보로 바꾸는 활동을 설명한다. 또한 글로벌 가치사슬은 국제적 기반의 제품 생산에 대한 것이다.
- 전략적 이니셔티브를 평가하는 방법 중 CSF는 기업이 생존하고 성공하기 위해 달성해야 하는 중요한 고려 사항이다. 또한 경영자는 우선순위 매트릭스를 통해 잠재적인 이니셔티브를 평가하기 위해 두 가지 주요 차원인 구현 용이성과 잠재적 이익에 따라 우선순위를 정할 수 있다.
- 경쟁업체가 경쟁우위를 급격히 잠식하는 초경쟁 상황에서 기업은 경쟁우위를 유지하기 위해 노력하는 대신 시장 혼란에 집중해야 한다.

학습 정리 질문

1. 전략적 정보 시스템이란 무엇인가? 전략적 정보 시스템 이니셔티브와 어떻게 다른가?
2. 전략 계획 프로세스의 목적은 무엇이며, 주요 단계는 어떻게 이루어지는가?
3. 정보 시스템 전략 계획 프로세스를 사용하면 어떤 이점이 있는가?
4. SWOT 분석, Porter의 5 경쟁 요인 모델, Porter의 가치사슬 모델은 어떤 공통점이 있는가?
5. 전통적인 가치사슬 모델과 가상 가치사슬의 주요 차이점은 무엇인가?
6. 전략적 정보 시스템 이니셔티브를 파악하기 위해 SWOT 분석을 어떻게 사용할 수 있는가?
7. Porter의 5 경쟁 요인 모델의 목적은 무엇이며, 정보 시스템 전략 계획에 어떻게 사용할 수 있는가?
8. CSF란 무엇이며, 전략적 이니셔티브를 평가하는 데 어떻게 사용할 수 있는가?
9. 우선순위 매트릭스는 무엇이며, 전략적 이니셔티브를 평가하는 데 어떻게 사용할 수 있는가?

10. 초경쟁이란 무엇이며, 초경쟁하에서 D'Aveni의 7S 프레임워크를 어떻게 사용할 수 있는가?

생각해보기

1. 이 장에서 배운 내용 중 가장 중요한 것은 무엇인가? 그것이 왜 중요한가?
2. 잘 이해되지 않는 주제는 무엇인가? 어떤 내용이 잘 이해되지 않는가?
3. 이 장에서 배운 내용과 1~3장에서 배운 내용은 어떤 관련이 있는가?
4. 정보 시스템 전략 계획 프로세스가 반복적인 과정인 이유는 무엇인가?
5. 의사소통, 업무 조율, 의사결정을 향상하는 이점이 있는 전략 계획 프로세스를 학생들의 집단 프로젝트에 어떻게 적용할 수 있는가?
6. 개인의 삶에서 어떤 상황일 때 SWOT 분석을 적용할 수 있는가?
7. 가상 가치사슬과 기존 가치사슬의 유사점과 차이점은 무엇인가?
8. 우선순위 매트릭스는 CSF와 어떤 관련이 있는가?
9. 오늘날에도 초경쟁이 존재한다고 생각하는가? 만약 존재한다면 앞으로도 계속 그럴 것이라고 생각하는가?
10. 정보 시스템 도입의 맥락에서 전략적 이니셔티브를 논의하는 것이 왜 중요하다고 생각하는가?

추가 학습 활동

1. 우선순위 매트릭스를 사용하여 [학습 활동 4-4]에서 확인된 이니셔티브의 순위를 매겨라. 그 결과를 [학습 활동 4-4]의 결과와 비교하고 차이점을 설명하라.
2. 강사가 제공하거나 온라인에서 찾은 자료를 토대로 유니노어(Uninor)의 경쟁 분석을 수행하라.
3. 아마존과 모교의 사명 선언문을 비교해보고 유사점과 차이점을 설명하라. 차이점은 어디서 비롯된 것인가?
4. 강사가 제공하거나 온라인에서 찾은 자료를 토대로 레노보(Lenovo)의 경쟁 분석을 수행하라.
5. 호텔 산업의 잠재적인 전략적 정보 시스템을 파악하기 위해 가상 가치사슬 분석을 수행하라.
6. 강사가 제공하거나 온라인에서 찾은 자료를 토대로 이탈리아 정부 이니셔티브의 경쟁 분석을 수행하라.

참고 문헌

D'Aveni, R. 1994. *Hypercompetition*. New York: Free Press.

Gregory, L. 2018. "McDonald's Five Forces Analysis (Porter's Model) & Recommendations." *Panmore Institute*. http://panmore.com/mcdonalds-five-forces-analysis-porters-model.

Janse, B. 2019. "Critical Success Factors." *toolshero.com*. https://www.toolshero.com/strategy/critical-success-factors/.

Kappelman, L., V. L. Johnson, C. Maurer, K. Guerra, E. McLean, R. Torres, M. Snyder, and K. Kim, 2020. "The 2019 SIM IT Issues and Trends Study." *MIS Quarterly Executive* 19(1): 69–104. https://aisel.aisnet.org/misqe/vol19/iss1/7/.

Lucco, J. 2020. "How to Determine Critical Success Factors for Your Business." *ClearPoint Strategy*. https://www.clearpointstrategy.com/how-to-determine-critical-success-factors-for-your-business/.

Martin, M. 2019. "How Porter's Five Forces Can Help Small Businesses Analyze the Competition." *Business News Daily*, December 3. https://www.businessnewsdaily.com/5446-porters-five-forces.html.

Porter, M. E. 1979. "How Competitive Forces Shape Strategy." *Harvard Business Review* 57(2): 137–45.

______. 1996. "What Is Strategy?" *Harvard Business Review* 74(6): 61–78.

______. 2008. "The Five Forces That Shape Strategy." *Harvard Business Review* 86(1):78–93.

Rayport, J. F., and J. Sviokla. 1995. "Exploiting the Virtual Value Chain." *Harvard Business Review*, November–December: 75-85. https://hbr.org/1995/11/exploiting-the-virtual-value-chain.

Recklies, D. 2015. "Porters Five Forces—Content, Application, and Critique." *TheManager.org*, November 20. http://www.themanager.org/2015/11/porters-five-forces/.

용어 사전

Porter의 5 경쟁 요인 모델: 경쟁 환경에서 경영자가 기업의 경쟁적 위치를 확인하기 위해 다섯 가지 주요 요인(신규 진입자의 위협, 대체재의 위협, 구매자의 협상력, 공급자의 협상력, 업계의 경쟁)을 분석하는 모델

SWOT 분석: 경영자가 기업의 강점, 약점, 기회, 위협을 파악하는 데 사용하는 프레임워크

가상 가치사슬: 제조업체처럼 원자재를 최종 제품으로 만드는 활동이 아닌, 가공되지 않은 데이터를 유용한 정보로 바꾸는 활동에 관한 프레임워크

가치사슬 분석: 경영자가 사업을 위해 수행해야 하는 모든 활동을 파악하는 데 도움이 되는 프레임워크

강점: SWOT 분석에서 기업이 해당 업계의 다른 기업에 비해 유리한 점

거리 두기: 우선순위 매트릭스에서 구현하기 어렵고 잠재적 이익이 제한적인 이니셔티브

경쟁 규칙 변경: D'Aveni의 7S 프레임워크에서 고객에게 서비스를 제공하는 새로운 방법을 모색하여 업계를 혁신하는 전략

공급자의 협상력: Porter의 5 경쟁 요인 모델에서 공급업체가 경쟁적 위치를 떨어뜨리는 능력

구매자의 협상력: Porter의 5 경쟁 요인 모델에서 구매자(고객)가 경쟁적 위치를 떨어뜨리는 능력

글로벌 가치사슬: 제품 및 서비스가 국제적 규모로 생산되는 가치사슬로, 생산이 여러 나라에서 수행되는 활동과 작업으로 세분화됨

기회: SWOT 분석에서 기업이 업계의 다른 기업에 비해 새로운 이점을 얻는 데 도움이 되는 활동 또는 요인

당위: 우선순위 매트릭스에서 상대적으로 구현하기 쉽고 기업에 높은 이익을 가져다줄 수 있는 이니셔티브

대체재의 잠재적 위협: Porter의 5 경쟁 요인 모델에서 동일하거나 더 우수한 가치를 지닌 다른 제품이 있을 가능성

동시 및 순차적 전략적 추력: D'Aveni의 7S 프레임워크에서 경쟁업체를 무력화하고 혼란을 유발하여 그들의 노력을 방해하거나 차단하는 조치를 취하는 전략

뛰어난 이해관계자 만족: D'Aveni의 7S 프레임워크에서 전략적으로 가치를 더하여 고객 만족을 극대화하는 전략

빠른 성공: 우선순위 매트릭스에서 긍정적인 잠재력이 크지는 않지만 구현하기 쉬운 이니셔티브

서프라이즈 포지셔닝: D'Aveni의 7S 프레임워크에서 경쟁업체를 놀라게 할 방식으로 시장에 대응할 수 있도록 준비하는 전략

속도 포지셔닝: D'Aveni의 7S 프레임워크에서 가능한 한 빨리 대응할 수 있도록 준비하는 전략

신규 진입자의 잠재적 위협: Porter의 5 경쟁 요인 모델에서 새로운 기업이 시장에 진입하기 쉬운 정도

약점: SWOT 분석에서 기업이 해당 업계의 다른 기업에 비해 불리한 점

업계의 경쟁: Porter의 5 경쟁 요인 모델에서 업계의 현재 경쟁 수준

우선순위 매트릭스: 경영자가 잠재적인 이니셔티브를 평가하고 두 가지 주요 차원인 구현 용이성과 잠재적 이익에 따라 우선순위를 정할 수 있는 프레임워크

위협: SWOT 분석에서 기업이 업계의 다른 기업에 비해 불리하거나 문제를 일으킬 수 있는 활동 또는 요인

전략 계획 프로세스: 전략적 정보 시스템을 파악하기 위한 일련의 구조화된 단계

전략적 예측: D'Aveni의 7S 프레임워크에서 새로운 지식을 사용하여 새로운 기회를 예측하거나 생성하는 전략

전략적 의도 신호: D'Aveni의 7S 프레임워크에서 경쟁업체의 대응을 중단시키려는 의도를 전달하는 전략

전략적 정보 시스템: 기업에 경쟁우위를 제공하기 위한 정보 시스템

전략적 정보 시스템 이니셔티브: 기업의 새로운 전략적 방향으로 이어질 수 있는 시스템 구현을 위한 상세한 계획(보통 2~5년)

정보 시스템 비전: 기업이 전략적 목적을 위해 정보 시스템을 사용하고 관리하는 방법에 대한 광범위한 설명

정보 시스템 아키텍처: 정보 시스템 자원을 활용하는 방법, 다양한 자원을 종합적으로 활용하는 방법에 대한 것

정보 시스템 평가: 기업이 기업 내 정보 시스템 자원의 현재 상태를 파악하는 것

초경쟁: 경쟁우위가 경쟁업체에 의해 급격히 잠식될 때 기업은 경쟁우위를 유지하기 위해 노력하는 대신 시장 혼란에 집중해야 함

평가: 우선순위 매트릭스에서 경영자가 철저히 논의하고 평가해야 하는 이니셔티브

핵심 성공 요인(CSF): 기업이 생존하고 성공하기 위해 달성해야 하는 몇 가지 중요한 고려 사항

PART

02

경영 정보

CHAPTER

05

정보 저장 및 조직화

학습목표

- 데이터베이스 관리 시스템의 목적을 이해할 수 있다.
- 데이터베이스 관리 시스템 또는 스프레드시트 중 어디에 데이터를 저장하는 것이 나은지 결정할 수 있다.
- 관계형 데이터베이스의 기본 구조와 구성 요소를 파악할 수 있다.
- 관계형 데이터베이스에서 외래 키의 용도를 이해할 수 있다.
- 관계형 데이터베이스 스키마의 목적과 표기법을 설명할 수 있다.
- 다양한 온라인 데이터베이스를 이해하고 설명할 수 있다.
- 빅데이터의 개념을 이해하고 기업의 정보 기반 의사결정을 위한 빅데이터의 사용에 대해 설명할 수 있다.

관계형 데이터베이스의 개요

기업에서 사용하는 정보는 대부분 **데이터베이스**database에 저장된다. 데이터를 저장하는 방식이 다양하지만 기업에서는 주로 **관계형 데이터베이스**relational database에 저장한다. 데이터베이스를 처음 접했을 때는 어렵게 느껴질 수도 있지만 조금만 공부해보면 쉽게 이해된다. 이 장에서는 관계형 데이터베이스에 데이터를 저장하는 방법을 알아본다.

데이터베이스 관리 시스템

데이터베이스는 조직화된 데이터 모음이다. 이 장에서는 경영 애플리케이션에서 가장 많이 사용되는 데이터베이스 유형인 관계형 데이터베이스를 중점적으로 살펴본다. 관계형 데이터베이스는 텍스트, 숫자, 문서, 이미지, 동영상 등 다양한 유형의 '정보'를 저장할 수 있다. 기업이 처리하는 정보의 양과 다양성을 감안할 때 잘 구성된 데이터베이스는 모든 기업의 필수 요건이다.

일반적으로 데이터베이스는 **데이터베이스 관리 시스템**DataBase Management System(DBMS)으로 관리한다. DBMS는 데이터베이스를 생성·유지·사용하기 위한 도구를 제공하며, 우리에게는 '사용'이라는 측면이 가장 중요하다. 대부분의 조직에서는 전문 데이터베이스 설계자와 관리자가 데이터베이스를 생성·유지하는 작업을 담당한다.

기업에는 많은 DBMS가 있다. 소규모 데이터베이스는 마이크로소프트 액세스Microsoft Access

학습 활동 5-1

아마존의 주문 데이터

아마존에서 무언가를 주문한다고 가정하자. 아마존이 해당 주문을 처리하는 데 필요한 데이터(예: 구매자의 이름)는 무엇인가?

주목할 만한 사례

페이스북의 데이터베이스

페이스북을 활발히 이용하는 30억 명 이상 중 한 사람이라면 친구를 만들고 사진, 동영상, 상태를 업데이트하는 방법을 알고 있을 것이다. 다만 모든 정보를 추적하는 거대한 데이터베이스에 대해서는 잘 알지 못한다. 다음은 페이스북의 데이터베이스가 추적해야 하는 항목의 일부이다.

- 페이지, 그룹, 이벤트, 커뮤니티 등 거의 10억 개에 달하는 개체
- 링크, 게시물, 사진, 메모, 동영상, 새로운 스토리 등 300억 개 이상의 콘텐츠
- 30억 명 이상 활성 사용자 간의 친구 연결(평균 사용자의 친구는 100명이 훨씬 넘음)

이 모든 정보를 추적하려면 강력한 인프라와 매우 복잡한 데이터베이스 설계가 필요하다. 페이스북은 수백 대의 서버에서 데이터를 관리하는 아파치 카산드라(Apache Cassandra), 대규모 데이터베이스에서 데이터 요약 및 검색을 용이하게 하는 아파치 하이브(Apache Hive), 매일 수십억 개의 페이스북 메시지를 안정적으로 전달하는 스크라이브(Scribe) 등 다양한 도구를 사용하여 데이터를 생성 및 관리한다.

조직에 몸담고 있는 사람들은 이러한 대규모 데이터베이스는 아니더라도 데이터베이스를 사용하게 된다. 일을 하기 위해 접근해야 하는 대부분의 정보는 관계형 데이터베이스에 저장된다. 관계형 데이터베이스는 전사적 자원 관리, 고객관계 관리, 공급망 관리 시스템을 포함하여 이 책 전반에 걸쳐 다루는 많은 애플리케이션의 기반이다. 이에 대해서는 12장에서 설명할 것이다. (페이스북은 관계형 데이터베이스뿐만 아니라 다양한 유형의 데이터베이스 기술을 사용하고 있다.)

생각해보기

1. 페이스북의 프로필을 구성하는 정보 요소는 무엇인가?
2. 페이스북이 특정 친구를 추천하기 위해 사용하는 정보는 무엇인가?

출처: https://about.fb.com/company-info/

또는 오픈오피스 베이스OpenOffice Base와 같은 DBMS가 처리할 수 있다. 그러나 더 크고 복잡한 데이터베이스에는 오라클Oracle, MySQL, MS SQL 서버 또는 IBM의 DB2와 같은 엔터프라이즈급 DBMS가 필요하다. 이러한 데이터베이스는 각각 장단점이 있지만 모두 훌륭하다. 오라클이 수년 동안 시장을 주도하고 있지만 다른 제품들도 많이 사용되고 있다.

데이터베이스는 정보 시스템의 필수 요소이다. 오늘날 대부분의 정보 시스템은 정보 처리를 여러 요소로 나누는 **다계층 아키텍처**multitiered architecture를 사용한다. 다계층 아키텍처는 각기 다른 컴퓨터에 존재하는 데이터베이스 서버, 웹 서버, 애플리케이션을 말하며, 이에 대해서는 7장에서 자세히 다룰 것이다. 쉽게 말해 애플리케이션은 데이터를 처리하고 DBMS는 데이터를 관리한다고 생각하면 된다. [그림 5-1]에서 보듯이 애플리케이션은 DBMS에 필요한 데이

숫자로 이해하기 5-1

디지털 데이터

세상에는 얼마나 많은 디지털 데이터가 존재할까? 구글, 페이스북, 마이크로소프트, 아마존만 해도 1,200페타바이트의 데이터를 저장한다니 감이 오지 않는다. 페타바이트는 1 뒤에 0이 15개 붙은 단위이다. 사실 전 세계에 저장된 데이터의 90%는 지난 2년 동안 생성되었다(여기에는 기업 및 개인의 디지털 사진, 음악, 동영상 등이 포함된다). 세계경제포럼에 따르면 현재 전 세계적으로 44제타바이트의 데이터가 저장되어 있다. 제타바이트는 1 뒤에 0이 21개 붙은 단위이다. 2025년까지 매일 0.5제타바이트의 데이터가 생성될 것으로 예상되므로 그 수치는 훨씬 커질 것이다. 다시 말해 2025년에는 180제타바이트 이상의 데이터가 생성된다. 수집되는 데이터의 양은 센서, 웹사이트 및 기타 데이터 수집 도구가 증가함에 따라 더욱 커진다. 따라서 디지털 데이터의 폭증과 함께 데이터를 효율적으로 저장·구성·검색하는 방법이 점점 더 중요해지고 있다.

출처: https://seedscientific.com/how-much-data-is-created-every-day/

터를 요청해서 받고, 데이터를 가공(예: 제품 주문 시 재고 수정) 및 업데이트한 후 DBMS로 보낸다. DBMS는 애플리케이션이 보낸 업데이트 내용을 실제 데이터베이스에 업데이트한다. 애플리케이션 내에서 이 모든 작업을 수행할 수 있지만 대부분의 대규모 시스템은 이러한 다계층 접근 방식을 사용한다.

그림 5-1 애플리케이션과 데이터베이스의 상호 작용

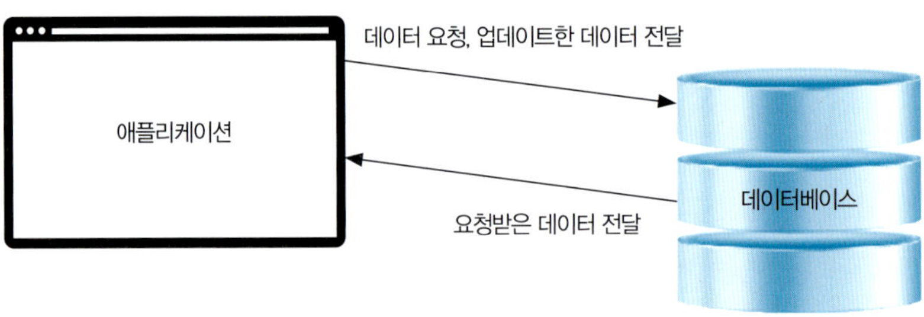

데이터베이스와 스프레드시트의 비교

많은 사람이 정보를 저장 및 구성하기 위해 스프레드시트(예: 마이크로소프트 엑셀)와 DBMS(예: 마이크로소프트 액세스) 중 어떤 것을 사용해야 할지 혼란스러워한다. 이러한 고민은 둘 다 행과 열로 구성된 테이블에 정보를 저장하는 유사성에서 비롯된다. 하지만 스프레드시트와 DBMS는 목적과 장단점이 다르다.

스프레드시트는 개인 연락처나 가정 비품과 같은 간단한 목록을 관리하고 저장하는 데 적합하다. 복잡한 데이터를 저장하기에 스프레드시트가 적합하지 않은 이유는 여러 가지이다. 복잡한 데이터를 스프레드시트로 관리했을 때 발생할 수 있는 문제는 다음과 같다.

- 불필요한 데이터 중복
- 데이터 불일치
- 데이터 검색 및 추출의 어려움
- 낮은 데이터 무결성
- 데이터 요소(예: 고객과 주문) 간의 어려운 연결

불필요한 데이터 중복과 데이터 무결성은 특히 문제가 된다(부정확하고 일관성이 없으며 오래된 데이터도 무결성 문제에 포함된다). 일부 연구에 따르면 대부분의 복잡한 스프레드시트에는 오류가 존재할 수 있다(http://www.panko.com/ssr/index.html 참조). 이러한 오류가 데이터만의 문제는 아니지만(예: 부정확한 수식) 데이터 자체의 문제인 경우가 많다. 대부분의 DBMS에는 데이터를 최신 상태로 일관성 있게 유지하는 방법이 있다. 데이터베이스에 저장된 데이터는 완벽하지는 않더라도 일반적으로 스프레드시트(또는 문서, 사진, 동영상 등의 다른 형식)에 저장된 데이터보다 품질이 높다.

스프레드시트의 경우 버전이 문제가 될 수 있다. 기업에서는 누군가가 이전 버전의 스프레드시트를 사용하는 바람에 잘못된 결정을 내리는 일도 간혹 발생한다. 이전 버전의 스프레드시

학습 활동 5-2

데이터 요소의 연결

아마존이 주문을 처리하는 데 필요한 데이터 목록을 [학습 활동 5-1]에서 만들었다. 그 목록의 유사한 항목을 묶고 각 묶음의 이름을 지정하라. 예를 들어 고객의 이름과 주소는 '고객'으로 묶을 수 있다.

트는 데이터가 업데이트되지 않았거나 변경 사항이 반영되지 않았을 수 있다. DBMS는 최신 정보가 담긴 데이터베이스에서 직접 데이터를 가져온다. 업데이트되지 않은 데이터로 인한 문제를 피하기 위해 데이터베이스에 연결되도록 스프레드시트를 작성할 수도 있다.

스프레드시트는 DBMS보다 사용하기 쉽고 계획 수립이 덜 필요하기 때문에 스프레드시트로 정보 관리를 하고 싶은 생각이 들 것이다. 하지만 매우 간단한 작업을 제외하고는 스프레드시트를 사용하지 않는 것이 좋다. 장기적으로는 저장되는 정보의 양이 점점 증가하기 때문에 적절한 데이터베이스를 계획하고 설계하는 것이 바람직하다.

데이터베이스는 정보를 저장하고 구성하는 데 유용하며, 스프레드시트는 정보를 시각적으로 분석하고 표현하는 데 유용하다. 완벽한 정보 해법에는 이 두 가지가 모두 필요하다. 그런데 분석하기 위해 데이터베이스에서 데이터를 추출하고 스프레드시트로 가져오는 것이 어렵지 않기 때문에 둘 중 하나만 선택할 필요가 없다. 데이터베이스를 이용하여 정보를 저장하고, 스프레드시트를 이용하여 정보를 이해하면 된다.

이제 데이터베이스의 목적, 정보 시스템과의 관계를 이해했을 테니 관계형 데이터베이스가 작동하는 방식에 대해 자세히 알아보자.

관계형 데이터베이스

관계형 데이터베이스는 연결된 표 형태로 데이터를 저장한다. 테이블은 **레코드(행)**record와 **필드(열)**field로 구성된다. [표 5-1]에서 보듯이 레코드는 동일한 항목과 관련된 필드 집합이고, 필드는 항목의 어떤 특성을 나타낸다. 각 행은 특정 강사의 정보 집합이고, 각 열은 개별 특성이다. 데이터의 첫 번째 행에는 Sadie Smith라는 강사에 대한 정보가 담겨 있다. 이 테이블에는 강사에 대한 다음 네 가지 특성(필드)이 저장되어 있다.

표 5-1 강사 테이블

강사 ID	성	이름	이메일 주소
1	Smith	Sadie	ssmith@school.edu
2	Jones	Maggie	mjones@school.edu
3	Thurman	Richard	rthurman@school.edu
4	Wilson	Fred	fwilson@school.edu

- 식별 번호(강사 ID)
- 성
- 이름
- 이메일 주소

이러한 구조는 직관적으로 이해하는 데 도움이 된다. 그러나 여러 가지 데이터를 저장해야 하는 경우에는 좀 더 복잡하다. 한 예로 과목 개설과 관련된 소규모 데이터베이스를 나타낸 [그림 5-2]를 살펴보자. 이 데이터베이스에는 서로 연관된 세 가지 '사물'(섹션, 과목, 강사)에 대

그림 5-2 소규모 데이터베이스

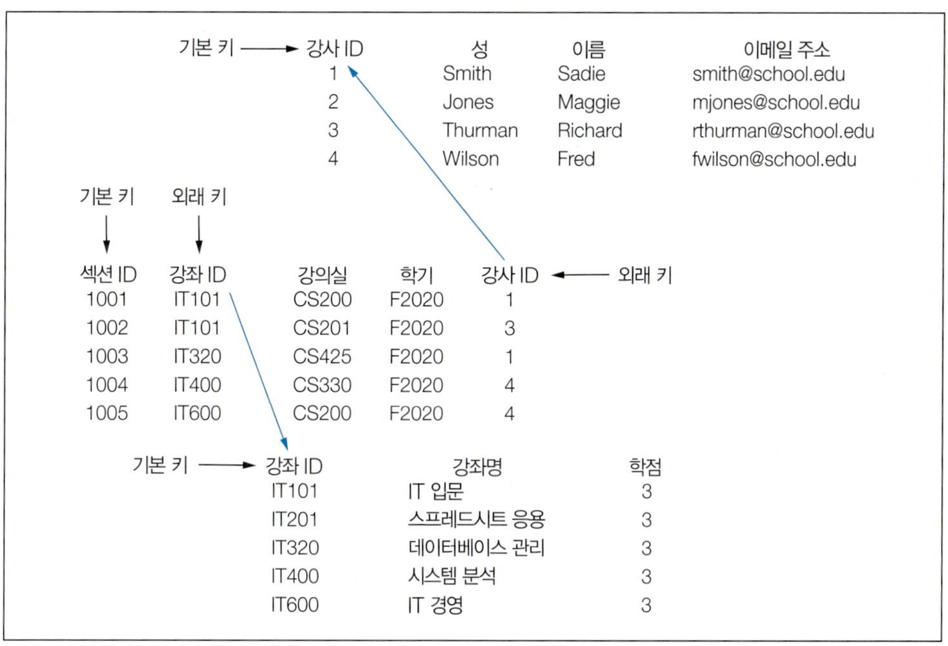

한 데이터를 저장하기 위해 테이블 세 개를 만들었다. 이것이 관계형 데이터베이스의 핵심 기능이다. 각 테이블에는 별도 항목에 대한 데이터가 저장되며, 이러한 구조는 중복을 최소화하면서 데이터 검색 시 유연성을 제공한다. 데이터 저장 시의 불필요한 중복은 불일치를 초래할 수 있으므로 각각의 정보를 한 번만 저장함으로써 데이터의 일관성을 보장한다. 이 장의 뒷부분에서 중복성과 일관성에 대해 자세히 설명하겠다.

데이터베이스가 작동하려면 각 레코드를 식별하는 방법이 필요하다. 이를 위해 강사의 이름을 식별자로 사용하면 된다고 생각할지도 모르지만 동명이인이 있을 수도 있으니 사용하지 않는 것이 좋다. 고유한 식별자를 **기본 키**primary key로 사용하기도 한다. 예를 들어 학번은 학생을 추적하는 데이터베이스에 적합하다. 그러나 경우에 따라서는 단순히 숫자를 식별자로 사용할 수도 있다. 일반적으로 행을 식별하는 것 말고는 식별자에 의미 있는 데이터를 저장하지 않기 때문에 숫자로 식별자를 만들어 사용해도 무방하다. 데이터베이스의 각 테이블에는 기본 키가 있으며, 기본 키가 둘 이상의 필드로 구성되는 경우 복합 기본 키composite primary key라고 한다.

그런데 데이터베이스의 테이블이 서로 연관된다는 것은 무슨 의미일까? 예를 들어 '섹션' 테이블은 '강사' 및 '강좌' 테이블에 연결되어 있다. 관계형 데이터베이스에서 이러한 연결은 관련 테이블의 기본 키를 참조하는 필드인 **외래 키**foreign key로 구현할 수 있다. '섹션' 테이블의 '강좌 ID' 필드는 '강좌' 테이블의 '강좌 ID' 필드를 참조하는데, 이러한 상호 참조를 '관계'라고 한다. [그림 5-2]의 화살표는 외래 키가 기본 키를 참조하는 방법을 보여준다.

이렇게 상호 참조하는 외래 키를 사용하면 여러 테이블에 포함된 데이터를 쉽게 결합할 수 있다. 섹션 1001에서 가르치는 강좌명은 무엇인가? 이는 답하기 쉬운 질문이다. '섹션' 테이블에서 '강좌 ID'를 확인한 뒤 '강좌' 테이블에서 일치하는 '강좌 ID'를 찾으면 'IT 입문'임을 쉽게 확인할 수 있다. '섹션' 테이블에 있는 또 다른 외래 키인 '강사 ID'는 '강사' 테이블의 기본 키를 참조한다. 관계형 데이터베이스 설계를 제어하는 공식적이고 정확한 규칙이 많이 있지만, 상호 참조 체계를 이해하면 관계형 데이터베이스의 기본 사항을 이해한 셈이다. 크고 복잡한 데이터베이스라 하더라도 테이블과 필드가 많을 뿐 기본 구조는 매한가지이다.

관계형 데이터베이스의 추가적인 특성이 있다. 관계형 데이터베이스에서 각 행과 열이 교차하는 곳에서는 최대 하나의 데이터 항목만 저장할 수 있다. 예를 들어 강좌의 섹션이 둘 이상인 경우 각각의 섹션을 별도의 행으로 나누어야 한다.

관계형 데이터베이스 설계를 제어하는 몇 가지 규칙이 있다. 정규화는 불필요한 중복을 제거하여 데이터의 일관성을 보장하기 위한 규칙이다. 이러한 규칙의 세부 사항은 이 책의 범위를 벗어나지만 [표 5-2]를 통해 중복성과 일관성의 관계를 살펴보자.

표 5-2 중복의 예

섹션 ID	강좌 ID	강좌명	강사 ID	성	이름
1001	IT101	IT 입문	1	Smith	Sadie
1002	IT101	컴퓨터 입문	3	Thurman	Maggie
1003	IT320	데이터베이스 관리	1	Jackson	Sadie
1004	IT400	시스템 분석	4	Wilson	Fred
1005	IT600	IT 경영	4	Wilson	Fred

[표 5-2]를 보고 다음 질문에 답해보라. 강사 1의 성은 무엇인가? 이 질문에 정확히 답하기 어려울 것이다. 첫 번째 행에서는 Smith이고 세 번째 행에서는 Jackson이라 무엇이 맞는지 알 수 없다. '변칙'이라고도 일컫는 불일치는 강사의 이름을 여러 행에 저장한 결과에서 비롯된다.

이 구조를 [그림 5-2]의 구조와 비교해보자. [그림 5-2]의 구조는 각 데이터 항목을 한 번만 저장하여 불일치를 방지할 수 있다(외래 키는 예외이다). 각 테이블에 하나의 '사물'에 대한 데이터를 저장하는 이유가 바로 이것이다. 쉽게 말해 데이터 요소를 한곳에만 저장하면 일관성을 유지할 수 있다. 값 중 하나가 올바르지 않을 수도 있지만(예: 강사 이름의 오타) 이는 불일치와는 별개의 문제이다.

테이블의 특정 행이 관련 테이블의 한 행과만 관련된 경우도 있다. 예를 들어 대부분의 기업에서 특정 주문은 한 고객하고만 관련될 것이다. 이를 다른 시각에서 보면 특정 고객이 둘 이상의 주문과 관련될 수 있는데, 이것은 일대다 관계의 예이다.

다대다 관계도 있다. 이러한 관계에서는 특정 행이 관련 테이블의 여러 행과 관련될 수 있다. 그러나 일대다 관계와 달리 이는 양방향 모두에 해당된다. 학생들이 강좌 섹션에 등록하는 경우를 생각해보자. 특정 학생은 둘 이상의 강좌에 등록할 수 있고 특정 섹션에는 두 명 이상의 학생이 등록될 수 있는데, 이를 다대다 관계라고 한다.

관계형 데이터베이스의 구조적 규칙으로 인해 다대다 관계에서는 두 개의 관련 테이블을 연결하는 새 테이블을 만들어야 한다. 이러한 테이블을 연결 테이블linking table 또는 교차 테이블intersection table이라고 한다. [그림 5-3]은 학생 등록의 연결 테이블을 보여준다. '등록' 테이블의 목적은 학생을 섹션에 연결하는 것이다. 학생 1(Pat Johnson)이 네 개의 섹션(1001, 1002, 1004, 1005)에 등록되어 있고, 섹션 1001에는 학생 세 명(1, 2, 4)이 등록되어 있다.

그림 5-3 다대다 연결 테이블의 예

학생

학생 ID	성	이름	이메일 주소
1	Johnson	Pat	pjohnson@school.edu
2	Gonzales	Jorge	jgonzales@school.edu
2	Andrews	Annie	aandrews@school.edu
4	Goldman	Beau	bgoldman2school.edu
5	Simpson	Lois	lsimpson@school.edu

섹션

섹션 ID	강좌 ID	강의실	학기
1001	IT101	CS200	F2020
1002	IT101	CS201	F2020
1003	IT320	CS425	F2020
1004	IT400	CS330	F2020
1005	IT600	CS200	F2020

등록

등록 섹션 ID	학생 ID
1001	1
1001	2
1001	4
1002	5
1002	1
1003	3
1003	2
1004	1
1004	3
1004	5
1004	2
1005	1
1005	5

일대일 관계는 흔치 않은데, 이러한 관계에서 테이블의 특정 행은 관련 테이블의 최대 한 행과 관련될 수 있으며, 이는 관계의 양방향 모두에 해당된다. 일부 기업에서는 고객과 계정의 관계가 일대일 관계이다(어떤 기업에서는 일대다 관계이다).

짐작할 수 있듯이 이렇게 데이터베이스의 구조를 보여주는 것은 매우 작은 데이터베이스의 경우에만 가능하다. 보다 큰 데이터베이스는 다음 절에서 설명할 데이터베이스 다이어그램을 사용하여 구조를 나타낸다.

데이터베이스 다이어그램

데이터베이스 설계자는 데이터베이스 설계를 제안할 때 다양한 다이어그램을 사용한다. 이 절에서는 테이블, 필드, 관계의 표시에 중점을 두어 살펴보자(데이터베이스 모델을 설명할 때 필드를 속성attribute이라고 부르기도 하는데, 여기서는 혼란을 피하기 위해 필드라고 하겠다). 이러한 다이어그램을 엔터티 관계 다이어그램entity-relationship diagram(ERD) 또는 데이터베이스 스키마database schema라고 한다. 엔터티 관계 다이어그램과 데이터베이스 스키마는 기술적인 차이가 있지만 본질적으로는 둘 다 데이터 요소와 그 관계를 보여준다.

[그림 5-4]는 고객의 위시리스트를 저장하는 데이터베이스의 다이어그램이다. 각 사각형의 상단에 테이블명을 기입하고 사각형 안에 각 필드를 넣는다. 기본 키는 왼쪽 열에 PK로 표시하고, 외래 키는 FK로 표시한다. 테이블에는 둘 이상의 외래 키가 있을 수 있으므로 FK에 번

그림 5-4 데이터베이스 다이어그램의 예

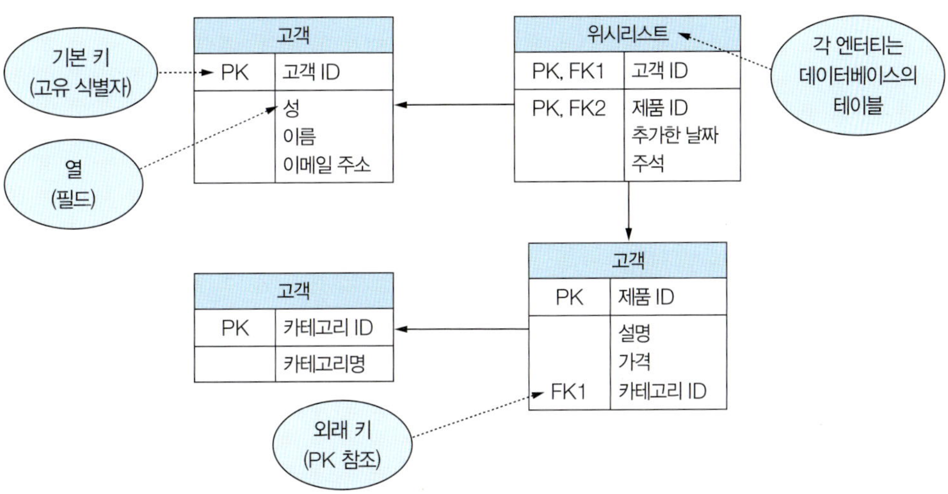

호를 매긴다. 외래 키는 한 테이블의 행을 관련 테이블의 행과 연결한다. 예를 들어 '제품' 테이블의 '카테고리 ID' 필드는 '카테고리' 테이블의 '카테고리 ID' 값을 참조한다.

'위시리스트' 테이블의 표기법이 약간 헷갈릴 수도 있다. '위시리스트' 테이블은 두 개의 테이블을 연결하며, 이러한 연결 테이블은 불필요한 중복을 없애기 위해 필요하다. 많은 연결 테이블에는 복합 기본 키(둘 이상의 필드로 구성된 기본 키)가 있다. 표기법상 기본 키의 각 필드는 굵게 표시하고 밑줄을 그으며, '위시리스트' 테이블의 고객 ID 및 제품 ID의 경우와 같이 옆에 PK가 표시된다. 즉 고객 ID와 제품 ID는 함께 '위시리스트' 테이블의 기본 키 역할을 한다. 그러나 각 필드는 개별적으로 외래 키 역할을 한다. 고객 ID 옆에 있는 FK1, 제품 ID 옆에 있는 FK2를 보면 이를 알 수 있다. '위시리스트' 테이블의 고객 ID 값은 위시리스트 항목이 할당된 특정 고객의 ID를 나타내고, '위시리스트' 테이블의 제품 ID도 비슷한 용도로 사용된다. 테이블 사이의 화살표는 테이블의 관계를 보여주며, 화살표 방향은 (외래 키에서 해당 기본 키로의) 참조하는 방향을 나타낸다.

이 예는 데이터베이스 다이어그램을 나타내는 방법 중 하나이다. 이 밖에도 까마귀 발 표기법 crow's foot notation, IDEF1X, 첸 표기법Chen's notation 등이 있다. 여기서는 마이크로소프트 비지오Microsoft Visio와 같은 프로그램에서 제공하는 단순화된 표기법을 설명했다. 일단 논리적 설계가 있으면 간단한 애플리케이션의 경우 데이터베이스를 만드는 데 필요한 대부분의 정보가

아이튠즈 매치

디지털로 음악을 듣는 수요가 증가함에 따라 이러한 음악을 저장할 공간이 필요해졌다. 아이튠즈 매치(iTunes Match)는 애플이 제공하는 음원 저장소로, 사용자가 구매한 모든 디지털 음원을 분류하여 클라우드에 저장하는 서비스이다. 클라우드에 저장한다는 것은, 음원을 노트북과 같은 기기에 저장하는 것이 아니라 음원이 온라인에 저장되어 모든 기기에서 사용할 수 있음을 의미한다. 아이튠즈 매치를 사용하는 기기에 로그온하면 음악을 클라우드에서 직접 스트리밍하여 듣거나 기기로 다운로드할 수 있다.

수많은 사람이 사용하는 아이튠즈 매치는 이 모든 정보를 어떻게 저장할까? 애플의 아이튠즈 데이터베이스에는 430만 곡이 저장되어 있다. 한 사용자가 소유한 노래가 이 데이터베이스의 일부라면 노래 자체가 아니라 그 사용자가 해당 노래를 소유하고 있다는 표시가 저장된다. 그리고 데이터베이스에 없는 노래는 별도로 저장된다. 이러한 중앙 집중식 데이터베이스 접근 방식을 통해 애플은 데이터베이스 스토리지 요구 사항을 낮게 유지하면서 많은 사용자에게 중앙 집중식 서비스를 제공할 수 있다. 애플뿐만 아니라 아마존, 구글, 스포티파이 등도 유사한 프로세스로 음악 라이브러리를 관리하고 있다.

출처: https://support.apple.com/en-us/HT204146; https://www.lifewire.com/itunes-match-faq-1999186

준비되었다고 볼 수 있다. 더 복잡한 애플리케이션에는 추가 정보가 필요한데 이 책에서는 다루지 않겠다.

데이터베이스를 직접 설계하거나 구축하지 않더라도 데이터베이스 다이어그램을 이해하는 것이 좋다. 다이어그램은 데이터베이스의 구조를 이해하는 데 중요한 역할을 하며, 데이터베이스에서 데이터를 검색할 일이 있거나, 직업이 프로그래머 또는 시스템 분석가인 경우, 데이터베이스를 생성하거나 수정하기 위해 데이터베이스 관리자와 함께 작업해야 하는 경우 등에 유용하다.

온라인 데이터베이스

앞에서는 경영과 관련된 텍스트 및 숫자 데이터를 저장하는 관계형 데이터베이스에 대해 알아보았다. 연구 수행에 유용한 다른 유형의 데이터베이스도 있는데, 대부분은 인터넷을 통해 액세스할 수 있다. 이러한 데이터베이스는 논문을 작성할 때뿐만 아니라 직장 생활에서도 매우 유용하게 사용할 수 있다. 가령 마케팅 전문가라면 이러한 데이터베이스를 이용하여 잠재 고객이나 경쟁업체에 대한 정보를 수집할 수 있다. 인구 통계 데이터베이스는 시장을 이해하는 데 중요하다. 예를 들어 소매업체는 인구 통계 데이터베이스를 활용하여 데이터를 수집하고 새로운 매장의 위치를 결정한다. 이러한 데이터베이스는 앞서 다룬 데이터베이스와는 용도가 다르며, 원시 데이터를 모아놓는 것이 아니라 정보 원천에 대한 포인터가 저장되어 있다. 어떤 데이터베이스가 있는지, 어떻게 사용하는지를 알면 개인적인 일이나 직장의 업무를 처리할 때 매우 유익하다.

학습 활동 5-3

인터넷에서 경영 관련 데이터베이스 찾기

인터넷에서 검색하여 경영 관련 데이터베이스 목록을 살펴보라. 그중 다음 항목과 관련하여 이용할 수 있는 데이터베이스를 찾아 간략히 설명하라.

- 경제 통계
- 산업 정보
- 인구 통계
- 경영 관련 뉴스 기사

빅데이터

데이터베이스를 다루면서 **빅데이터**big data에 대한 설명을 빼놓을 수 없다. 빅데이터는 기존의 데이터 처리 도구 및 애플리케이션의 기능을 넘어 생성 및 저장되는 방대한 양의 데이터(테라바이트 또는 페타바이트 단위)를 말한다. 빅데이터의 정의는 기술이 발전함에 따라 수년에 걸쳐 달라질 수 있다. 그러나 일반적으로 빅데이터를 정의할 때 3V, 즉 규모Volume, 속도Velocity, 다양성Variety을 언급한다. 규모는 조직이 저장하고 있는 데이터의 양을 말하며, 속도는 데이터가 시스템을 통해 얼마나 빨리 이동하는지를 나타낸다. 또한 다양성은 분석하고 저장해야 하는 데이터를 제공하는 원천의 수를 나타낸다.

예를 들어 조직은 페이스북의 데이터, 고객 서비스 게시판, 내부적으로 생성된 거래 데이터를 활용할 수 있으며, 이 세 가지 원천뿐만 아니라 거래 기록을 통해서도 많은 양의 정보가 생성된다. 조직은 이 모든 정보를 활용하여 더 나은 의사결정을 내리기 위해 데이터를 분석하는 새로운 방법과 프로세스를 만들어야 한다. 조직은 증가하는 데이터를 잘 활용하기 위해 다음과 같은 문제를 고민해야 한다.

학습 활동 5-4

피트니스 트래커

피트니스 트래커를 직접 사용해본 적이 있거나 주변에 사용하는 사람이 있을 것이다. 피트니스 트래커를 가지고 있는 사람들은 대부분 피트니스 정보를 수집·저장하는 스마트폰 앱도 사용한다. 이러한 정보는 시간에 따른 경향을 파악하고, 추천을 받으며, 운동 습관을 유지하기 위해 활용된다. 이와 관련하여 다음 질문에 답하라.

1. 피트니스 트래커가 수집하는 정보는 무엇인가?
2. 스마트폰 앱이 피트니스 정보를 이용하여 제공하는 기능은 무엇인가?
3. 피트니스 트래커가 피트니스 정보를 수집함으로써 발생할 수 있는 잠재적인 문제는 무엇인가?

- 데이터를 어떻게 저장해야 하는가?
- 다양한 원천의 데이터를 어떻게 통합하는가?
- 데이터를 어떻게 검색하고 배포해야 하는가?

이러한 질문에 대한 답은 관계형 데이터베이스에서 찾을 수 있다. 하지만 빅데이터의 경우 새로운 해법이 필요할 수도 있다. 물론 빅데이터를 처리할 때 기존의 관계형 데이터베이스를 사용할 수 있지만, 이 절에서는 관계형 데이터베이스를 대체하는 방법에 대해 알아보자.

데이터 저장

관계형 데이터베이스에서는 레코드 삽입·업데이트·삭제 시 데이터 무결성을 보장하는 방식으로 데이터를 저장한다. 그러나 이러한 방식으로 데이터를 저장하는 것의 단점 중 하나는 성능이다. 저장 및 검색되는 데이터의 양이 어마어마한 빅데이터 시대에는 성능을 수용 가능한 수준으로 유지하기 위해 데이터 무결성의 수준을 어느 정도 희생해야 할 수도 있다. 정규화된 데이터베이스는 체계적으로 구조화되어 저장되지만 빅데이터 환경에서는 데이터가 구조화되지 않은 형태로 저장되기도 한다.

이럴 때 NAS_{Network-Attached Storage} 모델이나 DAS_{Direct-Attached Storage} 모델이 사용된다. NAS 모델은 쉽게 확장할 수 있는 일련의 파일 서버를 활용하여 용량을 늘리고 서버 간 연결을 빠르게 해준다. DAS 모델은 데이터를 보다 중앙 집중화하는데, 이러한 접근 방식은 처리 시 액세스 시간을 줄여주지만 데이터 크기의 확장성이 제한된다. 하이브리드 방식도 사용 가능하다. 영구적으로 저장된 데이터의 경우 NAS 모델을 활용할 수 있고, 신속하게 액세스해야 하는 임시 데이터의 경우 DAS 모델을 사용하여 저장할 수 있다.

페이스북의 빅데이터

많은 사람이 페이스북을 사용하고 있다. 사용자 한 명당 수백 명의 친구가 있고, 사용자는 페이스북에 로그인했을 때 자신에게 맞는 업데이트 소식을 보고 싶어 한다. 페이스북 사용자가 30억 명 이상이고, 각 사용자에게 연결된 친구들이 있다고 상상해보자. 페이스북은 각 사용자와 웹사이트의 상호 작용을 기반으로 올바른 게시물을 선택하여 추천한다. 이는 사용자가 보고 싶어 할 최신 내용과 사용자의 이전 방문 기록을 기반으로 맞춤화된 추천 내용을 매우 빠르게 선택할 수 있도록 빅데이터를 활용한 덕분이다. 빅데이터의 발전으로 수많은 사용자의 상호 작용을 하나의 서비스로 통합하는 많은 서비스를 즐길 수 있게 되었다.

데이터 레이크data lake는 조직이 생성하고 수집한 방대한 양의 데이터를 저장하는 하나의 접근 방식이다. 데이터 레이크는 각 데이터 요소에 고유 식별자를 부여하고, 사용자에게 어떤 데이터인지 알려주는 설명자와 함께 태그를 붙여 대량의 데이터를 원래 형식으로 저장한다. 대부분의 데이터 저장소에서는 데이터 구조와 요구 사항이 사전에 정의되지만, 데이터 레이크에서는 데이터가 필요할 때까지 데이터 구조와 요구 사항이 정의되지 않는다. 대량의 데이터를 저장·구성·사용하는 좋은 방법이 속속 등장하고 있다. 데이터 레이크가 장기적으로 중요한지, 더욱 발전할지는 시간이 알려줄 것이다.

데이터 통합

다양한 원천에서 얻은 데이터를 분석할 때는 그러한 데이터를 결합할 수 있는지 확인해야 하며, 이러한 추출Extract, 변환Transform, 적재Load를 ETL 프로세스라고 한다. 14장에서 ETL 프로세스에 대해 자세히 다룰 것이며, 여기서는 빅데이터와 연관 지어 간략히 설명하겠다.

ETL 프로세스의 첫 번째 단계는 다양한 위치에 저장된 데이터를 추출하거나 검색하는 것이다. 여기에는 의사결정에 필요한 데이터의 출처를 파악하는 것도 포함된다. 방대한 양의 데이터를 저장할 수 있기 때문에 경영 의사결정에 필요한 데이터를 전략적으로 파악하는 것이 중요한데, 이에 대한 내용은 4장을 참고하라.

필요한 데이터를 파악하여 추출했다면 이를 변환해야 한다. 이것은 다양한 원천의 기록을 결합할 수 있도록 데이터를 수정하고 결합하는 프로세스이다. 예를 들어 초 단위 트랜잭션 수준으로 저장된 데이터를 일별 요약 방식으로 저장된 데이터와 결합해야 하는 경우, 두 가지 수준이 결합될 때 의미 있는 방식으로 데이터를 변환해야 한다. 트랜잭션 수준의 데이터를 일별 요약 데이터로 간추리고 해당 수준에서 분석하는 것이 합리적일 수 있다. 또는 요약된 데이터를 가져다 트랜잭션 수준에서 결합하는 방법을 찾을 수도 있다. 어떤 결정을 내리든 기업의 전략과 일치하는 방식이어야 한다. 그러나 트랜잭션 수준보다 높은 수준에서 데이터를 요약하여 변환하면 되돌릴 수 없기 때문에 의사결정 단계에서 많은 주의를 기울여야 한다.

데이터를 변환했다면 이를 다시 저장해야 하는데 이것이 적재 프로세스이다. 적재는 필요에 따라 쉽게 검색할 수 있는 방식으로 데이터를 디스크에 쓰는 것을 말한다. [그림 5-5]는 ETL 프로세스의 예를 보여준다.

그림 5-5 ETL 프로세스

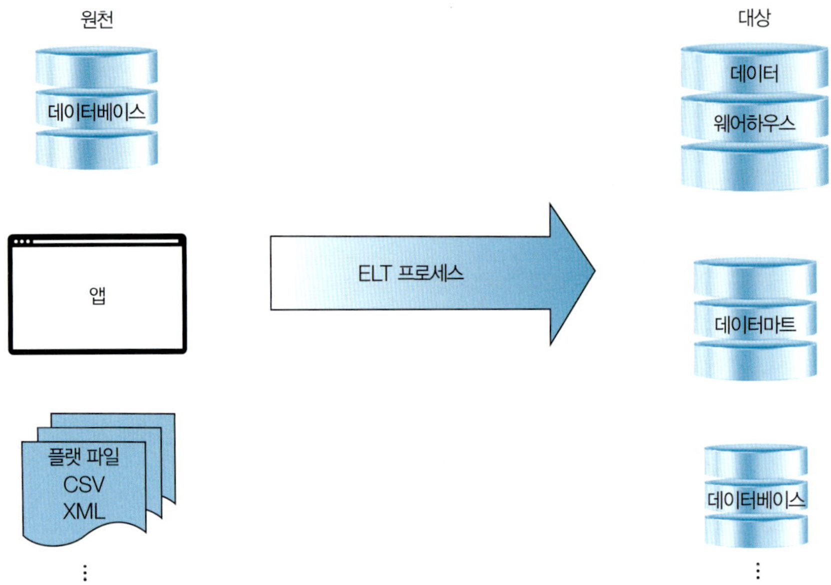

출처: https://commons.wikimedia.org/wiki/File:Extract,_Transform,_Load_Data_Flow_Diagram.svg

데이터 검색 및 배포

빅데이터의 장점 중 하나는 정보에 입각한 경영 의사결정을 내리기 위해 저장 데이터를 분석할 수 있다는 것이다. 데이터가 관계형 데이터베이스에 저장되어 있다면 SQL을 사용하여 데이터를 쿼리할 수 있지만, 비정형으로 저장되어 있다면 SQL이 아닌 다른 방식으로 데이터를 검색해야 한다. 이때 주로 사용하는 방법은 NoSQL이다(NoSQL을 'SQL뿐만 아니라 Not only SQL'로 해석하기도 한다).

NoSQL을 사용하면 데이터 저장 및 검색 시의 확장성과 효율성이 향상된다. NoSQL에서의 데이터 질의(쿼리) 방법 중 하나는 모든 속성에 키를 할당하는 것이며, 그러면 주어진 쿼리에 대해 테이블을 동적으로 생성할 수 있다. 그리고 해당 쿼리가 끝나면 질문에 따라 새로운 동적 생성을 활용할 수 있다. 이러한 데이터 검색 방법을 사용하면 데이터베이스 구조를 생성하기 전에 어떤 질문이 나올지 알 필요 없이 임시 방식으로 데이터를 분석할 수 있다.

위에서 언급했듯이 데이터가 어떻게 저장되거나 질의되는지에 상관없이 그 결과를 해석하고 공유해야 하는데, 이렇게 할 수 있는 손쉬운 방법은 데이터 분석을 이용하는 것이다. 데이터 분석은 기업이 보유한 데이터와 다양한 도구를 활용하여 통계 분석을 실시하고 경영 관련 의사결정을 내리는 것을 말한다. 여기에는 향후 판매를 예측하는 것, 차트와 그래프를 이용하여 기업에 대한 정보를 그래픽으로 나타내는 것, 조직이 성공을 위해 중요하다고 생각하는 평가 지표(메트릭)를 추적하는 것 등이 포함될 수 있다. 기업이 데이터 분석을 하려면 필요한 데이터를 확보하고 경영 문제와 어떻게 관련되는지 이해한 뒤 데이터를 통계적으로 해석해야 한다.

단원 요약

이 장에서는 정보 시스템을 운영하는 데 중요한 데이터베이스에 대해 알아보았다. 이 장의 목표는 관계형 데이터베이스를 중심으로 데이터베이스의 중요성을 이해하도록 돕는 것이다. 이 장에서 설명한 주요 내용은 다음과 같다.

- DBMS는 데이터베이스를 생성·유지·사용하기 위한 수단을 제공한다.
- 스프레드시트는 간단한 정보 목록을 저장하는 데 적합하며, 복잡한 데이터를 관리하는 데에는 한계가 있다.
- 관계형 데이터베이스는 연결 테이블 형태로 데이터를 저장한다. 테이블은 레코드와 필드로 구성된다.
- 관계형 데이터베이스에서 레코드는 동일한 항목과 관련된 필드 집합이고, 필드는 항목의 어떤 특성을 나타낸다.
- 관계형 데이터베이스에서 외래 키는 관련 테이블의 기본 키를 참조하는 필드이다.
- 데이터베이스 다이어그램은 테이블, 필드, 테이블 간의 관계를 포함하여 관계형 데이터베이스의 논리적 구조를 보여주며, 기본 키와 외래 키도 표시된다.
- 기사 데이터베이스, 시장 및 경제 데이터베이스, 인구 통계 및 정부 정보 데이터베이스 등 다양한 정보를 저장하는 온라인 데이터베이스가 많이 있다.
- 빅데이터는 조직이 정보를 분석하고 동향을 파악하여 이를 토대로 더 나은 의사결정을 할 수 있게 해준다.

학습 정리 질문

1. DBMS의 주요 기능은 무엇인가?
2. 데이터를 저장하기 위해 스프레드시트를 사용할 때 발생할 수 있는 다섯 가지 잠재적 문제는 무엇인가?
3. 다계층 아키텍처에서 소프트웨어 애플리케이션이 DBMS와 상호 작용하는 방식을 간략히 설명하라.
4. 관계형 데이터베이스가 정보를 저장하는 방법을 간략히 설명하라.
5. 관계형 데이터베이스의 주요 요소는 무엇인가?
6. 관계형 데이터베이스에서 기본 키는 어떤 역할을 하는가?
7. 관계형 데이터베이스에서 외래 키는 어떤 역할을 하는가?
8. 데이터베이스 다이어그램의 목적은 무엇인가?
9. 데이터베이스 다이어그램의 주요 요소는 무엇인가?
10. 네 가지 온라인 데이터베이스를 나열하고 간략히 설명하라.

생각해보기

1. 이 장에서 배운 내용 중 가장 중요한 것은 무엇인가? 그것이 왜 중요한가?
2. 잘 이해되지 않는 주제는 무엇인가? 어떤 내용이 잘 이해되지 않는가?
3. 이 장에서 배운 내용과 1~4장에서 배운 내용은 어떤 관련이 있는가?
4. 스프레드시트 소프트웨어와 DBMS를 사용한 데이터 저장 방식을 비교하여 설명하라.
5. 일부 데이터를 추적해야 할 때 데이터를 저장하기 위해 스프레드시트를 사용할지, DBMS를 사용할지 어떻게 결정하겠는가?
6. 데이터베이스 사용자로서 관계형 데이터베이스의 구성을 이해하는 것이 유용한 이유는 무엇인가?
7. 조직이 빅데이터 분석을 수행하기 위해 필요한 양의 데이터를 수집할 때 어떤 문제가 발생할 수 있는가?

추가 학습 활동

1. 자신이 동호회 회장으로 뽑혔다고 가정하자. 첫 번째 임무는 회원의 정보를 추적하는 양식을 만드는 것이다. 지금 당장은 회원의 이름, 이메일 주소, 휴대폰 번호, 가입 날짜와 같은 기본 정보만 추적하면 된다. 여러 회원의 정보를 한 번에 보고 싶고 일을 단순화하기 위해 종이에 정보를 적으려 한다. 이 정보를 저장할 형식을 그림으로 나타내라.
2. 1번의 동호회 회원 정보를 컴퓨터에 저장하려 한다. 데이터베이스(예: 마이크로소프트 액세스)와 스프레드시트 중 어느 것을 사용할지 선택하고 그 이유를 설명하라.
3. 강좌 등록에 필요한 데이터 요소를 파악하여 각각 테이블로 만들고, 테이블이 서로 어떻게 연관되는지 그림으로 나타내라.
4. [그림 5-6]의 구매 주문 양식에 대한 정보를 저장하는 데이터베이스가 될 테이블과 필드는 무엇인가? (참고: '합계'는 수량과 비용을 곱한 총비용이다). 테이블이 서로 어떻게 연관되는지 그림으로 나타내라.

그림 5-6 구매 주문 양식

제품 번호: 12348　　**날짜:** 1/8/2021
공급업체: 87459
이름: Bithlo Books
주소: 27 E. SR 50
Bithlo, FL 32158

ISBN	이름	수량	비용	합계
1-55860-294-1	Database Modeling & Design	5	10.00	50.00
3-12368-998-2	Guide to the Outback	7	12.00	84.00
2-78912-437-5	Sports Heroes of the 1700's	2	16.25	32.50
	총액			**166.50**

5. [그림 5-7]의 데이터베이스를 이용하여 다음 문제를 풀라.

a. 데이터베이스의 테이블명을 지정하라.

b. 각 테이블에 대해 해당 필드와 기본 키는 무엇인가?

c. 외래 키는 무엇인가?

d. 각 외래 키에 대해 참조하는 테이블은 무엇인가?

그림 5-7 고객 활동 데이터베이스 설계

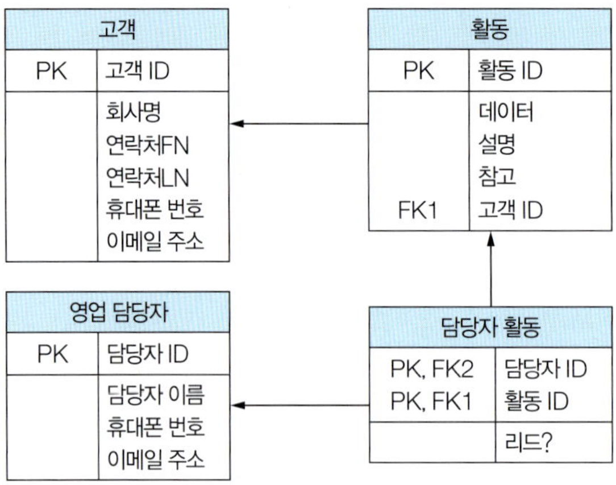

6. [그림 5-8]의 데이터베이스를 이용하여 다음 문제를 풀라.

a. 데이터베이스의 테이블명을 지정하라.

b. 각 테이블에 대해 해당 필드와 기본 키는 무엇인가?

c. 외래 키는 무엇인가?

d. 각 외래 키에 대해 참조하는 테이블은 무엇인가?

그림 5-8 멘토링 데이터베이스 설계

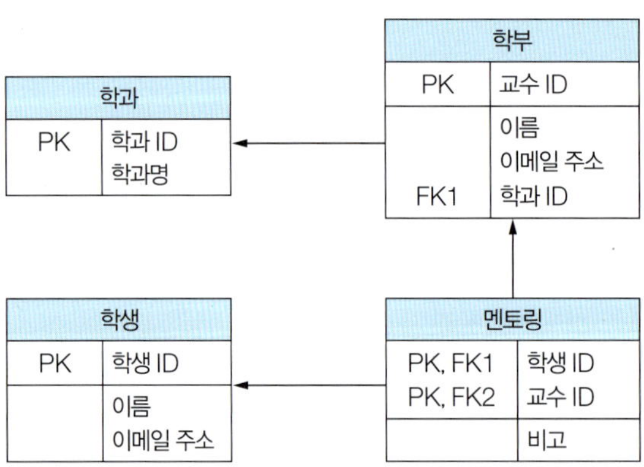

7. 미래 진로에 대해 고민 중이며, 직업을 선택하기 위해 관심 있는 산업을 찾아보려 한다. 산업을 평가하는 데 도움이 되는 세 가지 온라인 데이터베이스를 찾아보고 각각에 대해 간략히 설명하라. 유용하다고 생각하는 이유는 무엇인가?

8. 빅데이터는 거의 모든 기업에 중요한 요소이다. 입사하고 싶은 기업이 빅데이터를 어떻게 사용하고 있는지 인터넷에서 조사하라. 해당 기업이 빅데이터를 사용하는 방법을 간략히 설명하고, 만약 입사한다면 자신이 수행할 직무에 그러한 빅데이터 활용이 어떤 영향을 미칠지 추측해보라.

용어 사전

관계형 데이터베이스: 연결된 이차원 테이블에 데이터를 구성하는 데이터 저장소

기본 키: 관계형 데이터베이스에서 레코드의 고유 식별자

다계층 아키텍처: 각기 다른 컴퓨터에 존재하는 데이터베이스 서버, 웹 서버, 애플리케이션

데이터베이스: 조직화된 데이터 모음

데이터베이스 관리 시스템(DBMS): 데이터베이스의 생성·유지·사용을 제어하는 일련의 프로그램

레코드: 관계형 데이터베이스에서 동일한 항목과 관련된 필드 집합

빅데이터: 기존의 데이터 처리 도구 및 애플리케이션의 기능을 넘어 생성 및 저장되는 방대한 양의 데이터

외래 키: 관계형 데이터베이스에서 관련 테이블의 기본 키를 참조하는 필드

필드: 관계형 데이터베이스에서 레코드의 단일 특성에 대한 데이터가 저장되는 열

CHAPTER

06

경영 의사결정을 위한 정보 분석

학습목표

- 좋은 의사결정 기술을 보유하는 것의 중요성을 이해할 수 있다.
- 조직 수준에 따른 의사결정의 변화를 설명할 수 있다.
- 의사결정에서 정보의 역할을 이해할 수 있다.
- 구조적·반구조적·비구조적 의사결정을 비교하여 설명할 수 있다.
- 의사결정 방법론을 적용할 수 있다.
- 주어진 의사결정 작업에 적합한 도구를 선택할 수 있다.

올바른 의사결정

올바른 결정을 내리려면 의사결정에 도움이 되는 정보뿐만 아니라 이를 분석하는 기술이 있어야 한다. 이 장에서는 경영 의사결정을 위한 기본 개념과 의사결정 프로세스를 살펴본다. 14장에서는 의사결정을 지원하기 위해 특별히 설계된 시스템을 다룰 것이다. 이 장에서는 의사결정 프로세스 및 프로세스상에서 정보를 검색하고 분석하는 데 도움이 되는 도구를 이해하는 데 중점을 둔다.

결정decision은 대인 중에서 신택하는 것을 말하며, 우리는 매일 많은 결정을 내린다. 점심에 무엇을 먹을지와 같은 사소한 결정부터 이직 제안을 수락할지와 같은 중요한 결정까지 우리는 다양한 결정을 마주하게 된다. 하지만 결정의 중요성에 관계없이 결정을 내리는 데에는 정보 검색과 분석이 필요하다.

올바른 결정을 내리는 능력은 성공적인 경영 전문가를 구별하는 기술 중 하나이다. 결정은 피할 수 없는 일이기에 긍정적인 결과를 가져오는 의사결정 능력은 성공적인 경영을 위한 중요한 기술이다. 분석적 추론 기술과 복잡한 문제를 해결하는 능력은 기업이 직원을 뽑을 때 가장 많이 요구하는 자질에 포함된다. 이러한 기술은 올바른 의사결정과 직접적인 관련이 있다.

의사결정 기술은 기업의 모든 수준에서 중요하지만 '조직의 계층 구조' 위로 올라갈수록 더욱 더 중요해진다. 그 이유는 다음과 같다.

학습 활동 6-1

정보와 의사결정

아파트를 매입하려 한다고 가정하자(다른 의사결정 문제로 대체해도 된다). 어떤 아파트를 선택할지 결정하기 위해 어떻게 해야 하는가? 어떤 정보를 수집하겠는가? 잘못된 결정을 내린다면 어떤 결과를 초래하는가? 이에 대해 생각해보고 토론하라.

주목할 만한 사례

스프레드시트를 이용하여 어려운 의사결정을 해결하는 방법

몇 년 전 나는 박사 학위를 취득하고 교수가 되기 위해 대학원에 가기로 결심했다. 대학원을 찾아보니 정보 시스템 관련 박사 학위를 받을 수 있는 학교가 수백 개였다. 또한 나는 아내와 어린 두 자녀가 있어 우리 가족이 원하는 것도 고려해야 했다. 정보에 입각한 결정을 내리기 위해 고려해야 할 요소가 너무 많았다.

아내와 나는 앞으로 4년 동안 어디에서 살지 결정하기 위해 여섯 가지 중요한 요소를 정리했다. 여기에는 내가 보수가 좋은 기존 직장을 그만두는 대신 얻어야만 된다고 생각하는 교육의 질을 평가하는 것이 포함되었다. 이러한 목록을 만든 후 각 범주의 중요도에 따라 백분율을 할당했다. 결과 목록과 할당된 비율은 학교의 수준 20%, 학교에서 제공하는 재정 지원 20%, 교수진 20%, 생활비 20%, 범죄율 10%, 학교와 도시의 생활 만족도 10%이고, 이 백분율은 모두 합하면 100이었다. 이러한 각 범주와 순위가 별도의 열에 나열된 엑셀 스프레드시트를 만들고, 다양한 요소에 대해 각 학교의 순위를 1~10으로 매겼다. 그리고 학교의 순위를 별도의 행에 삽입했다. 이 작업을 완료한 후 엑셀 공식을 사용하여 순위에 백분율을 곱하고 각 학교의 요소별 점수를 더하여 학교의 순위를 매겼다.

이러한 과정을 거친 목록에서 맨 위에 있는 학교는 내가 찾던 곳과 가장 일치했으며, 나는 상위 몇 학교에 지원했다. 나는 엑셀 스프레드시트를 이용하여 어려운 결정을 훨씬 쉽게 해결할 수 있었다.

생각해보기

1. 이 사례에서 정보는 결정을 내리는 데 어떤 역할을 했는가?
2. 이 사례에서는 결정을 내리는 데 엑셀 스프레드시트가 도움이 되었다. 스프레드시트를 이용할 수 없었다면 무엇이 달라졌겠는가?

첫째, 상위 관리자가 내리는 결정은 더 복잡한 경향이 있으며, 그럴수록 효과적인 결정을 내리는 데 숙련된 기술이 필요하다. 둘째, 더 높은 수준의 결정은 일반적으로 더 큰 영향을 미친다. 예를 들어 패스트푸드점의 점장은 시급 알바를 고용하고, 스케줄을 짜고, 제품을 주문하는 등의 결정을 내리며, 지역 관리자는 지역 마케팅 캠페인을 결정하고 공급업체를 선택하는 등의 결정을 내린다. 그리고 본사 경영진은 전국적인 마케팅 캠페인과 신제품 출시 여부에 대한 결정을 내린다. 여기서 아침 스케줄을 짜는 것은 신제품 출시 여부를 결정하는 것보다 훨씬 쉽다. 또한 잘못된 스케줄 조정은 상대적으로 작은 손실을 초래하는 반면, 잘못된 제품 선택은 수백만 달러의 손실을 초래한다.

노벨상을 수상한 경제학자이자 기술자인 Herbert Simon이 "좋은 사회를 만들기 위해 의사결정과 문제 해결을 잘하는 것보다 중요한 것은 없다"고 말했듯이 의사결정은 정말 중요하다. 이 책의 모든 내용은 보다 나은 결정을 내리는 것과 관련이 있다. 우리가 다루는 모든 시스템, 배우게 될 모든 도구, 얻게 될 모든 정보 기술은 보다 나은 결정을 내릴 수 있도록 정보를 더 잘 이해하고 사용하는 데 도움을 준다.

정보와 의사결정은 불가분의 관계이다. 많은 정보 요구 사항은 의사결정과 관련이 있으며, 올바른 결정을 내리려면 정보가 필요하다. 불충분하거나 부정확하거나 시의적절하지 않은 정보는 의사결정에 악영향을 미친다. 의사결정의 목적, 대안의 수를 제한하는 제약 조건, 대안 자체 등을 이해하려면 좋은 정보가 필요하다. 또한 정보는 각 대안의 잠재적인 결과를 예측하고 대안을 비교 및 선택하는 수단을 제공한다. 이러한 측면과 관련된 정보가 충분하지 않다면 적절한 결정을 내리는 능력이 제한된다.

학습 활동 6-2

필요한 정보의 종류

경영 업무 전반에 걸쳐 다양한 유형의 의사결정이 있다. 어떤 결정 사항은 문제가 잘 정의되어 있고 명확한 대안과 정보 요구 사항이 있지만 그렇지 않은 경우도 많다. 의사결정이 필요한 아래 세 가지 사항에 대해 다음 질문에 답하라.

- 결정을 내리기 위해 어떤 정보가 필요한가?
- 요구 사항을 정확히 파악했다고 얼마나 확신하는가? 왜 그렇게 생각하는가?

의사결정이 필요한 사항

1. 자신이 패스트푸드점의 점장이라고 가정하자. 내일 햄버거 빵을 몇 개 주문해야 하는가?
2. 자신이 소매점의 관리자라고 가정하자. 새로운 교대 관리자가 필요하다면 어떤 직원을 승진시켜야 하는가?
3. 자신이 기술 회사의 임원이라고 가정하자. 애플 워치와 같은 기기와 경쟁하기 위해 새로운 웨어러블 기술을 개발해야 하는가?

의사결정의 유형

경영 전문가는 다양한 유형의 의사결정을 해야 하며, 정보 시스템은 이러한 결정에 도움이 될 수 있다. 정보 시스템이 어떻게 도움이 되는지 알아보기 전에 의사결정의 유형에 따라 필요한 정보가 어떻게 다른지 이해해야 한다.

Herbert Simon(1960)은 고도로 구조적인 결정부터 구조적이지 않은 결정에 이르기까지 이에 대해 일반적으로 사용되는 관점을 제시했다(Simon은 이를 '프로그램형, 비프로그래밍형'이라고 일컬었지만 다른 학자들은 우리가 선호하는 '구조적, 비구조적'이라는 용어를 사용했다). **구조적 의사결정**structured decision은 일상적이고 반복적이며, 이를 처리하기 위한 명확한 절차가 있는 경우가 많다. 이와 달리 **비구조적 의사결정**unstructured decision은 이전에 다룬 적이 없는 새로운 의사결정을 해야 하는 유형으로, 합의된 절차가 마련되어 있지 않다. 또한 **반구조적 의사결정**semistructured decision은 두 극단 사이에 있는 의사결정의 유형으로, 구조적인 요소와 구조적이지 않은 요소를 모두 가지고 있다.

구조적 의사결정의 경우 필요한 정보와 해당 정보를 사용하는 방법을 알고 있다. 그러나 비구조적 의사결정의 경우 정확히 어떤 정보가 필요한지 확신할 수 없고, 정보를 사용하는 방법도 정확히 알지 못한다. 정보 시스템이 의사결정에 어떻게 도움이 되는지 이해하기 위해서는 이러한 의사결정의 유형을 이해하는 것이 중요하다.

보완적인 관점은 Anthony(1965)가 개발한 프레임워크, 즉 전략 계획, 관리 통제, 운영 통제로 이루어진 관리 활동의 프레임워크에서 찾을 수 있다. 전략 계획에는 조직의 목표 선택과 이를 달성하는 방법을 결정하는 것뿐만 아니라 조직과 환경의 미래를 예측하고 창의적 사고를 사용하는 것도 포함된다. 또한 관리 통제에는 전략 계획에 제시된 목표를 달성하는 데 자원을 효율적·효과적으로 사용하는 것이 포함된다. 그리고 운영 통제에서는 조직의 작업이 효율적·효과적으로 수행되는지 확인하는데, 일반적으로 이러한 작업은 일상적이며 잘 정의되어 있다.

실제 경영 사례 6-1

관리자가 잘못된 결정을 내리는 이유

의사결정 기술이 경영 전문가에게 매우 중요함에도 불구하고 잘못된 결정이 많은 이유는 무엇인가? 다음과 같이 다양한 이유가 있다.

- 의사결정 능력의 부족
- 시간적 압박(체계적인 의사결정을 하기 위한 시간이 부족하다는 인식)
- 체계적인 의사결정보다 직관에의 지나친 의존
- 의사결정 기술이나 지능 또는 의사결정 상황에 관한 지식 과신
- 집단 동조(groupthink)
- 잘못된 목표 설정

의사결정 편향(bias)도 잘못된 결정을 내리는 데 영향을 미친다. 의사결정 편향은 의사결정자가 잘못된 결정을 내리게 만드는 인지적 경향을 의미한다. 다음은 의사결정 편향의 예이다.

- **부정 편향**(negativity bias): 긍정적인 경험이나 정보보다 부정적인 것에 더 비중을 두는 것
- **확증 편향**(confirmation): 선입견을 뒷받침하는 정보를 검색하는 것
- **손실 회피**(loss aversion): 동등한 이익보다 손실을 더 중요하게 받아들이는 것
- **밴드왜건**(bandwagon): 많은 사람이 동일한 일을 하고 있거나 믿고 있기 때문에 그 일을 하거나 믿는 경향
- **도박꾼의 오류**(gambler's fallacy): 무작위 사건이 이전 무작위 사건의 영향을 받는다고 믿는 것

이러한 편향을 극복하는 첫 번째 단계는 편향을 인식하는 것이다.

Gorry와 Scott-Morton(1971)은 Simon의 프레임워크와 Anthony의 프레임워크를 결합하여 [표 6-1]과 같은 프레임워크를 제시했다. 각 칸에 있는 관련 정보 시스템의 예를 보면 정보 시스템이 모든 수준의 관리 활동과 모든 유형의 조직 결정에 유용하다는 것을 알 수 있다.

표 6-1 Gorry와 Scott-Morton의 정보 시스템 프레임워크

구분	운영 통제	관리 통제	전략 계획
구조적	회계 시스템(미지급금/수취채권), 주문 처리, 재고 관리	인적 자원 보고, 단기 예측	투자 분석, 유통 시스템 분석
반구조적	생산 계획	예산 편차 분석	보상 계획
비구조적	현금 관리, 프로젝트 관리	예산 준비, 판매 계획	신제품 기획, 사회적 책임 기획

출처: Gorry and Scott-Morton(1971), Rainer and Turban(2008)을 수정

정보 요구의 관점에서 살펴보면 운영 통제의 경우 예상할 수 있는 범위가 좁고 잘 정의된 정보를 필요로 한다. 또한 이 정보는 기업의 내부 또는 쉽게 접근할 수 있는 외부 원천에서 종종 가져온다. 반면에 전략 계획에서 요구하는 정보는 흔히 광범위하고 제대로 정의되어 있지 않으며, 내부 및 외부 원천에서 정보를 가져온다.

운영상의 구조적 의사결정에는 종종 사람의 개입이 필요하지 않다. 거래 처리 시스템은 사전에 결정된 규칙과 프로세스를 사용하여 이러한 결정을 처리할 수 있다. 따라서 사람의 판단이 필요한 것이 거의 또는 전혀 없다. 예를 들어 주문 처리 프로그램은 고객의 신용카드 회사가 결제를 승인하면 고객이 주문할 수 있도록 '결정'하고, 신용카드 회사가 결제를 거부하면 거래를 차단한다.

일부 관리 통제는 구조적이지만 대부분은 반구조적이다. 유연한 정보 검색을 허용하는 시스템을 통해 반구조적 의사결정을 지원할 수 있다. 몇 가지 정보 요구 사항을 예상할 수는 있지만, 인간의 판단에 의존하지 않고 결정을 내리는 프로그램은 만들 수 없다. 일부 정보 요구 사항은 경영자가 필요한 정보를 사용할 수 있도록 사전에 자료를 만들어 정리해두기도 하지만, 경영자가 특정 정보를 원할 때 즉시 정보를 검색할 수 있는 임시 쿼리를 이용하여 정보 검색에 더 많은 유연성을 허용하는 것이 중요하다. 이러한 의사결정에는 검색된 정보를 유연하게 분석하는 도구도 필요하다.

전략 계획에는 구조적이지 않은 결정이 포함되곤 한다. 전략 계획과 관련된 경영자의 정보 요구를 예측하기는 매우 어렵다. 기업 내부에 있는 단순한 보고서부터 경제의 미래에 대한 경제학자의 예측에 이르기까지 다양한 정보가 필요할 수 있다. 또한 경영자가 정보를 입수한 후 해당 정보로 무엇을 할지 판단하는 것은 어려운 일이다.

구조적 의사결정이 줄어들수록 유연성의 필요성이 증가한다는 사실을 이해해야 한다. 매우 구조적인 의사결정은 정보 시스템 측면에서 유연성이 거의 필요하지 않지만, 전략 계획의 전형적인 비구조적 의사결정에는 뛰어난 유연성을 제공하는 정보 시스템이 필요하다.

의사결정 프로세스

다양한 의사결정 프로세스 간에는 많은 유사점이 있다. 대부분의 의사결정 프로세스는 Simon의 고전적인 인텔리전스/설계/선택 모델과 잘 맞기 때문에 이 절에서는 먼저 해당 모델을 간략히 소개한 뒤, 더 나은 결정을 내리는 데 사용할 수 있는 보다 자세한 프로세스를 설명하겠다.

Simon의 모델에서 인텔리전스 단계에는 현재 상태를 변경할 필요가 있음을 의사결정자에게 알리는 활동이 포함된다. 이러한 맥락에서 인텔리전스 단계에는 상황을 파악하고, 어떤 상황이 발생할 때 조치를 취할지 결정해야 한다. 설계 단계에는 필요한 변화를 가져오거나 원하는 목표를 달성하기 위한 대안적 접근 방식을 개발한다. 가장 효과적이고 효율적인 대안은 선택 단계에서 결정된다. 경우에 따라서는 선택한 대안의 활동이 수행되는 네 번째 단계인 구현을 의사결정 프로세스에 추가할 필요가 있다. 각 단계에서 사용할 수 있는 정보 시스템의 몇 가지 예를 [표 6-2]에 제시했다.

표 6-2 정보 시스템과 의사결정 단계

의사결정 단계	정보 시스템
인텔리전스	데이터 분석 시스템(스프레드시트, 통계 소프트웨어, 시각화) 통신 시스템 데이터 검색 및 문서 관리 시스템
설계	집단 지원 시스템 통신 시스템 문서 관리 시스템 데이터 분석 시스템(스프레드시트, 통계 소프트웨어, 시각화)
선택	데이터 분석 시스템
구현	프로젝트 관리 시스템 데이터 분석 시스템 통신 시스템

Simon의 모델을 확장하여 보다 실행 가능하도록 정보를 상세히 정리해보자.

문제 파악 및 명확한 문제 정의

문제를 파악하고 명확하게 문제를 정의하는 것은 의사결정 과정에서 가장 중요한 단계이다. 해결해야 할 문제를 명확하게 정의하지 않으면 잘못된 문제를 해결하느라 상당한 시간과 에너지를 허비할 수 있다. 올바른 문제 정의란 초기 상태(현재 위치)와 원하는 상태(원하는 위치)를 모두 설명하는 문제 진술을 명확하고 간결하게 만드는 것이다.

문제를 정의할 때 핵심 문제와 그 문제의 증상을 혼동하지 않도록 주의해야 한다. 예를 들어 신임 대표가 취임한 후 매출이 감소하는 것을 영업 관리자가 알아차렸다고 하자. 이는 잘못된 교육, 잘못된 대표 선임 또는 기타 근본적인 문제의 증상일 수 있다. 핵심 문제를 도출하는 기법 중 하나인 '5 Whys'는 쉽게 이해하고 적용할 수 있는 기법이다. 이 기법은 '매출이 감소하고 있다'와 같은 명백한 문제에서 시작한다. 그리고 자신 또는 집단에게 '왜?'라고 물어보는데, 문제의 근본적인 원인을 찾을 때까지 '왜?'라는 질문을 계속한다. 하지만 5 Whys의 '5'는 마법의 숫자가 아니다. 근본적인 원인을 파악하기 위해 다섯 개 이상의 질문을 하는 것이 좋다. 한편 5 Whys 기법이 너무 단순하여 어떤 경우에는 원인을 밝히는 데 적합하지 않다는 비판도 있다. 또한 이 기법은 다수의 근본적인 원인을 찾기에는 적합하지 않다. 그럼에도 불구하고 5 Whys는 근본적인 원인을 밝히는 데 효과적이라 널리 사용되고 있다.

잘 정의되고 간결하게 문제가 설명되어 있으면 여러 가지 이점이 있다. 한 가지 중요한 이점은 모든 당사자가 핵심 문제에 동의할 수 있는 기반이 마련됨으로써 이후 단계의 진행에 도움이 된다는 것이다. 또한 다양한 이해관계자에게 문제를 더 효과적으로 전달할 수 있다.

요구 사항 및 목표 설정

문제를 잘 정의했으면 결정을 위한 **요구 사항**requirement을 정의해야 한다. 요구 사항은 반드시 필수적으로 제공해야 하는 것을 말한다. 여기서 핵심 단어는 '필수'이다. 대부분의 결정에는 반드시 충족해야 하는 필수 조건과 바람직하지만 필수는 아닌 조건이 있다. 요구 사항을 잘 정의하면 의사결정 프로세스 초기에 실행 불가능한 대안을 제거하는 데 도움이 된다. 예를 들어 새 차 구매 예산이 정해져 있다면 그 예산 이내에 구매할 수 없는 차를 빨리 제외할 수 있다.

요구 사항과 달리 **의사결정 목표**decision goal는 최소한의 필수 요구 사항 그 이상을 의미한다. 요구 사항과 목표를 구별하는 한 가지 방법은, 요구 사항은 '필수'로, 목표는 '가지고 싶은 것'으로 생각하는 것이다. 흥미롭게도 목표는 서로 충돌하곤 한다. 구매할 새 차를 결정해야 한다고 가정해보자. 목표에는 저비용, 우수한 연비, 고성능이 포함될 수 있다. 이는 모두 합리적인 목표이지만 연비와 성능은 상충될 수 있다. 목표의 또 다른 흥미로운 측면은 목표에 따라 새로운 요구 사항이 생기기도 한다는 것이다. 또한 의사결정 목표를 분석할 때 요구 사항이라고 생각했던 것이 실제로는 필요하지 않다면 그것이 목표임을 깨달아야 한다. 예컨대 아파트를 구할 때 '욕실 두 개'가 요구 사항이라고 생각했는데, 욕실이 하나라는 것을 제외하고는 다른 모든 점이 완벽한 아파트를 선택했다면 '욕실 두 개'는 요구 사항이 아니라 목표이다.

대안 식별

문제의 요구 사항과 목표를 이해했다면 **의사결정 대안**decision alternative 식별로 넘어간다. 의사결정 대안은 현재 조건을 원하는 상태로 바꾸는 방법을 말한다. 종종 대안은 생성과 개선이라는 단계를 거친다. 대안을 생성할 때 흔히 브레인스토밍을 사용하지만 다른 방법도 있다. 예를 들어 명목 집단법nominal group technique은 모든 구성원의 의견을 모아 집단 내에서 합의된 결과를 도출하는 구조적 방법이다. 이 기법은 집단이 합의에 도달하도록 돕기 위해 개발되었지만, 문제에 대한 대안을 생성하는 데에도 사용할 수 있다. 대안을 식별하는 데 사용되는 방법에 관계없이 각 대안에 대한 명확한 설명을 제공하는 것도 중요하다. 이러한 설명은 대안이 문제를 어떻게 해결하고 다른 대안과 어떤 차이가 있는지를 명확히 밝혀야 한다.

기준 설정

의사결정 기준decision criteria은 대안을 구별하는 데 도움이 되는 요구 사항과 목표에 대한 객관적인 도구이다. 이러한 기준은 각 대안이 특정 목표나 요구 사항을 얼마나 잘 충족하는지 결정하는 데 사용된다. 각각의 기준은 독립적이어야 한다. 또한 각각의 목표와 요구 사항은 적

> **학습 활동 6-3**
>
> **요구 사항, 목표, 기준**
>
> 새 차를 구매하려고 자동차 대리점에 갔다고 가정하자. 최소한 다섯 개의 요구 사항과 목표를 설정하고, 각각의 요구 사항과 목표에 대해 하나 이상의 기준을 정하라. 자신의 요구 사항, 목표, 기준을 다른 학생들과 공유하라.

어도 하나의 기준으로 표현되어야 한다. 즉 중복되는 기준이 없어야 한다. 그리고 관리 가능한 상태를 유지하려면 비교적 적은 수의 기준을 사용하도록 노력해야 한다(각각의 목표와 요구 사항은 최소한 하나의 기준으로 표현되어야 한다는 것을 염두에 두자).

의사결정 기법 및 도구 선택

다양한 의사결정 상황에 적용할 수 있는 의사결정 도구가 많다. 이러한 도구를 모두 설명하는 것은 이 책의 범위를 벗어나므로 쉽게 이해하고 적용할 수 있어 매우 유용한 몇 가지 도구만 살펴보겠다.

의사결정 기법은 의사결정 문제의 복잡성과 주관성 수준에 따라 달라진다. 일반적으로 사람들은 적절한 의사결정 기법 중 가장 간단한 것을 사용한다. 이러한 기법을 선택할 때는 결정의 중요도도 고려하는 것이 좋다. 보통은 중요도가 높은 결정일수록 더 복잡하고 정교한 기법을 사용하는 것이 바람직하다.

장단점 분석

장단점 분석은 개념적으로 단순하며 수학적 기술이 필요하지 않다. 각 대안의 장단점을 나열한 뒤 최고의 장점이 있는 대안과 최고의 단점이 있는 대안을 선택하기만 하면 된다. 이 기법은 대안의 수가 적고 구별 기준이 거의 없는 간단한 결정에 적합하다. 여기서 까다로운 부분은 '최고의 장점'과 '최고의 단점'이 무엇을 의미하는지 파악하는 것이다. 또한 이 기법은 매우 주관적이다. 이러한 약점에도 불구하고 장단점 분석은 종종 대안적인 행동 방침을 선택하는 데 상당히 도움이 된다.

쌍 비교

쌍 비교 기법은 그 이름에서 알 수 있듯이 각 대안을 다른 모든 대안과 비교하여 평가하는 것이다. 이러한 분석을 수행할 수 있는 다양한 방법이 있는데, 가장 단순한 형태는 스포츠에서 사용하는 토너먼트 방식이다. 즉 한 쌍의 대안을 선택하여 사전에 설정한 기준으로 두 대안을 비교한다. 패배한 대안은 토너먼트에서 제외되고 승리한 대안을 다음 대안과 비교한다. 대안이 하나만 남을 때까지 이 작업을 반복한다.

이 기법은 간단해서 좋기는 하지만 이어서 설명할 변형된 쌍 비교 방식보다는 좋지 않다. 쌍 비교를 위해 우선 [그림 6-1]과 같이 대안을 이용하여 행렬을 만든다. 행렬의 맨 위 행은 중복된 비교를 나타내므로 일부를 색깔로 표시하고, 대각선은 대안을 자신과 비교할 필요가 없기 때문에 색깔로 표시한다. 그리고 나머지 각 셀에 두 대안 중 어느 것이 더 나은지를 표시한다(각 대안을 문자로 나타내면 더 쉽다). 모두 비교하고 나서 가장 많이 '승리'한 대안을 선택하는데, [그림 6-1]의 경우 대안 D를 선택하면 된다.

그림 6-1 쌍 비교 매트릭스

	A	B	C	D
A				
B	A			
C	A	C		
D	D	D	D	

더 나은 대안 다음에 숫자를 넣어 '승리'의 강도를 나타낼 수도 있다. 예를 들어 0(차이 없음)~5(큰 차이)와 같은 척도를 사용하는 것이다. 그리고 각 대안에 대한 모든 점수를 더하고 백분율로 환산한 뒤 백분율이 가장 높은 대안을 선택한다.

의사결정 매트릭스

의사결정 매트릭스 기법은 기업이 널리 사용하고 있는 기법 중 하나로, 특히 프로젝트나 제품을 선택할 때 많이 사용한다. 의사결정 매트릭스는 [표 6-3]과 같이 첫 번째 열에 모든 대안을 나열하고 첫 번째 행에 모든 기준을 나열한 격자 모양이다. 척도를 사용하여 기준에 따라 각 대안을 평가하고 점수를 매겨 격자를 채운다. [표 6-3]에서는 10점 척도를 사용했는데, 10은 대안이 기준을 매우 충족한다는 것을 나타낸다. 각 대안의 점수를 합산하여 총점이 가장 높은 것을 선택하면 된다.

표 6-3 비가중치의 의사결정 매트릭스

	비용	품질	경험	유연성	완성도	총점수
제안 1	6	8	4	7	8	33
제안 2	8	6	5	8	8	35
제안 3	4	4	6	6	9	29
제안 4	1	8	7	6	9	31

[표 6-3]에서는 모든 기준이 동등하게 중요하다고 간주했으나, 그렇지 않은 경우 의사결정 매트릭스에 가중치를 부여하는 방식을 사용할 수도 있다. 이렇게 하려면 각 기준의 중요도에 대

한 상대적인 가중치를 지정해야 한다. 이를 수행하는 한 가지 방법은 [표 6-4]와 같이 기준 전체를 100%로 잡고 각 기준에 가중치를 배정하는 것이다. 각 대안에 가중치와 점수를 부여하고, 점수와 해당 기준의 가중치를 곱한 다음 이를 모두 합하면 대안의 총점수가 된다. 이렇게 각 대안의 총점수를 도출한 뒤 총점수가 가장 높은 대안을 선택한다.

표 6-4 가중치의 의사결정 매트릭스

	비용	품질	경험	유연성	완성도	총점수
제안 1	6	8	4	7	8	7.00
제안 2	8	6	5	8	8	7.10
제안 3	4	4	6	6	9	5.65
제안 4	1	8	7	6	9	6.20
가중치	0.25	0.30	0.10	0.10	0.25	

기준에 따른 대안 평가

의사결정 도구를 선택한 다음에는 이를 적용하여 각 대안을 평가한다. 대안을 평가할 때는 기준에 부합하는지 살펴보는 것이 매우 중요하다. 이러한 활동은 당연해 보이지만 때로는 기준을 지키지 않거나 효과적으로 사용되지 않는 경우도 있으니 유의해야 한다.

해결책이 문제를 해결하는지 확인

선택한 대안이 실제로 해당 문제를 해결하는지 검증할 필요가 있다. 대안이 원하는 상태를 가져오고, 모든 요구 사항을 충족하며, 목표를 가장 잘 달성하는지 확인하라.

이러한 전체 프로세스는 문제 정의에 따라 결과가 달라진다. 문제가 제대로 정의되지 않았으면 부적절한 요구 사항과 목표를 설정할 가능성이 높고, 이로 인해 잘못된 기준을 만들게 된다. 기준이 잘못되면 대안에 대한 평가가 올바르지 않아 잘못된 선택을 할 가능성이 높다. 마찬가지로 프로세스의 각 단계도 이전 단계에서 도출된 결과물의 영향을 받는다. 따라서 각 단계가 올바르게 수행되었는지 확인하는 것이 중요하다.

정보 검색 및 분석 도구

이제 의사결정 구조와 정보 요구 사항의 관계를 이해했을 테니 정보 시스템이 의사결정에 어떻게 도움을 주는지 알아보자. 이 절에서는 정보 검색과 정보 분석이라는 두 가지 도구에 대해 설명한다(이메일 및 지식 관리 시스템과 같이 의사결정에 도움이 되는 다른 정보 및 의사소통 도구는 3부에서 다룰 것이다). 이 절에서 다루는 도구는 의사결정 지원 시스템의 구성 요소로 볼 수 있는데, 이에 대해서는 14장에서 자세히 설명할 것이다.

정보를 분석하려면 어딘가에서 정보를 가져와야 한다. 이러한 정보는 주로 조직의 데이터베이스에서 가져오는데, 이때 정보 검색을 도와주는 도구가 필요하다. 정보는 조직의 문서에 저장되어 있을 수도 있다. 정보 검색 도구에는 DBMS, 보고 도구, 문서 관리 도구가 포함된다.

5장에서 언급했듯이 DBMS의 한 요소는 쿼리라는 데이터 검색이다. 복잡한 데이터베이스 쿼리를 생성하려면 전문 지식이 필요하기 때문에 많은 관리자는 SAP의 비즈니스 오브젝트 Business Objects 또는 크리스털 리포트Crystal Reports와 같은 **보고 도구**reporting tool를 사용하여 의사결정을 지원하는 보고서를 생성한다. 이러한 보고 도구를 사용하면 명령어를 몰라도 시각적인 보고서를 만들 수 있다. 따라서 관리자는 정보 요구 사항을 조정하면서 신속하게 보고서를 생성할 수 있다.

[그림 6-2]는 비즈니스 오브젝트의 화면이다. 사용자가 왼쪽 창에서 오른쪽 창(결과 개체 영역)으로 데이터 개체를 끌어다 놓으면 쿼리가 자동으로 생성되고, 이를 이용하여 보고서 작성을 위한 정보를 얻을 수 있다.

관리자는 때때로 메모, 정책 문서와 같은 자료에 저장된 정보가 필요하다. **문서 관리 시스템**document management system에는 이러한 문서를 찾고 검색하는 데 도움이 되는 다양한 기능이 포함되어 있다. 어떤 기능은 직접적으로 또는 다른 시스템과의 연계를 통해 문서 생성을 도와준다. 또한 문서를 문서 관리 시스템에 입력하기 위해 문서 캡처 기능이 있어야 한다. 모든 문서

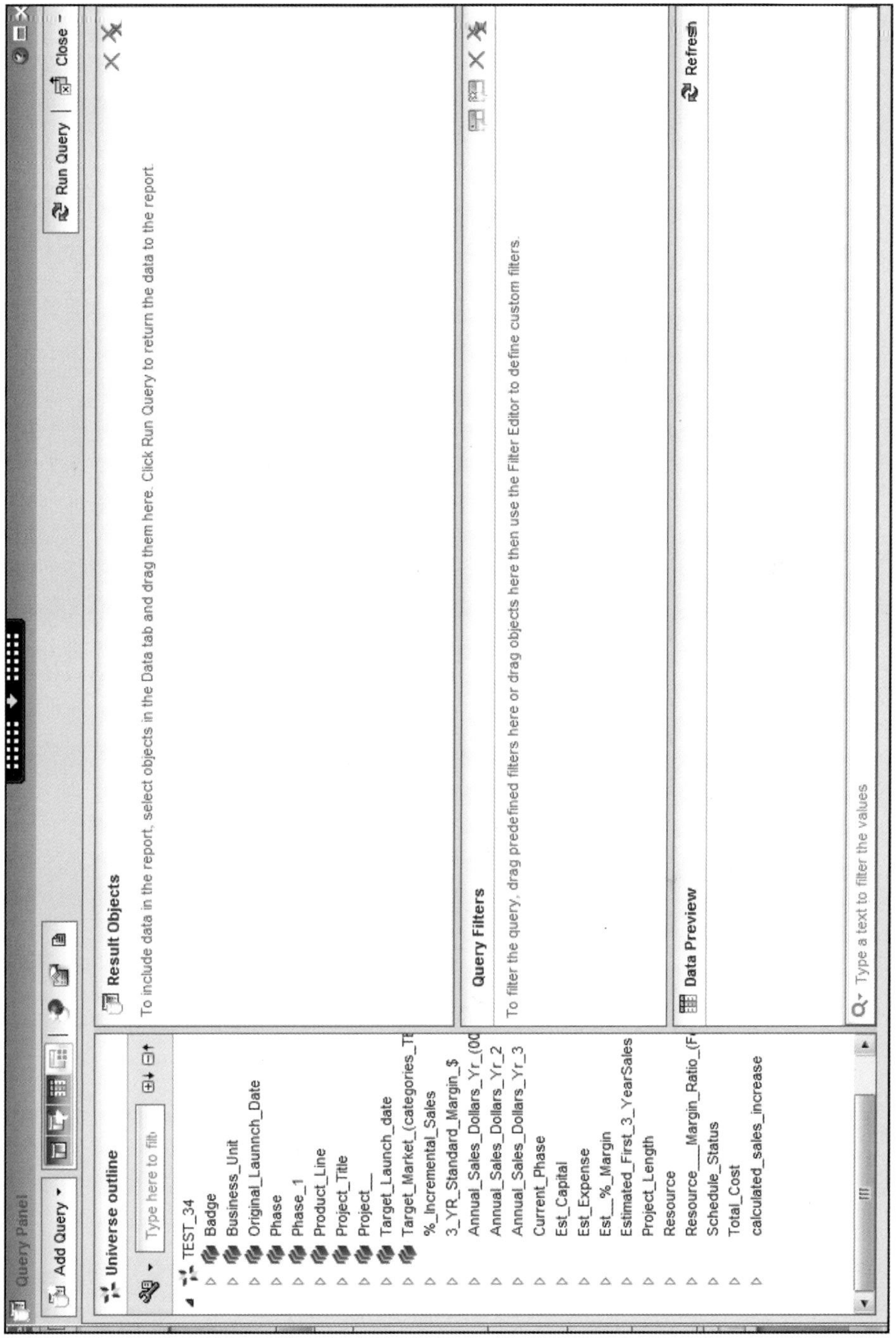

그림 6-2 비즈니스 오브젝트의 화면

학습 활동 6-4

만약 기말 시험에서 75점을 받는다면?

'만약 내가 기말 시험에서 75점을 받는다면 어떤 성적이 나올까?' 이는 컴퓨터 없이도 알아낼 수 있겠지만, 적절하게 설계된 스프레드시트를 사용하면 작업을 훨씬 더 쉽게 수행할 수 있다. 강사가 지정한 다양한 요소에 대한 가중치를 사용하여 해당 과목의 총점을 계산하는 스프레드시트를 만들고, 활용한 수식에 대해 리포트를 작성하라.

가 전산화되는 것은 아니기 때문에 종이로 된 문서는 문서 관리 시스템에서 관리할 수 있도록 스캔해야 한다. 일단 문서가 시스템에 입력되면 빠르고 쉽게 검색할 수 있도록 색인화하는 작업이 필요하다. 또한 문서 관리 시스템은 버전 관리(문서의 다양한 버전 추적)를 지원한다. 일부 문서 관리 시스템은 사용자가 문서를 공유하거나 배포하는 데 도움이 된다.

스프레드시트는 일종의 의사결정 지원 시스템이다(14장에서 의사결정 지원 시스템에 대해 자세히 다룰 것이다). 전자 스프레드시트는 기업에 PC가 도입되는 데 중요한 역할을 했다. 의사결정 지원 측면에서 스프레드시트는 매우 중요한 두 가지 기능인 **what-if 분석**what-if analysis과 **목푯값 찾기 분석**goal-seek analysis을 제공한다. 민감도 분석의 한 형태인 what-if 분석은 하나 이상 입력 변수의 변화가 하나 이상 결과 변수의 값에 어떤 영향을 미치는지 확인하는 것과 관련이 있다. 가령 차를 구매하는 경우에는 [그림 6-3]과 같이 대출 이자율의 변화가 월 할부금에 미치는 영향을 확인할 수 있다. 입력 변수를 다양하게 바꿔가면서 달라지는 결과를 관찰할 수 있다.

그림 6-3 스프레드시트의 예

	A	B	C	D	E	F	G
1							
2	Purchase Price	20,000.00		Interest Rate	0.06		
3	Down Payment	2,000.00		Period (Months)	48		
4	Trade in	2,000.00					
5	Amount Financed	16,000.00					
6							
7	Monthly Payments	375.76					
8	Total Payments	18,036.50					
9	Total Paid	22,036.50					
10							

마이크로소프트 엑셀과 같은 스프레드시트 소프트웨어는 결과 변수에 대한 다양한 변경 사항의 영향을 확인할 수 있도록 여러 시나리오를 빠르게 생성하는 방법도 제공한다. 엑셀의 시나

리오 관리자가 대표적인 예이다. [그림 6-4]는 차 할부금 계산에 관한 시나리오 요약으로, 세 가지 할부 기간(36개월, 48개월, 60개월)에 따른 월 할부금, 총할부금, 총지불액을 확인할 수 있다.

그림 6-4 시나리오 요약

	A	B	C	D	E	F	G	H	I
1									
2		Scenario Summary							
3				Current Values:	36 Months	48 months	60 months		
5		Changing Cells:							
6			Months	48	36	48	60		
7		Result Cells:							
8			Payment	375.76	486.75	375.76	309.32		
9			TotalPayments	18,036.50	17,523.04	18,036.50	18,559.49		
10			TotalPaid	22,036.50	21,523.04	22,036.50	22,559.49		
11		Notes: Current Values column represents values of changing cells at							
12		time Scenario Summary Report was created. Changing cells for each							
13		scenario are highlighted in gray.							
14									

목푯값 찾기는 what-if 분석과 반대이다. what-if 분석에서는 입력값의 변경 사항이 결과 변수에 미치는 영향을 보여주지만, 목푯값 찾기 분석의 경우 목표로 하는 결과 변수의 값을 지정하면 원하는 결괏값을 도출할 수 있는 입력값을 알려준다. 예를 들어 새 차를 구매하기 위한 월 예산이 400달러이고, 구매하려는 차종의 가격 견적이 2만 5,000달러이며, 기존 차 보상 판매로 2,000달러를 받는다고 가정하자. 이러한 경우 목푯값 찾기 분석을 사용하여 월 할부금 목표에 맞는 계약금을 알 수 있으며, [그림 6-5]는 원래 데이터와 목푯값 찾기 분석을 통해 얻은 결과(스프레드시트의 일부)를 보여준다. 매월 400달러를 할부금으로 내려면 계약금

그림 6-5 목푯값 찾기의 결과

Original

	A	B	C
1			
2	Purchase price	25,000.00	
3	Down payment	2,000.00	
4	Trade in	2,000.00	
5	Amount financed	21,000.00	
6			
7	Monthly payment	493.19	
8	Total payments	23,672.91	
9	Total paid	27,672.91	
10			

After Goal-Seek Analysis

	A	B	C
1			
2	Purchase price	25,000.00	
3	Down payment	5,967.87	
4	Trade in	2,000.00	
5	Amount financed	17,032.13	
6			
7	Monthly payment	400.00	
8	Total payments	19,200.00	
9	Total paid	27,167.87	
10			

(Down payment)으로 약 6,000달러가 필요하다.

스프레드시트는 일부 셀에 숫자 대신 수식과 함수의 관계식을 입력할 수 있어 매우 유용하다. [그림 6-6]은 새 차를 구매하기 위해 수식과 함수를 사용한 스프레드시트로, 입력 변수를 변경하면 관련된 모든 값에 미치는 영향을 바로 확인할 수 있다.

그림 6-6 수식이 포함된 스프레드시트

	A	B	C	D	E
1					
2	Purchase price	25000		Interest rate	0.06
3	Down payment	2000		Period (months)	48
4	Trade in	2000			
5	Amount financed	=B2-SUM(B3:B4)			
6					
7	Monthly payment	=PMT(E2/12,E3,B5)*-1			
8	Total payments	=B7*E3			
9	Total paid	=B8+SUM(B3:B4)			
10					

스프레드시트를 이용하면 다양한 유형의 통계 분석이 가능하지만 정교한 고급 통계 분석을 할 수는 없다. 고급 통계 분석이 필요하다면 SPSS, Stata, R, SAS 등과 같은 전용 통계 소프트웨어를 사용해야 한다. 이러한 분석 프로그램은 많은 데이터를 빠르고 정확하게 분석할 수 있는 다양한 기능을 제공한다. 일부 애플리케이션은 특정 통계 기법을 전문적으로 다루는데, 한 예로 SmartPLS(http://www.smartpls.de)는 부분 최소 제곱법을 전문적으로 다룬다.

간단한 기술 통계부터 경제 예측을 위한 시계열 분석과 같이 매우 복잡하고 정교한 통계 방법에 이르기까지 광범위한 기능을 제공하는 프로그램도 있다. 많은 프로그램은 맞춤형 알고리즘을 개발하는 데 사용할 수 있는 프로그래밍 언어를 포함하고 있다. 어떤 프로그램은 통계 및 프로그램 자체에 대해 깊은 지식을 가진 전문가용이고, 어떤 프로그램은 좀 더 쉽고 일상적인 분석을 하는 사용자를 대상으로 한다.

또한 데이터를 시각화하는 데 도움이 되는 소프트웨어 도구도 있다. 대부분의 통계 소프트웨어에는 몇 가지 **데이터 시각화**data visualization 기능이 포함되어 있지만, 특별히 데이터 시각화용으로 개발된 것도 있다. 데이터를 시각화하면 테이블에서 명확하게 드러나지 않는 데이터의 경향과 관계를 한눈에 파악하는 데 도움이 된다. [그림 6-7]은 고객과 위치에 따른 다양한 매출 그래프로, 널리 사용되는 시각화 애플리케이션인 태블로Tableau를 사용하여 생성한 것이다. 스프레드시트로도 차트를 만들 수 있지만 대개는 시각화 전용 소프트웨어만큼 강력하거나 유연하지 않다.

그림 6-7 데이터 시각화의 예

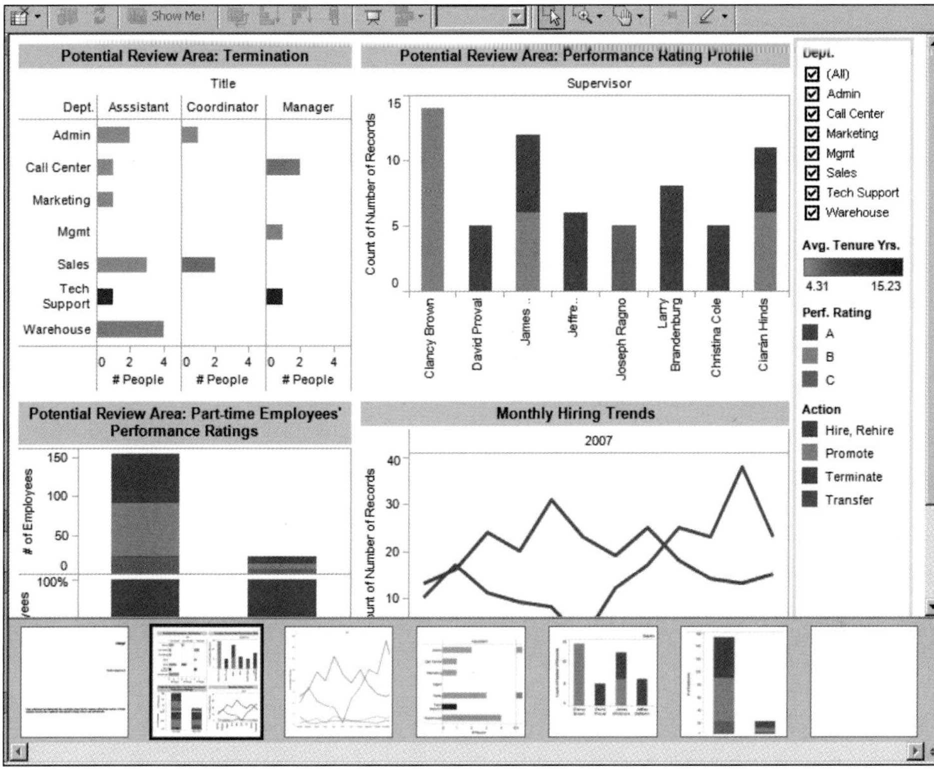

출처: https://public.tableau.com/views/Hiring-Terminating-Trends-JoshLockhartTableauAssignment/StaffingTrends?:embed=y&:showVizHome=no&:display_count=y&:display_static_image=y&:bootstrapWhenNotified=true

5장에서는 피트니스 트래커와 같은 빅데이터 및 사물 인터넷 기기가 어떻게 대량의 정보를 수집하는지에 대해 설명했다. 그러나 이러한 정보는 제대로 정리되지 않으면 의사결정자가 쉽게 이용할 수 없다. 이 장에서는 데이터를 유용하게 만드는 데 도움이 되는 스프레드시트와 시각화 도구에 대해 알아보았다. 사물 인터넷 기기를 통해 수집된 빅데이터와 기타 데이터에 이러한 도구를 활용하면 정보에 입각한 의사결정을 위해 방대한 양의 데이터를 분석할 수 있다.

숫자로 이해하기 6-1

스프레드시트의 오류로 인한 손실

스프레드시트는 널리 사용되는 분석 도구이지만 스프레드시트의 오류로 인해 손실을 입는 일이 자주 발생한다. 대규모 재무 모델링 및 교육 회사인 F1F9은 기업의 스프레드시트 중 거의 90%에 오류가 있다고 추정하며, 이러한 오류로 인해 연간 100억 달러의 비용이 발생할 수 있다고 밝혔다. 다음은 스프레드시트의 오류로 인해 발생한 손실의 몇 가지 예이다.

- 이스트먼코닥(Eastman Kodak Co.)은 몇 가지 오류로 인해 2005년 재무제표를 다시 작성해야 했다. 가장 심각한 것 중 하나는 직원의 퇴직금에서 발생한 1,100달러의 오류였다. 직원의 퇴직 적립금에 너무 많은 0이 추가되어 오류가 발생했다.
- 2012년 런던 올림픽 조직위원회는 스프레드시트의 오류로 인해 싱크로나이즈드 스위밍 경기 티켓을 1만 장 초과 판매했다. 직원이 스프레드시트에 '10,000' 대신 '20,000'을 입력하여 오류가 발생했다.
- 영국 정보기관인 MI5는 셀 형식을 잘못 이해하여 100개 이상의 엉뚱한 전화를 도청했다.
- 2013년에 JP모건체이스(JPMorgan Chase)는 '런던 웨일(London Whale)'이라는 사태로 인해 60억 달러의 거래 손실을 입었다. 그 원인 중 하나는 엑셀 스프레드시트에서 여러 투자의 위험을 과소평가한 것이었다.
- 캐나다의 발전기 회사인 트랜스알타(TransAlta)는 스프레드시트에 숫자를 잘못 옮기는 실수를 저질렀다. 그래서 미국으로부터 전기를 구매할 때 원래 가격보다 훨씬 많은 돈을 주는 바람에 2,400만 달러의 손해를 보았다.

이를 비롯한 기타 스프레드시트의 오류를 http://www.eusprig.org/stories.htm과 https://incisive.com/spreadsheet-error-horror-stories/에서 자세히 확인할 수 있다.

단원 요약

이 장에서는 의사결정을 위한 정보 사용에 대해 알아보았다. 의사결정을 내릴 때 정보를 검색·분석·이해하는 데 이용할 수 있는 다양한 도구, 체계적인 의사결정 프로세스, 의사결정에 도움이 되는 몇 가지 기법을 다루었다. 이 장에서 설명한 주요 내용은 다음과 같다.

- 올바른 결정을 내리려면 좋은 정보, 좋은 의사결정 기술, 좋은 프로세스 및 도구가 필요하다.
- 의사결정 기술은 성공적인 경영에 매우 중요하며, 경영자는 이러한 기술을 지닌 직원을 선호한다.
- 경영상 더 큰 책임을 짊어진 위치일수록 의사결정 기술이 더욱더 중요하다. 더 높은 수준에서 내린 의사결정은 더 복잡하고 중대한 영향을 미치기 때문이다.
- 올바른 결정을 내리려면 좋은 정보가 필요하다. 불충분하거나 부정확하거나 시의적절하지 않은 정보는 의사결정에 해가 된다.
- 정보는 의사결정에 필요한 대안의 개수, 대안 자체, 각 대안의 잠재적 결과 예측, 대안의 비교 및 선택 수단 등에 영향을 준다.
- 구조적 의사결정은 일상적이고 반복적이며, 이를 처리하기 위한 명확한 절차가 있는 경우가 많다. 비구조적 의사결정은 결정을 하는 방법, 필요한 정보 또는 그 정보를 사용하는 방법이 명확하지 않다. 반구조적 의사결정은 구조적인 요소와 구조적이지 않은 요소를 모두 가지고 있다.
- 의사결정은 다음과 같은 단계를 거쳐 이루어질 수 있다.
  1. 문제를 파악하고 명확하게 정의한다.
  2. 의사결정의 요구 사항과 목표를 설정한다.
  3. 의사결정 대안을 식별한다.
  4. 의사결정 기준을 설정한다.
  5. 적절한 의사결정 도구를 선택한다.
  6. 기준에 따라 대안을 평가한다.
  7. 선택한 해결책이 문제를 해결하는지 확인한다.
- 정보 검색, 정보 분석, 지식 관리, 의사소통을 위한 도구 등 다양한 정보 분석 도구가 있다.
- 정보 검색 도구에는 DBMS, 보고 도구, 문서 관리 도구가 포함된다.
- 정보 분석 도구에는 전자 스프레드시트, 통계 소프트웨어, 데이터 시각화 도구가 포함된다.

학습 정리 질문

1. 조직에서 상위 직급의 의사결정 능력이 더 중요한 이유는 무엇인가?

2. 구조적 의사결정, 반구조적 의사결정, 비구조적 의사결정을 비교하여 설명하라.

3. 의사결정의 유형(구조적, 반구조적, 비구조적)과 관리 활동(전략 계획, 관리 통제, 운영 통제)의 관계를 설명하라.
4. Simon이 제시한 의사결정 모델의 단계를 간략히 설명하라.
5. Simon이 제시한 의사결정 모델의 단계별로 사용할 수 있는 정보 시스템의 예를 들라.
6. 이 장에서 설명한 의사결정 프로세스의 단계를 나열하라.
7. 의사결정을 할 때 사용하는 요구 사항과 목표는 어떻게 다른가?
8. 이 장에서 다룬 의사결정 도구에 대해 간략히 설명하라.
9. 이 장에서 다룬 정보 검색 도구에 대해 간략히 설명하라.
10. what-if 분석과 목푯값 찾기 분석을 비교하여 설명하라.

생각해보기

1. 이 장에서 배운 내용 중 가장 중요한 것은 무엇인가? 그것이 왜 중요한가?
2. 잘 이해되지 않는 주제는 무엇인가? 어떤 내용이 잘 이해되지 않는가?
3. 이 장에서 배운 내용과 1~5장에서 배운 내용은 어떤 관련이 있는가?
4. 자신이 겪었던 어려운 결정 또는 중요한 결정에 대해 생각해보라. 결정을 내리기 어려웠던 이유는 무엇인가? 이 장에서 배운 내용은 그러한 결정을 내리는 데 어떻게 도움이 되겠는가?
5. 잘못된 결정을 내렸던 경험을 떠올려보라. 더 나은 결정을 내리기 위해 무엇을 할 수 있었겠는가?
6. 보고 도구를 사용하여 반구조적·비구조적 의사결정을 내리는 데 도움이 되는 방법을 간략히 설명하라.
7. 비구조적 의사결정에 문서 관리 시스템이 유용한 이유는 무엇인가?
8. 이 장에서 설명한 의사결정 프로세스를 따르는 것은 결정을 정당화하는 데 어떻게 도움이 되는가?
9. 결정을 내리기 위해 어느 정도의 시간과 노력을 쏟을지 어떻게 결정하는가?
10. 여러 회사 중에서 한 곳을 선택하여 입사할 수 있다고 가정하자. 어떤 회사를 선택할지 결정하는 방법을 설명하라.

추가 학습 활동

1. 다음 세 가지를 결정해야 한다고 가정하자. 결정을 내리는 데 들이는 시간과 노력에 따라 순위를 매기고 그 이유를 설명하라.
   a. 마지막 학기에 신청할 선택 과목
   b. 졸업 후 입사할 회사
   c. 졸업 여행 장소

2. 선택할 수 있는 일자리가 세 가지라고 가정하자.
   a. 어떤 회사를 선택할지 결정하기 위한 요구 사항과 목표를 제시하라(각각 다섯 개 이상).
   b. 각각의 요구 사항과 목표를 측정하는 데 사용할 기준을 결정하라.
   c. 이러한 결정을 내리기 위해 어떤 의사결정 도구를 사용하겠는가? 그 이유는 무엇인가?
3. 다양한 광고 매체 중에서 하나를 결정해야 하는 마케팅 관리자라고 가정하자.
   a. 어떤 광고 매체를 선택할지 결정하기 위한 요구 사항과 목표를 제시하라(각각 다섯 개 이상).
   b. 각각의 요구 사항과 목표를 측정하는 데 사용할 기준을 결정하라.
   c. 이러한 결정을 내리기 위해 어떤 의사결정 도구를 사용하겠는가? 그 이유는 무엇인가?
4. 이 책의 웹사이트(https://www.prospectpressvt.com/textbooks/belanger-information-systems-for-business-4-0)에 접속하여 학생 자료(Student Resources)의 자동차 구매 스프레드시트(Car Buying Spreadsheet ALA 6.4.xlsx)를 다운로드하라. 이 스프레드시트를 사용하여 두 가지 기간의 두 가지 이자율에 대해 월 할부금을 결정하고(예: 36개월과 60개월의 6%, 8%), 각각의 조합에 따른 월 할부금, 총할부금, 이자를 살펴보라. 자동차를 구매할 때 이 스프레드시트를 어떻게 사용할 수 있는지 간략히 설명하라.
5. 이 책의 웹사이트(https://www.prospectpressvt.com/textbooks/belanger-information-systems-for-business-4-0)에 접속하여 월별 수수료 스프레드시트(Monthly Commission Spreadsheet ALA 6.5.xls)를 다운로드하고, 수수료로 3,000달러를 벌기 위해 판매해야 하는 단위 수를 결정하라. 이 문제를 어떻게 해결했는가? 해결하는 데 시간이 얼마나 걸렸는가? 이에 대해 간략히 설명하라.
6. 이 책의 웹사이트(https://www.prospectpressvt.com/textbooks/belanger-information-systems-for-business-4-0)에 접속하여 what-if 스프레드시트(WhatIf Spreadsheet ALA 6.6.xlxs)를 다운로드하고 스프레드시트의 지침을 따르라.
7. http://simile-widgets.org/에 접속하여 오른쪽에 있는 Exhibit, Timeline, Timeplot, Runway 중 하나를 선택하라. 생성된 시각화 결과를 살펴보고 하단에 있는 More Live Examples 중 하나를 클릭하라.
   a. 어떤 데이터 세트를 선택했는가?
   b. 시각화를 통해 어떤 정보를 전달하고 싶은가?
   c. 그 정보를 전달하는 데 시각화가 얼마나 효과적인가?
   d. 데이터를 더 잘 이해하는 데 시각화가 얼마나 효과적인가?
8. 다음 학기에 수강할 과목 중에서 경쟁이 치열한 네 개를 나열하라(네 과목 중 하나만 수강할 수 있다).
   a. 어떤 과목을 수강할지 보여주는 쌍 비교 매트릭스를 작성하라.
   b. 최소한 세 가지 기준(예: 시간 또는 과목에 대한 관심)을 사용하여 비가중치 의사결정 매트릭스를 작성하라.
   c. b의 기준을 사용하여 가중치 의사결정 매트릭스를 작성하라.

   세 가지 방법 중 어느 것이 가장 효과적인가? 그 이유는 무엇인가?

참고 문헌

Anthony, R. N. 1965. *Planning and Control Systems: Framework for Analysis*. Cambridge, MA: Harvard University Graduate School of Business Administration.

Gorry, A., and M. Scott-Morton. 1971. "A Framework for Information Systems." *Sloan Management Review* 13(1): 56–79.

Rainer, R. K., and E. Turban. 2008. *Introduction to Information Systems: Supporting and Transforming Business*. 2nd ed. New York: John Wiley & Sons.

Simon, H. A. 1960. *The New Science of Management Decision*. New York: Harper & Row.

용어 사전

what-if 분석: 하나 이상 입력 변수의 변화가 하나 이상 결과 변수의 값에 어떤 영향을 미치는지 확인할 수 있으며, 민감도 분석이라고도 함

결정: 대안 중에서 선택하는 것

구조적 의사결정: 일상적이고 반복적이며, 흔히 명확한 절차가 있는 의사결정

데이터 시각화: 데이터의 의미를 명확하게 전달하거나 더 잘 이해할 수 있도록 데이터를 시각적으로 표현하는 것

목푯값 찾기 분석: 원하는 결괏값을 도출할 수 있는 입력 변수의 값을 결정하는 분석

문서 관리 시스템: 문서 찾기·검색·추적을 지원하는 시스템

반구조적 의사결정: 구조적인 요소와 구조적이지 않은 요소가 모두 있는 의사결정

보고 도구: 사용자가 명령어를 몰라도 보고서를 작성할 수 있는 정보 시스템 도구

비구조적 의사결정: 합의된 절차가 마련되어 있지 않고 이전에 다룬 적이 없는 의사결정

(결정) 요구 사항: 수용 가능한 해결책이 필수적으로 제공해야 하는 조건

의사결정 기준: 대안을 구별하는 데 도움이 되는 요구 사항과 목표에 대한 객관적인 도구

의사결정 대안: 현재 조건을 원하는 상태로 바꾸는 방법

의사결정 목표: 최소한의 필수 요구 사항 그 이상으로, 원하는 의사결정 도출을 위한 요구 사항

CHAPTER

07

정보 전송

학습목표

- 네트워크의 주요 구성 요소와 특성을 이해할 수 있다.
- 다양한 유형의 네트워크를 설명할 수 있다.
- 인터넷이 무엇인지, 어디에 사용되는지 설명할 수 있다.
- 주요 네트워크 아키텍처와 인프라를 설명할 수 있다.
- 웹 2.0과 웹 3.0의 다양한 개념을 이해할 수 있다.

네트워크의 개요와 정의

네트워크network에 대해 살펴보려면 먼저 컴퓨터 네트워크의 정의를 알아야 한다. 컴퓨터 네트워크는 기본적으로 사용자와 시스템이 통신하고 자원을 공유할 수 있도록 서로 연결된 장치의 모음을 말한다. 이러한 장치에는 컴퓨터, 서버, 라우터, 그 밖의 다양한 통신 장치가 포함된다.

네트워크의 구성 요소와 특성

네트워크를 구축하려면 다양한 장비가 필요하며, 어떤 장비를 사용하느냐에 따라 각기 다른 형태의 네트워크가 구축된다. 예를 들어 [주목할 만한 사례]에서처럼 무선 네트워크 작업을 하려면 네트워크를 설정하기 위한 라우터와 아이패드 또는 노트북과 같이 무선 네트워크 어댑터 카드가 있는 장치를 연결해야 한다.

라우터router는 네트워크 안팎의 전송 흐름을 제어하는 지능형 장치로, 트래픽을 네트워크의 적절한 장치(네트워크의 장치에 대한 주소 정보가 포함된 라우팅 테이블 사용) 또는 다른 네트워크로 라우팅하기 때문에 이러한 이름이 붙었다. 라우터에는 종종 이더넷 케이블 연결이

> **학습 활동 7-1**
>
> **스스로 운전하는 자동차**
>
> 다음 동영상을 시청하고, 자동차가 스스로 운전하는 데 필요한 모든 정보와 기술을 작성하라. 그런 다음 해당 정보의 출처, 자동차가 성공적으로 운전하기 위해 다른 정보와 어떻게 상호 작용하는지 알아보고, 작성한 정보와 기술 목록에 대해 토론하라.
>
> - https://www.youtube.com/watch?v=CqSDWoAhvLU
> - https://www.youtube.com/watch?v=TsaES--OTzM

주목할 만한 사례

모바일 와이파이의 부상: 핫스팟

우리가 집, 학교, 카페, 공항, 심지어 달리는 기차에서도 무료로 쉽게 인터넷을 사용하게 된 것은 비교적 최근의 일이다. 과거에는 다른 시스템 또는 인터넷에 연결하는 데 케이블(전선)이 필요했다.

지금 우리는 무선으로 연결된 인터넷의 자유를 누리고 있으며, 사람들은 점점 더 많은 자유를 원한다. 그러나 간혹 무선 인터넷 환경이 아닌 경우도 있는데, 이럴 때는 인터넷에 연결하기 위해 핫스팟(hot spot)을 사용하면 된다. 많은 사람이 스마트폰을 모바일 핫스팟으로 활용하여 인터넷에 연결하며, 이때 스마트폰 요금제로 지불한 데이터를 사용한다. 공용 핫스팟은 공항, 카페뿐만 아니라 병원, 캠프장, 기차역, 슈퍼마켓에도 있다. 이러한 핫스팟은 공용 핫스팟이고, 개인(테더링이라고도 함) 핫스팟으로는 일반적으로 스마트폰이나 태블릿을 사용한다. 그러나 스마트폰 기반 핫스팟은 대개 정해진 데이터양까지만 전송 속도가 빠르고 그것을 넘어서면 전송 속도가 떨어진다. 대부분의 스마트폰 기술은 핫스팟에 5~10가지 기기를 연결할 수 있다. 또한 스마트폰 기반 핫스팟은 전용 장치보다 배터리를 더 많이 소모한다는 것이 단점이다(Nadel, 2018).

핫스팟의 등장으로 과거에는 인터넷을 이용하기 어려웠던 곳에서도 업무와 교육이 가능해졌다. 예를 들어 저자의 친구는 자신의 농장에서 웹페이지를 만드는 부업을 하는데, 핫스팟이 있기 전에는 전화 모뎀을 통한 인터넷 또는 위성 인터넷을 활용하는 것이 최선의 선택이었다. 그는 고속 인터넷을 사용했으며, 고객은 그가 부업 현장에서도 동일한 속도로 작업을 수행할 수 있을 것이라고 기대했다. 전화 모뎀을 통한 인터넷 또는 위성 인터넷으로 빠르고 좋은 서비스를 제공하는 데 한계를 느낀 그는 핫스팟 연결을 시도했으며, 그것은 완벽한 해결책이었다. 핫스팟은 케이블이나 DSL(Digital Subscriber Line)보다 훨씬 비쌌지만 그는 부업을 계속 이어나갈 수 있었다.

교육 분야에서 핫스팟은 더욱더 중요한 역할을 한다. 예를 들어 대학에서는 2020년 COVID-19 팬데믹 기간에 필수가 된 원격 수업을 점점 더 많이 사용하고 있다. 일반적으로 원격 교육에는 대부분의 사람들이 액세스할 수 있는 광대역 인터넷이 활용된다. 그러나 아메리카 원주민 부족 보호 구역이나 시골 지역은 원격 교육에 필요한 인터넷 환경을 갖추지 못하여 학생들이 어려움을 겪을 수도 있다. 이러한 문제를 해결하기 위해 대학에서는 학생들에게 핫스팟 연결을 활용하도록 권장하며, 이로 인해 많은 학생은 수업에 참여하고 공립 대학 수준의 교육을 받을 수 있다. 또한 COVID-19 팬데믹 동안 문을 닫은 일부 공립학교는 시골 지역의 학생들이 와이파이에 접속할 수 있도록 버스를 이용했다(Hui, 2020).

이처럼 예전에는 어려웠던 일을 핫스팟을 통해 해결할 수 있다. 이렇게 핫스팟을 활용하는 예를 생각해보라.

생각해보기

1. 업무에 핫스팟을 사용할 때 어떤 잠재적 문제가 있는가?
2. 창의적인 업무 용도로 핫스팟을 사용하는 예를 들라.
3. 무선 네트워크는 어떻게 진화할 것이라고 생각하는가?

포함되는 동시에 기업과 가정의 많은 장치에서 사용하는 무선 신호도 허용한다. 일반적인 라우터 제조사와 현재 제품의 링크는 [표 7-1]을 참조하라.

표 7-1 라우터 제조사의 예

제조사	웹사이트
ASUS	http://www.asus.com/us/Networking/Wireless-Routers-Products/
D-Link	https://us.dlink.com/en/consumer/wifi-routers
Linksys	http://www.linksys.com/us/c/wireless-routers/
NETGEAR	https://www.netgear.com/home/products/networking/wifi-routers/
TP-Link	https://www.tp-link.com/us/home-networking/wifi-router/
TRENDnet	https://www.trendnet.com/products/wifi/routers

이러한 장치는 특정한 주소를 가지고 있다. 장치에는 **네트워크 인터페이스 카드**Network Interface Card(NIC) 또는 **네트워크 어댑터**network adapter가 장착되어 있고, 이 카드의 칩에 고유 ID가 있어 장치에 대한 물리적 액세스가 가능하다. 유선 NIC와 마찬가지로 무선 NIC에도 고유한 주소가 있다. 유선 네트워크용 네트워크 어댑터는 컴퓨터에서 이더넷 케이블을 연결하는 곳이다.

기본 네트워크에서는 노이즈를 제거하고 강도를 증폭한 다음 수신한 데이터 신호를 다시 송신하기 위해 **리피터**repeater를 사용할 수 있다. 라우터가 위치한 곳으로부터 어느 정도 떨어진 건물이나 특정 지역에서는 라우터의 신호가 약하기 때문에 이러한 장치를 많이 사용한다.

네트워크의 유형

유·무선 네트워크

네트워크를 분류하는 방법은 여러 가지이다. 첫째, 네트워크는 **유선 네트워크**wired network와 **무선 네트워크**wireless network로 나눌 수 있다. 유선 네트워크에는 구리선(예: 가정의 전화선, 이더넷 케이블), 동축 케이블(예: 케이블 TV용 케이블), 광케이블(유리섬유로 만들어지고 광 신호를 사용하여 전송) 등의 물리적 케이블이 사용된다. 전송 속도는 구리선, 동축 케이블, 광케이블 순이며, 광케이블은 동축 케이블보다 수백 배, 구리선보다 수천 배 빠르다.

그림 7-1 동축 케이블, 이더넷 케이블, 광케이블

출처: istock.com/piotr_malczyk, istock.com/hatchapong, istock.com/zentilia

우리에게 익숙한 와이파이 말고도 다양한 무선 네트워크가 있다. 이러한 무선 네트워크는 데이터와 음성을 전송하기 위해 주파수를 이용한다. 예를 들어 일부 전송의 경우 서로를 '보아야' 전송할 수 있는 마이크로파 송신기를 30마일 이내의 간격으로 배치해야 한다. 데이터 전송에 사용되는 위성은 일반적으로 적도에서 22,000마일 높이에 있다(이러한 위성은 지구를 기준으로 상대적인 위치를 유지하므로 정지 위성이라고 불린다). 이는 멀리 떨어진 곳에서 위성 라디오 신호, GPS 좌표, TV 신호를 보내는 것과 동일한 시스템이다.

적외선 통신을 사용하여 근접한 장치를 위한 무선 네트워크를 생성할 수도 있다. 예를 들어 무선 마우스, 키보드와 그 밖의 장치는 서로 연결하는 데 흔히 적외선 신호를 사용한다. 무선 신호는 장치를 연결하는 데에도 사용된다. 대표적인 예로 무선 전화기나 차고문 개폐기가 있다.

셀룰러 네트워크cellular network는 무선통신 기술을 사용하여 무선 인터넷 연결을 위한 대안을 제공한다. 휴대폰은 어떤 지역에서 다음 지역으로 전화를 중계하는 로컬 안테나에 연결된다. 또한 **블루투스**bluetooth는 단파장 무선 전송을 사용하여 무선 마우스, 키보드, 헤드폰과 같은 장치를 연결한다(적외선 기술과 유사하다).

무선 기술에서 무선 네트워크 또는 와이파이 네트워크란 무엇인가? **와이파이**Wi-Fi는 와이파이 얼라이언스Wi-Fi Alliance가 소유한 상표로, 지금은 노트북이나 스마트폰과 같은 무선 장치로 액세스할 수 있는 무선 네트워크를 가리키는 표준 용어가 되었다. 와이파이 네트워크에도 무선 기술이 사용되지만, 위에서 설명한 일부 기술과는 다른 방식이다. 와이파이 네트워크는 자체적으로 유선 네트워크에 연결된 무선 액세스 포인트Wireless Access Point(WAP) 또는 핫스팟으로 구성된다([그림 7-2] 참조). WAP는 무선 장치에서 전송한 데이터를 인터넷에 연결된 유선 장치로 보낸다.

그림 7-2 무선 네트워크

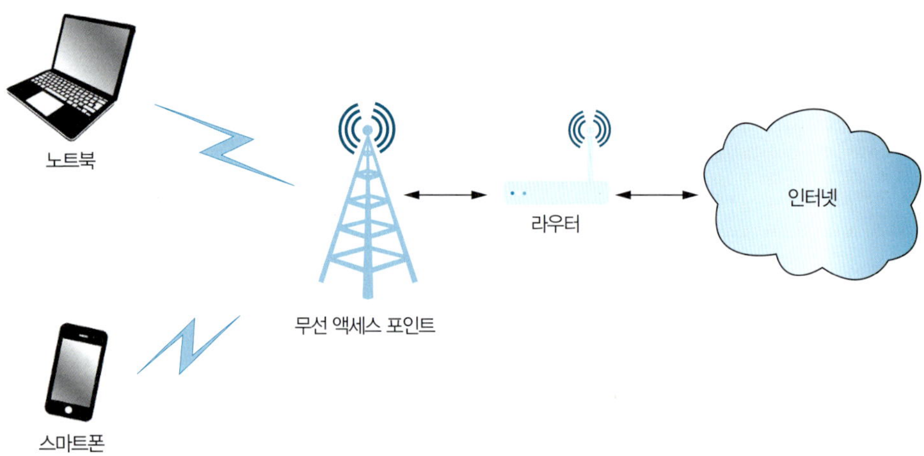

광대역 네트워크

베이스밴드baseband인지, 광대역(브로드밴드broadband)인지에 따라 네트워크를 분류할 수도 있다. 이는 네트워크 대역폭의 속도와 빈도에 따른 분류이다. 오늘날 인터넷 연결에 사용되는 네트워크는 광대역 네트워크일 가능성이 높다. 대부분의 광대역 네트워크는 전송 속도가 초당 기가비트에 달하지만, (서버에서 컴퓨터로 전송되는) 다운로드 속도는 초당 메가비트로 더 빠르다. 광대역으로 분류되는 네트워크의 유형에는 케이블 및 광케이블 기반 네트워크뿐만 아니라 통합 서비스 디지털 네트워크Integrated Services Digital Network(ISDN), T-라인T-lines과 같이 익숙지 않은 네트워크도 포함된다. 4G 및 5G 모바일 서비스가 제공되면서 이제 무선 네트워크는 모바일 광대역이라고도 불린다. 4G는 2006년 초고속 이동통신망으로 등장했고, 2018년에는 5G 네트워크가 운영되기 시작했다.

네트워크의 범위

네트워크는 적용 범위나 지리에 따라 분류할 수도 있다. 가장 중요한 것은 **근거리 통신망**Local Area Network(LAN)과 **광역 통신망**Wide Area Network(WAN)이며, 그 밖에도 변형된 여러 가지 유형이 있다. 많이 알려져 있는 네트워크의 유형을 [표 7-2]에 정리했다.

표 7-2 네트워크의 유형(지리적 분류)

유형	설명	비고
근거리 통신망(Local Area Network, LAN)	제한된 지리적 영역(일반적으로 반경 5km 미만)에 있는 장치를 연결하는 네트워크	대부분의 조직은 백본 네트워크를 통해 서로 연결된 많은 LAN을 사용한다.
광역 통신망(Wide Area Network, WAN)	도시, 대륙, 전 세계와 같은 넓은 지리적 영역에 있는 장치를 연결하는 네트워크	개인 네트워크 또는 인터넷과 같은 공용 전송 시스템을 통해 구현할 수 있다.
개인 통신망(Personal Area Network, PAN)	매우 짧은 거리에서 개인용 장치(예: 마우스, 마이크, 프린터 등)를 PC에 연결하는 네트워크	종종 USB(유선)나 블루투스, 적외선 기술(무선)을 사용하여 연결한다.
가정 통신망(Home Area Network, HAN)	PC에서 프린터, 라우터, 스캐너와 같은 장치를 공유하기 위해 홈 오피스 내에서 사용되는 네트워크	OAN(Office Area Network)이라고도 한다.
백본 네트워크(BackBone Network, BBN)	다른 네트워크(예: LAN) 또는 네트워크 세그먼트(서브네트워크)를 서로 연결하는 역할을 하는 네트워크	서로 통신해야 하는 여러 개의 LAN이 있는 대형 건물이나 지역에서 주로 사용한다.

LAN은 제한된 지리적 영역(일반적으로 반경 5km 미만)에 있는 장치를 연결하는 네트워크이다. 집, 사무실, 학교, 빌딩 등의 바닥에 설치되어 있으며, 지역이 제한적이라 특히 유선 LAN의 경우 전송 속도가 매우 빠르다. LAN의 일부가 되려면 케이블로 컴퓨터나 장치의 NIC를 LAN 허브의 라우터/브리지/스위치와 연결해야 한다. 오늘날 가장 널리 사용되는 LAN 기술은 [그림 7-3]에 나타낸 이더넷이다.

그림 7-3 LAN의 이더넷

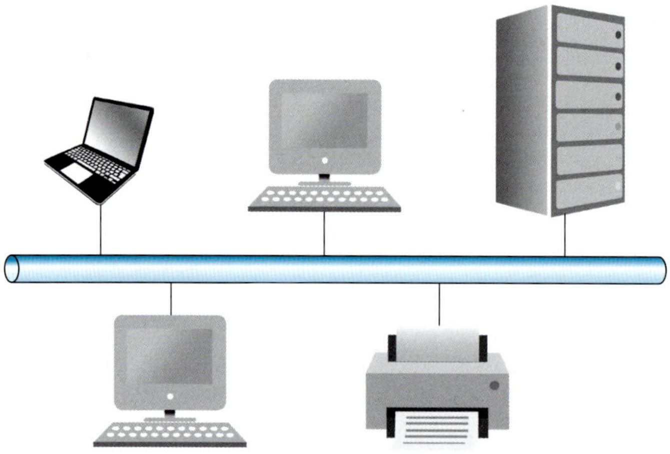

WAN은 도시 전체, 대륙 전체, 전 세계에 이르기까지 넓은 지리적 영역에 걸쳐 장치를 연결하는 네트워크이다. LAN과 달리 WAN은 하나의 네트워크에서도 다양한 통신 매체(예: 전화선, 동축 케이블, 위성)와 여러 공급자(전화 회사, 케이블 회사)를 사용하곤 한다.

인터넷

인터넷Internet은 공개적으로 액세스할 수 있는 전 세계 네트워크이다. 인터넷이 작동하는 방식은 도로 시스템에 비유하여 설명할 수 있다(Van Slyke와 Bélanger, 2003). 많은 국가는 주state를 연결하는 고속도로 시스템을 갖추고 있으며, 이러한 고속도로는 서로 교차되어 복잡한 도로 시스템을 형성한다. 그러나 전국의 모든 지역이 이 고속도로와 직접 연결된 것은 아니다. 여행자는 고속도로에서 분기된 작은 도로를 통해 대부분의 지역에 도달할 수 있다.

인터넷은 이와 비슷한 방식으로 작동한다. 인터넷 백본backbone이라는 기본 연결을 통해 대량의 데이터 트래픽이 전달된다. 백본은 주요 인터넷 서비스 공급자Internet Service Provider(ISP)의 네트워크로 구성되며, 이러한 네트워크는 주를 연결하는 고속도로 시스템이 여러 국가에 걸쳐 확장되는 것과 유사하게 전 세계로 확장된다.

학습 활동 7-2

누가 인터넷을 사용하는가?

전 세계 거의 모든 국가가 연결되는 인터넷은 진정한 글로벌 현상이다. 2019년에 국제전기통신연합(International Telecommunications Union, ITU)은 전 세계적으로 41억 명 이상이 인터넷을 사용했다고 보고했다. 여기에는 유럽 인구의 82.5%, 아메리카 대륙 인구의 77.2%, 아시아·태평양 지역 인구의 48.4%, 아프리카 인구의 28.2%가 포함되며, 이들의 언어, 문화, 애플리케이션은 다양하다.

성별, 연령, 문화, 언어 또는 강사가 제공하는 기타 특성과 관련하여 인터넷 사용자에 대한 통계를 찾아보고, 다음 질문에 대해 토론하라.

1. 전 세계적으로 인터넷 사용이 어떻게 다른가? 그 이유는 무엇인가?
2. 다양성 측면에서 인터넷의 미래는 어떠한가? 그것은 기업, 정부, 사회에 어떤 영향을 미치겠는가?

출처: *Measuring Digital Development: Facts and Figures 2019*. ITU Publications. https://www.itu.int/en/ITU-D/Statistics/Documents/facts/FactsFigures2019.pdf

학습 활동 7-3

선진국의 광대역

광대역 네트워크에 액세스할 수 있는 국민의 비율은 e-비즈니스, 전자정부 및 기타 네트워크 의존 애플리케이션과 같은 응용 프로그램의 사용에 상당한 영향을 미칠 수 있다. 경제협력개발기구(OECD)의 다음 자료에 따르면 2017년 6월 기준으로 일본은 모바일 광대역 가입 기기가 100명당 158.6개 이상이다. 다시 말해 일본 국민 100명으로 이루어진 집단에는 모바일 광대역 가입 기기가 158개 이상 있다. 그러나 그래프에서 보듯이 모든 선진국이 이러한 수준인 것은 아니다.

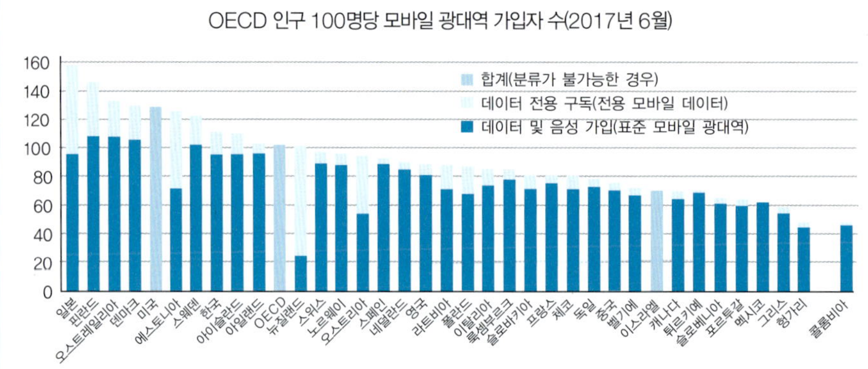

다음 질문에 답하고 이에 대해 토론하라.

- 일부 선진국의 모바일 광대역 가입자가 다른 국가에 비해 더 많은 이유는 무엇인가?
- 국가 전체가 모바일 광대역을 통해 인터넷에 접속할 수 있을 때 어떤 새로운 기회가 나타나는가?
- 대부분의 국민이 모바일 광대역을 통해 인터넷에 접속할 수 없는 국가에는 어떤 다양한 기회가 있는가?

출처: OECD Broadband Portal, http://www.oecd.org/sti/broadband/broadband-statistics/

인터넷에서 글로벌 트래픽을 허용하려면 라우터를 사용하여 다양한 네트워크를 서로 연결한다. 인터넷에서 (영구적으로 연결된) 모든 호스트 또는 컴퓨터는 고유한 IPInternet Protocol 주소를 가지고 있다. 128.192.68.1과 같은 IP 주소 체계를 **IPv4**라고 하며, 이는 기업, 조직, 국가에 할당할 주소가 부족하여 더 이상 사용하지 않는다. 그래서 **IPv6**라는 새로운 IP 주소 지정 체계가 등장하게 되었다. 쉽게 말해 IPv6는 4바이트인 기존의 IP 주소를 16바이트(예: 2002:1AC4:DB32:EF10)로 확장한 것이다. IP 주소를 할당하는 기관인 **IANA**Internet Assigned Numbers Authority는 2011년 2월 3일 목요일에 IPv4 주소의 마지막 블록을 할당했다. 사물 인터넷 기기를 사용하게 됨으로써 이를 연결하는 데 필요한 IP 주소가 기하급수적으로 증가하니 IPv4로는 그 수를 감당할 수 없었을 것이다.

미국의 방위고등연구계획국Defense Advanced Research Projects Agency(DARPA)이 대학과 공동으로 진행한 프로젝트에서 시작된 인터넷은 전 세계적으로 다양한 네트워크를 흡수하면서 성장했다. 오늘날 인터넷은 오픈 소스 인프라 소프트웨어 BIND DNS를 개발한 ISCInternet Systems Consortium가 수집한 데이터를 기반으로 10억 대 이상의 호스트 컴퓨터가 연결된 거대한 네트워크가 되었다([그림 7-4] 참조). 이렇게 성장하게 된 데에는 인터넷의 핵심 특성 중 상호 운용성이 큰 몫을 했다. 상호 운용성은 서로 다른 시스템이 통신할 수 있는 것을 말하며, 예를 들어 하드웨어 플랫폼이 다르고 각기 다른 소프트웨어를 실행하는 시스템이라도 IP를 사용하면 인터넷에서 통신할 수 있다.

그림 7-4 인터넷에 연결된 호스트의 수(2019년 1월 기준)

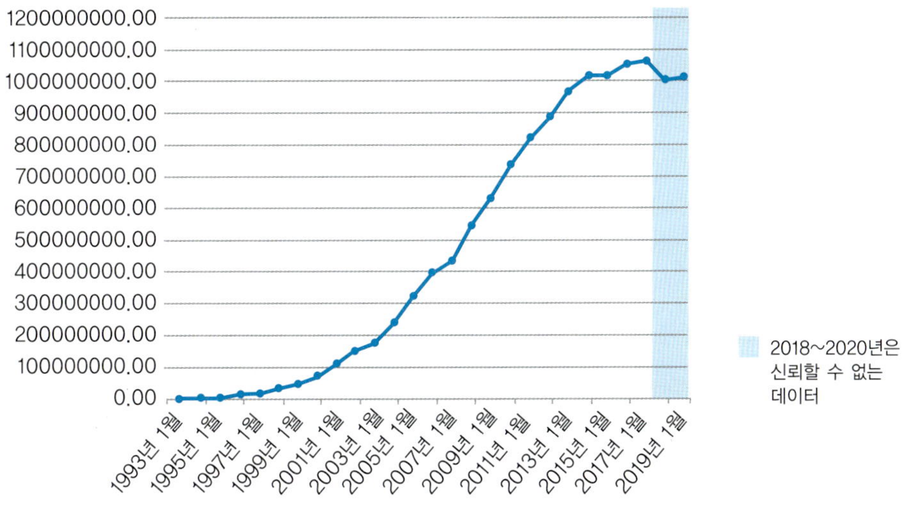

출처: Internet Systems Consortium, ISC Domain Survey, https://www.isc.org/survey/

인터넷 애플리케이션

인터넷은 애플리케이션이 아니라 네트워크이다. 인터넷이 무엇이냐고 물어보면 학생들은 접근할 수 있는 모든 정보가 있는 곳이라고 대답하곤 한다. 그러나 이 대답은 사실 **월드 와이드 웹**World Wide Web(간단히 '웹'이라고도 함)의 정의이며, 인터넷과 웹은 동일한 것이 아니다. 웹은 인터넷을 전송 네트워크로 사용하는 애플리케이션의 일종이다. 인터넷을 사용하는 애플리케이션의 또 다른 예로는 이메일, 파일 전송, 인스턴트 메시지, 인터넷 전화, 데스크톱 화상회의가 있다. [표 7-3]에 인터넷 기반의 전통적 애플리케이션 중 일부를 간략히 소개했다. 이 장의 뒷부분에서 웹 2.0이라고 불리는 최신 애플리케이션에 대해 설명할 것이다.

표 7-3 인터넷 기반의 전통적 애플리케이션

애플리케이션	설명
월드 와이드 웹	전 세계 자원에 대한 그래픽 인터페이스이다.
이메일	사용자가 컴퓨터 네트워크를 통해 메시지를 주고받는다.
인스턴트 메시지	여러 사용자가 온라인으로 짧은 문자 메시지를 주고받는다.
인터넷 전화(VoIP)	인터넷과 같은 IP 기반 네트워크를 통해 음성 데이터를 주고받는다.
데스크톱 화상회의	각기 다른 곳에 있는 사람들이 PC를 통해 음성과 동영상으로 통신한다.
P2P 파일 공유	인터넷을 통해 특정 개인 또는 시스템 간에 파일을 공유한다.
온라인 애플리케이션 공유	사용자가 웹사이트를 통해 문서, 캘린더, 기타 애플리케이션을 공유한다.
파일 전송 프로토콜(FTP)	사용자가 네트워크의 노드 간에 파일을 앞뒤로 이동할 수 있다. 이러한 공용 사이트에 파일이 로드되면 FTP가 익명으로 처리된다.

사람들은 웹을 통해 인터넷 인프라를 이용하여 매우 다양한 자원에 접근할 수 있다. 웹은 유럽입자물리연구소European Organization for Nuclear Research(CERN)의 Tim Berners-Lee가 수행한 연구의 결과물로, 그는 인터넷에서 파일을 연결하기 위해 HTTPHyperText Transfer Protocol를 제안했다. 그래서 수많은 웹 주소가 'http'로 시작되며, 이는 해당 웹페이지가 HTTP를 지원하

학습 활동 7-4

미래의 인터넷? 인터넷2와 비즈니스

인터넷은 1970년대 초부터 존재하다가 상업적 목적으로 광범하게 사용되는 세계적인 네트워크로 성장했다. 그러나 일부 연구자들은 연구자, 군대, 학계에서 연구 정보를 신속하게 교환할 수 있도록 상업적 사용자에게 부담을 주지 않는 인터넷 같은 네트워크를 갖추는 것이 중요하다고 생각했으며, 이것이 연구 및 교육 기관, 업계 리더, 정부 기관의 컨소시엄이 만든 **인터넷2**(Internet2)의 역할이다. 인터넷2는 UCAID(University Corporation for Advanced Internet Development)의 상표로, 200명 이상의 회원을 보유한 UCAID는 연구 기관 간 고속 전송, 네트워킹 기술 테스트 및 연구에 사용되는 광섬유 기반 네트워크인 **인터넷2 네트워크**(Internet2 network)를 운영하고 있다. 인터넷2 프로젝트의 최신 상태를 조사하고, 비즈니스에 대한 잠재적 영향에 대해 토론하라.

실제 경영 사례 7-1

오늘날의 인터넷 애플리케이션: 원격 교육

피닉스대학이나 드브라이대학에 대해 들어본 적이 있는가? 전문학사, 학사, 석사, 박사 학위를 취득할 수 있는 많은 온라인 대학의 완전 온라인 학위 프로그램에 대한 광고를 본 적이 있을 것이다. 온라인 학습은 새로운 것이 아니지만, 비용 효율적인 교육 방법을 제공하고 학교에 다닐 수 없는 사람이 더 넓은 범위의 교육을 받을 수 있기 때문에 크게 성장했다. 이러한 학위는 대면 수업을 하는 정규 프로그램만큼 좋지 않다는 의식이 오랫동안 있었으나, 원격 교육이 널리 퍼지면서 대부분의 대학에서 일부 학위 또는 일부 과정을 온라인으로만 제공했다. 2015년까지 1/4 이상(28%)의 학생들이 온라인 과정을 수강했으며, 공립 대학의 학부생 중 72.7%가 온라인 과정을 수강했다(Online Learning Consortium, 2015).

그러다 COVID-19 팬데믹이 발생한 2020년에 원격 교육이 교육 방식의 대세로 자리 잡으면서 교육계에 상당한 변화를 가져왔다. 인터넷 덕분에 전 세계의 대학은 몇 주 만에 온라인 학습으로 전환했다. 또한 전 세계적(186개국)으로 12억 명 이상의 아이들이 갑자기 교실을 떠났다. 그러나 인터넷이 보급되지 않았거나 인터넷 사용료가 저렴하지 않은 지역에 살고 있는 아이가 여전히 많다. 미국과 같은 서구에서도 약 300만 명의 학생이 집에서 인터넷에 접속할 수 없다(Al-Arshani, 2020). 이로 인해 많은 학군에서는 [주목할 만한 사례]에서 언급한 것과 같은 와이파이 핫스팟을 추가하여 학생들이 집에서도 온라인 수업을 들을 수 있도록 했다. 미국의 일부 지역에서는 학교 주차장에 주차되어 있거나 학생들의 주거 지역으로 이동하는 스쿨버스에 핫스팟을 생성했다.

성공적으로 원격 교육을 하기 위해서는 인터넷 접속뿐만 아니라 여러 가지 문제를 해결해야 한다. 그중 하나는 강사 및 다른 학생들과의 상호 작용을 유지하는 것이다. 또한 온라인 수업용 화상회의, 온라인 면담, 공유 폴더와 파일을 활용한 집단 활동 등 다양한 소프트웨어 플랫폼 사용과 관련된 기술적 문제도 해결해야 한다. 중요한 점은 학생들이 자신의 컴퓨터 기술을 개발하고, 적절한 시간 관리를 배우며, 모든 학습을 제 시간에 마치도록 스스로 동기 부여가 되어야 한다는 것이다.

인터넷의 부상으로 촉진된 온라인 학습은 이미 교육의 가용성을 변화시켰다. 제한된 가용성(예: 풀타임 근무) 또는 지리적 제약(예: 원거리에 거주), 신체 장애 등으로 인해 물리적으로 수업에 참석할 수 없는 모든 연령대의 학생들은 온라인 학습을 통해 학업을 계속 이어나갈 수 있게 되었다.

출처: Kumar, S. 2015. "5 Common Problems Faced by Students in eLearning and How to Overcome Them." *eLearning Industry*. https://elearningindustry.com/5-common-problems-faced-by-students-in-elearning-overcome; Li, C., and F. Lalani. 2020. "The COVID-19 Pandemic Has Changed Education Forever. This Is How." *World Economic Forum*, April 29. https://www.weforum.org/agenda/2020/04/coronavirus-education-global-covid19-online-digital-learning/; Online Learning Consortium. 2015. "Online Report Card." https://onlinelearningconsortium.org/read/online-report-card-tracking-online-education-united-states-2015/; Al-Arshani, S. 2020. "School Districts across the Country Are Using School Buses to Deliver WiFi to Students Who Lack Access." *Insider*, Apr 1. https://www.insider.com/wifi-buses-being-used-across-country-to-give-kids-internet-2020-3

는 서버에 있음을 나타낸다. 우리는 웹페이지를 넘나들거나 웹페이지의 특정 섹션으로 이동할 수 있는 하이퍼링크(밑줄이 쳐진 파란색 링크)를 익히 알고 있다. 이러한 링크를 클릭하면 브라우저가 요청한 웹페이지가 있는 웹 서버에 요청을 보내고, 서버는 인터넷을 통해 도큐먼트를 브라우저로 보낸다. [그림 7-5]는 웹 애플리케이션이 인터넷을 사용하는 방식을 보여준다.

그림 7-5 인터넷과 웹

인터넷과 인트라넷

오늘날 기업, 학교, 정부 등 대부분의 조직은 **인트라넷**intranet을 사용한다. 조직 내에서 인터넷 기술 및 관련 애플리케이션을 사용하기 때문에 '인터넷'과 비슷하다고 생각할 수 있다. 즉 조직 내부의 개인만 인트라넷의 애플리케이션에 액세스할 수 있도록 보안 통제가 이루어진다.

사물 인터넷

1장과 2장에서 사물 인터넷IoT에 대해 설명했다. 사물 인터넷의 중요한 측면은 크고 작은 수많은 기기가 데이터를 수집·전송·수신하기 위해 고유한 IP 주소가 있어야 한다는 것이다. 사물 인터넷이 제대로 작동하려면 IPv6가 필요한 이유가 바로 이것이다. 이는 사물 인터넷 기기에 지속적으로 연결할 수 있음을 의미하므로 보안 문제가 발생하며, 8장에서 이에 대해 다룰 것이다.

사물 인터넷은 이미 의료, 자동차, 가정에 상당한 변화를 가져왔다. 예를 들어 심장에 이상이 있는 환자는 인터넷에 연결된 내부 모니터를 통해 의사에게 실시간으로 심장의 상태를 알려줄 수 있다. 자율주행 자동차는 다양한 장치의 상호 연결성을 통해 스스로 주차하고 운전한다 ([학습 활동 7-1] 참조).

가정에서 사용하는 사물 인터넷으로는 실내 온도를 조절하는 스마트 온도 조절 장치, 원격으로 제어하는 잠금장치 등이 있다. 온도 조절기의 한 예인 네스트Nest는 사용자가 집에 있을 때나 외출했을 때 그리고 원하는 실내 온도를 학습하여 사용자의 패턴에 따라 자동으로 온도를 설정한다. 또한 사용자가 인터넷에 연결되어 있다면 어디서든 집의 실내 온도를 제어할 수 있다. 스마트 냉장고는 오래된 음식이 있다는 것을 알려줄 수 있다. 이제 우리는 집 밖 어디에 있든 집에 누가 찾아왔는지 볼 수 있어 보안의 걱정을 덜게 되었고, 가족이나 친구의 위치를 실시간으로 추적할 수도 있다.

수많은 기기가 인터넷에 연결됨에 따라 우리 삶의 방식을 변화시킬 가능성이 무궁무진하다. 운동을 권장하는 피트니스 트래커 또는 원격으로 자동차 문을 잠그거나 잠금을 해제하거나 시동을 걸 수 있는 스마트폰 앱을 생각해보라. 이 앱은 인터넷을 통해 자동차와 통신하며, 이는 사물 인터넷 중에서 빙산의 일각에 불과하다. IoT애널리틱스IoT Analytics는 2018년 중반에 70억 개 이상의 사물 인터넷 기기가 인터넷에 연결되었으며, 2025년까지 342억 개의 기기가 연결될 것으로 예측한다(Lueth, 2018).

네트워크 아키텍처

아키텍처

아키텍처는 기기가 함께 작동하는 방식에 대한 레이아웃 또는 청사진을 말하며, **네트워크 아키텍처**network architecture는 특정 **네트워크 인프라**network infrastructure로 구현할 수 있다. 인프라에는 정보 처리 및 전송을 지원하는 실제 하드웨어, 소프트웨어와 네트워크 구성 요소가 포함된다. 이 절에서는 상위 수준 네트워크 아키텍처의 장단점을 살펴본다. 일부 아키텍처(역사적 아키텍처)는 오래전부터 존재해왔으며, 그 예로 메인프레임, 클라이언트/서버 컴퓨팅, P2P 네트워크를 들 수 있다. 보다 최근의 아키텍처(현대적 아키텍처)로는 클라우드 컴퓨팅, 가상화가 있다. 이에 대해 살펴보기 전에 먼저 아키텍처를 선택할 때 고려해야 할 주요 원칙을 알아보자.

아키텍처의 원칙

아키텍처를 결정할 때 경영자는 아키텍처가 기업의 경영 목표를 지원하는지를 가장 먼저 확인해야 한다(4장의 [학습 활동 4-1] 참조). 또한 다음과 같은 아키텍처의 원칙도 고려해야 한다.

- 구현 용이성: 일부 아키텍처는 쉽게 구현할 수 있다. 예를 들어 이 장의 뒷부분에서 설명할 SaaS 아키텍처를 도입하는 경우 조직은 큰 노력을 쏟지 않아도 된다.
- 유연성/상호 운용성: 경우에 따라 장치가 상호 연결되는 방식 또는 장치 간의 연결을 변경할 수 있는지가 중요하다. 일부 아키텍처는 유연성이 있어 연결 가능한 장치가 다양하다.
- 통제: 대부분의 조직은 연결할 수 있는 장치, 장치를 네트워크에 연결하는 방식을 어느 정도 통제하려고 한다. 모든 것이 하나의 중앙 컴퓨터에 연결되었던 메인프레임 시대에

는 조직이 통제권을 쥐고 있었으나, 오늘날에는 조직이 아키텍처를 결정할 때 얼마나 통제할지 평가해야 한다.

- 확장성: 사용자 또는 장치의 수가 크게 증가하거나 감소할 때 조직이 그에 따라 네트워크를 확장하거나 축소할 수 있는지가 중요하다. 이는 **확장성**scalability의 개념으로, 아키텍처를 선택할 때 핵심적인 고려 사항이다. 다음 절에서 설명할 클라이언트/서버 아키텍처는 상당한 확장성을 제공했기 때문에 기존의 메인프레임 아키텍처를 능가했다.
- 유지·보수성: 일단 아키텍처가 구현되면 소프트웨어 패치 설치, 장비 업그레이드, 장애 시 장비 교체 등의 유지·보수를 해야 한다. 유지·보수는 하루 24시간, 일주일 내내 필요한 작업이며, 이러한 유지·보수를 최소화하는 방법은 조직의 아키텍처 선택에 영향을 미칠 수 있다.
- 보안 및 안정성: 모든 기술을 결정할 때는 시스템의 안정성과 보안을 고려해야 하며 아키텍처도 예외가 아니다. 예를 들어 대부분의 전문가들은 파일이 공유되는 P2P 아키텍처를 네트워크 작업을 위한 가장 불안전한 옵션 중 하나로 본다. 8장에서 보안에 대해 자세히 설명할 것이다.

클라이언트/서버 아키텍처

클라이언트/서버 아키텍처client/server architecture에서 처리·저장 작업은 클라이언트와 서버라는 네트워크 시스템 간에 공유 및 분산된다. **클라이언트**client는 서버에 서비스를 요청하는 프로세스이고, **서버**server는 이 요청에 응답하여 클라이언트에 서비스를 제공한다. 사람들은 클라이언트를 서버라는 더 큰 기계에 액세스하는 데 사용하는 PC로 생각하기도 하지만, 대부분의 컴퓨터는 클라이언트 또는 서버 서비스를 수행할 수 있다.

예를 통해 클라이언트와 서버 간의 워크로드 공유의 개념을 명확히 이해해보자([그림 7-6] 참조). 웹에서 정보를 검색할 때는 PC의 브라우저를 사용한다. 하이퍼링크를 클릭하면 브라우저는 웹 서버에 해당 페이지를 보내달라고 요청하는 클라이언트 역할을 한다. 웹 서버는 요청을 받고 도큐먼트를 브라우저로 보낸다. 그런데 해당 도큐먼트의 가격에 대한 정보가 필요하다고 가정해보자. 웹 서버는 정보에 대한 요청을 데이터베이스 서버에 보낸 다음 이를 다른 도큐먼트와 함께 브라우저에 보낸다. 그러면 브라우저에 요청된 도큐먼트가 표시된다. 이때 클라이언트(브라우저)는 서비스를 요청하면서도 결과를 표시하는 작업(프레젠테이션 작업)도 수행한다. 웹 서버는 요청을 수신하고 데이터베이스 서버에 자체적으로 요청한(데이터 작업)

뒤 이를 패키징하여 사용자에게 보낸다(처리 또는 논리 작업). 서버와 클라이언트가 통신하려면 기술 플랫폼이 서로 다르더라도 각 기술의 특정 형식과 통신 프로토콜을 이해하고, 다른 플랫폼의 형식과 프로토콜로 변환하여 상호 운용성을 가능하게 하는 소프트웨어가 필요한데, 이는 미들웨어의 역할이다.

그림 7-6 클라이언트/서버 컴퓨팅 아키텍처

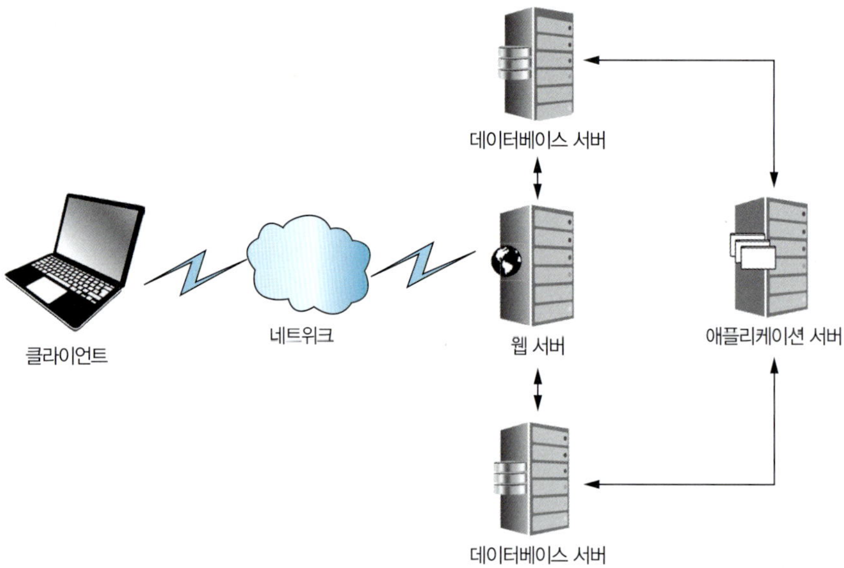

P2P 아키텍처

P2P 아키텍처 Peer-to-Peer architecture는 인터넷에서 주로 사용되지만 조직에서는 그다지 많이 사용되지 않는다. P2P 네트워크에서는 모든 시스템이 동등하며(클라이언트와 서버 역할을 둘 다 수행) 자원을 서로 공유한다. 자원 공유에는 처리 능력, 디스크 스토리지, 네트워크 대역폭이 포함될 수 있다. P2P 네트워킹의 대표적인 예는 음악 또는 영화 파일 공유 시스템이다.

무선 아키텍처

앞에서 유·무선 네트워크를 다루면서 무선 네트워크 설정 방법에 대해 설명했다. 조직은 무선 아키텍처를 구현하기로 선택할 때 네트워크에서 무엇을 지원하고 누가 액세스할 수 있는지 등에 대한 몇 가지 결정을 평가해야 한다. 대학의 무선 네트워크를 생각해보자. 누가 액세스할 수 있어야 하는가? 학생의 수업료에서 네트워크 사용료를 지불해야 하는가? 어떤 장치를 허용해야 하는가? 보안 수준은 어느 정도여야 하는가? 대학의 네트워크 설계자는 무선 네트워크 서비스를 시작하기 전에 이러한 모든 문제에 대해 논의하고 결정해야 한다.

또한 조직은 무선 아키텍처를 고려할 때 직원이 자신의 무선 기기를 가져와 업무나 개인 용도로 사용하는 것과 관련된 정책, 즉 **BYOD**Bring Your Own Device 정책을 결정해야 한다. 이러한 기기에는 스마트폰, 태블릿, 개인용 노트북이 포함되며, 어떤 직원은 사무실 컴퓨터보다 자신의 기기를 더 선호한다. 조직은 이러한 기기를 통제할 수 없기 때문에 보안 문제를 우려하고 있으며, 또한 직원이 근무 시간에 업무 이외의 목적으로 기기를 사용하는 것도 골칫거리이다. 그러나 한편으로 대부분의 조직은 직원이 언제 어디서나 기기를 사용함으로써 생산성이 향상된다는 것을 알고 있다. 이 장 말미의 [추가 학습 활동]에는 교실에서의 BYOD를 탐구하는 사례를 담았다.

서비스 지향 아키텍처

경영 세계에서 상당한 관심을 모은 최근의 아키텍처는 **서비스 지향 아키텍처**Service-Oriented Architecture(SOA)이다. SOA는 다른 유형의 시스템에서 데이터를 가져다가 재사용 가능한 서비스를 만드는 방법에 대한 모델 또는 일련의 설계 원칙이다. 이 서비스는 기술 플랫폼이 다른 여러 시스템에서 사용할 수 있다. 송장이 서비스인 경우를 생각해보자. 총무 부서에는 송장을 생성하는 시스템이 있을 것이다. 그런데 배송 부서에는 배송 준비가 된 제품에 대한 송장을 처리하는 시스템도 있다. 두 부서는 애플리케이션이 있는 플랫폼과 위치에 관계없이 각각의 애플리케이션과 함께 동일한 서비스인 송장을 사용할 수 있다. [그림 7-7]은 SOA의 작동 방식을 보여준다.

모든 아키텍처와 마찬가지로 SOA는 제품 자체가 아니라 아키텍처이거나, 이 경우 기기들이 서로 연결되는 방식을 설계하는 방법이라는 사실을 아는 것이 중요하다. 또한 SOA가 작동하도록 허용하는 계층은 미들웨어와 유사하다. SOA는 모호한 아키텍처이고 (미들웨어를 사용하는) 약간의 코딩이 필요하기 때문에 조직에서 너무 광범위하게 정의되는 경우가 많다. 이는 재사용성이 실제로 달성되지 않고 잠재적 이득이 실현되지 않는 잘못된 구현으로 이어질 수 있다. [그림 7-7]을 보면 각기 다른 시스템을 연결하는 것이 쉬워 보이지만, 다양한 데이터 필드와 형식을 미들웨어가 '이해'하고 변환할 수 있는지 확인하는 데에는 시간이 걸린다. 더욱이 일부 조직의 경우 데이터 소유자가 다양한 시스템이 데이터와 서비스에 액세스하는 데 동의

그림 7-7 서비스 지향 아키텍처의 예

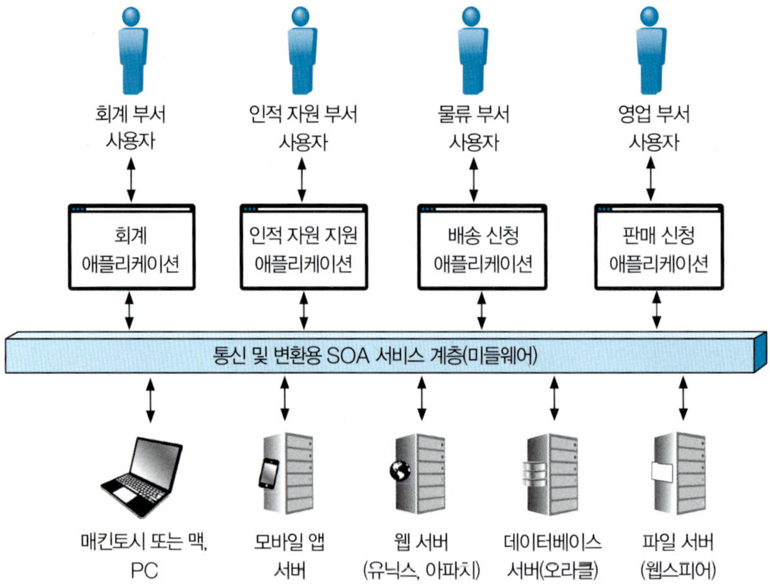

하지 않을 수도 있다.

클라우드 컴퓨팅

지난 10년 동안 등장한 가장 인기 있는 아키텍처 중 하나는 클라우드 컴퓨팅cloud computing이다. 클라우드 컴퓨팅은 조직이 로컬에서 관리되는 자체 하드웨어와 소프트웨어를 보유하는 것이 아니라 온라인 공급자로부터 컴퓨팅 자원을 얻거나 임대하는 것을 말한다.

그림 7-8 클라우드 컴퓨팅

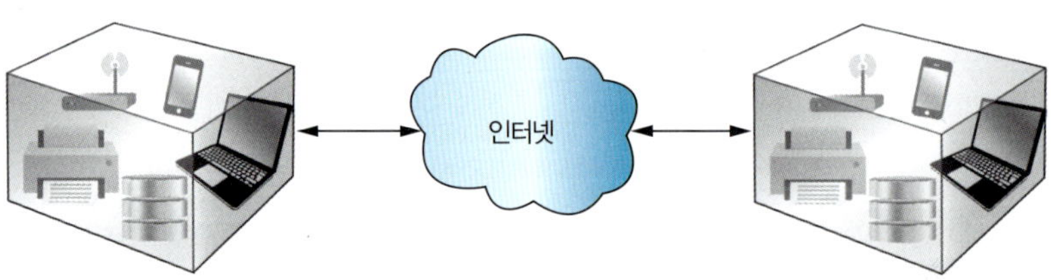

조직은 인터넷을 사용하여 컴퓨팅 자원을 필요 정도에 따라 늘리거나 줄일 수 있다. 조직은 클라우드를 통해 저장 및 처리를 위한 하드웨어부터 백업 서비스, 특정 애플리케이션에 이르기까지 거의 모든 컴퓨팅 자원을 얻을 수 있으며, 여기에는 SaaS 등이 포함된다. 클라우드 서비스의 주요 공급자는 구글, IBM, AT&T, 마이크로소프트 애저Microsoft Azure, 아마존 웹 서비스Amazon Web Services(AWS)와 같이 여유 자원을 가진 대기업이며, 특수 공급자도 존재한다.

드롭박스Dropbox, 구글 드라이브Google Drive, 아이클라우드iCloud 또는 기타 유사한 서비스를 사용해보았다면 클라우드를 통해 문서를 저장하는 데 익숙할 것이다. 기기 자체가 수집한 모든 데이터를 저장할 공간이 충분하지 않기 때문에 클라우드 아키텍처는 사물 인터넷의 중요한 촉진자이다. 어떤 면에서 사물 인터넷 기기는 엄청난 양의 데이터를 생성하고, 클라우드 컴퓨팅은 데이터를 전송 및 저장하는 수단을 제공한다.

클라우드 컴퓨팅의 네 가지 주요 형태는 IaaS, PaaS, SaaS, BPaaS이며, 이것들 간의 상호 작용은 [그림 7-9]와 같다.

그림 7-9 클라우드 인프라 서비스

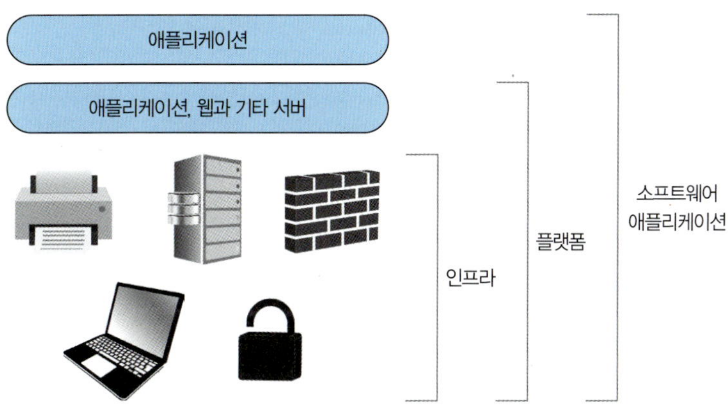

IaaS

클라우드 컴퓨팅의 가용성은 원격에서 제삼자가 유지·관리하고 업데이트하는 인터넷 기반 컴퓨터 운영체제인 **IaaS**Infrastructure as a Service(서비스형 인프라)를 제공할 수 있는 기능을 제공했다. 이 시스템을 활용하면 기업은 컴퓨터 시스템 운영을 다른 기업에 맡기고 사업에 집중할 수 있다. 이러한 서비스를 제공하는 기업은 일반적으로 가상화를 활용하여 하나의 서버에서 다양한 운영체제를 제공한다. 또한 온라인 스토리지 및 백업과 같은 영역에서 수요가 증가할 때 인프라를 동적으로 확장할 수 있다. IaaS를 제공하는 대표적인 예로는 아마존, 시만텍Symantec이 있다.

PaaS

인터넷 연결의 편재성에 따른 또 다른 서비스는 웹사이트와 데이터베이스를 작동하고 프로그래밍 언어를 실행하기 위한 클라우드 기반 플랫폼을 제공하는 **PaaS**Platform as a Service(서비스형 플랫폼)이다. 오늘날의 인터넷 시대에는 시스템이 1년 365일 24시간 운영되는 것이 중요하다. 기업이 시스템을 이렇게 유지하려면 24시간 운영하기 위한 인력뿐만 아니라 전자 시스템의 유지·관리가 필요하고, 심지어 고장 났을 때 중복성을 제공하는 백업 시스템에 투자해야 한다. 이러한 서비스를 제공하는 기업은 시스템 지원 비용을 많은 고객에게 분산하여 총 시스템 수(가상화를 통해)와 이를 실행하는 데 필요한 인력을 줄임으로써 규모의 효율성을 얻을 수 있다. PaaS를 제공하는 대표적인 예로는 구글의 앱 엔진App Engine, 마이크로소프트 애저가 있다.

SaaS

또 다른 컴퓨팅 아키텍처 또는 모델은 **SaaS**Software as a Service(서비스형 소프트웨어)로, 이는 기본적으로 구독하는 방식으로 소프트웨어를 구입(또는 임대)하는 것이다. SaaS는 '주문형 소프트웨어'라고도 불리며, 조직은 SaaS를 통해 공급자로부터 소프트웨어를 대여하고, 인터넷을 사용하여 소프트웨어 애플리케이션에 액세스할 수 있다. SaaS 소프트웨어는 기업에 필요하기는 하지만 특정 경쟁우위를 안겨주지는 않는 간단한 애플리케이션인 경향이 있다. 예를 들어 가장 널리 사용되는 SaaS 애플리케이션은 고객관계 관리 소프트웨어, 영업 인력 자동화, 인적 자원 관리 소프트웨어, 데스크톱 애플리케이션(예: 워드프로세서) 등이다. 독자도 익히

그림 7-10 SaaS

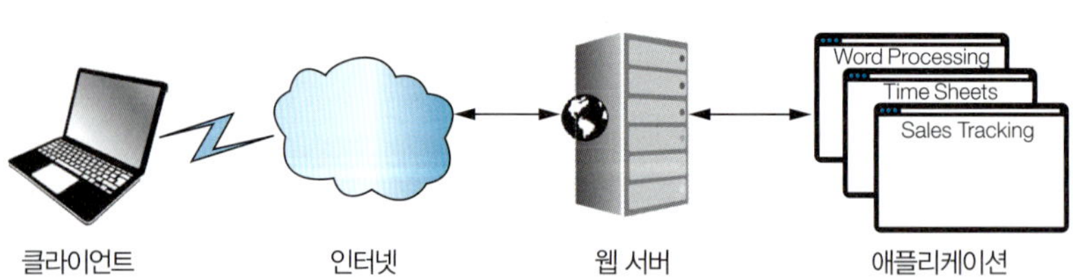

학습 활동 7-5

아키텍처와 원칙

이 장에서 다룬 네트워크 아키텍처 중 하나를 자세히 살펴보자. 강사가 할당할 네트워크 아키텍처 중 하나에 각 아키텍처 원칙을 매핑하는 리포트를 작성하라. 집단을 이루어 조사를 수행하고, 주어진 아키텍처에 대해 각 아키텍처 원칙(높음, 중간, 낮음)의 순위를 명확히 밝힌 뒤 그 이유를 설명하라. 예컨대 필요에 따라 클라이언트와 서버를 네트워크에 쉽게 추가할 수 있기 때문에 클라이언트/서버 아키텍처에 대해 확장성의 순위를 높게 매길 수 있다.

알고 있을 SaaS의 한 형태는 구글 문서 도구이며, 그 밖에도 시스코Cisco의 웹엑스Webex와 같은 화상회의 기술, 세일즈포스닷컴Salesforce.com과 같은 고객관계 관리 기술, SAP 비즈니스 바이디자인SAP Business ByDesign과 같은 전사적 자원 계획 소프트웨어가 있다.

BPaaS

BPaaSBusiness Process as a Service(서비스로서의 비즈니스 프로세스)는 새로이 등장한 서비스로, 기업이 이미 사용 중인 SaaS, IaaS, PaaS를 활용하는 것이다. BPaaS는 기업의 요구 사항이 변화·확장됨에 따라 적응 및 성장하는 간소화된 방식으로 서비스를 제공할 수 있는 방법을 기업에 제공한다. BPaaS 인프라는 최종 사용자에게 여러 언어를 지원하고 기업이 성장함에 따라 매우 신속하게 확장할 수 있도록 구현된다. 이러한 비즈니스 프로세스에는 이메일, 패키지 배송, 고객 신용 관리 등 기업이 제공할 수 있는 모든 프로세스가 포함된다. 최대 BPaaS 공급업체 중 하나는 급여 처리 회사인 ADP이다. ADP의 BPaaS를 활용하면 기업은 ADP에 급여 처리를 맡기고 제품과 서비스에 집중할 수 있다.

가상화

컴퓨팅 아키텍처의 또 다른 최근 트렌드는 **가상화**virtualization이다. [그림 7-11]에서 보듯이 가상화를 통해 서버나 컴퓨터와 같은 하나의 물리적 장치가 마치 여러 대인 것처럼 작동할 수 있다. 가상화 소프트웨어는 하드웨어 플랫폼에 가상 머신virtual machine이라는 가상 환경을 생성하며, 각 가상 머신은 자체 운영체제와 애플리케이션을 실행할 수 있다. 애플의 맥 컴퓨터를 가지고 있는 경우 운영체제에서 가상화를 수행하여 맥에서 윈도우 운영체제를 실행할 수 있다.

그림 7-11 가상화

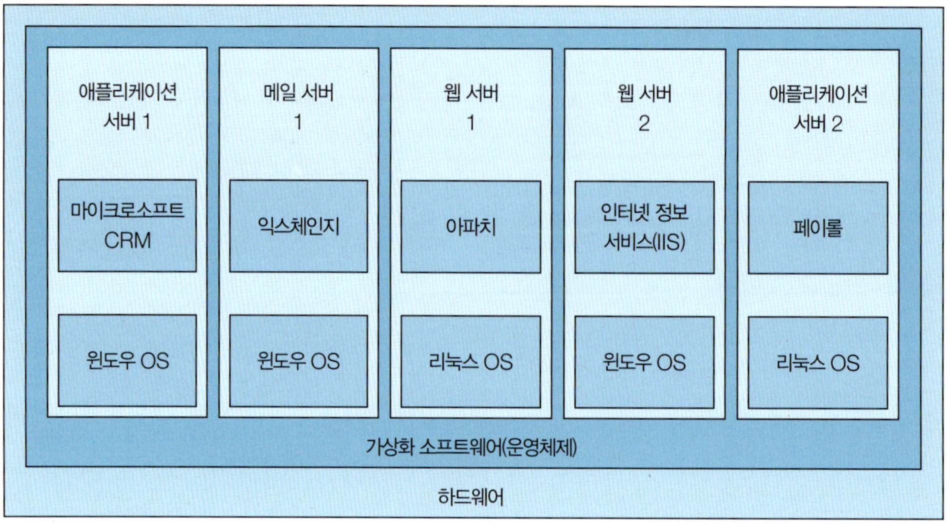
애플리케이션
서버 1
마이크로소프트
CRM
윈도우 OS
메일 서버
1
익스체인지
윈도우 OS
웹 서버
1
아파치
리눅스 OS
웹 서버
2
인터넷 정보
서비스(IIS)
윈도우 OS
애플리케이션
서버 2
페이롤
리눅스 OS
가상화 소프트웨어(운영체제)
하드웨어

현대 조직의 정보 전달

앞 절에서는 가장 많이 사용되거나 가장 최근의 네트워크 아키텍처 중 일부를 간략히 알아보았다. 그런데 이러한 아키텍처를 어떻게 활용할 수 있을까? 아키텍처는 조직이 업무를 수행하기 위해 사용하는 모든 애플리케이션의 통신 백본 역할을 한다. 이러한 작업을 비즈니스 프로세스라고 하며, 11장에서 이에 대해 자세히 다룰 것이다. 이 절에서는 최신 웹 2.0 애플리케이션을 살펴보면서 네트워크에서 실행되는 통신 애플리케이션에 대해 설명하겠다.

웹 2.0

웹 2.0 Web 2.0은 인터넷상의 2세대 애플리케이션을 의미한다. 이메일, 웹 서핑과 같은 초기 애플리케이션과 웹 2.0 애플리케이션의 주요 차이점은 사용자가 상호 작용에 참여하는 기능이 추가되었다는 것이다. 예를 들어 위키피디아(http://www.wikipedia.org)와 같은 **위키**wiki를 통해 사용자는 스스로 정보에 정의 및 수정 사항을 추가하여 사이트 설계에 참여할 수 있다. 웹 2.0에는 위키, **소셜 네트워킹**social networking, **블로그**blog, **매시업**mashup, **트위터**Twitter 등이 포함되며, [표 7-4]에 웹 2.0의 인기 있는 기술을 정리했다.

[표 7-4]에서 보듯이 조직과 상호 작용하는 방식을 변화시킨 웹 2.0 기술은 다양하다. 사람들은 많은 장단점이 있는 기술을 통해 연결되고 있다.

웹 3.0

웹 3.0 Web 3.0이 시장에 모습을 드러내고 있다. 웹 2.0이 상호 작용과 사용자 참여를 도입했다면, 웹 3.0은 우리에게 시맨틱 웹semantic Web을 가져다주었다. 시맨틱 웹은 컴퓨터 시스템이 정보와 데이터의 의미(시맨틱)를 이해하는 것을 말한다. 다시 말해 컴퓨터 시스템이 정보의 맥락을 고려하여 정보에 연결된 다른 정보나 데이터에 의미를 부여한다. 예를 들어 오늘날 웹을 검색할 때는 필요한 정보를 제공할 수 있는 키워드를 알아야 한다. 그러나 시맨틱 웹의 경

표 7-4 대중적인 웹 2.0 기술

기술	설명	예
위키	개인이 선택한 주제에 대한 웹페이지를 공동으로 만들고 편집할 수 있는 웹사이트이다.	• http://www.wikipedia.org • https://www.wikiquote.org/
인스턴트 메시지와 현재 상태 인식	여러 사람이 실시간 텍스트 기반 메시지를 통해 통신할 수 있다. 현재 상태 인식(presence awareness)은 동료가 현재 온라인 상태이고 연결되어 있음을 나타낸다.	• https://discordapp.com/
협업 콘텐츠	여러 사람이 텍스트, 영화, 사진, 달력 등과 같은 저장된 데이터 및 문서에 기여하고 공유할 수 있다. 협업 콘텐츠 시스템은 사용자 액세스 및 버전 관리를 제어하여 2명이 동시에 문서를 변경하는 것을 방지한다.	• http://www.doodle.com • http://docs.google.com
웹 회의 (음성, 영상, 데이터)	개인이 교육 또는 판매 프레젠테이션 등을 위해 인터넷을 통해 실시간 회의를 진행할 수 있다. 모든 참가자는 자신의 PC를 사용하여 회의에 접속하고 음성과 영상, 파일 전송, 인스턴트 메시지를 사용하거나 PC를 다른 사람들과 공유할 수도 있다.	• http://www.skype.com • https://hangouts.google.com/
소셜 네트워킹	개인이 링크(예: 친구 또는 업무 관계)를 통해 서로 연결된 사용자 커뮤니티(개인 또는 조직)에 참여할 수 있다.	• http://www.facebook.com • http://www.linkedin.com
블로그	그 명칭이 '웹 로그'에서 비롯된 블로그는 다른 사람들의 접속이 가능한 웹사이트로, 블로거는 스스로 논평이나 의견을 작성할 수 있다. 일반적으로 블로그는 정기적으로 업데이트되고 다른 사람들이 댓글을 남길 수 있다.	• http://www.blogger.com • http://www.wordpress.com
트위터 (마이크로블로깅)	다른 사람들이 팔로우할 수 있도록 개인이 자신의 사용자 페이지에 짧은 문자 메시지인 트윗을 작성할 수 있다. 처음에는 최대 140자였지만 2017년 말에 280자로 늘어났다. 트위터는 일상 활동을 팬과 공유하는 유명인들 사이에서 매우 인기가 있다.	• http://www.twitter.com
RSS(Really Simple Syndication)	개인이 PC에서 직접 블로그나 뉴스 헤드라인과 같이 자주 업데이트되는 정보를 받을 수 있다.	• 뉴스를 RSS 피드로 받기 위해 등록할 수 있는 대학의 뉴스 페이지를 검색한다. • https://www.cnn.com/services/rss/

우 우리가 필요로 하는 것을 컴퓨터 시스템이 이해하고 해당 정보를 정확히 제공한다. 검색이 훨씬 더 지능화되고 결과가 훨씬 더 개인화된다. 예를 들어 구글은 스마트폰으로 음식점을 검색할 때 사용자의 위치, 이전 검색, 이전에 클릭한 음식점 등의 정보를 기반으로 사용자가 좋아할 만한 지역 음식점을 추천한다.

위키노믹스의 힘(크라우드소싱)

위키와 위키피디아에 대해 들어보았을 것이다. 지식에 대한 모든 사람의 자발적 기여를 경영 목적으로 활용할 수 있다면 어떨까? 사람들이 자발적으로 모여 문제를 해결하는 것을 **크라우드소싱**(crowdsourcing) 또는 **대규모 협업**(mass collaboration)이라고 한다. 한편 여기에 **위키노믹스**(wikinomics)라는 이름을 붙인 사람들도 있다. 《위키노믹스 경제 패러다임을 바꾼 집단의 지성과 지혜(Wikinomics: How Mass Collaboration Changes Everything)》(2007)에서 Don Tapscott과 Anthony Williams는 골드코프(Goldcorp)를 예로 들었다.

채굴된 지 50년 된 광산을 가지고 있는 캐나다 광산 회사 골드코프는 새로운 광산을 찾아내야 했으나 사내 지질학 전문가들로는 역부족이었다. 골드코프의 CEO인 Rob McEwen은 모든 독점적 지질학 데이터를 웹에 공개하는 매우 이례적인 조치를 취했다(일반적으로 채광은 매우 비밀스러운 산업이다). 그는 '웹 발굴자들'이 새로운 광산 지질을 찾는 대회에 도전하도록 상금 57만 5,000달러를 내걸었다. 50개국의 약 1,000명이 공개된 정보를 조사하여 110개의 예상 매장지를 골드코프에 제출했는데, 그중 50%는 골드코프도 몰랐던 곳이었다. 놀랍게도 새로 확인된 매장지의 80%에서 상당한 금을 캐낼 수 있었다.

또 다른 예는 보스턴 마라톤 폭탄 테러 사건이다. 2013년 4월 15일, 보스턴 마라톤 대회 도중 결승선 근처에서 폭탄이 터져 3명이 사망하고 264명이 부상을 입었다. 다행히도 폭탄 테러가 발생한 지역 곳곳에 상업용 카메라가 설치되어 있었다. 그러나 사각지대가 있어 크라우드소싱을 이용했다. 경찰은 마라톤을 구경한 약 50만 명과 그들이 찍은 동영상을 활용했으며, 사람들은 수사에 도움이 되는 디지털 녹음을 제공했다. 안타깝게도 크라우드소싱은 수사에 큰 도움이 되지 않았다. 두 번째 집단의 사람들은 수많은 동영상을 검토하는 조사관들을 돕겠다고 생각했다. 하지만 폭탄 테러범을 찾으려는 과열된 열망으로 인해 무고한 사람이 용의자로 의심받게 되었다(Wadhwa, 2013).

크라우드소싱의 수많은 예 중에 독일에서 맥도날드가 내놓은 '마이 버거(My Burger)' 캠페인이 있다. 고객이 직접 만든 버거 중에서 상위 5개를 실제로 매장에 출시한 이 캠페인은 새로운 아이디어, 새로운 고객, 많은 '무료' 광고를 낳았다(Kearns, 2015). 크라우드소싱 캠페인은 이 밖에도 스타벅스(Starbucks)의 'White Cup(스타벅스 컵 디자인)', 웨이즈(Waze)의 교통 정보 공유, 레이스(Lay's)의 'Do Us a Flavor(새로운 감자칩 맛 만들기)', 그린피스(Greenpeace)의 'Save the Arctic(석유 시추 반대)' 등이 있다(Kearns, 2015).

학습 활동 7-6

웹 3.0과 사물 인터넷

웹 3.0과 사물 인터넷이 본질적으로 비슷하다는 것을 파악했을 것이다. 웹 3.0이 사용되는 두 가지 방법과 사물 인터넷이 사용되는 두 가지 방법을 찾아보고, 이러한 구현의 유사점과 차이점을 리포트로 작성하라. 정보와 데이터(시맨틱)에 대한 이해가 이러한 기술과 함께 사용되는 방식에 주의를 기울여야 한다. 그리고 유사점과 차이점에 대해 토론하라.

숫자로 이해하기 7-2

혁신의 확산 타임라인

오늘날 소셜 네트워킹은 널리 알려져 있고 어디에나 있다. 그동안의 주요 혁신과 비교했을 때 소셜 네트워킹은 지금의 위치에 오르는 데 오랜 시간이 걸리지 않았다. 다음 표는 몇 가지 기술이 5,000만 사용자를 확보하는 데 걸린 시간을 비교하여 보여준다. 물론 유선전화 시대에는 인구가 적었기 때문에 과학적 분석이라고 할 수 없으나, 상호 연결된 현대 세계에 대해 시사하는 바가 있다.

혁신	출시 연도	5,000만 사용자 달성 연도	소요 시간
전화	1876년	1926년	50년
텔레비전	1928년	1950년	22년
휴대폰	1983년	1995년	12년
인터넷	1990년	1997년	7년
페이스북	2004년	2007년	3년
위챗	2011년	2012년	1년
〈포켓몬 고〉	2016년	2016년	19일

출처: Desjardins, J. 2018. "How Long Does It Take to Hit 50 Million Users?" Visual Capitalist, June 8. https://www.visualcapitalist.com/how-long-does-it-take-to-hit-50-million-users/

단원 요약

이 장에서는 네트워크와 정보 전송 방법에 대해 알아보았다. 먼저 네트워크의 정의를 살펴보고 인터넷과 웹을 포함한 다양한 유형을 다루었다. 그리고 네트워크 아키텍처에 대해 설명하고 웹 2.0과 웹 3.0으로 마무리했다. 이 장에서 설명한 주요 내용은 다음과 같다.

- 네트워크는 사용자와 시스템이 통신하고 자원을 공유할 수 있도록 서로 연결된 장치의 모음이다. 네트워크에는 라우터, 브리지, 스위치와 같은 연결 장치가 필요하고, 네트워크의 각 장치에는 네트워크 인터페이스 카드(NIC) 또는 네트워크 어댑터가 있어야 한다. 리피터와 허브를 사용하여 네트워크에서 신호를 재생성할 수 있다.
- 네트워크는 유선(물리적으로 연결) 또는 무선(전파를 사용하여 연결)으로 분류할 수 있다. 무선 네트워크에는 와이파이, 마이크로파 신호, 위성 신호, 적외선 신호, 무선 신호(셀룰러 네트워크, 블루투스 등)가 포함된다. 또한 네트워크는 제한된 지리적 영역에 있는 장치를 연결하는 근거리 통신망(LAN)과 도시, 국가, 전 세계와 같은 넓은 지리적 영역에 있는 장치를 연결하는 광역 통신망(WAN)으로 분류할 수도 있다. 그 밖에도 개인 통신망(PAN), 가정 통신망(HAN), 가상 사설망(virtual private network, VPN), 백본 네트워크(BBN)가 있다.
- 인터넷은 공개적으로 액세스할 수 있는 전 세계 네트워크이다. 라우터를 사용하여 다양한 네트워크를 서로 연결하며, 인터넷에서 (영구적으로 연결된) 모든 호스트 또는 컴퓨터는 고유한 IP 주소를 가지고 있다. 인터넷은 애플리케이션이 아니라 네트워크이며, 인터넷을 사용할 수 있는 애플리케이션에는 이메일, 인스턴트 메시지, 인터넷 전화(VoIP), 데스크톱 화상회의, P2P 파일 공유, 온라인 애플리케이션 공유, 파일 전송 프로토콜(FTP), 뉴스 그룹뿐만 아니라 전 세계 자원에 대한 그래픽 인터페이스인 웹이 포함된다.
- 네트워크 아키텍처는 장치가 함께 작동하는 방식을 알려준다. 모든 아키텍처에는 구현 용이성, 유연성/상호 운용성, 통제, 확장성, 유지·보수성, 보안 및 안정성 측면의 장단점이 있다. 주요 네트워크 아키텍처 중 클라이언트/서버 아키텍처에서는 처리·저장 작업이 클라이언트와 서버 간에 공유 및 분산되고, P2P 아키텍처에서는 모든 시스템이 동등하며 자원을 서로 공유한다. 또한 무선 아키텍처의 경우 장치가 무선 네트워크에 연결되는 방법을 정의하며, 서비스 지향 아키텍처는 다른 유형의 시스템에서 데이터를 가져다가 재사용 가능한 서비스를 만드는 방법에 대한 모델 또는 일련의 설계 원칙이다. 클라우드 컴퓨팅은 조직이 로컬에서 관리되는 자체 하드웨어와 소프트웨어를 보유하는 것이 아니라 온라인 공급자로부터 컴퓨팅 자원을 얻거나 임대하는 것이고, 가상화 모델에서는 하나의 물리적 장치가 마치 여러 대인 것처럼 작동할 수 있다.
- 웹 2.0은 사용자가 상호 작용에 참여하는 인터넷상의 2세대 애플리케이션을 말한다. 웹 2.0 기술에는 개인이 선택한 주제에 대한 웹페이지를 공동으로 만들고 편집할 수 있는 위키, 여러 사용자가 온라인으로 짧은 문자 메시지를 주고받을 수 있는 인스턴트 메시지, 동료가 현재 온라인 상태이고 연결되어 있음을 나타내는 현재 상태 인식 기능을 통해 여러 사람이 실시간 텍스트 기반 메시지를 주고받으며 통신할 수 있는 인스턴트 메시지와 현재 상태 인식, 여러 사람이 저장된 데이터 및 문서에 기여하고 공유할 수 있는 협업 콘텐츠, 인터넷을 통해 실시간 회의를 진행할 수 있는 웹 회의, 개인이 링크를 통해 서로 연결된 사용자 커뮤니티에 참여할 수 있는 소셜 네트

워킹, 다른 사람들의 접속이 가능한 웹사이트로서 블로거가 스스로 논평이나 의견을 작성할 수 있는 블로그, 사용자 또는 개발자가 데이터나 새로운 집계 결과를 보는 새로운 방법을 만들기 위해 여러 출처의 데이터 또는 애플리케이션을 결합할 수 있는 매시업, 다른 사람들이 팔로우할 수 있도록 개인이 자신의 사용자 페이지에 짧은 문자 메시지인 트윗을 작성할 수 있는 트위터, 개인이 PC에서 직접 블로그나 뉴스 헤드라인과 같이 자주 업데이트되는 정보를 받을 수 있는 RSS 등이 있다.

학습 정리 질문

1. 네트워크란 무엇인가?
2. 네트워크의 주요 구성 요소와 특성은 무엇인가?
3. 무선 네트워크에 대해 설명하고 그 예를 들라.
4. LAN과 WAN의 차이점은 무엇인가?
5. 인터넷이란 무엇인가? 인터넷과 월드 와이드 웹의 차이점은 무엇인가?
6. 네트워크 아키텍처의 역할은 무엇인가? 네트워크 아키텍처를 평가할 때 경영자가 고려해야 할 원칙은 무엇인가?
7. 이 장에서 다룬 다양한 네트워크 아키텍처에 대해 간략히 설명하라.
8. 웹 2.0에 대해 설명하고 웹 2.0 기술의 예를 세 가지 들라.
9. 웹 3.0에 대해 설명하라. 웹 3.0과 관련된 다른 용어는 무엇인가?
10. 사물 인터넷이란 무엇인가?

생각해보기

1. 이 장에서 배운 내용 중 가장 중요한 것은 무엇인가? 그것이 왜 중요한가?
2. 잘 이해되지 않는 주제는 무엇인가? 어떤 내용이 잘 이해되지 않는가?
3. 이 장에서 설명한 아키텍처는 조직의 경쟁우위를 창출하는 데 어떻게 이용할 수 있는가?
4. 많은 사람이 인터넷과 월드 와이드 웹을 혼동하는 이유는 무엇인가?
5. 왜 기업은 클라우드 컴퓨팅과 같은 아키텍처를 사용해야 하는가?
6. 기업이 클라우드 컴퓨팅과 같은 아키텍처를 사용할 때 발생할 수 있는 문제는 무엇인가?
7. 완전한 무선 세계가 될 것이라고 생각하는가? 아니면 유선 네트워크가 계속 존재할 것이라고 생각하는가? 그 이유는 무엇인가?
8. 네트워크 아키텍처를 결정할 때 가장 중요한 아키텍처 원칙이 무엇이라고 생각하는가?
9. 인터넷은 사용자, 호스트 및 연결된 네트워크 측면에서 계속 성장할 가능성이 있는가? 그 이유는 무엇인가?

10. 기업이 경쟁우위를 위해 사물 인터넷을 활용할 수 있는 방법의 예를 세 가지 들라.

추가 학습 활동

1. 온라인에서 구하거나 강사가 제공하는 교실에서의 BYOD 사례를 분석하라.
2. 대학 웹사이트, 아이비경영대학원 경영 사례 웹사이트(https://www.iveycases.com) 또는 하버드경영대학원 사례 웹사이트(https://hbsp.harvard.edu/home/)에서 구하거나 강사가 제공하는 소셜 네트워킹 사례를 분석하라.
3. 집단을 이루어 웹 3.0을 조사하라. 웹 3.0이 무엇인지, 어떻게 활용되고 있는지에 관한 프레젠테이션을 준비하라.
4. 집단을 이루어 2020년 COVID-19 팬데믹 기간 동안 재택근무로 전환한 기업을 조사하고, 해당 기업의 어려움과 이점에 대해 토론하라. 팬데믹 기간 동안 재택근무를 잘한 기업과 잘하지 못한 기업을 파악하라. 그리고 인터넷이 어떤 역할을 했는지, 인터넷이 널리 보급되지 않은 시기에 팬데믹이 발생했다면 기업에 어떤 일이 일어났을지 설명하라.
5. 인터넷 전화 제품을 조사하라. 프리웨어(무료 사용 가능) 또는 테스트 버전을 제공하는 제품을 두 가지 선택하여 다운로드하라. 두 제품을 여러 번 사용해보고 주요 장단점을 파악하라. (a) 학생에게 가장 유용한 제품, (b) 중소기업에 가장 유용한 제품을 추천하는 리포트를 작성하라.
6. 4G와 5G 무선 네트워크의 장점을 조사하라. 휴대폰을 4G에서 5G로 업그레이드할 가치가 있는지 설명하라.
7. 온라인에서 구하거나 강사가 제공하는 클라우드 컴퓨팅 사례를 분석하라.
8. COVID-19 팬데믹이 발생한 2020년 봄 학기에 학교에서 온라인 학습으로 전환하면서 웹 2.0 기술을 어떻게 사용했는지 조사하라. 어떤 웹 2.0 기술을 사용했는가? 어떤 것이 효과적이었고, 어떤 것이 어려웠는가? 그 이유는 무엇인가?

참고 문헌

Hui, T. K. 2020. "Pandemic Closed NC Schools. Now Some Buses Will Have Wi-Fi So Students Can Go Online." *The News & Observer*, May 6. https://www.newsobserver.com/news/local/education/article242535261.html.

Kearns, K. 2015. "9 Great Examples of Crowdsourcing in the Age of Empowered Consumers." *Tweak Your Biz*, July 10. https://tweakyourbiz.com/marketing/9-great-examples-crowdsourcing-age-empowered-consumers.

Lueth, K. L. 2018. "State of the IoT 2018: Number of IoT Devices Now at 7B—Market Accelerating." *IoT Analytics*. https://iot-analytics.com/state-of-the-iot-update-q1-q2-2018-number-of-iot-devices-now-7b/.

Nadel, B. 2020. "How to Use a Smartphone as a Mobile Hotspot." *Computerworld*, July 2. https://www.

computerworld.com/article/2499772/how-to-use-a-smartphone-as-a-mobile-hotspot.html.

Tapscott, D., and A. D. Williams. *Wikinomics: How Mass Collaboration Changes Everything*. Penguin. 2008.

Van Slyke, C., and F. Bélanger, 2003. *Electronic Business Technologies*. New York: John Wiley & Sons.

Wadhwa, T. 2013. "Lessons from Crowdsourcing the Boston Bombing Investigation." *Forbes*, April 22. http://www.forbes.com/sites/tarunwadhwa/2013/04/22/lessons-from-crowdsourcing-the-boston-marathon-bombings-investigation/.

용어 사전

BPaaS: 기업의 요구 사항이 변화·확장됨에 따라 적응 및 성장하는 간소화된 방식으로 서비스를 제공할 수 있는 방법을 기업에 제공하는 클라우드 컴퓨팅

BYOD: 직장에서 직원이 자신의 무선 기기를 가져와 업무나 개인 용도로 사용하는 것과 관련된 정책

IANA: IP 주소를 할당하는 기관

IPv4: 128.192.68.1과 같이 4바이트를 사용하며, 할당할 주소가 부족하여 지금은 사용하지 않는 IP 주소 체계

IPv6: 16바이트를 사용하는 새로운 IP 주소 체계

P2P 아키텍처: 모든 시스템이 동등하며(클라이언트와 서버 역할을 둘 다 수행) 자원을 서로 공유하는 컴퓨팅 모델

P2P 파일 공유: 인터넷을 통해 특정 개인 또는 시스템 간에 파일을 공유하는 것

RSS: 블로그나 뉴스 헤드라인과 같이 자주 업데이트되는 정보를 개인이 PC에서 직접 받을 수 있는 형식

SaaS: 구독하는 방식으로 소프트웨어를 구입(또는 임대)하는 컴퓨팅 아키텍처 또는 모델

가상화: 서버나 컴퓨터와 같은 하나의 물리적 장치가 마치 여러 대인 것처럼 작동할 수 있는 컴퓨팅 모델

가정 통신망(HAN): PC에서 프린터, 라우터, 스캐너와 같은 장치를 공유하기 위해 홈 오피스 내에서 사용되는 네트워크

개인 통신망(PAN): 매우 짧은 거리에서 개인용 장치(예: 마우스, 마이크, 프린터 등)를 PC에 연결하는 네트워크

광역 통신망(WAN): 도시, 대륙, 전 세계와 같은 넓은 지리적 영역에 있는 장치를 연결하는 네트워크

근거리 통신망(LAN): 제한된 지리적 영역(일반적으로 반경 5km 미만)에 있는 장치를 연결하는 네트워크

네트워크: 사용자와 시스템이 통신하고 자원을 공유할 수 있도록 서로 연결된 장치의 모음

네트워크 아키텍처: 기기가 함께 작동하는 방식에 대한 레이아웃 또는 청사진

네트워크 인터페이스 카드(NIC)/네트워크 어댑터: 카드의 칩에 고유 ID가 있어 장치에 대한 물리적 액세스를 제공하는 인터페이스

네트워크 인프라: 정보 처리 및 전송을 지원하는 실제 하드웨어, 소프트웨어와 네트워크 구성 요소

데스크톱 화상회의: 각기 다른 곳에 있는 사람들이 PC를 통해 음성과 동영상으로 통신할 수 있는 시스템

라우터: 네트워크 안팎의 전송 흐름을 제어하는 지능형 장치

리피터: 수신한 데이터 신호의 노이즈를 제거하고 강도를 높여 재전송하는 장치

매시업: 사용자 또는 개발자가 데이터나 새로운 집계 결과를 보는 새로운 방법을 만들기 위해 여러 출처의 데이터 또는 애플리케이션을 결합하는 것

무선 네트워크: 주파수를 사용하여 신호를 전송하는 네트워크

백본 네트워크(BBN): 다른 네트워크(예: LAN) 또는 네트워크 세그먼트(서브네트워크)를 서로 연결하는 역할을 하는 네트워크

블로그: 블로거가 스스로 논평이나 의견을 작성할 수 있으며 다른 사람들의 접속이 가능한 웹사이트

블루투스: 단파장 무선 전송을 사용하여 무선 마우스, 키보드, 헤드폰과 같은 장치를 연결하는 무선 네트워크

서버: 클라이언트의 요청에 응답하여 클라이언트에 서비스를 제공하는 프로세스

서비스 지향 아키텍처(SOA): 다른 유형의 시스템에서 데이터를 가져다가 재사용 가능한 서비스를 만드는 방법에 대한 모델 또는 일련의 설계 원칙

셀룰러 네트워크: 로컬 안테나를 통해 무선 통신을 사용하여 어떤 지역에서 다음 지역으로 호출을 전달하는 네트워크

소셜 네트워킹: 개인이 링크를 통해 서로 연결된 사용자 커뮤니티(개인 또는 조직)에 참여하는 것

온라인 애플리케이션 공유: 사용자가 웹사이트를 통해 문서, 캘린더, 기타 애플리케이션을 공유할 수 있는 시스템

와이파이: 와이파이얼라이언스가 소유한 상표로, 무선 기술을 사용하는 무선 네트워크

월드 와이드 웹(웹): 인터넷에서 사용할 수 있는 전 세계 자원에 대한 그래픽 인터페이스

웹 2.0: 사용자가 상호 작용에 참여하는 인터넷상의 2세대 애플리케이션

웹 3.0: 정보와 데이터의 의미(시맨틱)를 이해하여 검색이 훨씬 더 지능화되고 보다 개인화된 결과를 제공하는 컴퓨터 시스템. 시맨틱 웹이라고도 함

웹 회의: 개인이 인터넷을 통해 실시간 회의를 진행할 수 있는 기술

위키: 개인이 선택한 주제에 대한 웹페이지를 공동으로 만들고 편집할 수 있는 웹사이트

유선 네트워크: 물리적 케이블(구리선, 동축 케이블, 광케이블 등)로 연결된 네트워크

이메일: 컴퓨터 네트워크를 통해 메시지를 주고받는 데 사용되는 애플리케이션

인스턴트 메시지: 여러 사용자가 온라인으로 짧은 문자 메시지를 주고받을 수 있는 시스템

인스턴트 메시지와 현재 상태 인식: 동료가 현재 온라인 상태이고 연결되어 있음을 나타내는 현재 상태 인식 기능을 통해 여러 사람이 실시간 텍스트 기반 메시지를 주고받으며 통신할 수 있는 시스템

인터넷: 공개적으로 액세스할 수 있는 전 세계 네트워크

인터넷2: 인터넷2 네트워크를 운영하는 연구 및 교육 기관, 업계 리더, 정부 기관의 컨소시엄

인터넷2 네트워크: 연구 기관 간 고속 전송, 네트워킹 기술 테스트 및 연구에 사용되는 광섬유 기반 네트워크

인터넷 전화(VoIP): 인터넷과 같은 IP 기반 네트워크를 통해 음성 데이터를 주고받는 애플리케이션

인트라넷: 조직 내에서 인터넷 기술 및 관련 애플리케이션을 사용하는 것

크라우드소싱(대규모 협업, 위키노믹스): 문제를 해결하기 위해 사람들이 자발적으로 모여 정보를 수집하는 것

클라우드 컴퓨팅: 조직이 로컬에서 관리되는 자체 하드웨어와 소프트웨어를 보유하는 것이 아니라 온라인 공급자로부터 컴퓨팅 자원을 얻거나 임대하는 컴퓨팅 모델

클라이언트: 서버에 서비스를 요청하는 프로세스

클라이언트/서버 아키텍처: 처리·저장 작업이 클라이언트와 서버 간에 공유 및 분산되는 컴퓨팅 모델

트위터: 다른 사람이 팔로우할 수 있도록 개인이 자신의 사용자 페이지에 짧은 문자 메시지인 트윗을 작성할 수 있는 기술

파일 전송 프로토콜(FTP): 사용자가 네트워크의 노드 간에 파일을 앞뒤로 이동할 수 있게 하는 시스템

협업 콘텐츠: 여러 사람이 저장된 데이터 및 문서에 기여하고 공유하는 것

확장성: 필요에 따라 네트워크를 확장하거나 축소할 수 있는 능력

CHAPTER

08

정보 보안

학습목표

- 위험 관리와 정보 보안의 관계를 설명할 수 있다.
- 정보 보안에 대한 다양한 유형의 위협을 설명할 수 있다.
- 정보 보안의 주요 목표를 이해할 수 있다.
- 보안 기술 및 솔루션의 다양한 범주를 파악할 수 있다.
- 비밀번호 및 비밀번호 관리자, 이중 인증, 방화벽, 생체 인식, 암호화, 바이러스 차단, 무선 보안과 같은 보안 기술 및 솔루션의 기본 기능을 이해할 수 있다.
- 보안 정책의 주요 목적과 내용을 이해할 수 있다.

정보 보안의 개요와 정의

정보 보안information security은 오늘날 상호 연결된 세계의 모든 사람에게 중요한 주제이다. 정보 보안은 무단 액세스, 사용, 공개, 중단, 수정, 파괴와 같은 **보안 위협**security threat으로부터 정보 시스템 및 데이터를 보호하기 위한 일련의 보호 조치로 정의할 수 있다.

위험 관리

정보 보안에 대해 살펴보기 전에 정보 보안은 조직이 추구하는 **위험 관리**risk management의 한 측면임을 이해하는 것이 중요하다. 조직이 가능한 최상의 **보안**security을 제공하기 위해 어떤 노력을 기울이든, 어떤 기술과 도구에 투자하든 보안 위험이 따르게 마련이다. 위험 관리는 조직이 처할 수 있는 보안 위험을 식별 및 평가하고 우선순위를 정하는 프로세스이다. 이 프로세스의 결과로 조직은 위험을 감수하거나, 보안 보호에 투자하여 그러한 위험을 완화 또는 방지하거나, 보험을 들어 다른 조직과 보안 위험을 공유할 수 있다.

조직은 이러한 위험 관리를 통해 가장 취약한 부분을 파악하고 위협의 영향을 받을 가능성을 결정한다. 정보 보안에서 취약성은 공격을 수행하거나 시스템과 데이터에 무단으로 접근하기 위해 악용될 수 있는 조직의 시스템(사람 포함), 네트워크, 소프트웨어의 약점을 말한다. 그리고 보안 위협은 잠재적으로 조직에 부정적인 영향을 미칠 수 있는 사람이나 사건을 가리킨다(예: 바이러스, 사이버 공격 등). 따라서 위험 관리는 보안 위협이 취약점을 이용할 수 있는 잠재적 위험을 결정한다. 이러한 위험을 저울질하면서 조직은 문제를 해결하는 데 들어가는 비용을 파악하고, 조직의 다양한 영역을 보호하는 데 필요한 재정적 측면과 허용 가능한 보안 수준을 토대로 결정을 내린다.

보안과 위험 관리는 밀접한 관련이 있지만 몇 가지 차이점이 있다. 보안은 기업이 보유한 자산을 외부 및 내부 위협으로부터 보호하는 데 중점을 둔다. 해커와 바이러스 같은 외부 위협

주목할 만한 사례

윈도우 기반 PC보다 안전한 맥

보안상 맥(매킨토시 운영체제가 설치된 애플 컴퓨터)이 윈도우보다 안전하다는 이야기를 듣고 주변에 이를 전파한 적이 있는가? 맥의 경우 일반 PC보다 보안 문제가 발생할 가능성이 훨씬 적다고 생각하는 사람이 많다. 우리는 여기에 동의하지만 맥의 보안이 완벽하다는 의미는 아니다.

꽤 오랫동안 맥 시스템을 표적으로 하는 바이러스와 멀웨어가 윈도우에 비해 훨씬 적었던 결과, 맥은 윈도우 기반 PC보다 훨씬 더 안전하다는 평판을 얻었다. 전문가들은 이것이 사실이라는 데 동의한다. 애플은 운영체제와 실행 중인 하드웨어에 대한 제어 기능을 강화하여 보안을 강화할 수 있지만, 그렇다고 해서 보안 문제가 없는 것은 아니다. 맥 애호가이자 보안 연구원인 Charlie Miller는 2007년에 처음으로 아이폰을 해킹했고, 몇 달 후 밴쿠버에서 열린 대회에서 2분 만에 맥북 에어를 해킹하는 데 성공했다.

아이폰이 출시되었을 때 애플 플랫폼이 주목받았고, 이전에 마이크로소프트 플랫폼을 표적으로 삼았던 해커들의 관심을 끌어모았다. 그리하여 많은 해커가 아이폰을 복구 모드로 설정하여 전화기의 PIN을 우회하는 기능이나 기본 포렌식 소프트웨어(조사관이 컴퓨터에 로그인하거나 손실 또는 삭제된 파일을 복구하는 데 사용하는 소프트웨어)로 해킹을 시도했다. 이 소프트웨어는 온라인에서 무료로 이용할 수 있으며, 유튜브에는 그 방법을 알려주는 동영상도 있다. 물론 애플은 이러한 보안 문제에 대한 수정 사항을 발표했다. 그럼에도 법률 회사와 같이 민감한 데이터를 다루는 많은 회사는 아이폰이 너무 위험하다고 생각했다. 아이패드의 출시와 함께 새로운 보안 문제가 불거졌다. 지난 몇 년 동안 맥을 해킹하는 많은 방법이 발견되고 악용되었다. 2017년에는 해커들이 사용자의 기기를 원격으로 잠그기 위해 훔친 아이클라우드의 사용자 이름과 비밀번호로 '나의 아이폰 찾기' 기능을 사용하여 맥 사용자들이 랜섬웨어의 피해를 입었다. 그리고 2020년에는 사용자가 마이크로소프트 오피스 파일을 두 번 클릭하면 보안 전문가가 맥을 해킹할 수 있었다. 또 다른 연구자들은 새로운 맥이 엔터프라이즈 와이파이 네트워크에 처음 연결되었을 때 해킹할 수 있었다. 이러한 취약점은 블랙 햇(Black Hat) 보안 컨퍼런스에서 드러났다.

생각해보기

1. 온라인에서 누구나 포렌식 소프트웨어를 이용할 수 있는 이유는 무엇인가?
2. 아이폰과 아이패드의 보안 문제가 맥 사용자에게 중요한 이유는 무엇인가?
3. 애플 플랫폼 시장이 커지면 보안 환경이 바뀌겠는가?
4. 맥 사용자에게 새로운 보안 문제를 안겨줄 수 있는 다른 애플 기기는 무엇인가?

출처: Chin, M. 2017. "Some Mac Users Are Getting Hit with Ransomware—Here's What to Do." *Mashable*, September 22. http://mashable.com/2017/09/22/icloud-hack-find-my-mac/#JzWi0I19TmqY; Hooper, L. 2007. "iPhone: Apple's Worm?" *CRN* 1256 (December 10): 16; Blake, A. 2020. "Is Mac Really More Secure than Windows? We Asked the Experts." *Digital Trends*, April 13. https://www.digitaltrends.com/computing/privacy-macos-or-windows-we-asked-the-experts/; Franceschi-Bicchierai, L. 2020. "Ex-NSA Hacker Finds a Way to Hack Mac Users via Microsoft Office." *Vice*, August 5. https://www.vice.com/en_us/article/jgxamy/hacker-finds-a-way-to-hack-mac-users-via-microsoft-office; Newman, L. H. 2020. "Hacking a Brand New Mac Remotely, Right Out of the Box." *Wired*, August 9. https://www.wired.com/story/mac-remote-hack-wifi-enterprise/

은 기업이 사업을 운영하면서 수집하는 귀중한 정보를 위협한다. 정보 보안은 기업이 원활하게 계속 운영될 수 있도록 공격으로부터 데이터와 시스템을 보호하는 것을 말한다. 내부 위협도 경계해야 한다. 예를 들어 보안에는 네트워크를 모니터링함으로써 의도적 또는 우발적인 정책 위반 및 직원이 허가받은 시스템에만 접근할 수 있는지 확인하는 작업이 포함된다.

새롭게 등장한 용어로 **사이버 보안**cybersecurity이 있다. 정보 보안과 사이버 보안을 동일시하는 사람들도 있고, 사이버 보안을 정보 보안보다 더 광범위한 것으로 여기는 사람들도 있다. 후자의 경우 사이버 보안은 장치와 네트워크 등 모든 전자 형태의 보호에 중점을 두지만 정보 보안은 데이터에 중점을 둔다고 생각한다. 한편 정보 보안이나 사이버 보안보다 위험 관리에 더 큰 초점을 두며, 여기에는 위험을 완화하기 위해 사용할 수 있는 자원과 분석 및 균형을 맞추는 것이 포함된다. [그림 8-1]은 다수의 위협이 함께 작동하여 위험을 증가시키는 경우를 보여준다.

그림 8-1 위험을 증가시키는 위협의 유형과 원인

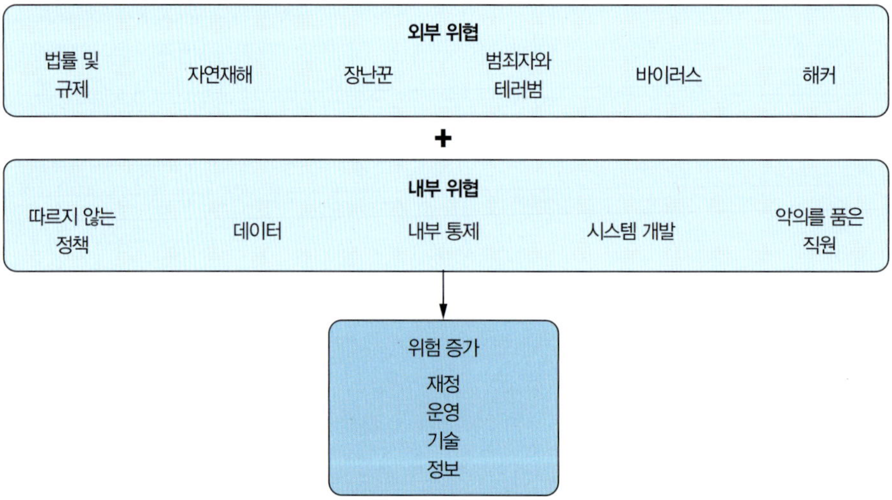

이 장에서는 위험을 완화하거나 방지하기 위해 취할 수 있는 단계를 중점적으로 살펴본다. 이는 정보 보안 조치를 취하는 본질적인 이유이다. 고급 정보 보안의 개념에 이어 다양한 정보 보안 위협에 대해 알아본 다음 이러한 위협에 대한 솔루션을 제시한다. 일부 솔루션은 여러 위협에 대응하기 위해 사용된다는 점에 유의해야 한다. 즉 위협과 솔루션은 일대일 관계가 아니다.

정보 보안의 개념

파일을 파괴하는 바이러스를 막기 위해 컴퓨터를 보호해야 하거나, 해커가 클라이언트의 정보를 해킹할 수 없도록 조직이 데이터와 서버에 대한 액세스를 보호해야 하는 경우 다음과 같이 보안의 핵심 개념이 항상 유지된다.

첫째, 보안은 기술뿐만 아니라 관리와 사람에 관한 것이다. 최고의 보안 도구를 확보하더라도 직원이 그것을 사용하지 않거나 조직의 보안 요구를 따르지 않는다면 시스템과 데이터가 취약해질 수밖에 없다. 조직에서 보안 도구를 적절히 사용하고 보안 정책을 제대로 준수하려면 보안과 관련된 규칙을 철저히 지켜야 한다.

둘째, 정보 보안의 세계는 다소 불공평하다. 보안 취약점이 어느 정도여야 해커가 시스템에 침입할 수 있을까? 취약한 곳이 하나뿐이어도 해커가 침입할 수 있다. 조직 또는 개인은 모든 보안 취약점을 손보거나 보호해야 해커의 침입을 막을 수 있는데, 이를 **비대칭 안보전** asymmetrical security warfare이라고 한다. 조직 또는 개인은 모든 수단을 동원하여 스스로를 보호해야 하지만 해커는 단 하나의 약점만 찾으면 된다.

셋째, 조직 또는 개인은 발생 가능한 모든 보안 취약점으로부터 컴퓨터 시스템과 데이터를 보호해야 하므로 **심층 방어** defense in depth가 필요하다. 심층 방어는 여러 계층의 보안 보호를 의미한다. 예를 들어 개인 금융 정보와 같은 중요한 데이터가 컴퓨터에 있는 경우라면 심층 방어에는 컴퓨터 잠금장치, 비밀번호 설정, 방화벽 설정, 데이터 암호화 등이 포함된다. 이 장에서는 이러한 기술을 살펴볼 것이다. 우선 다음 절에서는 다양한 수준의 보안 보호에 대해 자세히 알아보자.

보안 수준

심층 방어는 유사한 기능을 수행하는 다양한 장치가 포함된 여러 계층의 보호를 의미한다. 또한 저장된 정보와 전송 중인 정보를 보호하기 위한 기술과 정책이 있어야 한다. 일부에서는 주요 수준인 ① 정보 자체 보호, ② 정보가 저장된 컴퓨터 보호, ③ 컴퓨터가 연결된 네트워크 보호로 구분하여 다룬다. [그림 8-2]는 보다 세분화된 **보안 수준** security level으로, 이 경우에는 데이터, 데이터를 사용하는 애플리케이션, 데이터가 저장된 호스트 컴퓨터와 호스트가 연결된 네트워크에 대한 적절한 권한이 있어야 데이터에 접근할 수 있다.

데이터에 대한 액세스 보안의 예로 교수가 사용하는 성적 입력 애플리케이션을 들 수 있다.

그림 8-2 정보 보안을 위한 액세스 수준

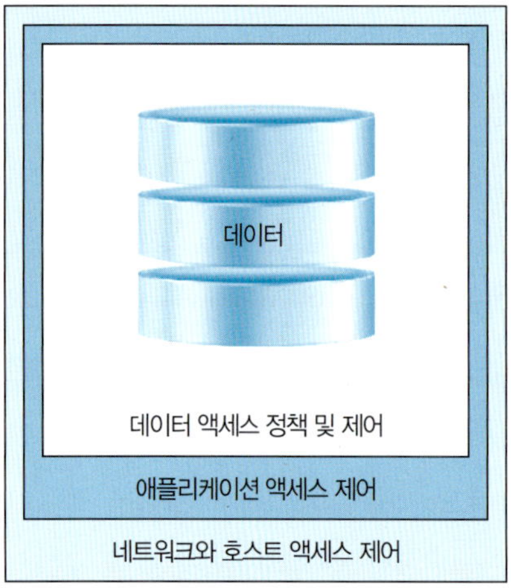

해당 학기의 성적을 부여하기 위해 교수는 사용자 아이디와 비밀번호로 대학 네트워크에 접속할 수 있다. 교수가 성적을 변경하려면 특정 시스템의 특정 애플리케이션에 연결해야 하며, 이때도 사용자 아이디와 비밀번호가 필요하다. 또한 인증된 사용자(교수)만 성적 입력 애플리케이션을 사용할 수 있다. 특정 교수나 강사만 특정 학생의 특정 성적을 변경할 수 있기 때문에 학생 데이터는 추가 보안 수준을 통해 보호된다. 많은 대학에서는 학생의 특정 정보에 접근할 때 사용자 아이디와 비밀번호뿐만 아니라 직원 아이디가 있어야 한다. 그리고 데이터는 데이터 수준에서 암호화되어 또 다른 수준의 보안을 제공할 수 있다. 이 경우 교수(또는 컴퓨터)는 암호화된 정보를 처리하고 읽을 수 있는 소프트웨어가 필요하다.

보안 목표

각 보안 도구에 대해 설명하기 전에 모든 도구와 정책이 하나 이상의 핵심 보안 목표, 즉 CIA(**기밀성**Confidentiality, **무결성**Integrity, **가용성**Availability)를 해결하기 위한 것임을 간단히 짚고 넘어가겠다.

기밀성은 권한이 있는 개인만 정보나 데이터에 접근할 수 있는 것을 말한다. 그리고 무결성에는 데이터가 일관되고 완전함을 확인하는 것이 포함된다. 예를 들어 메시지가 전송될 때 전송 도중에 내용을 임의로 수정하면 안 된다. 가용성은 필요할 때 시스템 또는 데이터를 사용할 수 있도록 보장하는 것을 의미한다. 고가용성 시스템의 경우 조직은 **서비스 거부 공격**Denial of Service(DoS) attack과 같은 보안 위협뿐만 아니라 정전, 하드웨어 오류, 시스템 업그레이드로 인한 중단으로부터 시스템을 보호해야 한다.

고려해야 할 또 다른 보안 목표는 **인증**authentication과 **부인 방지**nonrepudiation이다. 인증은 기본적으로 관련 당사자가 자신이 누구인지 그리고 거래, 데이터 또는 통신이 거래 당사자로부터 발생한 것인지를 확인하는 것이다. 특히 전자상거래에서 중요한 부인 방지는 웹 판매자와의 거래를 거부하는 것과 같이 당사자가 의무를 어길 수 없게 하는 것을 말한다. 전자상거래에서는 부인 방지를 위해 디지털 서명과 암호화를 사용한다.

학습 활동 8-1

내 컴퓨터는 얼마나 안전한가?

많은 사람은 보안을 IT 전문가의 일로 여기며, 스스로 처리하는 것을 부담스러워한다. 그러나 여러 연구에 따르면 보안상 가장 취약한 부분이 사람인 것으로 밝혀졌다. 즉 사람들은 컴퓨터, 데이터, 네트워크를 보호하는 기본적 단계를 수행하지 못한다. 이에 테너블(Tenable)의 취약성 테스트 소프트웨어인 네서스(Nessus)를 사용하여 컴퓨터가 얼마나 안전한지 알아보자.

1. https://www.tenable.com/products/nessus에 접속하여 Nessus Essentials를 다운로드한다.
2. 무료 활성화 코드를 등록하고 운영체제에 맞는 최신 버전의 툴을 다운로드한다(예: 64비트 PC를 사용하는 경우 윈도우 7, 8, 10용 Nessus-X.XX.X-x64.msi, 최신 맥OS를 사용하는 경우 Nessus-X.XX.X.dmg, X는 버전을 나타냄).
3. 툴을 설치한 뒤 이메일로 받은 활성화 코드를 입력하면 추가 파일을 다운로드하여 스캔을 시작하라는 메시지가 나타난다. IP 주소를 찾고(검색 도구를 사용하여 '내 IP 주소'를 요청할 수 있음), 이 IP 주소의 취약성을 확인하기 위해 〈Save〉와 〈Launch〉 옆의 화살표를 클릭한다.
4. 결과를 클릭하여 취약성 탭을 살펴보고 취약성 또는 비준수 구성에 대해 리포트를 작성하라. 〈Remediate All〉을 클릭하면 확인된 문제를 수정할 수 있다.

정보 보안 위협

대부분의 사람들은 정보 보안을 개인 또는 조직의 데이터나 시스템에 대한 무단 액세스로 생각하지만 정보 보안은 훨씬 더 광범한 개념이다. 정보 보안에는 지진, 화재와 같은 자연재해를 처리하는 것은 물론이고 바이러스, 해커, 데이터나 시스템의 우발적 손실과 같은 컴퓨터 시스템에 대한 위협을 처리하는 것도 포함된다. 정보 보안 위협의 정의 중 하나는 조직 자원(정보 시스템, 데이터, 사람, 프로세스 포함)의 기밀성, 무결성, 가용성에 부정적인 영향을 미칠 가능성이 있는 모든 이벤트 또는 상황이다. 상호 연결된 오늘날의 현실 세계에서는 개인과 조직 모두 수많은 정보 보안 위협에 둘러싸여 있다.

기밀성에 영향을 미치는 위협의 예로는 데이터나 시스템에 대한 무단 액세스, 절도, 사기를 들 수 있다. 또한 데이터나 시스템의 무결성에 영향을 미치는 위협의 예에는 승인되지 않은 액세스가 포함된다. 예컨대 누군가가 암호 공격을 수행하여 데이터베이스의 정보를 불법적으로 수정하는 액세스 권한을 얻는 경우이다. 가용성에 영향을 미치는 위협의 예에는 시스템이 작동하지 않게 하거나, 작동 기능을 제한하거나, 데이터를 사용할 수 없게 만드는 서비스 거부 공격, 유사한 결과를 초래하는 자연재해 또는 악성 소프트웨어가 포함된다.

기밀성, 무결성, 가용성은 종종 위협 대상으로 여겨지지만, 공격을 수행하는 데 사용되는 방법은 **위협 벡터**threat vector로 간주된다. 이 절에서는 기밀성, 무결성, 가용성의 순서로 위협 벡터에 대해 설명하겠다. 그러나 각 위협 벡터는 실제로 여러 가지 목적을 수행할 수 있다.

무단 액세스에 대한 위협 벡터

정보 또는 시스템의 기밀성을 손상할 수 있는 방법은 다양하다. 가장 눈에 띄는 것 중 하나는 무단 액세스 또는 시스템, 애플리케이션, 데이터에 대한 불법 액세스이다. 고객 정보, 영업 비밀 또는 조직·사업 파트너·직원에 관한 중요 정보 등의 데이터 도난은 오늘날 조직의 큰 걱정

거리이다.

해킹

무단 액세스라고 하면 흔히 사회 변두리에서 세상을 위해 좋은 일을 하거나 자신의 해킹 능력을 증명하기 위해 조직의 데이터 파일에 접근하려고 시도하는 해커를 떠올리곤 한다. 그러나 실제로는 조직 내부자가 무단 액세스를 저지르는 경우가 많다. 이들은 신용카드 번호와 같은 정보를 얻기 위해 시스템을 해킹하는 데 필요한 지식을 가지고 있다. 무단 액세스 중 일부는 전송 기록과 같이 수동적이기 때문에 파악하기가 어렵다. 이 점을 악용하여 해커는 비밀번호를 얻을 수 있고, 유효한 계정으로 조직 시스템의 정보에 접근하는 데 이 비밀번호를 사용한다.

또 다른 접근 방식은 '분실된' 비밀번호를 복구하기 위한 소프트웨어인 **암호 크래커**password cracker를 사용하는 것이다. 이는 시스템이나 저장된 비밀번호에 대한 무단 액세스를 목적으로 하는 무차별 대입 암호 공격을 수행하는 데에도 이용될 수 있다.

이 장의 뒷부분에서 다룰 일부 멀웨어는 보안 침해에 사용될 수 있다. 예를 들어 해커는 누군가의 컴퓨터에 **키 로거**key logger를 원격으로 설치하여 신용카드 번호와 비밀번호 등의 모든 정보를 캡처할 수 있다. 키 로거는 사용자가 키보드로 수행하는 모든 입력을 해커가 액세스할 수 있는 로그 파일에 기록한다. 해커는 향후 공격을 위해 다른 소프트웨어를 설치할 수도 있는데, 이는 컴퓨터에 정보 요원을 두는 것과 마찬가지이다.

암호화폐로 인해 새로운 형태의 무단 액세스인 크립토재킹cryptojacking이 등장했다. 크립토재킹은 장치의 전력과 자원을 사용하는 소프트웨어를 설치하여 암호화폐를 채굴하기 위해 개인용 또는 업무용 컴퓨터와 모바일 기기를 해킹하는 것이다. 2020년 상반기에 전 세계적으로 4,140만 건의 크립토재킹 공격이 있었다(Sonicwall, 2020).

사회공학과 피싱

앞서 언급한 위협 벡터는 종종 기술에 초점을 맞춘다. 그러나 사용자가 다른 사람의 합법적인 비밀번호와 계정에 접근할 수 있기 때문에 많은 위반이 발생한다. 자신의 비밀번호를 보호하는 데 소홀한 사람이 많고, 한편으로 어떤 사람들은 이러한 정보를 제공하도록 속이기도 하는데, 이것을 **사회공학**social engineering이라고 한다. 자신이 비밀번호를 알 권리가 있는 사람이라고 누군가를 속여 비밀번호를 알아내거나, 중요한 파일을 보내도록 속이거나, 위험한 웹사이트의 링크를 열게 하는 것 등은 사회공학 작업을 통한 결과의 예이다. 정교한 사회공학에는 특정 정보를 가진 전문가들의 점심시간 대화를 엿듣는 것도 포함된다.

오늘날 대부분의 인터넷 사용자는 이베이, 페이팔, 아마존과 같은 대기업 또는 은행을 사칭하는 해커가 보낸 이메일의 피싱을 종종 접한다. 문제는 해당 기업의 계정을 가지고 있는 경우 그 이메일이 피싱인지 아닌지 알아채기 어렵다는 것이다. [학습 활동 8-2]에서는 피싱을 감지하는 능력을 평가할 수 있다.

학습 활동 8-2

피싱 감지

피싱 이메일을 감지하는 방법은 다양하다. 다음과 같은 일반적인 문제점을 찾아 피싱 이메일을 식별할 수 있다.

- 나에게 직접 보낸 이메일이 아니다.
- 내 이메일 계정 정보(@공급자 제외)를 사용하여 보낸 이메일이다.
- 이메일에 개인적인 인사말(예: Belanger, 안녕하세요?)이 없다.
- 마우스를 하이퍼링크 위에 놓으면 회사의 올바른 사이트가 아닌 다른 사이트가 나타난다(도메인 이름을 확인하라).
- 마우스를 하이퍼링크 위에 놓으면 해당 사이트가 다른 나라에서 만들어진 것처럼 보인다.
- 실제 회사가 보낸 이메일이라면 절대 없을 것 같은 문법 및 철자 오류가 포함되어 있다.
- 이메일에 곧바로 응답해야 하거나 나쁜 일이 생길 것이라는 느낌을 준다.

[그림 8-3]의 피싱 이메일은 이러한 문제점을 잘 보여준다.

그림 8-3 피싱 이메일의 예

보낸 사람: customer.center@BankOfAmerica.com
받는 사람: belanger@vt.edu
날짜: 10월 22일 2:36 PM
제목: 온라인 뱅킹 알림
온라인 뱅킹이 차단되었습니다! 즉각적인 조치를 취하십시오.

Belanger 님께

최근 귀하의 계정을 검토한 결과 귀하의 뱅크오브아메리카 계정이 승인되지 않은 사람에 의해 손상된 것으로 의심됩니다. 계정을 보호하는 것이 중요하기 때문에 예방 조치로 중요한 계정 기능에 대한 액세스를 일시적으로 제한합니다. 온라인 계정 액세스를 복원하려면 이 이메일을 받은 후 48시간 이내에 다음 웹사이트에서 귀하의 정보를 확인해야 합니다. 온라인 액세스가 보류되는 것을 원치 않는 경우 이 기간 내에 정보를 업데이트하는 것이 매우 중요합니다.

https://www.bankofamerica.com/update/

이 문제에 대한 귀하의 빠른 대처에 감사드립니다.

해킹과 사회공학이 기밀성에 대한 공격이라면, 시스템에 침입하는 해킹은 무결성과 가용성에 대한 위협을 야기할 수 있다는 사실을 이해해야 한다. 해커가 시스템이나 데이터를 적극적으로 수정하는 경우(예: 사기 목적으로 가짜 계정 정보를 생성하거나, 특정 사건에 회사를 허위로 연루시키거나, 중요한 계약의 협상을 지연시키기 위해 메시지 내용을 변경하는 것) 정보와 시스템의 무결성이 손상된다. 또한 해커가 시스템에 침입하여 정보나 애플리케이션을 손상하는 것은 가용성에 대한 공격이다.

[그림 8-4]는 수동적 무단 액세스와 능동적 무단 액세스의 차이를 보여준다. 데이터가 전송될 때 중간에서 정보를 가로채거나, 가로챈 정보를 악의적인 공격에 이용하는 것을 스니핑sniffing이라고 한다.

그림 8-4 수동적 무단 액세스와 능동적 무단 액세스

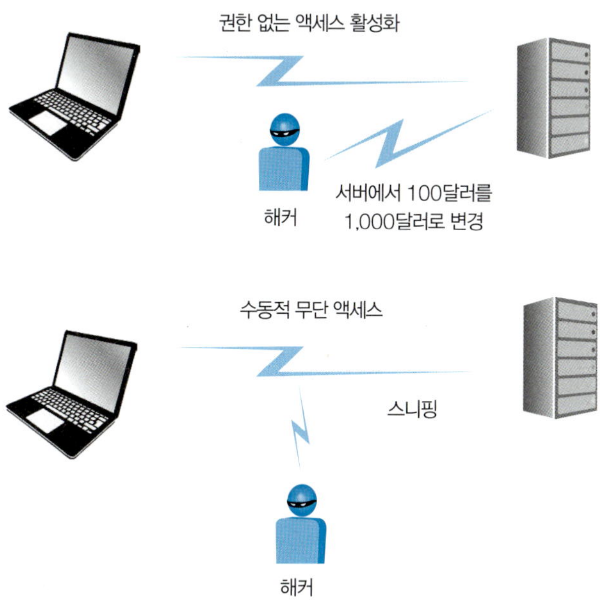

실제로 해킹은 어떻게 이루어질까? 해킹에는 기술과 인내심의 조합이 필요하다. 대부분의 해킹 도구는 인터넷에서 쉽게 찾을 수 있지만, 누구나 침입을 실행에 옮길 만한 기술, 인내심 또는 의도를 가진 것은 아니다.

스니퍼sniffer와 같은 소프트웨어를 사용하면 누군가의 네트워크 정보를 매핑하고 컴퓨터와 네트워크의 취약점을 알아낼 수 있다. [학습 활동 8-1]에서는 스캐닝 소프트웨어가 컴퓨터에서

학습 활동 8-3

가장 많이 해킹당하는 것은 무엇인가?

해커가 대기업의 정보를 훔쳤다는 뉴스가 끊이지 않는다. https://enterprise.verizon.com/resources/reports/dbir/에서 버라이즌(Verizon)의 최신 데이터 침해 조사 보고서를 다운로드하여 읽어보고 다음 활동을 수행한 뒤 이에 대해 토론하라.

1. 해커의 대상과 보고된 사건의 수를 정리하라.
2. 사건 중에서 소비자가 가장 큰 관심을 보인 것은 무엇인가?
3. 당신이 조직과 공유한 정보에 접근하려는 해커로부터 자신을 보호할 수 있는 방법을 제시하라.

열린 포트open port를 식별했다. 이는 특정 애플리케이션이 설치되어 컴퓨터에서 실행된다는 것을 의미한다. 일단 이를 알게 된 해커는 대상 시스템의 취약점(예: 패치되지 않은 소프트웨어)을 검사하고, 취약점을 발견하면 그것을 악용할 수 있다.

소프트웨어의 일반적인 취약점 유형을 소프트웨어 보안 취약점이라고도 한다. 모든 운영체제와 애플리케이션에는 이러한 취약점이 존재하며, 이 또한 문서화되어 있다. 다시 말하지만 인터넷은 정보의 원천이다. 소프트웨어 패치(업데이트)는 이러한 취약점을 해결하기 위한 것이다. 새로운 소프트웨어가 공개되면 해커가 보안 취약점을 알아내는 것은 식은 죽 먹기이다. 따라서 소프트웨어 개발자는 사용자가 소프트웨어 웹사이트에서 패치를 다운로드할 수 있도록 발 빠르게 대응해야 한다. 하지만 운영체제를 빨리 업데이트하지 않거나, 심지어 자동 업데이트를 꺼놓는 사용자가 많다.

또한 해커는 다른 사람(또는 컴퓨터)인 척 가장하는 **스푸핑**spoofing을 사용하여 침입하기도 한다. 이메일의 경우 '보낸 사람'의 정보를 가장하려는 사람으로 변경하여 주소를 스푸핑할 수 있는데, 이것은 정교하지 않기 때문에 쉽게 알아챌 수 있다. 더 발전된 스푸핑은 IP 주소 수준에서 수행되는 것으로, 송신자의 IP 주소를 다른 주소처럼 보이도록 변경한다. 즉 IP 패킷의 주소 필드 정보를 바꾸는 것이다. **패킷**packet은 네트워크를 통해 흐르는 작은 데이터 단위로, 메시지 전송을 가능하게 한다.

웹 기반 공격

최근에 많이 발생한 주요 데이터 침해는 공격자가 웹 애플리케이션을 사용하여 공격을 수행한 결과이다. 웹 기반 공격의 일반적인 유형은 악의적인 입력을 제어하지 못하는 웹사이트에 공격자가 코드를 업로드할 수 있는 XSSCross-Site Scripting이다. 사용자가 웹사이트에 방문하면 코드가 실행되는데, 이는 공격자가 웹 애플리케이션을 이용하여 공격을 수행하기 위한 수많은 형태의 코드 인젝션 중 하나이다. 오늘날에는 웹 기반 공격 중 폼재킹formjacking이 증가하고 있다. 공격자가 폼재킹을 통해 인젝션한 코드는 웹사이트의 양식 페이지에 대한 액세스를 제어하고, 거기에 입력된 사용자 정보를 수집한다.

무단 액세스의 결과

시스템이 해킹당하더라도 문제가 발생하지 않는 한 조직이 그 사실을 알지 못할 수도 있다. 일부 조직은 해킹 공격을 감지하는 도구를 갖추고 있는데 다음 절에서 이에 대해 설명하겠다. 그러나 해커는 공격 시 발생한 일을 알려주는 **감사 로그**audit log를 지우고, 파일 추가·삭제·복사와 같이 시스템의 모든 것에 접근할 수 있는 **루트킷**rootkit 또는 소프트웨어를 설치하여 공격을 시작한다. 해커는 **백도어**backdoor를 설치함으로써 마음대로 시스템에 다시 접근할 수도 있다. 또한 키 로거, 스파이웨어, 서비스 거부 공격을 위한 소프트웨어 또는 해킹된 시스템을 제

실제 경영 사례 8-1

대기업도 해킹당할 수 있다

대규모 기술 회사가 해킹을 당하지 않으려면 자원과 전문 지식이 있어야 한다고 생각하는 독자도 있을 것이다. 2017년 9월, 미국 3대 신용 조사 기관 중 하나인 에퀴팩스(Equifax)는 그해 3월 해커에게 피해를 입었다고 밝혔다. 사이버 보안 침해는 미국뿐만 아니라 캐나다와 영국에서도 약 1억 4,800만 명에게 영향을 미쳤고, 미국 인구는 약 절반이 영향을 받았다.

해커가 접근한 정보에는 이름, 생년월일, 주소, 주민등록번호, 운전면허증 정보 등이 포함되며, 이는 모두 개인 식별 정보이다. 에퀴팩스가 당한 해킹은 정보의 양과 유형으로 보았을 때 역사상 최악의 침해 중 하나로 간주된다. 하원감독위원회(House Oversight Committee)의 조사에 따르면 에퀴팩스는 해킹을 예방할 수 있었으나 에퀴팩스의 보안 관행과 정책은 수준 이하였다. 여기에는 서버의 알려진 취약점 패치 실패, 암호화를 위한 보안 인증서 중 하나의 갱신 실패가 포함된다. 해커는 에퀴팩스의 데이터베이스에 9,000개 이상의 쿼리를 보냈고, 데이터를 265번 다운로드할 수 있었다. 에퀴팩스는 9월에 해킹 피해를 대중에 알렸지만 이미 두 달 전에 그것을 발견했다. 사실 이는 중대한 침해의 공개라는 측면에서 상당히 빠른 것이다. 이제 에퀴팩스는 피해를 입은 사람들에게 신용 파일 모니터링, 신용 보고서, 아이디 도난 보험, 다양한 스캐닝 서비스를 무료로 제공하고 있다.

출처: Yurieff, K. 2017. "Equifax Data Breach: What You Need to Know." *CNN Business*, September 10. http://money.cnn.com/2017/09/08/technology/equifax-hack-qa/index.html; Whittaker, Z. 2018. "Equifax Breach Was 'Entirely Preventable' Had It Used Basic Security Measures, Says House Report." *Tech Crunch*, December 10. https://techcrunch.com/2018/12/10/equifax-breach-preventable-house-oversight-report/

어하기 위한 기타 원격 도구를 설치하기도 한다.

그런데 이러한 악의적인 행동을 도대체 누가, 왜 하는 것일까? 불만을 품은 직원일 수도 있고, 정치적인 이유로 특정 대상을 공격하는 경우도 있다. 예를 들어 어떤 문제에 대한 기업의 입장에 항의하기 위해 공격을 수행하는 집단은 **핵티비즘**hacktivism이라는 용어를 사용한다. 이는 공개될 경우 인류의 대의명분을 증진할 정보를 찾는 것과 관련이 있다. 대부분의 공격은 금전적인 이득을 얻기 위한 것이며, 데이터 절도나 사기를 위한 시도로 이루어진다. 또한 스파이 행위는 조직의 새로운 특허와 같은 비밀 정보를 얻으려는 또 다른 목적이 있을 수도 있다. 어떤 목적이든지 간에 침해는 조직에 큰 피해를 끼친다.

절도와 사기

기업은 무단 액세스를 통한 데이터 도난뿐만 아니라 점점 더 많은 양의 정보를 포함하는 소프트웨어 또는 하드웨어 장치의 도난, 소형 하드웨어 장치를 사용한 데이터 도난도 우려하고 있다. 소프트웨어 도난은 대개 직원이 집으로 가져가거나 다른 사람에게 주기 위해 회사 서버에 설치된 합법적인 소프트웨어를 복사할 때 발생한다. 이러한 복사본은 라이선스가 없기 때문에 불법 복제에 해당한다. 이에 많은 조직이 자체에 설치된 소프트웨어 감사를 수행하기 시작했다. 그러나 이 문제에 대한 최상의 보안 제어는 사용자 교육이다. 많은 직원은 소프트웨어를 복사하는 것이 불법이지만 문제가 없다고 생각한다. 일부 조직에서는 외부 미디어 장치를 통한 저장이 불가능한 컴퓨터를 제공하여 소프트웨어 복사를 방지한다.

하드웨어의 휴대가 더욱 간편해짐에 따라 하드웨어 도난도 점점 더 문제가 되고 있다. 노트북, 태블릿, 휴대폰과 같은 개인용 디지털 기기에 얼마나 많은 데이터를 저장할 수 있는지 생각해보라. 조직은 하드웨어 자체의 비용 말고도 이러한 기기에 저장되는 정보, 기기가 조직의 내부 시스템에 접근하는 것에 대해 고려해야 한다.

저장 장치의 용량이 계속 증가하고 있어 데이터 도난도 언제든 일어날 수 있다. 오늘날의 작은 USB 드라이브에는 수백 기가바이트의 데이터가 저장된다. 주소와 과거 구매 내역 등 조직의 모든 고객에 대한 정보는 USB 드라이브에 쉽게 담을 수 있다. USB 드라이브를 삽입하면 모든 것을 자동으로 복사하는 소프트웨어도 있다. 호텔 서비스 센터의 컴퓨터, 쇼핑몰의 키오스크 장치 등에 이러한 도구가 삽입되었다는 보고가 있다. 이렇게 해서 해커는 해당 서비스 센터 또는 키오스크를 사용한 모든 사람의 정보를 가져간다. 또한 직원이 아닌 사람이 사무실을 돌아다니다 수많은 파일을 복사하여 가져갈 수도 있다.

절도와 사기는 정보의 기밀성에 분명히 영향을 미치며, 저장된 데이터를 얻기 위해 장치를 훔치는 경우 특히 문제가 심각하다. 게다가 데이터나 시스템(예: 노트북)을 더 이상 사용할 수 없기 때문에 절도와 사기는 가용성에도 영향을 미친다. 그러나 가용성에 대한 가장 큰 위협 벡터는 이어서 설명할 서비스, 시스템 또는 데이터의 가용성을 거부하려는 공격이다.

서비스 거부에 대한 위협 벡터

가용성에 대한 가장 두드러진 공격 유형 중 하나는 서비스 거부 공격이다. 서비스 거부 공격은 합법적인 사용자가 평소에 접근할 수 있는 시스템이나 데이터에 접근할 수 없게 만든다. 서비스 거부를 유발할 수 있는 보안 위협은 의도적인 행위, 부주의한 행위 또는 자연재해이다. 지진, 토네이도, 허리케인, 화재와 같은 자연재해는 예방할 수 없는 데다 시스템 또는 데이터를 완전히 파괴하기도 하지만, 신중한 보안 재해 복구 계획에는 자연재해로 인한 피해 복구(백업, 시스템 복제 등)가 포함된다.

부주의한 행위에는 적절한 컴퓨터 백업을 잊어버리거나, 운영체제에 보안 업데이트 프로그램을 설치하지 않거나, 바이러스 백신 소프트웨어를 업데이트하지 않는 것이 포함될 수 있다. 사람들은 보안 기능이 번거롭게 느껴져서 해제하기도 한다. [학습 활동 8-1]에서 살펴보았듯이 컴퓨터의 일부 보호 기능을 차단하는 것과 같은 부주의한 행위로 인해 발생할 수 있는 잠재적인 보안 문제를 과소평가해서는 안 된다. 이를 방지하기 위한 방법은 무엇일까? 첫 번째는 교육이고, 두 번째는 사용자가 별도로 보안 작업을 수행할 필요가 없도록, 또한 시스템과 데이터의 현재 보안 효과가 감소하지 않도록 보안 도구 및 업데이트를 자동화하는 것이다.

의도적인 행위는 조직 내부자 또는 외부자에 의해 이루어질 수 있다. 예를 들어 불만을 가진 직원이 서버의 메인드라이브를 포맷하거나 컴퓨터실에 불을 질러 기물을 파손할 수도 있다. 컴퓨터 시스템이나 네트워크가 멈추어 직원들이 정상적으로 업무를 수행할 수 없게 되면 생산성이 크게 떨어지는 등 재정적 손실로 이어진다.

서비스 거부 공격

시스템 또는 데이터의 사용을 방해하거나 파괴하는 데 이용되는 정교한 도구가 많다. 플러딩flooding 공격의 경우 시스템의 취약성을 이용하여 쓸모없는 패킷 또는 쓸모없는 네트워크 트래픽의 홍수로 대상 시스템을 곤경에 빠뜨린다. SYN 플러딩 공격에서 시스템은 답장이 없는 다수의 동기화 요청을 보내도록 속아서 플러딩된다. 스머핑smurfing 공격에서는 네트워크가 대상 시스템에 대한 트래픽으로 넘쳐나고, 대상 시스템은 제대로 작동하지 않거나 단순히 충돌한다.

일반적으로 해커는 서비스 거부 공격을 시작할 때 자신의 IP 주소를 스푸핑하여 공격을 추적할 수 없게 한다. 논리 공격에서는 소프트웨어 취약점을 이용하여 대상 시스템을 손상하거나, 비효율적으로 만들거나, 충돌시킨다. 이는 공격자가 소프트웨어 보안 취약점을 이용하는 무단 액세스와 유사하다. 만약 수많은 컴퓨터가 공격 수행에 사용된다면 **분산 서비스 거부 공격** Distributed Denial of Service(DDoS) attack이라고 한다.

DoS 및 DDoS 공격은 어떻게 이루어질까? 조직이 시스템을 패치하지 않으면 공격자는 다양한 스니핑 또는 스캐닝 도구로 그러한 취약점을 찾아낼 수 있다. 그 밖의 공격은 종종 내부자가 누출한 정보의 결과로, 대개 피싱이나 사회공학 공격에 의해 일어난다. 그러나 대부분의 DoS 공격과 무단 액세스 공격은 대상 시스템이 멀웨어에 감염됨으로써 가능한 일이다.

멀웨어

멀웨어malware는 악성 소프트웨어 또는 악성 코드를 말하며 기밀성, 무결성, 가용성에 영향을 미칠 수 있다. 다양한 형태의 멀웨어에는 전통적인 **바이러스**virus와 **웜**worm, 그리고 최근 들어 증가하고 있는 **랜섬웨어**ransomware가 포함된다.

수십 년 전부터 존재한 바이러스는 조직과 개인에게 계속 문제를 일으키고 있다. 바이러스를 기회의 대상이라고도 하는데, 이는 피해자가 될 수 있는 모든 대상에게 바이러스를 보낸다는 것을 의미한다. 바이러스란 무엇이고, 바이러스의 공통점은 무엇인가? 바이러스는 원치 않는 기능을 수행하도록 설계된 컴퓨터 프로그램이다. 바이러스 중에는 바람직하지 않은 메시지를 보내는 것과 같이 경미한 피해를 입히는 것도 있고, 컴퓨터의 모든 파일을 삭제하거나 네트워크에 엄청난 트래픽을 생성하여 사용자가 사용할 수 없게 만들 만큼 파괴적인 것도 있다. 바이러스를 구성하는 코드 라인은 다른 파일에 포함되거나 USB 드라이브의 초기 부트 섹터에 첨부되어 해당 장치를 사용하는 모든 사람을 자동으로 감염시킨다.

바이러스의 외형을 **바이러스 서명**virus signature이라고 한다. 이것은 바이러스를 식별할 수 있는 특정한 비트 패턴으로, 바이러스 탐지 소프트웨어는 이를 통해 컴퓨터가 바이러스에 감염되었다는 것을 알려준다. 바이러스가 합법적인 파일에 포함되어 있으면 흔히 **트로이 목마**Trojan horse라고 한다. 만약 사용자의 개입 없이 인터넷 전체에 퍼질 수 있다면 웜이라고 한다. 더 발전된 형태의 **스텔스 바이러스**stealth virus는 바이러스 스캐너가 탐지할 수 없도록 자신의 비트 패턴을 변경한다. 사용자가 특정 웹사이트에 방문했을 때 다운로드되는 바이러스도 있다. 오늘날의 브라우저는 대개 사용자가 활성 콘텐츠(예: ActiveX 프로그램)를 다운로드하지 않도록 보호하지만, 많은 사용자는 웹사이트에서 아무 콘텐츠나 다운로드한다. 일단 바이러스가 컴퓨터에 설치되면 제거하기 어려울 수 있다(뒤에서 해결 방법에 대해 설명할 것이다).

바이러스는 다른 컴퓨터로 이동할 때마다 스스로를 탐지하기 어려운 식별자로 변환할 수도 있는데, 이를 **다형 바이러스**polymorphic viruses라고 한다. **매크로 바이러스**macro virus는 명령을 삽입하여 문서를 감염시킨다. 예를 들어 마이크로소프트 오피스의 워드나 엑셀에서 매크로를 사용할 수 있다. 이러한 매크로를 실행할 수 있는 기능은 문서 안에 바이러스가 포함될 가능성을 높인다.

바이러스는 그 행동에 따라 분류할 수도 있는데, 최근 몇 년간 두각을 드러낸 것은 **스파이웨어**spyware와 랜섬웨어이다. 스파이웨어는 사용자가 컴퓨터에서 수행하는 모든 작업을 사용자 몰래 캡처하는 멀웨어이다. 랜섬웨어는 바이러스, 무단 액세스 또는 피싱을 통해 피해자의 컴퓨터에 설치되는 소프트웨어로, 일단 설치되면 올바른 비밀번호를 제시할 때까지 컴퓨터의 데이터를 암호화한다. 비밀번호가 없으면 컴퓨터 소유자는 데이터를 사용할 수 없다. 랜섬웨어를 보낸 해커는 보통 비밀번호를 알려주는 대신 **비트코인**bitcoin 형태의 몸값ransom을 요구하며, 컴퓨터 소유자는 몸값을 지불하기 전까지 컴퓨터의 데이터에 접근할 수 없다.

2020년 1~6월 동안 전 세계적으로 랜섬웨어 공격이 1억 2,140만 건 발생했다(Sonicwall, 2020). 해커는 비트코인을 요구하는데, 그 이유를 알려면 먼저 비트코인이 무엇인지 이해해야 한다. 비트코인은 **블록체인**blockchain을 기반으로 관련 거래를 추적하는 암호화폐(암호화를 활용한 통화)이다. 블록체인은 사용자가 익명으로 거래할 수 있는 안전한 네트워크를 제공하므로 당사자 간의 신뢰가 필요하지 않다. 따라서 거래하는 당사자가 서로 누구인지 알 필요도 없으며, 이는 거래 실행 과정에서 익명성을 유지하는 방법을 제공한다. 비트코인은 익명성을 제공하는 블록체인 기술을 사용하기 때문에 범죄자는 안심하고 비트코인을 요구한다. 비트코인이 등장하기 전에는 이용자의 신원이 드러나는 은행이나 금융 기관을 통해 돈을 송금받아야 했다. 따라서 비트코인이 제공하는 익명성은 해커가 컴퓨터의 취약성을 이용하여 돈을 벌 수 있는 새로운 길을 열어주었다. 11장에서 비트코인과 블록체인에 대해 더 자세히 살펴볼 것이다.

실제 경영 사례 8-2

데이터 침해 비용

매년 수많은 기관이 사이버 보안 상태를 파악하기 위해 설문 조사를 실시한다. 최근 설문 조사에서 IBM 시큐리티(IBM Security)와 포네몬연구소(Ponemon Institute)는 '2020년 데이터 침해 비용 보고서'를 발표했다. 그들은 랜섬웨어 공격이 전년도에 비해 두 배 이상 증가하는 등 해가 갈수록 사이버 공격이 심해지고 있다고 강조했다. 전 세계적으로 데이터 침해당 평균 비용이 386만 달러이고, 미국이 864만 달러로 가장 높은 것으로 나타났다. 이 보고서에 따르면 의료 산업의 데이터 침해당 평균 비용이 713만 달러로 가장 높았다.

물론 모든 데이터 침해가 보고되는 것은 아니다. 기업이 사건 보고에 노력을 기울이지 않거나, 경쟁사가 부정적인 사건을 홍보에 이용할까 두려워하거나, 사법 기관이 도움을 주거나 관심을 가질 것이라고 믿지 않기 때문이다. 2020년 보고서에서 대부분의 응답자는 COVID-19 팬데믹으로 인한 원격 근무의 증가로 데이터 침해당 비용이 높아질 것이라고 생각했다.

또한 이 보고서는 악의적인 공격(랜섬웨어 및 기타 멀웨어와 같은 의도적인 공격, 서비스 거부, 웹 공격, 사회공학, 절도)이 가장 일반적이며 가장 큰 비용이 든다고 밝혔다. 신속하게(200일 이내) 공격을 확인하고 억제할 수 있는 기업은 데이터 침해당 평균 100만 달러를 절약할 수 있다.

출처: IBM Security. 2020. "2020 Cost of a Data Breach Report." https://www.ibm.com/security/digital-assets/cost-data-breach-report/#/

기타 위협

데이터와 시스템의 기밀성, 무결성, 가용성을 목표로 하지 않는 정보 보안 위협도 많은데, 그 중에서 몇 가지를 살펴보자.

스팸spam은 한 번에 많은 사람에게 이메일을 보내는 것으로, 이러한 이메일은 다양한 합법적·비합법적 제품을 홍보하는 경우가 다반사이다. 그런데 스팸은 엄청난 양의 원치 않는 메시지이므로 네트워크 관리자의 입장에서는 골칫거리이다. 물론 멀웨어가 포함된 경우도 많다. 비슷한 문제인 스피밍spimming은 문자 메시지를 통해 전송된다.

또한 인터넷에는 **바이러스 허위 경보**virus hoax도 있다. 이것은 바이러스가 아니라 사람들이 퍼뜨리는 가짜 바이러스 경고이며, 그로 인한 결과에는 불필요한 네트워크 트래픽 또는 사용자의 불필요한 조치(예: 특정 파일을 삭제하여 바이러스를 막으라는 알림)가 포함된다. 컴퓨터 바이러스에 감염되었을지도 모른다는 생각에 불안스러운 일반인들은 이러한 허위 경보를 전파한다. 의심스러울 때는 해당 애플리케이션을 개발한 회사의 웹사이트에 접속하여 바이러스 허위 경보를 검색하는 것이 가장 바람직하다.

보안 기술과 솔루션

관리자는 보안 조치를 평가하고 적절한 보안 계획을 세우기 전에 조직이 직면한 모든 보안 위협을 파악해야 한다. 이 장에서는 가장 일반적인 보안 위협 중 몇 가지를 알아본다. 이 밖에도 다양한 보안 위협이 있으며, 오늘날의 역동적인 환경에서는 위협이 계속 발전하여 새로운 위협이 속속 나타나고 있다. 그러나 다행스럽게도 보안 솔루션 또한 계속 발전하고 있다.

예방 제어, 시정 제어, 탐지 제어

앞에서 다룬 위협을 해결하기 위해 수많은 보안 기술과 솔루션이 개발되었다. 보안 솔루션 및 도구(보안 제어security control라고도 함)를 분류하는 한 가지 방법은 예방 제어, 탐지 제어, 시정 제어로 구분하는 것이다.

예방 제어preventive control는 보안 위협의 발생을 애초에 막거나 제한하는 것을 목표로 한다. 예를 들어 **컴퓨터 백신**computer vaccine은 컴퓨터와 프로그램을 검사하고, 파일 또는 컴퓨터가 감염되기 전에 잠재적 바이러스의 존재를 사용자에게 알려준다. **탐지 제어**detective control의 목표는 보안 위협이 발생하는 위치와 시기를 찾아내는 것이다. 예를 들어 감사 로그를 통해 시스템에 대한 액세스를 추적하여 특정 사용자의 아이디가 잘못된 시도를 여러 번 했는지 확인할 수 있다. **시정 제어**corrective control의 목표는 보안 문제가 발생한 후 손상을 복구하는 것이다. 예를 들어 컴퓨터 백신은 바이러스를 제거하거나, 바이러스에 감염된 파일을 격리하거나, 문제가 있는 파일을 삭제할 수 있다.

물리적 보안과 논리적 보안

보안 솔루션은 물리적 솔루션과 논리적 솔루션으로 구분할 수도 있다. **물리적 액세스 제어**physical access control는 시스템, 애플리케이션 또는 데이터에 대한 물리적 액세스를 보호하는 보안 솔루션이며, **논리적 액세스 제어**logical access control에는 사용자나 시스템이 인증되고 해당 액세스를 허용하는 것을 보장하여 시스템, 애플리케이션 또는 데이터에 대한 액세스를 보호하는 보안 솔루션이 포함된다.

물리적 액세스 제어에는 랩톱용 잠금장치, 컴퓨터실과 백업 스토리지용 보안실 출입 통제가 포함될 수 있다. 장치가 더 이상 필요하지 않으면 드라이브 분쇄기라는 소프트웨어 프로그램을 사용하여 모든 디스크 드라이브를 다시 읽을 수 없게 만들어야 한다. 물리적 보안에는 라우터와 연결된 모든 배선실이 잘 잠겨 있는지, 보안이 유지되는지 확인하는 것도 포함된다. 물리적 보안의 또 다른 중요한 측면은 인력이다. 내부자 남용은 가장 심각한 보안 위협 중 하나임을 명심하라. 조직은 적합한 직원만 주요 정보 시스템 및 데이터에 접근할 수 있게 해야 한다. 조직은 그러한 직원의 신원을 조사하고 적절한 교육을 제공해야 한다. 여러 설문 조사에 따르면 현장 계약자는 조직의 주요 보안 위협으로 밝혀졌다.

논리적 액세스 제어의 경우 다양한 기술을 사용하여 특정 애플리케이션, 네트워크, 데이터 또는 컴퓨터에 접근하려는 사용자와 시스템의 인증을 요구한다. 이러한 기술에는 사용자 프로필, 생체 인식, 방화벽, 암호화가 포함된다.

사용자 프로필

사용자 프로필user profile은 시스템, 데이터, 애플리케이션에 대한 무단 액세스를 방지하는 데 사용되는 주요 솔루션 중 하나이다. 사용자는 아이디(스스로 선택하거나 조직이 부여)와 일련의 권한으로 구성된 프로필을 할당받으며, 신원이 확인되면 부여받은 권한상의 시스템, 애플리케이션 또는 데이터에 접근할 수 있다. 예를 들어 교직원은 학생 데이터를 볼 수 있지만 그 중 일부(예: 개인 주소)를 수정할 수는 없는데, 이것은 **최소 권한의 원칙**principle of least privilege이다. 사용자에게 필요한 항목에만 액세스 권한을 부여하라.

사용자 프로필의 경우 하나 또는 여러 수준의 식별(소유, 지식, 특성)을 사용하여 개인을 구별해야 한다.

- 소유possession: 개인이 신분증(예: 운전면허증, 주민등록증, 여권)을 소지하는 것을 의미한다.
- 지식knowledge: 개인이 액세스 권한을 얻기 위해 무언가를 알아야 한다는 것을 의미한다. 비밀번호는 시스템에 접근하기 위해 필요한 지식의 예이다. 소유와 지식을 결합하여 은행 카드와 개인 식별 번호Personal Identification Number(PIN)를 요구하면 보안을 더 강화할 수

있다.

- 특성trait: 지문, 서명 등 인간의 신체적·행동적 특성을 이용하여 시스템, 데이터 또는 애플리케이션에 접근하는 것을 의미한다. 이는 다음 절에서 설명할 생체 인식의 일부이다.

사용자 프로필은 시스템 및 데이터 액세스에 가장 많이 사용되는 보안 솔루션 중 하나이다. 그러나 인증을 위해 사용자 프로필을 사용하는 데에는 많은 문제가 있다.

첫 번째 문제로, 사용자는 기억하기 쉬운 단어나 숫자를 비밀번호로 자주 사용한다. 오늘날 많은 시스템은 이러한 비밀번호를 허용하지 않는다. 이러한 비밀번호는 **사전 공격**dictionary attack에 의해 쉽게 해독될 수 있기 때문이다. 사전 공격은 여러 언어의 다양한 사전에 있는 모든 단어를 숫자와 함께 조합하여 비밀번호를 찾는 데 몇 초밖에 걸리지 않는다.

두 번째 문제는 사용자가 기억해야 할 비밀번호가 너무 많아서 비밀번호를 적은 종이를 컴퓨터나 책상 서랍에 붙여두는 것이다. 또는 동일한 비밀번호를 사용하는 사람들도 있는데, 누군가가 그것을 알게 된다면 사용자가 이용하는 모든 시스템이 위험해질 것이다.

세 번째 문제로 비밀번호 복구를 꼽을 수 있다. 반려동물 이름, 가족 구성원, 출신 학교 또는 출생 도시, 생일 또는 중요한 숫자는 쉽게 알아낼 수 있기 때문이다. 페이스북과 같은 SNS에서 얼마나 많은 정보를 찾을 수 있는지 생각해보라.

사용자 프로필의 효율성을 높이기 위해 보안 시스템은 사용자에게 정기적으로(예: 1개월, 3개월, 6개월마다) 비밀번호를 변경할 것을 요구한다. 많은 시스템은 사용자 계정에 대한 액세스를 차단하기 전에 정해진 횟수의 비밀번호 입력 시도만을 허용한다. 대부분의 시스템에서는 강력한 비밀번호를 사용해야 한다. [학습 활동 8-4]에서 확인할 수 있듯이 영문 대문자·소문자, 숫자, 특수 기호를 혼합하여 강력한 비밀번호를 만들어야 한다.

비밀번호를 관리하는 데 도움이 되는 도구가 있다. 예를 들어 다양한 시스템에서는 잊어버린 비밀번호를 복구하기 위해 온라인을 통해 비밀번호 크래커password cracker를 사용할 수 있다. 물론 다른 사람의 비밀번호를 해독하는 데에도 비밀번호 크래커를 사용할 수 있다. 강력한 비밀번호를 생성하는 데 도움이 되는 비밀번호 생성기도 있다. 그러나 이 모든 도구를 사용하더라도 사람들은 잘못된 비밀번호를 만들곤 한다. 스플래시데이터SplashData는 수년 동안 유출된 수백만 개의 비밀번호를 분석하고, 매년 가장 인기 있는 비밀번호를 발표한다. 그 결과를 보면 대부분의 사용자가 여전히 매우 취약한 비밀번호를 사용한다는 것을 알 수 있다. [표 8-1]은 2020년의 상위 20개 비밀번호이다.

표 8-1 2020년 최악의 비밀번호

순위	비밀번호	순위	비밀번호	순위	비밀번호
1	123456	8	111111	15	iloveyou
2	123456789	9	1234	16	123
3	password	10	1234567890	17	000000
4	qwerty	11	1234567	18	123321
5	12345678	12	abc123	19	1q2w3e4r
6	12345	13	1q2w3e4r5t	20	qwertyuiop
7	123123	14	q1w2e3r4t5y6		

출처: Wagenseil, P. 2020. "These Are the Latest World's Worst Passwords—Don't Use Any of Them." *Tom's Guide*, July 6. https://www.tomsguide.com/news/worst-passwords-2020

이제 많은 보안 전문가는 사용자가 더 강력한 비밀번호를 사용할 수 있도록 비밀번호 관리자(이전에는 월릿wallet으로 불렸음)를 권장한다. 비밀번호 관리자는 사용자가 비밀번호를 저장하고 구성하기 위해 컴퓨터 또는 모바일 기기에 설치할 수 있는 애플리케이션이다. 비밀번호는 암호화되며, 사용자는 자신의 비밀번호 데이터베이스에 액세스하기 위해 단 하나의 강력한 비밀번호만 기억하면 된다.

학습 활동 8-4

내 비밀번호는 얼마나 강력한가?

비밀번호는 시스템, 애플리케이션, 데이터에 대한 액세스를 제어하는 데 가장 많이 사용되는 보안 솔루션 중 하나이다. 대부분의 사람들은 몇 가지 비밀번호를 돌려가며 사용한다. 그런데 이러한 비밀번호는 얼마나 강력할까? 다음 활동을 통해 강력한 비밀번호에 대해 알아보자.

1. 자주 사용하는 두 가지 비밀번호를 선택하고, 다음 암호 검사기 중 하나를 사용하여 보안 수준을 테스트하라.
   - https://howsecureismypassword.net/
   - http://www.passwordmeter.com
2. 다음 웹사이트에서 강력한 비밀번호를 만드는 방법에 관한 정보를 확인하라.
   - https://support.google.com/accounts/answer/32040?hl=ko
3. 강력한 비밀번호를 만들고 테스트하라. 그러나 그 비밀번호를 자신의 계정에 사용하지는 말라.
4. 다음 내용에 대해 리포트를 작성하라.
   - 두 가지 비밀번호의 보안 수준(비밀번호를 밝히지 말라), 비밀번호를 해독하는 데 걸리는 시간
   - 자신이 생성한 강력한 비밀번호와 그 의미

보안 분야에서는 이것이 최선의 방법인지를 놓고 논쟁이 있다. 일부에서는 마침내 사용자가 모든 계정에 대한 강력한 비밀번호를 사용할 수 있게 되었다고 주장한다. 그러나 데이터베이스가 해킹당할 경우(암호화되었더라도) 사용자의 비밀번호가 해킹에 취약하다고 주장하는 사람들도 있다. 예를 들어 윈도우 10은 키퍼Keeper라는 비밀번호 관리자와 함께 번들로 제공되었지만, 2017년 12월에 Tavis Ormandy는 누군가가 비밀번호 관리자에 침입할 수 있는 버그를 보고했다(Chirgwin, 2017). 보안 문제는 8일 이내에 신속하게 해결되었지만, 이는 비밀번호 관리자가 궁극적인 비밀번호 보안 솔루션인지에 대한 논쟁을 불러일으켰다. 그럼에도 불구하고 비밀번호 관리자의 인기가 높아짐에 따라 다양한 솔루션이 제공되고 있다.

최근 《PC 매거진PC Magazine》에서 평가한 일부 비밀번호 관리자는 [표 8-2]와 같다. 가장 높은 순위의 일부 비밀번호 관리자와 무료 비밀번호 관리자를 함께 제시했다. 무료 비밀번호 관리자는 대개 상업적으로 이용 가능한 비밀번호의 톤다운 버전이지만 일부는 오픈 소스이다.

표 8-2 비밀번호 관리자의 예

비밀번호 관리자	웹사이트
1Password	https://1password.com/
Dashlane	https://www.dashlane.com
Keeper Password Manager & Digital Vault	https://keepersecurity.com/
Password Boss	https://www.passwordboss.com/
Sticky Password	https://www.stickypassword.com/
무료 비밀번호 관리자(대개 유료 버전도 있음)	**웹사이트**
Bit Warden	https://bitwarden.com
LastPass	https://www.lastpass.com
LogMeOnce Password Management Suite	https://www.logmeonce.com

출처: Rubenking, N., and B. Moore. 2020. "The Best Password Managers for 2020." *PC Magazine*, July 1. https://www.pcmag.com/picks/the-best-password-managers

이중 인증

사이버 보안 전문가는 모두에게 보안을 제공할 수 있는 최선의 방법을 찾기 위해 노력하고 있다. 지난 몇 년 동안 인기를 얻은 방법 중 하나는 **이중 인증**two-Factor Authentication(2FA)이다. 이중 인증을 사용하면 사용자 이름과 비밀번호를 사용하는 것에 더하여 애플리케이션이나 장치에 로그인하는 단계를 추가할 수 있다. 즉 또 다른 보안 계층을 추가하는 것이다. 이 추가 단계의 인증 요소는 신뢰할 수 있는 장치의 앱(예: Google Authenticator, Microsoft Authenticator, Cisco Duo), 보안 토큰, 전화나 문자 메시지, 일회성 확인 코드 등이다.

우리가 현재 사용하고 있는 많은 애플리케이션은 이중 인증을 허용한다. 예를 들어 애플의 경우 애플 아이디를 다양한 로그인에 사용한다. 구글, 링크드인LinkedIn, 아마존, 일부 은행 및 온라인으로 서비스에 액세스하는 대규모 조직은 대부분 일종의 이중 인증을 사용한다. 이 책의 저자 중 두 명이 속한 대학은 시스템에 액세스할 때 이중 인증을 요구하는데, 그것은 선택이 아니라 필수이다.

바이러스 차단

바이러스는 조직에서 가장 널리 퍼진 보안 위협 중 하나로, 바이러스 문제 해결에 필요한 지원 인력의 시간과 관련된 비용을 과소평가해서는 안 된다. 다행히도 오늘날의 컴퓨터 백신은 사용이 매우 간편하고 최신 상태가 유지된다. 바이러스에는 특정한 비트 패턴, 즉 시별자가 있다는 것을 상기하라. 컴퓨터 백신은 파일과 시스템에서 이러한 식별자나 변형을 찾아내고, 발견된 바이러스를 제거하거나, 바이러스에 감염된 파일을 격리하거나, 문제가 있는 파일을 삭제할 수 있다. 이 소프트웨어는 로드된 이메일과 파일을 열기 전에 바이러스를 탐지할 수도 있다. 새로운 바이러스가 확인되면 전문가가 이를 해독하고 보호 조치를 작성하는 데 보통은 24시간도 걸리지 않는다. 그러나 바이러스는 온라인에서 사용 가능한 몇 가지 도구로 쉽게 작성할 수 있다. 컴퓨터 백신 공급업체 중 하나인 시만텍은 현재 컴퓨터 바이러스가 100만 개 이상 존재한다고 밝혔다.

안타깝게도 대부분의 컴퓨터 백신은 주로 반응형이다. 기존 바이러스 또는 소프트웨어 데이터베이스에 보관된 옛날 바이러스와 유사한 바이러스만 탐지한다. **동작 기반 안티바이러스 보호 도구**behavioral-based antivirus protection tool라고 하는 최신 바이러스 보호 도구는 단순한 바이러스 서명 대신 프로그램에서 의심스러운 동작을 찾는다. 그러나 가장 중요한 보호 조치 중 하나는, 소프트웨어를 업데이트하고 알 수 없는 실행 파일을 컴퓨터에 다운로드하지 않도록 사용자를 교육하는 것이다.

생체 인식

사용자를 인증하고 시스템, 데이터, 애플리케이션에 대한 액세스를 제어하는 데 사용되는 또 다른 보안 방법은 인간의 특성을 이용하여 개인을 인식하는 **생체 인식**biometrics이다. 가령 특정 데이터에 액세스하려면 비밀번호가 담긴 카드와 지문이 있어야 하는 것과 같이, 소유와 지식에서 더 나아가 생체 인식을 함께 사용하여 강력한 보안을 제공할 수 있다. **지문 인식**fingerprint recognition은 생체 인식 기술의 대표적인 예이다. **생리학적 생체 인식**physiological biometrics(신체적 특성을 이용하는 것) 또는 **행동적 생체 인식**behavioral biometrics(행동을 이용하는 것)으로 분류되는 몇 가지 생체 인식 기술이 있다. 이러한 보안 솔루션을 [표 8-3]에 간략하게 정리했다.

표 8-3 생체 인식 솔루션의 예

생리학적 생체 인식	설명
지문 인식	사람 손끝의 능선과 계곡(세부 사항)을 분석한다.
안면 인식	얼굴의 특징이나 패턴을 분석한다.
손가락 기하학 인식	손가락의 3D 형상을 분석한다.
손 기하학 인식	손가락 길이, 손 너비 등 손의 기하학적 특징을 분석한다.
홍채/망막 인식	홍채의 특징(패턴) 또는 망막의 정맥 패턴을 분석한다.
DNA 인식	개인의 DNA에서 세그먼트를 분석한다.
냄새 인식	개인의 냄새를 분석한다.
음성 인식(화자 인식)	화자(말하는 사람)의 신원을 확인하기 위해 음성을 분석한다. 음성 인식(말하고 있는 것)과 다르다.
귀 인식	귀의 모양을 분석한다.
행동적 생체 인식	**설명**
서명 인식	서명을 분석한다. 정적 서명 인식은 스캔된 서명 또는 잉크 서명을 저장된 서명과 비교하고, 동적 서명 인식은 서명뿐만 아니라 필압점(이름을 쓸 때 펜을 얼마나 누르는지)을 분석한다.
보행 인식	개인의 보행 형태나 걸음걸이를 분석한다.
키스트로크 인식	개인의 키보드 입력 리듬과 패턴을 분석한다.

사법 기관은 범죄자를 식별하기 위해 오래전부터 지문을 이용해왔다. 오늘날 많은 노트북에는 액세스를 제한하거나 비밀번호를 대체하기 위한 지문 인식 스캐너가 장착되어 있다. 모든 사람의 홍채가 고유하기 때문에 홍채 스캔은 최고의 보안을 제공한다. 미국 이민국에서는 비시민권자에게는 지문 인식을 사용하고, 신뢰할 만한 여행자임을 증명하는 특수 카드를 소지한 여행자에게는 홍채 스캔을 사용한다. 또한 영국 정부는 모든 사람의 귀 모양이 다르기 때문에 방대한 귀 관련 데이터베이스를 보유하고 있다.

학습 활동 8-5

PC의 생체 인식

[표 8-3]의 생체 인식 솔루션을 살펴보고 인터넷을 활용하여 다음 질문에 답하라.

1. 인증을 제공하기 위해 PC에서 구현할 수 있는 생체 인식은 무엇인가?
2. 기업에서 사용할 수 있는 추가 생체 인식은 무엇인가?
3. 사물 인터넷 맥락에서 사용할 수 있는 추가 생체 인식은 무엇인가?

최근 몇 년 동안 모바일 기기에서의 생체 인식 사용이 크게 증가했다. 최신 스마트폰은 비밀번호 대신 지문으로 전화기를 켤 수 있다. **안면 인식**facial recognition뿐만 아니라 홍채 인식을 지원하는 기기도 등장했다. 예컨대 BioID(mobile.bioid.com)는 안면 인식을 통해 스마트폰에 인증을 제공한다. 즉 '얼굴 로그인'으로 애플리케이션에 로그인할 수 있다.

생체 인식은 **인증**authentication 또는 **식별**identification 중 하나로 사용된다. 일대일 매칭이라고도 하는 인증의 목표는 개인과 저장된 생체 인식 데이터를 일치시키는 것이다. 노트북의 지문 인식이 대표적인 예이고, 최근의 모바일 생체 인식도 여기에 해당한다. 일대다 매칭이라고도 하는 식별의 목표는 저장된 생체 인식 데이터를 사용하여 전체 개인 모집단에서 개인을 식별하는 것이다. 입국하는 범죄자를 식별하기 위해 공항에서 사법 기관의 얼굴 데이터베이스를 토대로 안면 인식을 사용하는 것을 예로 들 수 있다. [그림 8-5]와 [그림 8-6]은 각각 인증 과정과 식별 과정을 보여준다.

그림 8-5 생체 인식의 인증

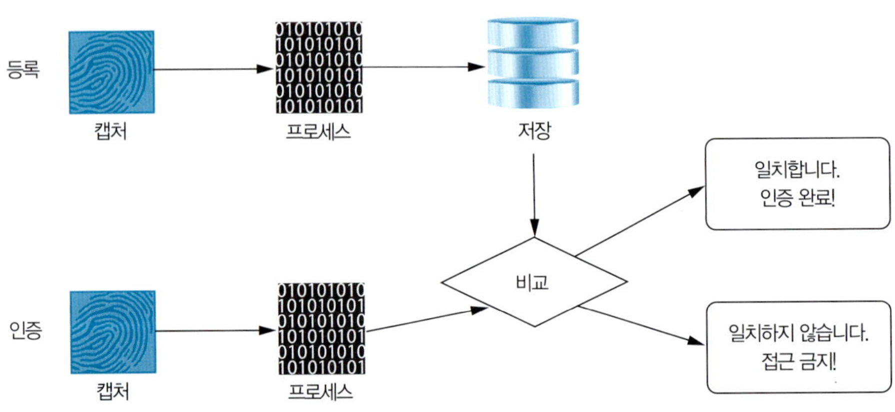

그림 8-6 생체 인식의 식별

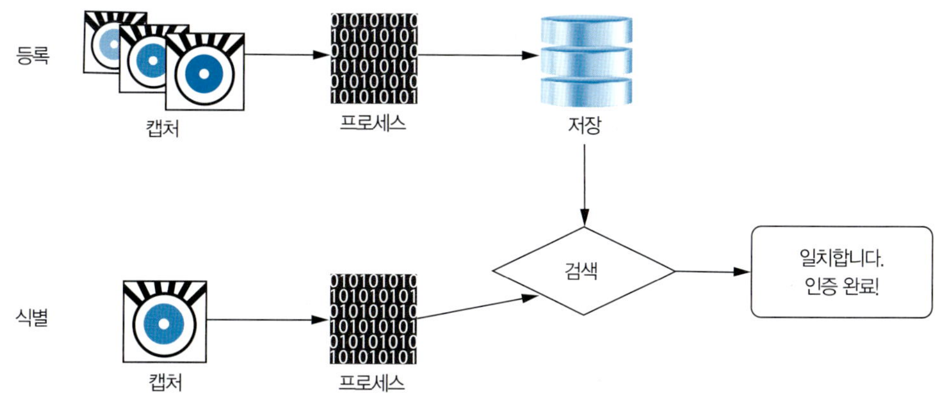

방화벽

[학습 활동 8-1]에서 온라인 도구를 사용하여 컴퓨터의 보안을 테스트했다. 그 소프트웨어는 컴퓨터가 자신에 대한 정보를 드러내고 있는지, 열린 포트 또는 실행 중인 소프트웨어 애플리케이션이 있는지를 찾는다. 이러한 잠재적 문제에 대한 최선의 보호 방법은 **방화벽**firewall이다. 컴퓨터의 방화벽이 실행 중이고 최신 상태라면 컴퓨터는 자신을 '은밀한(외부에 드러나지 않는) 존재'로 나타내야 한다.

방화벽은 조직의 네트워크, 애플리케이션, 컴퓨터 안팎의 액세스를 제어하는 컴퓨터 또는 라우터이다. 방화벽이라는 용어는 건축의 방화벽(내화성 재료로 지은 벽)에서 유래했다. 건물의 한 방에서 화재가 발생하더라도 방화벽이 있으면 다른 방으로 번지지 않는다. 이와 마찬가지로 컴퓨터 보안에서 방화벽은 [그림 8-7]과 같이 조직의 네트워크나 컴퓨터에 드나드는 전송

그림 8-7 방화벽

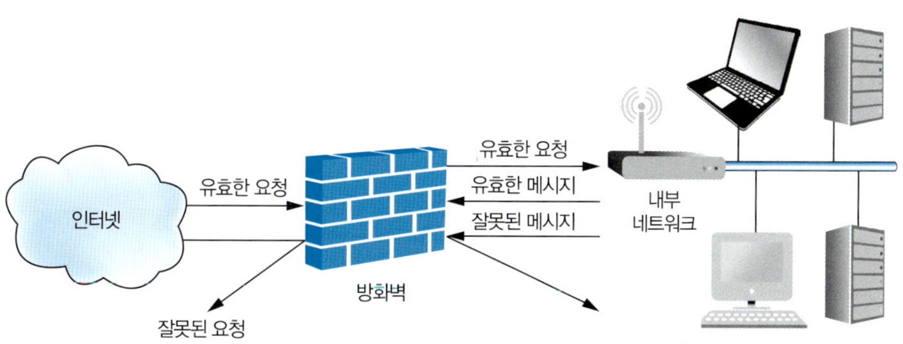

을 제어한다.

조직 안팎으로의 액세스를 제어하는 방법에 따라 여러 가지 유형의 방화벽이 있다. [표 8-4]에 다양한 방화벽의 유형을 정리했다.

표 8-4 방화벽의 유형

유형	설명	특징
패킷 수준 방화벽(스크리닝 라우터 방화벽 포함)	네트워크 수준에서 작동하는 방화벽으로, 일련의 규칙을 따르는지 확인하기 위해 데이터 패킷 내의 정보를 확인한다. 예를 들어 패킷의 소스 IP 주소가 '허용 가능한' 컴퓨터에서 온 경우 방화벽은 대상 주소도 유효한 내부 IP 주소라고 가정하고 메시지를 통과시킨다.	플러딩 공격 및 기타 서비스 거부와 같은 대부분의 기본적인 공격을 방지한다. 정교한 공격은 이를 우회할 수 있다. 패킷 필터링은 정적이거나 동적일 수 있다. 정적 필터링은 미리 결정된 규칙을 사용하여 전송 요청을 처리하며, 동적 필터링은 긴급 이벤트를 처리하고 필요에 따라 규칙을 업데이트할 수 있다.
세션 추적 방화벽	내부 시스템과 외부 시스템 간의 현재 연결을 검사하여 트래픽 허용 여부를 결정한다.	더 발전되었지만 더 많은 처리 능력이 필요하다.
애플리케이션 계층 방화벽(예: 프록시 서버)	애플리케이션에 대한 액세스를 확인하기 위해 애플리케이션 계층에서 작동하는 방화벽이다. 사용자는 (외부에서) 조직 내부 애플리케이션에 액세스하기 전에 방화벽에 로그인해야 한다.	설치와 관리가 더 복잡하다. 통신 속도가 느려지지만 패킷 수준 방화벽보다 더 나은 보안을 제공한다.
방화벽 배치	**설명**	**특징**
스크리닝 서브넷 방화벽	조직 내 부서 또는 사업부 간에 사용되는 방화벽이다.	조직은 이를 사용하여 부서의 데이터를 격리하고 더 강력한 방어 및 심층 방어를 제공할 수 있다.
경계 방화벽	조직의 내부 네트워크와 컴퓨터에 대한 액세스를 보호하는 데 사용되는 방화벽이다.	대부분의 정의에서 일반적으로 참조되는 방화벽의 유형이다.
호스트(개인) 방화벽	일반적으로 컴퓨터나 서버에 설치된 소프트웨어 형태의 방화벽이다.	심층 방어를 제공하기 위해 다른 컴퓨터뿐만 아니라 모든 컴퓨터에 적합한 옵션이다.

방화벽은 훌륭한 보안 도구이지만 모든 보안 위협을 막을 수는 없다. 예를 들어 적절한 대상 및 소스 주소가 있는 메시지에 첨부된 바이러스나 휴대용 저장 장치를 통해 개인이 들여온 바이러스와 같은 공격으로부터 조직을 보호할 수 없다. 또한 방화벽은 해커가 보안되지 않은 컴퓨터를 악용하는 것을 막을 수 없고, 불만을 품은 직원이 중요한 정보를 복사하는 것을 막을 수 없으며, 직원이 안전하지 않은 노트북, USB 드라이브 또는 스마트폰을 잃어버리는 것을 막을 수 없다. 그럼에도 불구하고 방화벽은 조직의 주요 방어선에 포함된다. 심층 방어 원칙

에 따라 [그림 8-8]과 같이 조직의 여러 위치에 각기 다른 방화벽을 구현해야 한다.

그림 8-8 심층 방어를 위한 방화벽 아키텍처

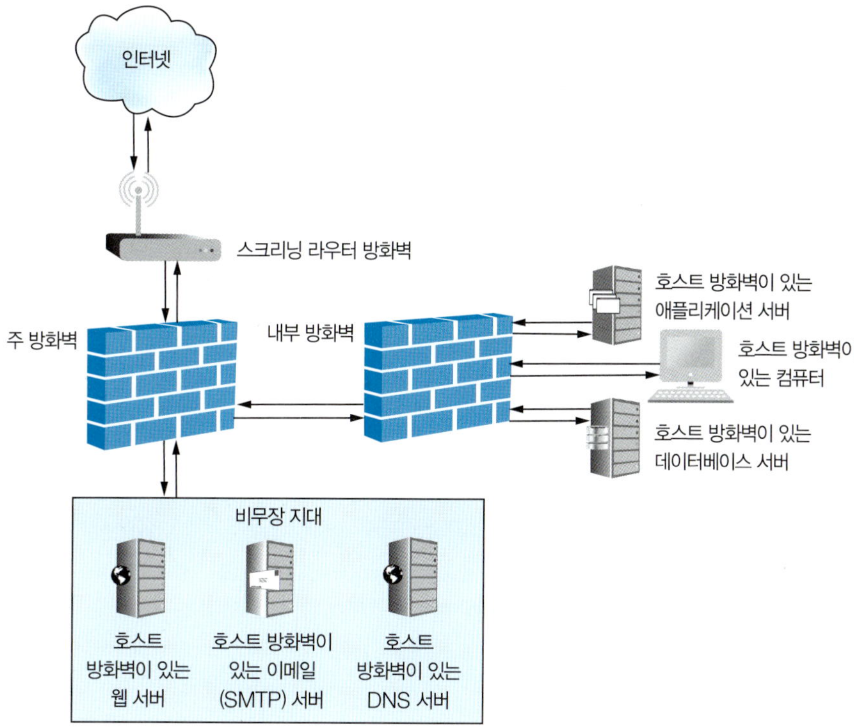

데이터 렌더링: 암호화

암호화encryption는 메시지나 데이터를 읽을 수 없도록 수학적 알고리즘을 사용하여 정보를 뒤섞고 변환하는 것이다. 원본 메시지를 **일반 텍스트**plaintext, 변환되거나 읽을 수 없는 텍스트를 **암호문**ciphertext이라고 한다. 암호문을 다시 일반 텍스트로 변환하는 것은 **복호화**decryption이며, 메시지를 변환하는 데 사용되는 알고리즘을 **암호**cipher라고 한다. **암호화 키**encryption key 또는 **복호화 키**decryption key는 암호화 도구의 적절한 사용자만 알고 있어야 한다.

[학습 활동 8-6]에 사용된 암호는 매우 단순하다. 암호화에 사용되는 암호는 훨씬 더 복잡하고 알고리즘이 복잡하다(단순히 숫자와 문자를 추가하는 것이 아니다). 암호화 기술의 강도는 키의 길이와 관련이 있다. 일반적으로 키의 길이는 키가 가진 비트 수로 표현된다. 키의 비트 수가 클수록 암호가 더욱 안전하다. 이 비트 수가 클수록 가능한 비트의 조합이 더 많기 때

문에 깨뜨리기가 더 어렵다. 오늘날 상업용으로 사용되는 키는 256비트 이상이다. 기술이 발전함에 따라 64비트 키는 하루 안에 해독될 수 있는 것으로 추정된다. 당연히 256비트 또는 1,024비트 키가 훨씬 더 안전하다.

학습 활동 8-6

암호 해독

보안 기술이 데이터, 애플리케이션, 시스템에 대한 모든 무단 액세스를 막을 수는 없다. 중요한 데이터의 추가 보호를 제공하는 한 가지 방법은 암호화를 이용하는 것이다. 암호화에 대해 자세히 알아보기 전에 무엇이 데이터를 읽을 수 없게 만드는지 살펴보자.

1. 일반 텍스트와 암호문이 다음과 같을 때 암호는 무엇인가?
   - 일반 텍스트: a b c d e f g h I j k l m n o p q r s t u v w x y z
   - 암호문: b c d e f g h I j k l m n o p q r s t u v w x y z a
2. 암호를 사용하여 'computer lab closed'를 변환하라.
3. 다음과 같이 키를 선택하여 만든 암호로 'Fun for Spring Break'를 변환하라.
   - 숫자 1~5를 선택한다.
   - 부호 + 또는 −를 선택한다.
   - 기호 !, @, #, $, %, ^, &, *를 선택한다.
   - 이 암호를 사용하여 인코딩하라. 선택된 부호와 숫자를 사용하여 원래 문자를 암호화하고, 공백은 선택된 기호로 대체한다.
4. 결과를 다른 학생들과 비교하라.

숫자로 이해하기 8-1

보안 정책 위반

보안이 조직의 최우선순위인 경우에도 이메일 암호화, 방화벽, 제한된 액세스, 자동 로그오프 시스템과 같은 보안 제어를 우회하는 등 보안 정책을 따르지 않거나 위반 방법을 찾는 직원이 있다. 실제로 직원의 20%는 항상 조직의 보안 정책을 따르지 않는다. 규정을 준수하지 않는 직원은 엄격한 암호와 같은 정책을 따르는 것이 불편하거나, 직장에서 사용하는 모든 장치를 관리하는 것이 비현실적이기 때문이라고 말한다. 또한 이러한 직원은 56세 이상보다 밀레니얼 세대와 Z세대일 가능성이 세 배 더 높다.

출처: Anonymous. 2020. "20% of Workers Don't Follow Company Security Policies All the Time." *Security Magazine*, August 5. https://www.securitymagazine.com/articles/92992-of-workers-dont-follow-company-security-policies-all-the-time

암호화의 유형

오늘날 사용되는 암호화 시스템의 주요 유형은 [그림 8-9]와 같이 두 가지이다. 시스템이 데이터를 암호화하고 복호화하는 것은 동일한 키가 발급되는지 여부를 기반으로 한다. **비대칭 암호화**asymmetric encryption에서는 두 개의 키가 사용된다. 메시지를 암호화하는 데 사용되는 공개 키는 암호화된 메시지를 주고받으려는 사람이나 시스템에 전송된다. 누구나 공개 키를 사용하여 수신자를 위해 메시지를 암호화할 수 있으며, 수신자는 자신의 개인 키를 사용하여 해당 메시지를 해독한다. 공개 키와 개인 키는 연결되지만(**키 쌍**key pair 형성) 수신자만 개인 키를 가지게 된다. 따라서 키 중 하나를 누구와도 공유할 수 있으므로 공개 키 암호화public key cryptography라고도 한다.

그림 8-9 비대칭 암호화와 대칭 암호화

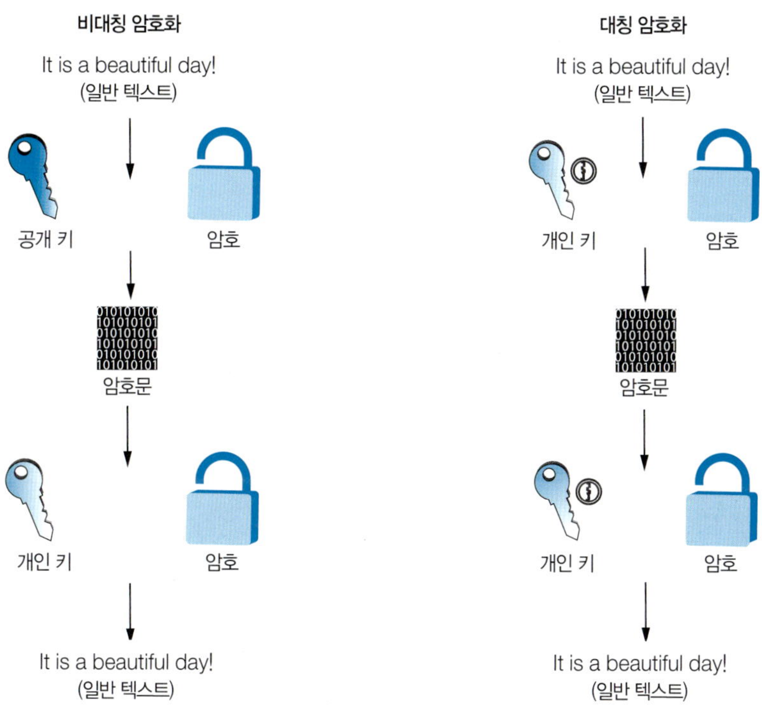

대칭 암호화symmetric encryption에서는 동일한 키를 사용하여 데이터를 암호화하고 복호화한다. 이 경우 개인이나 조직이 메시지를 해독할 수 있기 때문에 개인은 암호화 키를 누구와 공유할지 매우 주의를 기울여야 한다. 대칭 암호화는 매우 효율적이지만, 양 당사자가 키를 알고 있

고 다른 사람은 알면 안 된다. 따라서 문제는 다른 사람이 키를 가로채지 않게 하면서 키를 배포하는 방법이다. 상호 작용하려는 상대방에게 비밀 키를 배포하는 데 사용되는 공개 키 암호화와 다른 종류의 암호화를 함께 사용하는 것이 이 때문이다. 비밀 키를 수신하면 양 당사자가 알게 되기 때문에 대칭 암호화에 사용할 수 있다. 한편 암호화는 데이터 전송 이상의 용도로 사용될 수 있다. 즉 서버와 컴퓨터의 데이터를 보호하는 데 암호화를 사용할 수 있다. 예를 들어 PC의 데이터를 암호화하면 적절한 키 없이는 아무도 액세스할 수 없다.

암호화에서의 데이터 및 전송 보안을 위한 애플리케이션이 많이 나와 있다. 그중 하나인 **VPN**Virtual Private Network은 인터넷과 같은 개방형 유선 네트워크를 사용하지만 암호화와 기타 보안 기능을 통해 보안 채널을 제공하는 연결로, 먼 곳에 있는 직원이 조직에 안전하게 접속하는 데 자주 사용된다. VPN은 암호화를 통해 작동한다. 조직 내부 망에 접속하려는 직원은 VPN 접속을 요청하고, 비밀 정보를 입력하면 직원의 컴퓨터가 조직의 서버와 암호화된 세션을 설정한다(이를 핸드셰이크handshake라고 한다). 두 컴퓨터가 비밀 키(해당 세션에서만)를 공유하면 VPN 연결이 끊어질 때까지 모든 전송이 암호화된다.

웹과 신용카드 보안

암호화는 전자상거래에서 정보를 보호하는 데에도 사용된다. 온라인 쇼핑을 하고 신용카드 정보를 입력해야 할 때 보통은 웹사이트가 안전하다는 것을 나타내기 위해 URL에서 자물쇠 아이콘이나 https://를 찾는다. 자물쇠 아이콘을 더블클릭하면 베리사인VeriSign과 같은 인증서 발급 기관이 웹사이트에 발급한 보안 인증서가 표시된다.

[그림 8-10]은 브라우저 애플리케이션의 인터넷 옵션에 있는 샘플 인증서이다. 이 인증서에는 보안 웹페이지에 연결할 때 브라우저로 전송되는 공개 키가 포함되어 있다. 그러면 브라우저는 비밀 키를 생성하고 공개 키 암호화를 사용하여 서버로 보낼 수 있다. 서버만이 (개인 키를 통해) 이 정보를 해독할 수 있기 때문이다. 서버가 비밀 키를 수신하면 브라우저와 서버는 이 비밀 키(세션 키session key)를 사용하여 안전하게 통신할 수 있다. 전송은 현재 세션이 삭제될 때까지 암호화된다.

칩 기술이 적용된 신용카드의 등장은 전자 결제의 주요 변화 중 하나이다. 유로페이Euro Pay, 마스터카드MasterCard, 비자Visa는 칩 카드 표준 및 기술을 개발하기 위해 협력하여 자기 띠를 칩으로 대체했다. 이 카드는 접촉식 칩(칩 판독기에 삽입됨) 또는 비접촉식 기술(탭앤드고tap-and-go 신용카드라고도 함)을 통해 사용할 수 있다. 이러한 기술을 사용하면 신용카드에 내장

그림 8-10 보안 인증서의 예

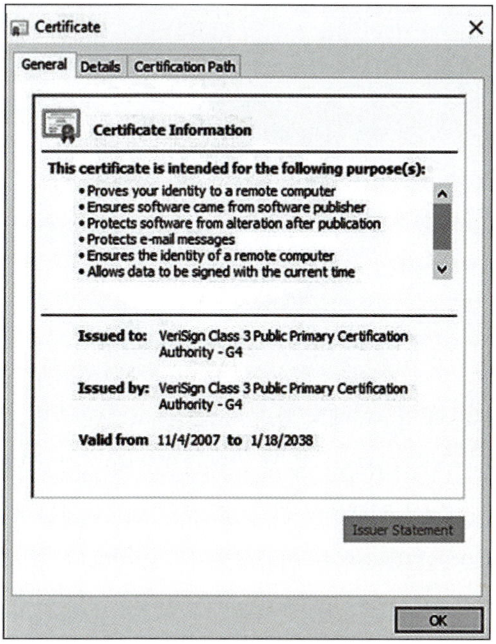

된 칩에 데이터를 저장할 수 있는데, 여기에는 **NFC**Near Field Communication가 사용된다. 그러면 데이터가 하드웨어 및 소프트웨어 보안 조치로 보호된다. 예를 들어 확인 방법을 카드 자체에 프로그래밍하여 수락 또는 거부 결정을 보다 동적으로 할 수 있다.

무선 보안

점점 더 많은 사람이 인터넷에 장치를 연결하고 무선 네트워크를 통해 조직에 접속하기 때문에 무선 보안과 관련된 추가 문제에 대해 간단히 살펴보려 한다. 사실 지금까지 다룬 모든 보안 솔루션은 무선 환경에서 사용할 수 있다. 그러나 무선 네트워크는 일반적으로 '전파'를 통해 통신을 브로드캐스팅하기 때문에 장치에 물리적으로 연결되지 않더라도 가로챌 수 있어 보안 위협에 더욱 취약하다.

무선 네트워크를 보호하는 최고의 방법은 암호화이다. 무선 암호화의 표준은 다양하며, 미국에서 가장 널리 사용되는 표준은 **WEP**Wired Equivalent Privacy와 **WPA**Wi-Fi Protected Access이다. WEP는 오래된 암호화 알고리즘으로, 오늘날에는 적절한 지식과 소프트웨어 도구를 사용하여 몇 분 안에 쉽게 해독할 수 있다. WPA는 WEP보다 강력한 암호화 알고리즘이며, 이후 훨

학습 활동 8-7

사물 인터넷 보안

사물 인터넷 보안에 관한 동영상(https://www.youtube.com/watch?v=IQkRscixagM)을 시청하고, 이 장에서 제시한 보안 위협과 보안 솔루션을 참조하라. 그리고 집단을 이루어 다음 활동을 수행하라.

1. 동영상에 등장하는 사물 인터넷 보안 위협을 모두 확인하라.
2. 각각의 사물 인터넷 보안 위협에 대응할 수 있는 보안 솔루션은 무엇인가?
3. 중요도에 따라 보안 솔루션의 순위를 매기라.

이 장에서 설명한 솔루션을 결합하여 적절한 사물 인터넷 보안을 제공할 수 있다.

씬 더 강력한 암호화 알고리즘을 제공하고 대부분의 라우터에서 널리 사용되는 WPA2로 업그레이드되었다. WPA2는 암호화에 256비트 키를 사용하므로, 홈 무선 네트워크를 설정할 때 자신의 기기가 WPA2 암호화를 지원하는 경우 그것을 선택해야 한다. 홈 무선 네트워크를 추가로 보호하는 방법은 네트워크 이름(SSID)의 브로드캐스팅을 비활성화하는 것이다. 이렇게 하면 네트워크 이름을 아는 사람만 네트워크를 찾고 연결할 수 있다(WPA2, WPA 또는 WEP 암호화 키 정보를 사용하여). 또 다른 방법은 [실제 경영 사례 8-3]을 참고하기 바란다.

보안 정책

오늘날 어느 정도 규모가 있는 조직은 대부분 일반적인 보안 지침에 관한 **보안 정책**security policy을 가지고 있다. 보안 정책은 주로 내부에서 사용되며, 보안 정책을 구현하는 방법에 대해 구체적으로 설명한 **보안 절차**security procedure가 포함되어 있다. 보안 절차의 예를 들자면 "모든 사용자는 2개월마다 비밀번호를 변경해야 한다"이다. 관련 보안 절차에는 비밀번호를 변경하기 위해 취해야 할 단계에 대한 설명도 포함된다. 또한 사용자가 2개월마다 비밀번호를 변경하도록 강제하는 자동화 시스템이 포함될 수 있으며, 사용자가 강력하지 않은 비밀번호를 입력하려고 시도하는 경우의 조치를 추가 절차로 포함하기도 한다. 보안 정책에는 명확한 목표, 보안 정책 및 절차의 세부 목록, 절차 시행을 위한 작업 목록이 담겨야 한다.

최상의 보안 정책 및 절차와 사용 가능한 최고의 보안 기술이 있더라도 사용자가 정책 및 절차를 따르지 않거나 기술을 적절히 사용하지 않으면 조직의 보안이 불안해진다. 따라서 보안 교육 및 훈련이 매우 중요하다. 사용자는 관련 위험, 사용 가능한 도구, 필요한 보안 활동을 수행하지 않았을 때의 결과를 알고 있어야 한다.

실제 경영 사례 8-3

가정용 무선 네트워크 보호에 대한 전문가의 조언

한때 홈 네트워크는 가정용 컴퓨팅에 사용되었으며, 재택근무를 하는 사람들과 집을 사무실로 사용하는 사업가들이 주로 이용했다. 그러나 오늘날에는 가정의 고속 광대역 연결 증가, (COVID-19 팬데믹에 따른) 원격 근무의 필요성으로 인해 재택근무가 크게 증가하고 있다. 따라서 가정의 무선 네트워크 보안을 강화해야 할 필요성도 커졌다. 그렇다면 어떻게 해야 할까? 물론 WPA2를 통한 암호화 사용은 좋은 출발이지만, 또 어떤 조치를 취해야 할까? 전문가들은 열두 단계를 제안하는데, 다음은 여섯 가지 주요 단계이다.

1. SSID(Service Set IDentifier), 즉 홈 네트워크 이름을 변경한다. 기본으로 설정된 이름은 사용자가 사용 중인 라우터의 유형을 해커에게 알려줄 수 있기 때문이다.
2. 라우터의 기본 비밀번호는 해킹당할 수 있으므로 강력하고 고유한 네트워크 비밀번호를 설정한다.
3. WPA2를 사용한다.
4. 집에 없을 때는 라우터를 끈다.
5. 집 중앙에 라우터를 배치하여 외부에 많이 닿지 않게 한다.
6. 라우터의 관리자 비밀번호를 강력한 비밀번호로 변경한다.

그 밖의 단계로는 라우터의 기본 IP 주소 변경, DHCP(Dynamic Host Configuration Protocol) 끄기, 라우터 소프트웨어 최신 상태 유지, 방화벽 설치, 네트워크의 장치 자체 보호 등이 있다.

출처: Rijnetu, I. 2019. "12 Steps to Maximize Your Home Wireless Network Security." *Heimdal Security*, April 18. https://heimdalsecurity.com/blog/home-wireless-network-security/

학습 활동 8-8

보안은 어디에?

보안 위협과 솔루션이 어떻게 대응되는지 알아보자. 보안 위협과 정보 보안의 목표를 사용 가능한 보안 솔루션에 매핑하기 위해 다음과 같은 정보로 표를 만들라.

1. 1열: 주요 보안 위협을 모두 나열하라.
2. 2열: 각각의 보안 위협을 해결할 수 있는 보안 솔루션을 모두 나열하라.
3. 3열: 2열에 나열한 각각의 보안 솔루션이 충족하는 보안 목표를 제시하라.

단원 요약

이 장에서는 정보 보안에 대해 알아보았다. 먼저 정보 보안의 정의를 살펴보고 정보 보안에 대한 위협, 정보 보안과 관련된 기술 및 솔루션을 다룬 뒤 정보 보안 정책으로 마무리했다. 이 장에서 설명한 주요 내용은 다음과 같다.

- 보안 도구 및 정책이 해결해야 하는 세 가지 주요 목표는 기밀성, 무결성, 가용성이다. 기밀성은 권한이 있는 개인만 정보나 데이터에 접근할 수 있는 것을 말한다. 그리고 무결성에는 데이터가 일관되고 완전함을 확인하는 것이 포함된다. 가용성은 필요할 때 시스템 또는 데이터를 사용할 수 있도록 보장하는 것을 의미한다. 또 다른 목표는 인증과 부인 방지이다. 인증은 관련 당사자가 자신이 누구인지 그리고 거래, 데이터 또는 통신이 거래 당사자로부터 발생한 것인지를 확인하는 것이다. 부인 방지는 웹 판매자와의 거래를 거부하는 것과 같이 당사자가 의무를 어길 수 없게 하는 것을 말한다.
- 정보 보안의 중요한 목표인 기밀성, 무결성, 가용성 중 하나 이상을 대상으로 하는 여러 범주의 정보 보안 위협이 있다. 무단 액세스는 세 가지 목표 모두에 영향을 미친다. 무단 액세스 위협은 누군가가 시스템 또는 데이터에 불법적으로 접근하는 것을 말한다. 이러한 액세스 권한을 얻는 데 사용되는 방법은 해킹, 암호 공격, 웹 기반 공격, 사회공학, 피싱 등이다. 무단 액세스, 절도, 사기는 가용성과 기밀성을 떨어뜨리고 서비스 거부 공격은 주로 가용성에 영향을 미친다. 서비스 거부 공격은 시스템이 작동하지 않게 하거나, 작동 기능을 제한하거나, 데이터를 사용할 수 없게 만드는 위협으로, 멀웨어·컴퓨터 공격과 같은 의도적인 행위, 백업을 잊어버리는 것과 같은 부주의한 행위, 자연재해로 인해 발생할 수 있다. 또한 사물 인터넷의 상호 연결성으로 인해 모든 위협의 발생 가능성이 증가함으로써 이에 따른 보안 위협도 커지고 있다.
- 보안 솔루션 및 도구(보안 제어라고도 함)는 예방 제어, 탐지 제어, 시정 제어로 구분할 수 있다. 예방 제어의 목표는 보안 위협의 발생을 애초에 막거나 제한하는 것이고, 탐지 제어의 목표는 보안 위협이 발생하는 위치와 시기를 찾아내는 것이며, 시정 제어의 목표는 보안 문제가 발생한 후 손상을 복구하는 것이다. 보안 솔루션은 물리적 솔루션과 논리적 솔루션으로 구분할 수도 있다. 물리적 액세스 제어는 시스템, 애플리케이션 또는 데이터에 대한 물리적 액세스를 보호하는 보안 솔루션이며, 논리적 액세스 제어에는 허가된 사용자나 시스템의 액세스만 허용하여 시스템, 애플리케이션 또는 데이터에 대한 액세스를 보호하는 보안 솔루션이 포함된다. 물리적 액세스 제어에는 랩톱용 잠금장치, 컴퓨터실과 백업 스토리지용 보안실 출입 통제가 포함될 수 있고, 논리적 액세스 제어에는 사용자 프로필, 생체 인식, 방화벽, 암호화, 바이러스 차단, 무선 보안이 포함된다.
- 다양한 보안 솔루션이 있다. 사용자 프로필의 경우 사용자에게 아이디(스스로 선택하거나 조직이 부여)와 일련의 권한으로 구성된 프로필을 할당해야 하며, 이중 인증은 사용자가 애플리케이션이나 장치에 로그인하는 단계를 추가한다. 생체 인식은 인간의 특성을 이용하여 개인을 인식하고 액세스 권한을 부여하거나 개인을 식별한다. 방화벽은 조직의 네트워크, 애플리케이션, 컴퓨터 안팎의 액세스를 제어하는 컴퓨터 또는 라우터이며, 암호화는 메시지나 데이터를 읽을 수 없도록 수학적 알고리즘을 사용하여 정보를 뒤섞고 변환하는 것이다. 컴퓨터 백신은 바이러스가 실행되는 것을 방지하기 위해 파일과 시스템에서 바이러스 서명을 찾는다. 무선 보안에서의

주요 보호는 WEP, WPA, WPA2와 같은 암호화 알고리즘을 통해 이루어진다.

- 보안 정책에는 명확한 목표, 보안 정책 및 절차의 세부 목록, 절차 시행을 위한 작업 목록, 일반적인 보안 지침이 포함된다.
- 위험 관리는 조직이 처할 수 있는 보안 위험을 식별 및 평가하고 우선순위를 정하여 위험을 감수하거나, 보안 보호에 투자하여 그러한 위험을 완화 또는 방지하거나, 보험을 들어 다른 조직과 보안 위험을 공유할지를 결정하는 프로세스이다.

학습 정리 질문

1. 보안의 세 가지 주요 목표와 두 가지 추가 목표를 간략히 설명하라.
2. 서비스 거부 공격이란 무엇인가? 어떤 종류의 이벤트가 서비스 거부 공격으로 이어질 수 있는가?
3. 무단 액세스 위협이 어떻게 발생할 수 있는지 설명하라.
4. 예방 제어, 탐지 제어, 시정 제어를 정의하고, 각 유형의 두 가지 예를 들라.
5. 생체 인식의 다양한 목적은 무엇이고, 어떻게 작동하는가?
6. 방화벽이란 무엇이고, 어떻게 작동하는가?
7. 이 장에서 설명한 두 가지 유형의 암호화는 무엇이고, 둘은 어떻게 다른가?
8. 컴퓨터 백신은 어떻게 작동하는가?
9. 무선 보안에 필요한 주요 단계는 무엇인가?
10. 보안 정책과 보안 절차란 무엇이고, 둘은 어떤 관련이 있는가?

생각해보기

1. 이 장에서 배운 내용 중 가장 중요한 것은 무엇인가? 그것이 왜 중요한가?
2. 잘 이해되지 않는 주제는 무엇인가? 어떤 내용이 잘 이해되지 않는가?
3. 다음 보안 위협에 대해 예방 제어, 탐지 제어, 시정 제어를 각각 하나씩 제시하라.
   - 바이러스가 조직의 인트라넷에 영향을 미친다.
   - 해커가 회사의 데이터베이스 서버에 있는 소비자 데이터에 접근하여 사기를 저지른다.
   - 불만을 품은 직원이 회사 컴퓨터에서 영업 비밀을 훔친다.
   - 건설 노동자가 회사 건물로 들어오는 데이터 통신 및 전기 케이블을 끊는다.
4. 생체 인식 기술 중 식별에 더 많이 사용되는 것은 무엇이고, 확인에 더 많이 사용되는 것은 무엇인가? 그 이유를 설명하라.
5. 컴퓨터 백신에 하드드라이브 검사를 요청하면 어떤 작업이 이루어지는지 설명하라.

6. 암호화된 메시지를 보내려는 친구가 공개 키와 개인 키를 모두 알려달라고 한다면 어떻게 할지, 왜 그렇게 하려는지 설명하라. 친구에게 무엇을 보내야 하며, 어떻게 보낼 것인가? 그것이 중요한 이유는 무엇인가?
7. 방화벽이 조직을 보호하지 못하는 보안 위협을 세 개 이상 나열하고 그 이유를 설명하라.
8. VPN은 네트워크인가, 보안 도구인가? 그 이유를 설명하라.
9. 7장에서 살펴보았던 다양한 유형의 네트워크 아키텍처에 대한 가장 심각한 보안 문제는 무엇인가?
10. 조직이 보안 위험을 완화하는 대신 수용하기로 결정한 경우도 위험 관리로 볼 수 있는가? 그 이유는 무엇인가?

추가 학습 활동

1. 인스타그램과 같은 SNS를 이용할 때 처할 수 있는 모든 보안 위협을 파악하라. 보안 위협의 목록, 각 보안 위협의 추정 심각도(낮음, 중간, 높음), 해당 SNS의 보안 위협 해결 방법에 대한 제안을 표로 정리하라.
2. 개인이 이메일, 하드드라이브 또는 모바일 기기에 사용할 수 있는 암호화 소프트웨어를 조사하라. 주요 공급업체의 다양한 기능과 개인 사용자의 비용을 정리한 표를 만들고, 제품 중 하나를 선택하여 사용해보라. 선택한 제품의 장단점에 대해 학생으로서 그리고 그것을 사용하고자 하는 기업에 대해 설명하라.
3. 대학의 보안 정책을 찾아보고 주요 구성 요소를 확인한 뒤 다음 질문에 답하라.
   a. 어떤 보안 위협이 언급되는가?
   b. 보안 정책에 어떤 보안 기술이 포함되어 있는가?
   c. 특정 보안 정책과 보안 절차의 예를 각각 하나씩 들라.
   d. 학생의 보안 정책 준수를 확인할 책임이 있는 사람은 누구인가?
   e. 보안 정책을 따르지 않으면 어떻게 되는가?
4. 3번에서 찾은 보안 정책을 SANS(http://www.sans.org/security-resources/policies/)에서 제공하는 보안 정책 템플릿과 비교하라.
5. A. S. Horowitz의 2001년 7월 9일 자 기사인 〈10대 보안 실수〉(http://www.computerworld.com/article/2582953/security0/top-10--security--mistakes.html)를 읽어보라. 10대 보안 실수를 각각 간략히 설명하고 다음 질문에 답하라.
   a. 10대 보안 실수의 현재 상황은 어떠한가?
   b. 왜 더 이상 개선되지 않는가?
   c. 이러한 보안 실수에 대응하는 기술의 역할은 무엇인가?
6. 워너크라이(Wannacry)라는 랜섬웨어를 조사하라. 그 역사, 주요 피해자, 기업이 이러한 랜섬웨어의 표적이 되지 않도록 전문가가 제안하는 조치에 대한 리포트를 작성하라.
7. 대학 웹사이트, 아이비경영대학원 경영 사례 웹사이트(https://www.iveycases.com) 또는 하버드경영대학원 사례 웹사이트(https://hbsp.harvard.edu/home/)에서 구하거나 강사가 제공하는 보안 위반 사례를 분석하라.

8. 컴퓨팅 기술이 변화함에 따라 정보 보안 위협도 증가하고 있다. 스피어 피싱과 지능형 지속 위협 등 위협의 현황을 조사하여 4개의 열로 이루어진 표를 만들고, 이에 대해 토론하라. 1열에는 신종 위협의 이름을 기입하고, 2열에는 이러한 신종 위협의 정의를 정리한다. 또한 3열에서는 신종 위협이 이 장에서 설명한 기존 위협을 기반으로 어떻게 구축되는지 식별하고, 4열에는 신종 위협이 기존의 위협과 다른 점을 정리한다.

9. 7장에서 BYOD에 대해 알아보았다. 기업의 BYOD에는 많은 장단점이 있는데, 자주 언급되는 단점 중 하나는 보안이다. 기업의 BYOD와 관련하여 지금까지 발생한 보안 문제를 자세히 조사하여 짧은 리포트를 작성하라.

10. 대학 도서관에서 구하거나 강사가 제공하는 사이버 스파이 관련 사례를 분석하라.

참고 문헌

Chirgwin, R. 2017. "Windows 10 Bundles a Briefly Vulnerable Password Manager." *The Register*, December 18. https://www.theregister.co.uk/2017/12/18/windows_10_bundles_vuln/.

Sonicwall. 2020. "2020 Sonicwall Cyber Threat Report." *Sonicwall.com*. https://www.sonicwall.com/2020-cyber-threat-report/.

용어 사전

DNA 인식: 개인의 DNA에서 세그먼트를 분석하는 생체 인식 솔루션

NFC: 4cm(1.5인치) 이하 거리에 있는 전자 기기의 저속 연결 표준

VPN: 인터넷과 같은 개방형 유선 네트워크를 사용하지만 암호화 등의 보안 기능을 통해 보안 채널을 제공하는 연결

WEP: 무선 네트워크의 라우터와 무선 장치 또는 컴퓨터에 알려진 사전 공유 키를 통해 설정된 암호화를 사용하는 프로토콜

WPA: 무선 보안을 위한 강력한 최신 암호화 알고리즘으로, WPA2는 업그레이드된 최신 버전임

가용성: 필요할 때 시스템 또는 데이터를 사용할 수 있도록 보장하는 것

감사 로그: 잠재적인 해커를 탐지하기 위해 예기치 않은 동작을 스캔하는 프로그램

개인 방화벽: PC에 설치된 방화벽

경계 방화벽: 조직의 내부 네트워크와 컴퓨터에 대한 액세스를 보호하는 데 사용되는 방화벽

기밀성: 권한이 있는 개인만 정보나 데이터에 접근할 수 있는 것

논리적 액세스 제어: 허가된 사용자나 시스템의 액세스만 허용하여 시스템, 애플리케이션 또는 데이터에 대한 액세스를 보호하는 보안 솔루션

다형 바이러스: 다른 컴퓨터로 이동할 때마다 탐지를 피하기 위해 스스로 식별자를 변환하는 바이러스

대칭 암호화: 데이터를 암호화하고 복호화하는 데 동일한 키를 사용하는 암호화

동작 기반 안티바이러스 보호 도구: 단순한 바이러스 서명 대신 프로그램에서 의심스러운 동작을 찾는 프로그램

동적 서명 인식: 서명뿐만 아니라 필압점(이름을 쓸 때 펜을 얼마나 누르는지)을 분석하는 생체 인식 솔루션

랜섬웨어: 바이러스, 무단 액세스 또는 피싱을 통해 피해자의 컴퓨터에 설치되는 소프트웨어로, 일단 설치되면 올바른 비밀번호를 제시할 때까지 컴퓨터의 데이터를 암호화함

루트킷: 파일 추가·삭제·복사와 같이 시스템의 모든 것에 접근할 수 있게 하는 소프트웨어

매크로 바이러스: 명령을 삽입하여 문서를 감염시키는 바이러스

멀웨어: 바이러스, 웜, 랜섬웨어 등 해커가 사용하는 모든 유해한 컴퓨터 프로그램을 가리키는 용어

무결성: 데이터가 일관되고 완전함

물리적 액세스 제어: 시스템, 애플리케이션 또는 데이터에 대한 물리적 액세스를 보호하는 보안 솔루션

바이러스: 원치 않는 기능을 수행하도록 설계된 컴퓨터 프로그램

바이러스 서명: 바이러스를 식별할 수 있는 특정한 비트 패턴

바이러스 허위 경보: 사람들이 퍼뜨리는 가짜 바이러스 경고

방화벽: 조직의 네트워크, 애플리케이션, 컴퓨터 안팎의 액세스를 제어하는 컴퓨터 또는 라우터

백도어: 해커가 손상된 시스템에 마음대로 다시 접근할 수 있는 방법

보안: 보안 위협으로부터 보호하는 것

보안 수준: 저장된 정보를 보호하는 데 사용되는 기술과 정책의 계층

보안 위협: 정보나 시스템의 기밀성, 무결성, 가용성에 부정적인 영향을 미칠 가능성이 있는 모든 이벤트 또는 상황

보안 절차: 보안 정책을 구현하는 방법을 설명한 것

보안 정책: 조직의 일반적인 보안 지침을 정리한 것

복호화: 암호문을 다시 일반 텍스트로 변환하는 것

복호화 키: 암호화된 메시지를 원본 메시지로 변환하는 데 사용되는 키

부인 방지: 웹 판매자와의 거래를 거부하는 것과 같이 당사자가 의무를 어길 수 없게 하는 것

분산 서비스 거부(DDos) 공격: 수많은 컴퓨터가 서비스 거부 공격에 사용되는 것

블록체인: 거래를 추적할 수 있지만 거래 당사자 간의 신뢰가 필요하지 않아 익명성을 제공하는 네트워크

비대칭 안보전: 한쪽은 모든 수단을 동원하여 스스로를 보호해야 하지만 다른 쪽(공격자)은 단 하나의 약점만 찾으면 되는 것

비대칭 암호화: 암호화를 위한 공개 키와 복호화를 위한 개인 키를 사용하는 암호화

비트코인: 블록체인을 기반으로 관련 거래를 추적하는 암호화폐

사용자 프로필: 사용자에게 아이디, 비밀번호와 일련의 권한으로 구성된 프로필이 할당되는 보안 솔루션

사이버 보안: 정보, 장치, 네트워크 등 모든 전자 형태를 보호하는 것

사전 공격: 여러 언어의 다양한 사전에 있는 모든 단어를 숫자와 함께 조합하여 비밀번호를 찾는 것

사회공학: 사람들을 속여 보안 정보를 제공하게 하는 것. 피싱이라고도 함

생리학적 생체 인식: 개인을 식별하기 위해 신체적 특성을 이용하는 것

생체 인식: 인간의 특성을 이용하여 개인을 인식하고 액세스 권한을 부여하는 기술

서비스 거부(Dos) 공격: 시스템이 작동하지 않게 하거나, 작동 기능을 제한하거나, 데이터를 사용할 수 없게 만드는 위협

소유: 개인이 신분증을 소지하는 것

손가락 기하학 인식: 손가락의 3D 형상을 분석하는 생체 인식 솔루션

스니퍼: 전송을 모니터링하고 승인되지 않은 데이터를 캡처하는 소프트웨어

스크리닝 서브넷 방화벽: 조직 내 부서 또는 사업부 간에 사용되는 방화벽

스텔스 바이러스: 바이러스 스캐너가 탐지할 수 없도록 자신의 비트 패턴을 변경하는 바이러스

스파이웨어: 사용자가 컴퓨터에서 수행하는 모든 작업을 사용자 몰래 캡처하는 바이러스

스팸: 한 번에 많은 사람에게 이메일을 보내거나, 원치 않는 상업성 이메일을 보내거나, 어떤 PC 또는 네트워크를 대상으로 수많은 메시지를 보내는 것

스푸핑: 다른 사람(또는 컴퓨터)으로 위장하여 시스템에 들어가 승인되지 않은 데이터를 무단으로 수집하는 것

시정 제어: 보안 문제가 발생한 후 손상을 복구하기 위한 제어

식별(생체 인식): 저장된 생체 인식 데이터를 사용하여 전체 개인 모집단에서 개인을 식별하는 것

심층 방어: 여러 계층의 보안 보호를 마련하는 것

안면 인식: 얼굴의 특징이나 패턴을 분석하는 생체 인식 솔루션

암호: 일반 텍스트를 암호화하고 복호화하는 데 사용되는 알고리즘

암호 크래커: 잊어버린 암호를 복구하는 데 사용되는 소프트웨어

암호문: 암호화되어 읽을 수 없는 메시지

암호화: 메시지나 데이터를 읽을 수 없도록 수학적 알고리즘을 사용하여 정보를 뒤섞고 변환하는 것

암호화 키: 암호화된 메시지로 변환하는 데 사용되는 키

애플리케이션 계층 방화벽: 사용자가 (외부에서) 조직 내부 애플리케이션에 액세스하기 전에 방화벽에 로그인하도록 요구하여 애플리케이션에 대한 액세스 권한을 확인하는 방화벽

열린 포트: 통신의 맥락에서 트래픽을 수용하도록 구성된 포트(특정 애플리케이션)

예방 제어: 보안 위협의 발생을 애초에 막거나 제한하기 위한 제어

웜: 사용자의 개입 없이 네트워크 전체에 전파되는 바이러스

위험 관리: 조직이 처할 수 있는 보안 위험을 식별 및 평가하고 우선순위를 정하여 위험 감수·완화·방지·공유를 결정하는 프로세스

위협 벡터: 기밀성, 무결성, 가용성에 대한 공격을 수행하는 데 사용되는 방법

이중 인증(2FA): 2단계 인증이 필요한데, 첫 번째 단계에는 일반적으로 사용자 이름과 비밀번호가 필요하고, 두 번째 단계에는 신뢰할 수 있는 장치의 앱, 보안 토큰, 문자 메시지, 일회성 확인 코드와 같은 인증 요소가 필요함

인증: 관련 당사자의 신원을 확인하는 과정

인증(생체 인식): 개인과 저장된 생체 인식 데이터를 일치시키는 것

일반 텍스트: 암호화되기 전의 원본 메시지

절도 및 사기 위협: 절도나 사기 행위로 인한 시스템 또는 데이터 손실과 관련된 위협

정보 보안: 무단 액세스·사용·공개·중단·수정·파괴와 같은 보안 위협으로부터 정보 시스템 및 데이터를 보호하기 위해 마련된 일련의 보호 조치

정적 서명 인식: 스캔된 서명 또는 잉크 서명을 저장된 서명과 비교하는 보안 유형

지문 인식: 사람 손끝의 능선과 계곡(세부 사항)을 분석하는 보안 유형

지식: 개인이 액세스 권한을 얻기 위해 무언가를 알아야 한다는 것

최소 권한의 원칙: 사용자가 작업을 완료하는 데 필요한 최소한의 정보에 접근할 수 있는 권한만 부여하는 액세스 제어 형식

컴퓨터 백신: 파일과 시스템에서 바이러스 서명이나 변형을 찾는 프로그램

키 로거: 사용자가 키보드에서 수행하는 모든 키 입력을 로그 파일에 기록하는 소프트웨어 또는 하드웨어

키 쌍: 연결된 공개 키와 개인 키

탐지 제어: 보안 위협이 발생하는 위치와 시기를 찾아내기 위한 제어

트로이 목마: 합법적인 파일에 포함된 바이러스

특성: 시스템 또는 데이터에 접근하는 데 필요한 인간의 신체적·행동적 특성

패킷: 메시지 전송을 위해 네트워크를 통해 흐르는 작은 데이터 단위

패킷 수준 방화벽: 데이터 패킷의 소스 IP 주소를 확인하여 액세스를 제어하는 방화벽으로, 스크리닝 수준 방화벽이라고도 함

핵티비즘: 인간의 대의명분을 증진할 수 있는 정보를 찾으려는 해커의 유형을 가리키는 용어

행동적 생체 인식: 인간의 행동을 이용한 생체 인식

호스트 방화벽: 컴퓨터나 서버에 설치된 소프트웨어 형태의 방화벽

CHAPTER

09

기밀 유지 및 정보 프라이버시

학습목표

- 다양한 정보 프라이버시 위협을 이해할 수 있다.
- 정보의 기밀성과 프라이버시 보호에 사용되는 기술 및 솔루션을 파악할 수 있다.
- PAPA 프레임워크의 요소인 정보 프라이버시를 이해할 수 있다.
- 정보 프라이버시와 정보 보안의 관계를 설명할 수 있다.

정보 프라이버시의 정의와 위협

정보 프라이버시privacy of information는 서비스를 이용하는 개인에 대해 조직이 수집한 기밀 정보를 의미한다(Van Slyke와 Bélanger, 2003). 또한 자신에 대한 정보를 통제할 수 있는 능력으로 정의할 수도 있다(Bélanger, Hiller와 Smith, 2002). 개인의 관점에서 정의하면 정보 프라이버시는 자신에 대한 데이터를 통제하거나 영향력을 행사하려는 욕구를 의미한다(Bélanger와 Crossler, 2011).

이러한 정보 프라이버시는 개인과 조직 모두에게 매우 중요한 개념이다. 친구가 내 허락을 구하지 않고 페이스북이나 트위터에 나에 관한 글을 올린다면 정보 프라이버시 문제에 직면하게 된다. 이러한 행동은 단순히 친구 관계가 조금 껄끄러워지는 정도로 끝난다. 그러나 사회에 나가면 근로자, 전문가, 관리자가 매일 엄청난 양의 정보에 접근하고 처리하는 것을 볼 수 있으며, 조직에서 정보 프라이버시의 개념을 더욱 신중하게 인식해야 한다는 것을 깨닫게 될 것이다. 따라서 모든 사람은 자신의 정보 프라이버시뿐만 아니라 고객, 직원, 사업 파트너, 학생, 부모, 자녀 등 타인의 정보 프라이버시에도 관심을 가져야 한다.

주목할 만한 사례

익명성에 대한 인식

인터넷 서비스 공급업체와 이메일 서비스는 우리가 온라인에서 말하고 행동하는 많은 내용을 추적할 수 있으며, 실제로 추적하고 있다. 여기서 중요한 문제는 그들이 해당 정보를 사용하는지 여부이다. 온라인에서 일부 서비스를 사용하기 위해 '동의함'을 클릭한 적이 있지 않은가? 그러한 경우 정확히 무엇에 동의하는 것인지 알고 있는가?

검색 또는 브라우징 전에 우리의 개인 정보가 제거되었더라도 우리의 정보가 제삼자에게 판매되고 있다. 즉 우리의 개인 정보는 생각만큼 '익명'이 아닐 수도 있다. 또한 신용카드 회사에서 수집한 우리의 구매 습관 정보는 어떤가? 신용카드 회사는 개인 정보 가운데 무엇을 팔 수 있을까? 익명으로 거래된 여러 정보가 결합되면서 문제가 발생할 수 있다. 오늘날 메타데이터(metadata)라고 불리는 대규모 데이터 세트에 대한 '마이닝'을 통해 개인의 특성과 관련된 패턴을 쉽게 찾을 수 있다. 심지어 '익명 데이터'를 만들기 위해 개인 정보를 제거한 경우에도 마찬가지이다. 몇 가지 예를 살펴보자.

2020년에 하버드대학의 두 학생이 수업 과제로 '익명화'된 데이터를 분석하는 도구를 개발했다. 그들이 개발한 도구는 익스피리언(Experian), 마이헤리티지(MyHeritage) 등의 다양한 개인 정보 유출 사고로 노출된 정보를 검색하고 이를 통합함으로써, 익명으로 유출된 데이터를 '비익명화'할 수 있었다.

이 두 학생은 비익명화를 시도한 최초의 인물이 아니다(Bode, 2020). 2019년에 영국 연구자들은 익명화된 데이터 세트에서 개인을 식별할 수 있는 통계 모델을 개발했다. 이들이 개발한 모델은 고작 15개의 속성(예: 이메일 주소, 사용자 이름, 주소)을 사용하여 미국인의 익명화된 데이터 세트로부터 99.98%의 개인을 식별할 수 있었다. 이들은 2017년에 마케팅 분석 회사가 실수로 유출한 1억 2,300만 미국 가구의 익명 데이터(248개의 속성으로 이루어짐)를 예로 들면서 15개의 속성이 매우 적은 것이라고 주장했다(Bushwick, 2019).

오늘날에는 특히 스마트폰과 태블릿으로 위치 정보가 수집되는 것이 흔한 일이다. 구글 지도(위치 정보 전송을 허용하도록 설정한 경우)를 사용하는 두 사용자에 대한 익명 데이터로부터 얼마나 많은 정보를 알아낼 수 있는지 파악하기 위한 연구가 수행되었다(Pangburn, 2017). 연구를 시작한 지 며칠 만에 연구자는 수집된 위치 정보와 주택담보대출, 링크드인, 구글 거리뷰 등 공개적으로 사용 가능한 정보를 조합하여 한 사용자를 정확히 식별할 수 있었고(사용 가능한 모든 종류의 개인 정보 파악), 다른 사용자는 매우 근접하게 식별할 수 있었다(사는 곳, 일하는 곳과 같은 정보 파악). 그리고 2013년에 두 대학에서 실시한 모바일 사용자에 대한 연구에 따르면 15개월간의 위치 데이터를 활용하여 150만 명 가운데 95%를 정확하게 식별할 수 있었다고 한다(Pangburn, 2017).

스탠퍼드대학과 프린스턴대학의 연구는 익명화된 소셜 네트워킹 데이터에도 위치 데이터와 동일한 문제가 존재한다고 밝혔다(Bode, 2020). MIT의 학생이 주도한 또 다른 연구에서는 1만 개 매장에서 3개월 동안 사용된 110만 명의 신용카드 거래 데이터를 활용했다. 이 연구에서는 거래 날짜, 청구 금액, 매장명만 사용할 수 있었다(Singer, 2015). 이름이나 계좌번호를 사용할 수 없었기 때문에 거래 데이터는 익명화된 것이었으나, 트위터나 인스타그램과 같은 사이트에서 공개적으로 사용 가능한 정보를 포함한 4개의 무작위 정보를 사용하여 해당 신용카드 사용자의 90%를 식별할 수 있었다.

생각해보기

1. 위의 사례에서 공개적으로 사용 가능한 데이터는 어떤 역할을 하는가?
2. 브라우징 또는 검색 습관으로 개인이 식별되면 어떤 결과가 발생할 수 있는가?
3. 인터넷을 사용할 때 프라이버시를 보호하기 위해 무엇을 할 수 있는가?

출처: Pangburn, D. J. 2017. "Even This Data Guru Is Creeped Out by What Anonymous Location Data Reveals about Us." *Fast Company*, September 26. https://www.fastcompany.com/3068846/how-your-location-data-identifies-you-gilad-lotan-privacy; Bode, K. 2020. "Researchers Find 'Anonymized' Data Is Even Less Anonymous than We Thought." *Vice*, February 3. https://www.vice.com/en_us/article/dygy8k/researchers-find-anonymized-data-is-even-less-anonymous-than-we-thought; Singer, N. 2015. "With a Few Bits of Data, Researchers Identify 'Anonymous' People." *New York Times*, January 29. https://bits.blogs.nytimes.com/2015/01/29/with-a-few-bits-of-data-researchers-identify-anonymous-people/; Bushwick, S. 2019. "'Anonymous' Data Won't Protect Your Identity." *Scientific American*, July 23. https://www.scientificamerican.com/article/anonymous-data-wont-protect-your-identity/

데이터 수집, 무단 2차적 사용, 부적절한 데이터 액세스, 데이터 오류 등 정보 프라이버시에 대한 위협은 다종다양하다(Smith, Milberg와 Burke, 1996). 데이터의 부정확성 또는 **데이터 오류**errors in data는 개인(예: 입사 지원자, 대출 신청자)에게 심각한 영향을 미칠 수 있다. **부적절한 데이터 액세스**improper access to data는 8장에서 무단 액세스 위협에 대해 설명했듯이 정보 보안과 더 밀접한 관련이 있다. 그러나 데이터 수집과 무단 2차적 사용으로 인한 정보 프라이버시 위협은 더 자세히 알아볼 필요가 있다.

데이터 수집

개인으로부터 데이터를 수집하는 것은 새로이 등장한 문제가 아니며, 정보 프라이버시의 개념은 이미 몇 세기에 걸쳐 연구되고 논의되었다. 그러나 정보 프라이버시와 관련하여 과거와 현재의 주요 차이점 중 하나는, 의사소통과 정보가 디지털화되면서 더 많은 양의 정보를 더 쉽고 빠르게 수집할 수 있게 되었다는 것이다. 특히 첨단 정보통신 기술의 출현에 따른 **데이터 수집 위협**data collection threat은 이전보다 더 빠른 속도로 더 많은 양의 데이터를 수집·집계·분석할 수 있음을 의미한다. 더 큰 문제는 자신도 알지 못하는 사이에 **쿠키**cookie 등을 통해 데이터가 수집될 수 있다는 것이다. 쿠키는 사용자가 특정 웹사이트를 탐색하거나 특정 웹사이트에 정보를 입력할 때 사용자 또는 사용자의 컴퓨터에 대한 정보가 저장되는 작은 텍스트 파일이며, 이는 사용자의 컴퓨터에 저장된다.

또 다른 은밀한 데이터 수집 방식은 온라인 브라우징 활동을 추적하는 **클릭스트림 데이터**clickstream data이다. 온라인 브라우징 활동 추적은 웹사이트에 접속된 컴퓨터의 IP 주소를 파악하여 해당 컴퓨터가 어느 페이지에 의해 연결되었는지, 현재 페이지 다음으로 이동한 페이지가 무엇인지, 이 웹사이트에 얼마나 자주 접속하는지, 웹사이트에서 실제 구매가 이루어졌는지 등을 파악할 수 있는 소프트웨어에 의해 이루어진다. 판매자는 클릭스트림 데이터를 철저히 분석함으로써 온라인 광고의 성공 여부, 추천 제품, 개별 사용자의 선호도와 관련된 정보를 얻고 맞춤형 광고를 제공할 수 있다. 한편 오프라인 소매점에서는 누구도 자신의 구매 결정 과정을 추적하는 것에 동의하지 않을 것이다. 당신이 대형 마트에서 다양한 제품을 둘러볼 때 누군가가 함께 걸으며 당신을 관찰한다고 상상해보라. 그러나 온라인에서는 소비자에 대한 추적 활동이 정기적으로 일어나고 있다.

오늘날과 같이 상호 연결된 사회에서는 데이터 소스, 데이터 조작 도구, 데이터 수집 웹사이트 등의 확산으로 인해 더 많은 데이터가 활용 가능해졌으며, 그 결과 개인의 정보 프라이버

학습 활동 9-1

프라이버시와 스마트폰

오늘날 대부분의 학생들은 스마트폰을 가지고 있는데, 스마트폰의 설정에 따라 위치 정보가 스마트폰으로 촬영된 모든 사진과 연동될 수 있다. https://www.youtube.com/watch?v=N2vARzvWxwY의 동영상은 이러한 연동이 어떻게 이루어지고, 그것이 의미하는 바가 무엇인지를 보여준다. 동영상을 시청한 후 다음 질문에 답하라.

1. 사진에서 얻을 수 있는 정보로 사람들은 무엇을 할 수 있는가?
2. 누가 사람들에게 이것에 대해 교육해야 하는가?
3. 스마트폰에 위치 태그를 할 수 있는 것으로는 무엇이 있는가?
4. 모든 소비자가 위치 태그 기능을 비활성화하지 않는 이유는 무엇인가?
   - 비활성화하면 안 되는 이유가 있는가?
   - 장단점은 무엇인가?
5. 스마트폰을 제외한 사물 인터넷 기기 중에서 위치 추적이 가능한 것은 무엇인가?

시에 대한 우려가 점점 더 커지고 있다. 지금의 IT를 활용하면 온라인에서 작성된 정보를 데이터베이스로 바로 저장할 수 있다. 기업의 입장에서는 데이터를 즉시 (더 빠르고) 정확하게 (필사 오류 및 인식 불가능한 글자가 없음) 저장할 수 있기 때문에 큰 이점으로 작용한다(Van Slyke와 Bélanger, 2003). 그러나 더 많은 정보가 온라인에 저장됨에 따라 소비자는 자신의 정보가 수집 및 사용되는 방법에 대한 통제력을 상실하는 것을 더욱더 우려하고 있다.

정보 프라이버시는 기업의 중요한 관심사이기도 하다. 소비자 정보를 저장하는 기업의 능력이 향상됨에 따라 기업이 지닌 방대한 소비자 정보는 해커의 표적이 되어 해킹이 끊임없이 발생하고 있다. 한 예로 신용 평가 기관인 에퀴팩스는 2017년에 수억 명의 소비자 정보를 해킹당했다. 해킹된 정보에는 이름, 주소, 생년월일, 사회보장 번호, 운전면허증 번호와 같은 개인 식별 데이터가 포함되었다. 일부 소비자의 경우 신용카드 번호까지 노출되었다. 8장에서 언급했듯이 이 밖에도 많은 대규모 조직이 해킹을 당해 개인 정보가 노출되었다.

또한 사물 인터넷의 부상은 특히 데이터 수집과 관련하여 정보 프라이버시에 대한 새로운 우려를 불러일으키고 있다. 사물 인터넷은 모든 장치가 정보를 수집하고 고도로 상호 연결되어 있기 때문이다. 예를 들어 미국 연방거래위원회Federal Trade Commission(FTC)의 연구에 따르면 1만 가구 미만이 매일 1억 5,000개의 정보를 생성할 수 있다고 한다(Insider Intelligence, 2020).

학습 활동 9-2

정보 프라이버시에 대한 우려

많은 보고서와 연구에서는 개인과 조직이 정보 프라이버시에 대해 품고 있는 다양한 우려 사항을 다루고 있다. 개인과 조직이 전자적으로 정보를 공유하는 것에 대해 얼마나 우려하고 있는지에 대한 통계를 인터넷에서 검색하라. 피트니스 트래커, 스마트홈 스피커, 스마트 온도 조절기, 접촉자 추적기(contract tracing), 기타 사물 인터넷 기기와 관련된 구체적인 우려에 대해서도 검색하라. 그리고 정보 공유와 관련된 이러한 우려를 상쇄할 수 있는 장점을 조사하라. 조사 내용을 리포트로 작성하고 이에 대해 토론하라.

정보의 무단 2차적 사용

정보의 무단 2차적 사용unauthorized secondary use of information은 원래의 수집 목적 이외의 용도로 데이터를 사용하는 것을 말한다. 새로 구입한 디지털카메라의 품질 보증 기간을 등록하기 위해 웹사이트에 입력한 개인 정보를 사용하여 다른 제품의 마케팅 광고를 해당 개인에게 보내는 것이 그러한 예이다. 정보 프라이버시는 개인 정보의 잠재적인 2차적 사용에 대해서도 일정 수준의 통제권을 갖는 것을 의미한다. 데이터가 수집 목적 이외의 기능에 사용되는 것을 기능 확대function creep라고도 일컫는다.

우리는 웹사이트에서 정보의 무단 2차적 사용에 대한 옵션으로 **옵트인**opt in 또는 **옵트아웃**opt out 중 하나를 선택할 수 있다. 옵트인을 선택하는 경우에는 기업으로부터 특별한 거래나 정보를 수신하는 것과 같은 데이터 수집 목적과는 다른 이유로 데이터가 사용될 수 있다는 것에 대해 구체적으로 동의를 구해야 한다. 그리고 옵트아웃을 선택하는 경우에는 자신의 데이터를 다른 사람들과 공유하거나 다른 목적으로 사용하는 것을 원치 않는다고 기업에 알려야 한다. 그런데 여기에 함정이 있다. 옵트아웃 선택을 해제하기 위해 체크박스를 클릭해야 하는 경우도 있고, 체크박스를 클릭하지 말아야 하는 경우도 있다는 것이다. 만약 선택을 해제하지 않으면 기업이 개인의 정보를 공유하거나 사용하는 데 동의하는 셈이다.

요컨대 정보 수집 및 사용이 규제되지 않을 때, 특히 미국에서는 자신(또는 타인)의 정보를 보호할 책임이 있다. 그러나 위험을 인식하지 못하거나 자신의 정보를 보호하는 방법을 모르는 사람이 많다. 사람들은 편리함 또는 개인화된 온라인 경험을 얻기 위해 개인 정보 제공을 선택하기도 한다. 그러나 이러한 선택의 정도는 나라에 따라 다를 수 있다.

숫자로 이해하기 9-1

모니터링에 대한 인식

[주목할 만한 사례]는 온라인상에서 우리가 생각만큼 익명의 존재가 아님을 보여주었다. 많은 사람은 자신이 정부의 감시를 받는다는 사실을 알고 있는 것 같다. 예를 들어 Pew Internet & American Life Project에 따르면 미국인의 72%는 온라인상에서 자신이 행한 모든 활동 또는 대부분의 활동을 기업이 추적한다고 믿으며, 47%는 정부도 그것을 추적한다고 믿는다(Auxier 등, 2019). 이 조사 결과는 연령과 인종에 따라 약간의 차이가 있었는데, 정부가 자신의 온라인 또는 휴대폰 활동을 감시한다고 믿는 비율이 노년층(50~64세의 44%, 65세 이상의 30%)보다 젊은 층(18~29세의 59%)이 높게 나타났으며, 흑인(60%)과 히스패닉(56%)이 백인(43%)보다 높게 나타났다.

출처: Auxier, B., L. Rainic, M. Anderson, A. Perrin, M. Kumar, and E. Turner. 2019. "Americans and Privacy: Concerned, Confused and Feeling Lack of Control over Their Personal Information." *Pew Research Center*, November 15. https://www.pewresearch.org/internet/2019/11/15/americans-and-privacy-concerned-confused-and-feeling-lack-of-control-over-their-personal-information/

학습 활동 9-3

프라이버시 피자

'프라이버시 피자(Privacy Pizza)'라는 동영상(https://www.aclu.org/ordering-pizza)을 시청하고 정보 및 기술의 유형에 대한 다음 질문에 답하라.

1. 식별 가능한 다양한 유형의 정보에 대한 접근이 통제되고 있다고 생각하는가?
2. 피자 가게(회사)가 동영상에 언급된 IT를 보유할 가능성이 얼마나 되는가?
3. 동영상에서 언급된 상황이 자신에게 발생하지 않게 하려면 어떻게 해야 하는가?
4. COVID-19 팬데믹 또는 세계적으로 정보 공유가 필요한 상황이라면 이 동영상에서 제시된 것과 같은 중앙 집중식 정보 수집이 괜찮다고 생각하는가?

프라이버시 침해의 결과

개인 수준의 결과: 신원 도용

어떤 사람이 사기를 저지르기 위해 다른 사람의 개인 정보를 도용한다면 도용당한 사람은 심각한 피해를 입을 수 있는데, 이것이 바로 **신원 도용**identity theft의 개념이다. 최근 몇 년 동안 신원 도용 사례가 크게 증가했다. 연방거래위원회는 2019년에 미국에서 650,572명이 신원 도용 피해를 입었으며, 신원 도용에 대한 신고(연방거래위원회에 신고된 전체 건수의 20.3%)가 다른 어떤 유형의 신고보다 많다고 보고했다(FTC, 2020). 또한 연방거래위원회의 연구에 따르면 스마트폰을 사용하여 전자적으로 지불할 수 있는 기능이 등장함에 따라 거래가 발생하는 곳에서 돈을 도난당할 가능성도 높아지고 있다.

이러한 첨단 신원 도용 방법 외에도 개인 정보가 포함된 지갑, 우편물, 기타 문서를 훔쳐 신원을 도용하는 저차원적 방법으로부터 자신을 보호하는 것이 중요하다. 8장에서 보았듯이 온라인상의 정보 전송은 상대적으로 안전하지만 새로운 모바일 기술이 등장하면서 상황이 바뀌고 있다. 또한 지역 단체가 수집한 개인 정보는 때때로 안전하게 보호되지 않을 수 있다. 신원 도용은 재정적·사회적·정서적 영향 등 여러 가지 부정적인 결과를 초래할 수 있다.

우리는 온라인에서 제품이나 서비스를 구매할 때 자신의 데이터가 도난당할까 봐 걱정하곤 한다. 그러나 앞 절에서도 언급했듯이 실제로는 사기꾼이나 신원 도용자가 보안이 이루어지지 않은 데이터베이스의 대량 정보에 접근하는 데 따른 위험이 더 크다. 불법적 접근으로 획득한 데이터는 종종 암시장에서 재판매된다. 암시장의 규모를 정확히 알 수는 없지만, 여러 연구자와 기관은 암시장에서 거래되는 개인 정보의 가치를 추정하고 있다(이 장의 뒷부분에서 자세히 설명할 것이다). 다음 정보는 얼마에 거래될 것 같은가?

- 보안 코드가 있는 유효한 신용카드 번호
- 개인 식별 번호PIN를 포함한 유효한 은행 계좌 정보

숫자로 이해하기 9-2

신원 도용 사기의 유형

매년 연방거래위원회는 미국에서 발생한 신원 도용과 이를 이용한 사기 사건에 대한 정보를 수집한다. 다음 그림은 2019년 연방거래위원회에 보고된 7대 신원 도용의 유형을 보여준다. 그림에 나타났듯이 신용카드 사기는 가장 빈번한 신원 도용 문제이다.

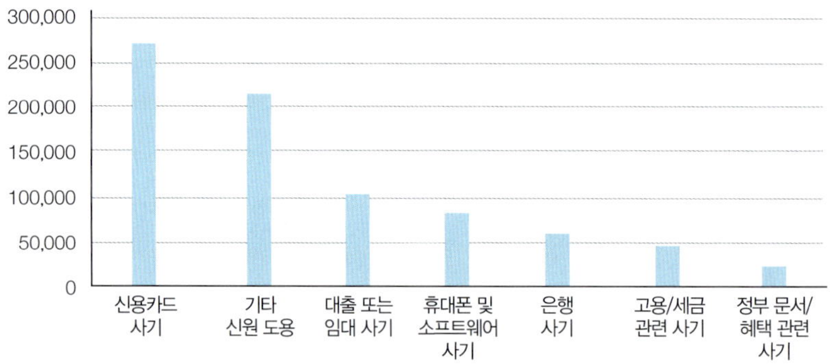

출처: *Data Book 2019*. https://www.ftc.gov/system/files/documents/reports/consumer-sentinel-network-data-book-2019/consumer_sentinel_network_data_book_2019.pdf

- 유효한 주민등록번호
- 완전히 새로운(유효한) 신원

개인이 신원 도용으로부터 자신을 보호하는 가장 좋은 방법은 기본적인 보안 지침과 상식을 따르는 것이다. 신원 도용 피해자를 돕기 위해 설립된 비영리 조직인 Identity Theft Resource Center(http://www.idtheftcenter.org)는 신원 도용에 대한 보호, 도용 발생 시 대처 방법에 관한 매우 유용한 정보를 제공한다.

다음은 권장 조치의 몇 가지 예이다.

- 반드시 필요한 경우가 아니면 주민등록번호를 사용하지 말라.
- 자신에 관한 데이터가 있는 모든 것을 폐기하라.
- 보내는 우편물은 우체국을 통해 발송하거나 우체통에 넣어라.
- 강력한 비밀번호 그리고 가능하면 이중 인증으로 금융 계정을 보호하라.
- 누군가가 당신의 정보를 요구할 때 사진이 부착된 신분증을 요청하고, 당신이 먼저 접촉하지 않는 한 전화, 인터넷 또는 우편을 통해 정보를 제공하지 말라.

숫자로 이해하기 9-3

도난당한 신원을 사고파는 암시장

개인 정보의 가치 때문에 신원 도용이 점점 더 널리 퍼지고 있다. 그러나 개인 정보는 기존의 유통 채널을 통해 판매할 수 없으므로 개인 정보를 사고파는 암시장이 등장했다. 이러한 시장을 흔히 '다크 웹(dark web)'이라고 한다. 예를 들어 2013년에 야후(Yahoo!)가 해킹당했을 때 세 개의 기업 또는 개인이 각각 30만 달러를 지불하고 도난당한 데이터베이스 사본을 구매한 것으로 추정된다. 그중 두 곳은 스패머로 추정된다(Goel과 Perlroth, 2016). 다크 웹에서 이러한 데이터를 얻기는 쉽지 않지만, Sandorf(2020)는 FBI와 Top10VPN의 데이터를 사용하여 그러한 데이터의 추정 가치를 다음 표와 같이 발표했다.

도난당한 정보	가치	도난당한 정보	가치
신용카드	$33.88	우버 계정	$11.22
은행 계좌 정보	$259.56	페이스북 계정	$9.12
아마존 계정	$30.36	매치(Match) 계정	$7.86
여권	$18.45	지메일(Gmail) 계정	$5.87
크레이그리스트(Craiglist) 계정	$4.66		

출처: Goel, V., and N. Perlroth 2016. "Hacked Yahoo Data Is for Sale on Dark Web." *New York Times*, December 15. https://www.nytimes.com/2016/12/15/technology/hacked-yahoo-data-for-sale-dark-web.html; Sandorf, B. 2020. "Identity Theft Report: The Cost of Your Identity on the Dark Web." *Reviews.org*. June 16. https://www.reviews.org/internet-service/how-much-does-it-cost-to-become-you/

- 받은 명세서를 반드시 확인하라.
- 디지털 데이터를 파기할 때 단순 삭제를 넘어 완전히 파기하라.
- 수표를 통해 제공되는 정보가 유출되지 않도록 주의하라.
- 무료 연간 신용 보고서를 요청하고 확인하라.

조직 수준의 결과: 기업의 평판

조직도 정보 프라이버시 위반에 따른 결과가 심각하기는 마찬가지이다. 그러나 조직의 경우에는 두 가지 측면이 있다. 조직은 고객 데이터를 보호할 책임이 있지만, 때로는 고객의 개인 정보를 침해하는 주체가 되기도 하다. 고객의 개인 정보를 보호하지 못한 기업은 평판이 나빠질 수 있다. 기업의 평판이 위태로워진 예는 많다. 예를 들어 2019년에 퍼스트아메리칸 파이낸스First American Financials는 8억 8,500만 개의 파일이 데이터 침해 사건으로 노출되었다고 보고했다. 또한 같은 해에 초이스호텔Choice Hotels의 고객 기록이 70만 개가량 노출되었으며, 어도비 크리에이티브 클라우드Adobe Creative Cloud에서는 700만 개의 기록이 유출되었다. Identity Theft Resource Center는 2019년에 데이터 침해 사건이 전년도에 비해 19% 증가했으며, 매월 데이터 침해가 1,473건 발생했다고 보고했다(ITRC, 2019).

기업은 개인 정보 유출과 관련하여 막대한 비용을 떠안을 수도 있다. 첫째, 기업은 현재와 미래 고객을 잃을 수 있다. 둘째, 데이터 유출을 복구해야 한다. 셋째, 잠재적인 신원 도용 문제로 고객에게 보상해야 한다.

에퀴팩스는 2017년에 발생한 데이터 침해 사건을 해결하기 위해 2020년 초까지 14억 달러에 가까운 비용을 지출했다. 데이터 침해 피해자 1억 4,300만 명에게 모니터링 서비스를 제공하고, 정보 보안 기술에 10억 달러를 투자하고, 소송을 해결하기 위해 3억 8,050만 달러를 확보해야 했다(Viyajan, 2020). 물론 여기에는 사업 보류로 인한 손실이 포함되지 않았다.

끝으로, 유출된 정보가 조직의 특허, 영업 비밀, 기타 지적 재산과 관련된 경우에는 조직에 직접적인 영향을 미칠 수 있다.

정보 프라이버시를 위한 기술 및 솔루션

정보 프라이버시 위협의 광범한 개념을 이해했을 테니 이제 정보 프라이버시 침해 도구이자 보호 도구로서 IT가 수행할 수 있는 특정 역할에 대해 자세히 살펴보자. 그러나 이 절에서 설명하는 도구 중 일부는 도구라기보다는 정보 프라이버시에 대한 접근 방식에 더 가깝다. 예를 들어 웹사이트의 프라이버시 정책은 정책을 만드는 기술이라기보다는 정책의 내용, 정책의 적절한 적용에 관한 것이다. 마찬가지로 프라이버시 보증과 프라이버시 관련 정부 규정은 온라인에서 사용자를 보호하는 방법이지만 기술이라기보다는 기법에 가깝다.

쿠키와 쿠키 관리자

웹사이트는 사용자, 사용자의 계정, 사용자의 컴퓨터에 대한 정보를 일시적으로(때로는 사용자가 컴퓨터를 소유하는 한) 저장하기 위해 사용자의 컴퓨터에 있는 작은 텍스트 파일인 쿠키를 사용하곤 한다. 정보를 입력할 때마다 쿠키에 정보가 저장되며, '이 정보를 기억하시겠습니까?'라고 묻는다.

쿠키는 사용자에게 편의를 제공한다. 즉 정보가 컴퓨터의 쿠키 파일에 저장되어 있기 때문에, 정보가 저장된 웹사이트에 접근하기 위해 계정 정보나 주소를 다시 입력할 필요가 없고, 심지어 비밀번호를 기억할 필요도 없다. 입력되지 않은 정보가 쿠키에 저장될 수도 있다. 예를 들어 웹사이트는 사용자의 IP 주소, 컴퓨터 도메인 이름, 특정 웹페이지에 머문 시간 등과 같은 정보를 기록할 수 있다. 쿠키가 저장된 웹사이트의 주소 범위에 해당하는 주소에 사용자가 접근하면 브라우저는 쿠키에 저장된 모든 정보를 현재 탐색 중인 웹사이트의 서버로 전송한다. 웹에서 사용자의 경험을 개인화하는 데 사용되는 모든 항목은 쿠키 세트를 사용한다.

기술 측면에서 쿠키를 처리하는 많은 옵션이 있다. 가장 간단한 옵션은 인터넷 브라우저에서 설정을 하는 것이다. 개인 정보 설정을 통해 쿠키 허용 여부와 자동으로 수락할 쿠키의 유형을 지정할 수 있다. 컴퓨터를 개인 정보 보호로 설정하면 대부분의 쿠키가 작동하지 않고, 많은 웹사이트에서의 페이지 사용을 허용하지 않는다. 반대로 개인 정보 설정을 너무 약하게 하면 사용자 및 사용자의 컴퓨터에 대한 정보가 거의 저장되어 대부분의 웹사이트에서 사용된다. 적절한 균형은 개인 정보 기본 설정에 따라 다르다.

운영체제와 브라우저마다 쿠키를 처리하는 방법이 다르다. 예를 들어 마이크로소프트 엣지에서는 '설정'으로 이동하여 '개인 정보, 검색 및 서비스'를 선택하고, 여기서 '검색 데이터 지우기'를 사용하여 쿠키와 다운로드 및 검색 기록을 제거할 수 있다. 또한 사용자가 편안하게 브라우저 기록을 추적하는 수준을 결정할 수 있다. 크롬에서는 '설정'으로 이동하여 '개인 정보 보호 및 보안'을 선택하고 '인터넷 사용 기록 삭제'에서 방문 기록, 쿠키 등을 삭제할 수 있다.

무료 또는 유료로 다운로드할 수 있는 **쿠키 관리자**cookie manager도 있다. 이를 통해 저장된 쿠키에 대한 자세한 정보를 얻을 수 있고, 쿠키를 삭제할 수도 있다. 어떤 도구는 웹사이트를 스캔하여 해당 웹사이트가 수집하는 쿠키를 확인할 수 있으며, 어떤 기업이 유럽의 일반 데이터 보호 규정 또는 미국의 개인 정보 보호법을 준수하는지를 확인할 수 있다. [표 9-1]에 다운로드할 수 있는 쿠키 관리자(예: 쿠키에디터)와 쿠키 스캐너(예: 쿠키메트릭스)를 제시했다.

표 9-1 쿠키 관리 도구의 예

도구	웹사이트
쿠키봇(Cookiebot)	https://www.cookiebot.com/en/
쿠키메트릭스(CookieMetrix)	https://www.cookiemetrix.com/
쿠키크롤러(Cookie Crawler)	https://www.consentmanager.net/cookies/
쿠키에디터(Cookie-Editor)	https://cookie-editor.cgagnier.ca/

이 밖에서 웹에서 다양한 도구를 구할 수 있다. 또한 컴퓨터 백신, 멀웨어 예방 프로그램 및 기타 보안 프로그램이 불필요한 쿠키를 자동으로 검사하고 삭제한다.

익명 브라우징

정보 프라이버시에 대한 우려가 커지면서 제안된 한 가지 접근 방식은 익명 브라우징을 사용하는 것이다. 익명 브라우징은 온라인에서 사용자의 행동을 추적하는 것(광고주가 타깃 광고를 위해 자주 사용하는 방식)을 허용하지 않는 방식으로, 컴퓨터·노트북·태블릿·스마트폰에서 가능하다.

인터넷에서 검색할 때 흔적을 덜 남기는 방법이 몇 가지 있다.

첫째, 쿠키를 차단하거나 삭제한다.

둘째, 브라우저가 검색 중인 웹사이트에 위치 정보를 보내지 않도록 설정을 조정할 수 있다. 크롬, 사파리, 파이어폭스에는 이를 위한 특정 설정이 있으며, 마이크로소프트 엣지는 컴퓨터의 개인 정보 설정을 활용할 수 있다.

셋째, 덕덕고DuckDuckGo와 같이 사용자의 개인 정보를 수집하지 않는 검색 엔진을 사용하거나, 검색을 '개인화'하는 설정을 해제할 수 있다. 더 많은 '개인적' 검색 정보를 얻기 위해서는 검색 엔진에 더 많은 개인 정보를 제공해야 하기 때문이다. 구글이 나에 대해 얼마나 알고 있는지를 생각해보라! 또한 페이스북과 같은 SNS가 개인 맞춤형 광고를 제공하지 못하도록 할 수 있지만, 그렇다고 해서 SNS가 사용자를 추적하지 않는 것은 아니다. 이 책의 저자 중 한 사람은 대부분의 브라우저에서 사용할 수 있는 익명 브라우징(예: 크롬의 시크릿 브라우징)을 늘 사용한다. 또한 토어Tor(https://www.torproject.org/)와 같은 비공개 브라우저는 복잡한 개방형 네트워크를 사용함으로써 웹사이트가 웹트래픽을 추적 및 분석할 수 없게 한다.

스마트폰과 태블릿도 비공개 브라우징을 사용하는 방법이 다양하다. 예를 들어 iOS 기기의 사파리 앱은 시크릿 브라우징을 사용하도록 설정할 수 있지만, 개인 정보 설정이 아닌 사파리 내에서 해당 작업을 수행한다. 열려 있는 사파리 창에서 오른쪽 하단의 다중 창 버튼을 클릭

학습 활동 9-4

전 세계 감시 사회

글로벌 관점에서는 프라이버시에 대한 관심과 이러한 관심이 사람들의 의사결정에 미치는 영향이 나라마다 다르다. EMC Privacy Index(http://infographicsagency.com/project/emc-privacy-index/)에서 사용 가능한 다양한 인포그래픽을 살펴보고 다음 질문에 답하라.

1. 사람들은 어떤 상황일 때 자신의 프라이버시를 가장 기꺼이 거래하는가? 가장 거래하지 않으려고 하는 상황은 무엇인가?
2. 사람들이 서비스를 위해 자신의 개인 정보를 가장 많이 교환하는 나라, 가장 덜 교환하는 나라는 각각 어디인가?
3. 프라이버시와 관련된 역설이란 무엇인가? 이러한 역설은 각기 다른 정보 공유 상황에 처한 사람들에게 어떤 영향을 미치는가?

하면 왼쪽 하단에 '비공개' 옵션이 표시되고, 이것을 클릭하면 비공개 브라우징 모드에서 사파리를 설정할 수 있다.

안타깝지만 익명 브라우징으로 자신의 흔적을 숨기려고 해도 여전히 추적될 수 있다. 유럽의 한 언론인과 일부 전문가는 독일인 300만 명의 익명 브라우징 기록을 입수하여 분석했다(Hern, 2017; Price, 2017). 그 결과 30억 개에 가까운 URL에서 사람들이 공개하기를 꺼리는 정보를 포함하여 대부분의 개인 신원과 검색 습관에 대한 특정 정보가 노출된 것을 발견했다.

프라이버시 정책

온라인으로 사업을 운영하는 대부분의 기업에는 프라이버시 정책이 있다. **프라이버시 정책** privacy policy은 고객의 프라이버시와 관련하여 조직의 관행을 기술한 성명서statement이다. 일반적으로 프라이버시 정책에는 다음 정보 중 일부 또는 전부가 포함된다.

- 수집하는 데이터
- 데이터 수집 방법
- 데이터로 수행하는 작업
- 데이터를 수집하는 이유
- 데이터를 공유할 타사 또는 공유하지 않을 타사

- 데이터를 보호하기 위해 취하고 있는 조치
- 보유한 개인 데이터에 당사자가 접근하는 방법과 오류를 수정하는 방법
- 옵트아웃 가능 여부

기업의 프라이버시 정책에 포함된 정보는 일반적으로 연방거래위원회와 기타 여러 조직에서 규정한 **공정한 정보 관행 원칙**Fair Information Practices(FIP) principles을 따른다. 이러한 원칙은 다양한 국가의 많은 연구, 지침, 보고서에서 도출된 것이다. 공정한 정보 관행 원칙은 개인 정보를 다루는 방법에 대한 지침을 제공하며, 여기에는 ① 통지/인식, ② 선택/동의, ③ 액세스/참여, ④ 무결성/보안, ⑤ 시행/구제가 포함된다. [표 9-2]는 공정한 정보 관행 원칙이 어떻게 프라이버시 정책과 연관되는지를 보여준다.

표 9-2 공정한 정보 관행 원칙과 프라이버시 정책의 관련성

공정한 정보 관행 원칙	프라이버시 정책
통지/인식	수집하는 데이터 데이터 수집 방법 데이터로 수행하는 작업 데이터를 수집하는 이유 데이터를 공유할 타사 또는 공유하지 않을 타사
선택/동의	개인 데이터 수집에 대한 당사자의 옵트아웃 가능 여부
액세스/참여	기업이 보유한 개인 데이터에 당사자가 접근하는 방법
무결성/보안	데이터를 보호하기 위해 기업이 취하고 있는 조치
시행/구제	기업이 보유한 개인 데이터의 오류를 당사자가 수정하는 방법

다음 절에서 설명할 프라이버시 보증과 같은 프라이버시 정책은 정보 프라이버시를 위한 **자율 규제**self-regulation 메커니즘으로 간주된다는 점에 유의해야 한다. 이것은 대부분의 기업이 법적으로 프라이버시 정책을 마련할 필요가 없음을 의미한다. 자율 규제는 업계 리더가 정부 규제를 피하기 위한 시도이기도 하다. 기업은 준수해야 할 프라이버시 규칙을 정부가 부과하는 것을 원치 않는다.

기업은 자신의 프라이버시 정책이 사람들에게 충분한 보호를 제공한다고 주장한다. 이러한 주장이 사실인지 알아보려면 먼저 '누가 프라이버시 정책을 읽는가?'라는 질문을 던져야 한다. 연구에 따르면 대부분의 사람들은 웹사이트에 게시된 프라이버시 정책을 읽지 않는다. 그다음 질문은 '프라이버시 정책의 내용을 파악한 사람은 보호받는다고 느낄 수 있는가?', '기업이

> **학습 활동 9-5**
>
> **프라이버시 정책 수립**
>
> 이 활동을 통해 프라이버시 정책의 내용을 탐색할 수 있다. 다음 시나리오에 따라 적절한 정책을 수립하라.
>
> 모교 학생들과 부유한 동창들에게 고품질의 맞춤형 대학 브랜드 의류를 판매하기 시작한 두 친구가 이 일에 동참해달라고 했다. 이들은 당신에게 최고 기술 책임자를 맡아달라고 했고 당신은 열정적으로 합류했다. 당신은 회사의 웹사이트 개발을 담당하는 아웃소싱 업체를 감독하면서 고객 데이터 취급에 관한 프라이버시 정책을 수립해야 한다. 이 정책은 웹사이트 하단에 작게 표시될 것이다.
>
> 1. 다음 웹사이트(또는 온라인에서 찾을 수 있는 다른 도구) 중 하나를 이용하여 프라이버시 정책을 수립하라.
>   - http://privacypolicies.com/
>   - http://www.freeprivacypolicy.com
>   - https://www.shopify.com/tools/policy-generator
> 2. 수립한 정책을 정리하라.
> 3. 정책을 어떻게 만들었고, 어떤 결정을 내려야 했는지에 대해 토론하라.

자체 프라이버시 정책을 따르지 않으면 어떻게 할 것인가?'이다.

연방거래위원회는 프라이버시 정책이 존중되도록 보장할 책임이 있으나 '프라이버시 정책 경찰'은 없다. 연방거래위원회에 불만을 제기하는 것은 소비자의 책임이다. 특정 웹사이트에 대한 불만이 많으면 연방거래위원회가 조사를 벌인다. 따라서 자체 프라이버시 정책을 따르지 않는 기업을 발견한 경우 연방거래위원회 또는 유럽 국가의 프라이버시 및 데이터 보호 규제 기관, 유럽연합 집행위원회European Commission, 유럽연합 집행위원회 산하 데이터 보호 그룹Data Protection Working Group 등에 불만을 제기해야 한다. 유럽에서 사업을 하는 기업은 프라이버시 관련 법이 미국보다 유럽에서 더 엄격하다는 사실을 알아야 한다.

프라이버시 보증

프라이버시 보증privacy seal은 소비자의 프라이버시와 온라인 거래에 대해 소비자를 안심시키는 방법인 자율 규제에 대한 또 다른 방법을 기업에 제공한다. 프라이버시 보증이 작동하는 방식은 **보안 보증**security seal 프로그램을 개발한 BBBBetter Business Bureau와 같은 조직이 제시한 특정 규칙을 따르는 기업의 웹사이트에 BBBOnline과 같은 로고를 게시하게 하는 것이다.

신뢰할 수 있는 기업(웹사이트)이라는 것을 나타내기 위해 기업이 참여할 수 있는 **보증 프로그램**seal program은 다양하다. 트러스트아크TrustArc(http://www.trustarc.com), 웹트러스트

WebTrust 등에서 발행하는 이러한 보증은 **평판 보증**reputation seal이라고도 한다. 웹사이트가 데이터를 보호하는 일련의 보안 절차를 따른다는 것을 보증하는 보안 보증 프로그램은 베리사인(http://www.verisign.com), 맥아피시큐어McAfee Secure(https://www.mcafeesecure.com/) 등에서 제공한다.

프라이버시 보증은 웹사이트가 ESRB 프라이버시 온라인(http://www.esrb.org/privacy/)과 같은 특정 프라이버시 지침을 준수하는지 확인한다. 일반 평판 보증도 프라이버시를 직접 다루는 경우가 많다. 예를 들어 트러스트아크는 "우리 회사의 보증이 표시된 인증 기업은 우리 회사의 인증 표준을 준수하고 적극적인 프라이버시 보호를 위해 노력함으로써 해당 기업의 제품 및 서비스 사용자에게 확신과 신뢰를 심어준다"고 주장한다(http://www.trustarc.com). 보증은 소비자에게 웹사이트에 대한 신뢰를 심어주어야 하지만, 연구에 따르면 숙련된 웹 사용자도 보안 기술보다 프라이버시 및 보안 보증에 익숙지 않은 것으로 나타났다(Bélanger 등, 2002). 한편 영국의 TrustUK, 호주의 eTICK와 같이 특정 지역에 특화된 보증 프로그램이 다양하게 있다.

실제 경영 사례 9-1

프라이버시와 페이스북

많은 사람이 페이스북을 사용하고 있다. 이들은 언제 어디서나 팔로워들과 빠르고 쉽게 소통할 수 있기 때문에 페이스북을 사용한다. 페이스북은 사진을 공유하고 연락을 주고받을 수 있는 좋은 플랫폼인 데다 중독성이 있다.

페이스북은 사용자의 정보가 비즈니스 모델이므로 사용자의 정보를 적극적으로 수집한다. 페이스북은 프로필을 사용하여 기업의 타깃 광고를 제공할 수 있다. 페이스북은 고객에게 직접 정보를 제공하는 대신 고객에게 타깃 광고를 제공하기 위해 사용자의 정보에 대한 접근 권한을 사용한다고 분명히 밝힌다. 좋아하는 것, 쇼핑하는 곳, 데이트, 이별, 가족의 취업·해고·결혼 등등 페이스북이 사용 가능한 정보에 대해 생각해보라. 이러한 정보를 고려했을 때 페이스북의 정보 프라이버시는 문제가 있을까? 어떤 사람들은 "예, 하지만 나는 상관하지 않아요"라고 말하고, 어떤 사람들은 "아니요, 괜찮아요"라고 말한다. 그리고 아주 극소수만이 "예, 사용하지 마세요"라고 한다. 당신은 어떤가?

페이스북에 대한 몇 가지 불만 사항을 살펴보자. 2006년에 페이스북은 친구 페이지에 접근하지 않고도 친구 페이지의 변경 사항을 컴퓨터에 직접 표시하는 뉴스피드 애플리케이션을 출시했다. 또한 2007년에는 비콘(Beacon)을 출시했는데, 이는 넷플릭스에서의 영화 대여, 이베이에서의 상품 구입과 같은 행위를 파트너 사이트에서 행할 때 (모든 친구가 이용 가능한) 사용자의 페이지에 해당 정보를 표시하는 애플리케이션이었다. 페이스북은 집단 소송과 합의에 의해 비콘을 중단했지만 유사한 프로그램을 시작했다.

2010년 봄, 페이스북은 사용자가 처음에 개인 정보를 비공개하기로 선택했는지 여부와 관계없이 사용자의 개인 정보를 모든 사용자에게 표시할 수 있도록 설정을 변경했다. 이 정보는 '즉각적인 개인화' 애플리케이션을 통해 페이스북의 선별된 사업 파트너와도 공유되었다. 불만이 제기된 후 페이스북은 이 설정을 제어하는 방법(옵트아웃)을 제공했지만 많은 사용자가 변경하지 않았다. 설정 변경이 쉬운 일은 아니었다. 그러자 유럽연합의 규제 당국은 사용자가 자신의 정보를 효과적으로 통제할 수 없다며 페이스북에 불만을 제기했다. 연방거래위원회도 조사를 시작했고, 사용자를 위한 개인 프라이버시 제어를 단순화하고(페이스북이 수행) 옵트아웃 옵션(페이스북이 수행하지 않음)보다 더 많은 옵트인 옵션을 제공하도록 페이스북에 요청했다.

프라이버시 및 수집된 데이터의 추적·사용과 관련하여 페이스북에 많은 소송이 제기되었다. 예를 들어 2014년에는 프라이버시 관행으로 인해 오스트리아에서 집단 소송이 제기되었고, 2015년과 2016년에는 오스트리아와 일리노이주에서 소송이 제기되었다. 또한 2017년에는 2016년 미국 대선 시 러시아의 개입에 연루되었고, 영국에서 브렉시트를 홍보하는 데 사용된 사용자 데이터를 판매했다는 비난을 받았다(Binder, 2019). 이러한 사건 이후 일부 사용자는 페이스북이 가지고 있는 상세하고 많은 개인 데이터로 인해 사용자의 프라이버시와 관련하여 중대한 문제가 있다고 주장했다(Binder, 2019; Parakilas, 2017). 미국연방통신위원회(Federal Communications Commission, FCC)는 페이스북이 저지른 프라이버시 침해에 대해 2019년 한 해에만 50억 달러의 벌금을 부과했다(Binder, 2019). 수년 동안 페이스북은 인스타그램, 와츠앱(WhatsApp) 등의 유명 회사를 인수했기 때문에 페이스북이 사용자 데이터를 판매하는 방법에 대한 우려가 더욱 증폭되고 있다.

출처: Best, J. 2014. "Facebook Forced to Respond to Privacy Complaints of 25,000 Europeans." *ZDNet*, August 21. http://www.zdnet.com/article/facebook-forced-to-respond-to-privacy-complaints-of-25000-europeans/; Cowan, J. 2010. "Why We'll Never Escape Facebook." *Canadian Business* 83(10): 28-33; Gelles, D., and M. Palmer. 2010. "Facebook in Privacy Action." *Financial Times*, July 8:16; "Getting Personal, But Too Personal? Facebook's Mark Zuckerberg on What Information People Should Share—and Who Gets to Decide." 2010. *Wall Street Journal*, July 7; Gibbs, S. 2015. "Class Action Privacy Lawsuit Filed against Facebook in Austria." *The Guardian*, April 9. https://www.theguardian.com/technology/2015/apr/09/class-action-privacy-lawsuit-filed-against-facebook-in-austria; Guynn, J. 2016. "Facebook to Face Privacy Lawsuit over Photo Tagging." *USA Today*, May 5. https://www.usatoday.com/story/tech/news/2016/05/05/facebook-photo-tagging-lawsuit-faceprints-privacy-illinois/83999984/; Lenhart, A., K. Purcell, A. Smith, and K. Zickuhr. 2010. "Social Media & Mobile Internet Use Among Teens and Young Adults." *P. I. a. A. L. Project*; Lyons, D. 2010. "Facebook's False Contrition: A Business Built on Your Data." *Newsweek* 155(23); Lyons, D. 2010. "The High Price of Facebook: You Pay for It with Your Privacy." *Newsweek* 155(22); Menn, J. 2010. "Technology and Society: Virtually Insecure." *Financial Times*, July 28: 7; Parakilas, S. 2017. "We Can't Trust Facebook to Regulate Itself." *New York Times*, November 19. https://www.nytimes.com/2017/11/19/opinion/facebook-regulation-incentive.html; Binder, M. 2019. "Here's Why You Should Finally #DeleteFacebook in 2020." *Mashable*, December 26. https://mashable.com/article/delete-facebook-2020/

정부 정보 프라이버시 규정

정보 프라이버시는 대부분 우리의 책임이지만 정부가 정보 프라이버시를 보호하기 위해 규정을 만든 경우도 있다. 실제로 이러한 규정은 전 세계적으로 많이 존재한다. 예를 들어 일반 데이터 보호 규정General Data Protection Regulation(GDPR)은 유럽연합에서 개인 데이터를 처리하고 보호하는 방법을 규제한다.

우리나라에도 프라이버시 관련 법이 마련되어 있다. 대표적으로 모든 개인 정보에 적용되는 일반법인 개인정보보호법이 있으며, 이는 각 산업 분야에 적용되는 개별법(특별법)과 구

학습 활동 9-6

교직원이 학부모에게 말할 수 없는 이유

개인의 건강 및 금융 정보, 아동 및 학생의 정보와 같이 특정한 경우의 개인 정보 프라이버시를 보호하기 위한 법률이 제정되어 있다. 이 학습 활동을 통해 정보 프라이버시가 보호되는 방식을 탐색하고, 합법적인 정보 사용과 부적절한 정보 사용의 차이를 이해해보자.

1. 학생 교육 기록의 프라이버시를 보호하는 가족 교육 권리 및 프라이버시법(FERPA)의 웹사이트(https://www2.ed.gov/policy/gen/guid/fpco/ferpa/students.html)에 접속하라.
2. 메인 페이지의 정보를 읽어보라. FERPA가 적용되는 정보의 유형, 보호된 정보가 공개될 수 있는 개인에 특히 주의를 기울인다.
3. 다음 질문에 답하고 이에 대해 토론하라.
    - FERPA에 따르면 어떤 유형의 정보가 보호되는가?
    - 어떤 경우에 학교 관계자가 학부모에게 보호된 정보를 제공할 수 있는가? 해당 조건은 개인 데이터 '소유' 개념과 어떤 관련이 있는가?
    - FERPA가 왜 제정되었다고 생각하는가? 어떤 문제가 해결되었는가?
    - FERPA가 제공하는 보호를 [학습 활동 9-5]에서 살펴본 프라이버시 정책과 비교하라. 공통점과 차이점은 각각 무엇인가? 어느 것의 보호 기능이 더 강력한가?

별된다. 법 적용 시에는 개별법(특별법)이 일반법보다 우선한다. 개별법의 예로는 정보통신망 이용 촉진 및 정보보호 등에 관한 정보통신망법, 금융과 신용에 관한 신용정보법·금융실명법·전자금융거래법, 개인의 처방전·진료 기록과 같은 의료 정보를 보호하는 의료법 등이 있다.

세계 각국에는 이와 같은 프라이버시 보호 규정이 마련되어 있다. [실제 경영 사례 9-2]는 일반 데이터 보호 규정에 대한 자세한 내용을 제공한다.

실제 경영 사례 9-2

일반 데이터 보호 규정

일반 데이터 보호 규정(GDPR)은 전 세계 어디서든 유럽연합 시민의 데이터를 보호하기 위해 유럽연합에서 제정된 법률이다(https://gdpr-info.eu). 유럽연합에 속하지 않지만 유럽연합 소비자의 데이터를 사용·수집·저장하는 기업을 비롯해 보호 규정을 준수하지 않는 기업은 최대 1,000만 유로 또는 글로벌 수익의 2%에 해당하는 벌금을 물을 수 있다. 모든 경영자는 자사의 고객 가운데 유럽연합 시민이 있는 경우 일반 데이터 보호 규정이 적용된다는 사실을 알아야 한다. 이 법은 원래 2018년 5월까지 효력을 발휘할 예정이었으니 구현이 간단하지 않기 때문에 지금까지도 일부 국가는 일반 데이터 보호 규정에 부합하는 법률을 제정하지 못했다.

이 법에 따라 2020년 8월까지 347건의 벌금이 부과되었다. 가장 큰 벌금이 부과된 기업은 프랑스로부터 5,000만 유로의 벌금을 받은 구글이고, 가장 작은 벌금은 헝가리의 한 병원에 부과된 90유로이다. 2019년 7월, 영국은 영국항공(British Airway)에 2억 400만 유로, 메리어트인터내셔널(Marriott International)에 1억 1,000만 유로의 벌금을 부과하겠다고 밝혔지만, 이후 오랜 협상 끝에 감액되었다. 페이스북과 와츠앱에도 벌금이 부과되었으나 금액이 적었다. 구글을 제외하고 현재까지 가장 큰 벌금을 받은 곳은 독일 기업, 이탈리아의 두 기업, 오스트리아 포스트(Osterreichische Post) 등이다.

출처: Uzialko, A. 2020. "How GDPR is Impacting Business and What to Expect in 2020." *Business News Daily*, February 4. https://newsoncompliance.com/how-gdpr-is-impacting-business-and-what-to-expect-in-2020/; *Data Privacy Manager*. 2020. August 18. https://dataprivacymanager.net/5-biggest-gdpr-fines-so-far-2020/

모바일 정보 프라이버시

이 장에서 설명한 정보 프라이버시 위협과 관련 솔루션은 대부분의 디지털 환경에 적용된다. 그런데 많은 연구자는 스마트폰이나 태블릿과 같은 모바일 환경에서 정보 프라이버시 문제가 더 심각하다고 주장한다. 모바일 환경에서는 사용자가 인지하지 못하는 사이에 추가적으로 정보가 수집되는 경우가 많기 때문이다. 또한 모바일 환경은 규제가 적고, 대부분의 사용자가 자신의 기기에 엄청난 양의 개인 정보를 가지고 있으며, 앱의 기능을 고려하지 않고 다운로드하는 경우가 많다(Bélanger와 Crossler, 2019). 생각해보면 대부분의 스마트폰과 앱은 정보 공유를 제한하도록 설정을 변경하지 않는 한, 스마트폰이 어디에 있는지 정확히 알기 위해 하루 종일 위치 정보를 수집한다. 예를 들어 스마트폰의 카메라 앱은 사진이 촬영된 장소와 시간을 태그하여 사용자가 있었던 위치를 추적한다.

전문가들은 스마트폰의 프라이버시를 보호하는 데 몇 가지 조치가 필요하다고 제안한다(Bushnell, 2019). 이러한 조치의 예를 몇 가지 살펴보자. 첫째, 출처를 알 수 없는 다운로드를 허용하지 않는 설정을 통해 공식 앱 다운로드 제공업체(애플 앱스토어, 구글 플레이 등)만 이용한다. 둘째, 접근할 수 있는 앱을 제한하는 설정을 이용한다. 셋째, 스마트폰, 특히 안드로이드 폰을 위한 보안 앱(예: Bitdefender, F-Secure 등)을 설치한다. 넷째, 잠금 화면을 PIN 또는 비밀번호로 보호한다. 대부분의 전문가들은 스와이프swipe 방식이 너무 쉽게 해킹될 수 있다고 생각한다. 다섯째, 스마트폰을 분실했을 때는 '내 폰 찾기Find My Phone' 기능을 사용하여 찾아보고, 찾을 수 없을 때는 '원격 삭제Remote Wipe' 기능을 사용하여 원격으로 모든 정보를 삭제한다. 여섯째, 중요한 작업을 할 때는 공용 네트워크를 사용하지 않는다.

사물 인터넷과 프라이버시

오늘날에는 인터넷에 연결된 장치가 수집하는 데이터의 양이 어마어마하다. 그렇다면 사물 인터넷 환경에서는 어떻게 정보 프라이버시를 보호할 수 있을까?

사물 인터넷 환경에서는 많은 데이터가 매우 개인적이고(피트니스 트래커나 스마트홈 스피커를 생각해보라), 다른 개인적 데이터에 연결될 수 있기 때문에 정보 프라이버시 문제가 증폭된다. 또한 사물 인터넷은 '어떻게 사전 동의를 받을 것인가', '어떻게 투명성을 제공할 것인가'(눈에 띄지 않게 어디에나 있을 수 있는 사물 인터넷 기기의 특징으로 인해 발생) 등 새로운 문제를 야기한다. 이에 대해 인터넷협회Internet Society(http://internetsociety.org)는 다음과 같이 제안한다(Internet Society, 2020).

- 사물 인터넷 기기 및 서비스로 수집한 데이터와 이러한 데이터를 어떻게 관리할 것인가에 대한 사용자 제어를 강화한다.
- 사용자에게 명확하고, 정확하며, 관련성이 높은 자세한 정보를 제공하여 투명성과 알림을 개선한다.
- 프라이버시 관련 법과 정책은 기술에 뒤쳐지지 않아야 하며, 사물 인터넷 센서 사용과 지속적인 모니터링을 포함해야 한다.
- 다양한 사물 인터넷 위험과 이점을 다루기 위해 사물 인터넷 프라이버시에 관한 논의에 다양한 이해관계자를 광범위하게 참여시킨다.

프라이버시와 윤리

정보 프라이버시와 기밀 유지는 새로운 문제가 아니지만, 기술 사용이 증가함에 따라 정보 프라이버시 문제뿐만 아니라 데이터 사용에 대한 우려가 나타났다. 1980년대 중반에 Mason(1986)은 정보화 시대의 IT 사용 증가가 정보 사용에 대한 우려로 이어질 것이라고 주장했다. 네 가지 주요 우려 사항은 프라이버시, 정확성, 소유, 접근성Privacy, Accuracy, Property, Accessibility(PAPA)이며, [표 9-3]에 **PAPA 프레임워크**PAPA framework를 정리했다. PAPA 프레임워크는 관리자가 조직에서 다루는 정보에 대한 관심 영역을 고려하는 데 사용할 수 있다.

표 9-3 PAPA 프레임워크: 학생용

PAPA의 요소	설명	질문
프라이버시	수집된 개인 관련 데이터의 기밀 유지 방법	• 어떤 개인 정보를 다른 사람에게 공개해야 하는가? • 개인의 허락 여부와 상관없이 다른 사람들이 개인에 대해 알 수 있어야 하는 정보는 무엇인가? • 개인 정보는 어떻게 보호되는가?
정확성	개인 관련 데이터에 오류가 포함되지 않았는지 여부	• 정보의 정확성에 대한 책임은 누구에게 있는가? • 정보 오류에 대한 책임은 누구에게 있는가? • 개인 정보의 오류를 어떻게 수정하는가?
소유	개인 관련 데이터를 소유하는 사람	• 누가 개인 정보를 소유하는가? • 개인 정보에 대한 법적 권리는 누구에게 있는가? • 개인 정보의 배포는 어떻게 규제되는가?
접근성	개인 관련 정보 시스템 및 데이터에 접근할 수 있는 사람	• 누가 개인 정보에 접근할 수 있는가? • 어떤 기업이 개인 정보에 접근할 수 있는가? • 누군가가 개인 정보에 접근하는 경우에 대비하여 어떤 보호 장치가 마련되어 있는가?

출처: Mason(1986)

학습 활동 9-7

PAPA, 프라이버시 정책, FERPA

이 활동은 이 장에서 배운 다양한 개념을 통합하기 위한 것이다. [학습 활동 9-5]에서 수립한 프라이버시 정책과 [학습 활동 9-6]에서 살펴본 FERPA의 내용을 검토한 뒤 다음 질문에 답하고 이에 대해 토론하라.

1. 프라이버시 정책에서는 PAPA 모델의 각 요소가 어떻게 다루어지는가? PAPA의 요소 가운데 다루어지지 않은 것이 있는가? 만약 있다면 그것은 무엇인가?
2. FERPA에서는 PAPA 모델의 각 요소가 어떻게 다루어지는가? PAPA의 요소 가운데 다루어지지 않은 것이 있는가? 만약 있다면 그것은 무엇인가?
3. 대학이 부모에게 학생 정보를 공개할 수 있는 조건은 PAPA의 요소 중 소유와 어떻게 관련되는지 설명하라.

윤리적 의사결정

“도덕이 없는 인간은 세상에 풀려난 야수이다.” 이는 프랑스의 작가 Albert Camus가 한 말로, 윤리의 중요성이 잘 요약되어 있다. 철학자들이 윤리의 정의에 대해 논쟁할지라도 윤리의 핵심은 옳은 일을 한다는 생각, 즉 우리가 어떻게 행동해야 하는지를 알려주는 행동 기준이다. 의사결정은 대안 중에서 하나를 선택하는 것이기 때문에 윤리적 의사결정은 선택 시의 행동 기준을 고려하는 것이다. 옳은 일을 하는 것이 종종 그렇듯이 윤리적 의사결정에는 행동이 필요하며, 그러한 행동은 노력할 가치가 있다. 항상 윤리적인 선택을 하기 위해 노력한다면 윤리적 의사결정을 할 수 있을 것이다.

많은 저자는 윤리적 의사결정을 내리기 위한 다양한 절차를 제안했다. 그중 하나인 PLUS 프레임워크는 Ethics Resource Center가 제안한 것으로, 현재 이 기관은 Ethics & Compliance Initiative(https://www.ethics.org)로 이름이 바뀌었다.

PLUS 프레임워크는 윤리적 의사결정을 내리는 데 도움이 되는 일련의 질문으로, 대안이 있는지를 묻는다.

- [P]는 조직의 정책, 절차, 지침과 일치한다.
- [L]은 해당 법률과 규정에 따라 허용된다.
- [U]는 공감, 올곧음, 정의와 같은 보편적 가치에 부합한다.
- [S]는 무엇이 좋고, 옳고, 공정한지에 대한 개인적 정의를 충족한다.

PLUS 질문을 염두에 두고 다음 단계(원본 프레임워크를 수정함)를 따른다.

1. 문제를 정의한다.
   - 왜 이러한 결정을 내려야 하는가? 이 결정을 통해 어떤 결과가 나타나기를 바라는가?
   - 현재 상황이 PLUS 기준에서 벗어나는가?

2. 대안을 파악한다.
   - 세 개 이상의 대안을 찾는다.

3. 대안을 평가한다.
   - 각 대안의 긍정적인 결과와 부정적인 결과는 각각 무엇인가? 이 결정의 영향을 받는 사람들의 관점에서 '긍정적', '부정적'을 고려한다.
   - 그러한 결과가 발생할 가능성은 어느 정도인가?
   - 각 대안이 PLUS 기준을 벗어나는지 혹은 그로 인해 발생할 문제를 해결하는지를 고려한다.

4. 결정을 내린다.

5. 결정을 실행한다.
   - 가능한 한 부정적인 결과를 최소화한다.
   - 이 결정의 영향을 받는 사람들에게 그렇게 결정하게 된 이유를 설명한다.

6. 결정을 평가한다.
   - 이 결정으로 문제 상황이 개선되었는가?
   - 솔루션으로 인해 새로운 문제가 발생했는가?
   - PLUS 고려 사항이 해결되거나 새로운 상황이 발생했는가?

의사결정 과정 전반에 걸쳐 다음 사항을 염두에 둔다면 윤리적 의사결정을 내릴 가능성이 훨씬 더 높아질 것이다.

- 이 결정 또는 그로 인한 결과와 관련된 이해관계자는 누구인가? 이해관계자에 대해 광범위하게 생각하라. 이해관계자가 쉽게 드러나지 않는 경우가 많다.
- 이 결정으로 누군가가 피해를 입을 수 있는가? 만약 그렇다면 피해를 줄일 수 있는 대안이 있는지 고려하라. 우리의 결정은 다른 사람들에게 해를 끼치기도 한다. 그러나 다른 사람들에게 미치는 영향을 고려하고 피해를 최소화하는 방법을 개발하려고 노력하면 피해를 줄일 수 있다.
- 어떤 대안이 있는가? 그러한 대안의 결과는 각 이해관계자 집단에 어떤 영향을 미치는가? 각 대안의 옵션을 고려하라.
  – 이익을 최대화하고 피해를 최소화하라.
  – 이해관계자의 권리를 최대한 존중하라.

- 되고자 하는 유형의 사람처럼 행동하라.

- 이해관계자의 관심사에 최대한 주의를 기울여 결정을 내리려면 어떻게 해야 하는가? 결정은 종종 불편한 결과를 낳는데, 이는 윤리적 의사결정에도 적용된다. 결정을 수행하는 방식은 각 이해관계자에게 미치는 피해 수준에 중대한 영향을 미칠 수 있다.

정보 시스템이 우리를 윤리적 의사결정자로 만들 수는 없지만, 윤리적 의사결정에서 발생하는 추가 작업을 줄이는 데 도움이 될 수는 있다. 가령 회사의 경비를 절감하는 임무를 맡고 있다면 스프레드시트는 다양한 대안을 분석하는 데 도움이 될 것이다. 정보 시스템에는 대안적인 행동 방침을 개발하고 분석하는 데 필요한 데이터와 정보도 포함된다.

윤리적 의사결정을 위해 노력할 가치가 있다. 리더십에는 추종자가 필요하며, 항상 윤리적 의사결정을 내리기 위해 노력한다면 추종자들은 당신이 어려운 결정을 내릴 때도 자신들의 이익을 염두에 두고 있다고 믿을 것이다. 이러한 추종자들의 신뢰를 얻을 때 비로소 훌륭한 리더가 될 수 있다.

학습 활동 9-8

윤리적 의사결정

다음은 윤리적 문제가 있는 결정에 관한 시나리오이다. 질문에 답하고, 왜 그러한 결정을 내렸는지 설명하라.

1. 학교 프로젝트를 수행하려면 특별한 소프트웨어가 필요하다. 이 소프트웨어는 학교 컴퓨터실에서 구할 수 있지만 거기까지 가기가 번거롭다. 서점에서 소프트웨어를 구입할 수 있지만, 소프트웨어를 가지고 있는 친구가 기꺼이 설치용 DVD를 빌려줄 것이다. 이 DVD를 빌리겠는가?
2. 동료가 업무용 컴퓨터를 개인적인 부업에 사용하는 것을 알게 되었다. 이 동료를 신고하겠는가?
3. 회사의 최고 정보 책임자로서 고객 정보 보호를 담당하고 있다고 가정하자. 마케팅 담당 부사장은 다른 회사와 거래하여 고객 정보를 서로 교환하는 것이 어떨지 물었다. 그는 이 거래가 회사에 수익을 가져다줄 것이라고 생각한다. 이러한 경우 고객 정보를 제공하겠는가?

보안과 프라이버시의 관계

이 장에서는 정보 보안에 대해 살펴보았다. 정보 프라이버시에 대한 내용을 읽고 나서는 이러한 개념이 실제로 매우 밀접하게 관련되어 있음을 알게 된다. 보안은 데이터에 대한 무단 액세스, 데이터 위조, 서비스 거부와 같은 위협으로부터 정보를 보호하는 것을 말한다. 기업은 개인 정보를 기밀하게 보호할 의도가 없더라도 정보 위협에 대해 가능한 모든 보안 방안을 제공할 수 있다. 따라서 정보 프라이버시와 정보 보안의 개념이 종종 같은 의미로 사용되기도 하지만 둘은 다른 개념이다.

단원 요약

이 장에서는 정보 기밀 유지와 프라이버시에 대해 알아보았다. 먼저 정보 프라이버시 위협과 개인 및 조직에 대한 프라이버시 위반의 결과를 살펴본 뒤 정보 프라이버시와 관련된 기술 및 솔루션에 대해 설명했다. 또한 PAPA 프레임워크에 대해 알아보고 보안과 프라이버시의 관계로 마무리했다. 이 장에서 설명한 주요 내용은 다음과 같다.

- 정보 프라이버시 위협의 주요 범주는 데이터 수집, 정보의 무단 2차적 사용, 부적절한 데이터 액세스, 데이터 오류이다.
- 쿠키, 쿠키 관리자, 프라이버시 정책, 평판 보증, 정부 규제 등 정보 프라이버시 침해 및 보호에 사용되는 다양한 기술이 있다.
- 정보 프라이버시는 PAPA 윤리 프레임워크의 네 가지 요소(프라이버시, 정확성, 소유, 접근성) 중 하나이다. 이 프레임워크는 정보 사용에 대한 우려 사항을 파악하는 데 이용할 수 있다.
- 정보 프라이버시와 정보 보안은 밀접하게 관련된 개념이다. 정보를 공개하기 전에는 반드시 의무적으로 보안을 유지해야 한다. 하지만 보안 관점에서 보호되는 정보라 하더라도 여전히 다른 사람들과 공유되어 정보 프라이버시를 침해할 수 있다.
- 윤리적 의사결정에서는 의사결정 시 행동 기준을 고려한다.

학습 정리 질문

1. 정보 프라이버시에 대한 네 가지 주요 위협에 대해 간략히 설명하라.
2. 프라이버시 정책에서 옵트인과 옵트아웃의 차이점은 무엇인가?
3. 사물 인터넷 기기의 맥락에서 정보 프라이버시 위협은 무엇인가?
4. 프라이버시 침해로 어떤 결과가 발생할 수 있는가?
5. 프라이버시 정책의 목적은 무엇이고, 누가 규제하는가?
6. 공정한 정보 관행 원칙이란 무엇이고, 그 목적은 무엇인가?
7. 프라이버시 보증이란 무엇이고, 그 목적은 무엇인가?
8. 미국과 유럽에서 정보 프라이버시를 보호하기 위한 주요 규정을 간략히 설명하라.
9. PAPA 프레임워크란 무엇이고, 어떤 요소가 포함되는가? 그 목적은 무엇인가?
10. 윤리적 의사결정에 대한 PLUS 접근 방식을 설명하라.

생각해보기

1. 이 장에서 배운 내용 중 가장 중요한 것은 무엇인가? 그것이 왜 중요한가?
2. 잘 이해되지 않는 주제는 무엇인가? 어떤 내용이 잘 이해되지 않는가?
3. 정보 프라이버시 위협과 PAPA 프레임워크의 요소 사이에 겹치는 부분이 있는가?
4. 프라이버시 정책, 쿠키, 프라이버시 보증은 어떤 관련이 있는가?
5. 유명 온라인 쇼핑몰이 해커에 의해 고객 중 500명의 개인 정보가 해킹되었다고 발표한 것은 소비자의 프라이버시 또는 보안에 대한 위협인가? 그 이유를 설명하라.
6. 모교 홈페이지의 메인 웹페이지를 탐색할 때 대학에서 설정한 쿠키에 저장되는 데이터 유형의 예를 다섯 가지 들라.
7. 정보 프라이버시와 정보 보안의 차이점은 무엇인가? 각각 독립적으로 존재할 수 있는가?
8. 데이터 수집과 정보의 무단 2차적 사용은 왜 정보 프라이버시 위협으로 간주되는가? 사물 인터넷의 맥락에서 이러한 위협이 증가하는 이유는 무엇인가?
9. 기업은 신원 도용의 피해자가 될 수 있는가? 그 이유는 무엇인가?
10. 정보통신 기술은 윤리적 의사결정에 어떻게 도움이 되는가?

추가 학습 활동

1. 대학 웹사이트, 아이비경영대학원 경영 사례 웹사이트(https://www.iveycases.com) 또는 하버드경영대학원 사례 웹사이트(https://hbsp.harvard.edu/home/)에서 구하거나 강사가 제공하는 정보 프라이버시 사례를 분석하라.
2. 두 가지 프라이버시 보증 프로그램을 깊이 탐색해보자. 먼저 다섯 개의 웹사이트에 방문하여 어떤 프라이버시 보증이 공통적으로 사용되는지 확인하고 동향을 파악하라. 더 나은 웹사이트는 특정 보증을 사용하는가? 가장 인기 있는 두 가지 프라이버시 보증을 선택하고 해당 웹사이트를 찾아보라. 조직이 두 가지 보증 프로그램에 각각 참여하기 위한 요구 사항과 비용을 알아보고 수수료 부과 여부(높음/낮음), 보증 부착 정책, 필수 통지 사항, 소비자 보상 옵션, 기타 중요한 정보가 포함된 비교표를 작성하라.
3. 정기적으로 거래하거나 정보를 보내는 두 개의 웹사이트를 선택하라. 두 웹사이트의 프라이버시 정책을 입수하여 [표 9-2]와 같이 공정한 정보 관행 원칙과 프라이버시 정책을 매핑하라. 모든 프라이버시 정책에 적절한 내용이 포함되어 있는지 설명하라.
4. 우리나라 개인정보보호법의 최근 개정 내용을 설명하라.
5. 이 장의 내용은 주로 미국과 유럽의 프라이버시 관련 법률과 행동 양식에 초점을 맞추었다. 아시아, 아프리카, 남미 등 그 외 지역의 프라이버시 관련 법률과 행동 양식을 조사하고 이 장의 내용과 비교해보라. 유사점

과 차이점은 무엇인가? 그러한 법률을 통해 두 지역이 어떻게 공정한 정보 관행 원칙을 다루는지를 보여주는 표를 작성하라.

6. 친구의 허락을 구한 뒤 인터넷에서 검색하여 그 친구에 대한 모든 것을 찾아보고 친구와 공유하라. 얼마나 많은 정보를 수집할 수 있었는가? 모든 정보를 결합하면 친구에 대해 몰랐던 것을 알 수 있는가? 인터넷에서 찾은 정보에 대해 친구는 어떻게 반응하는가? 친구는 인터넷에서 그렇게 많은 정보를 얻을 수 있다는 사실을 알고 있었는가?

7. 정보 프라이버시 위협과 PAPA 프레임워크의 요소를 비교하고 유사점과 차이점을 설명하라.

8. 윤리적 관점에서 불분명한 결정을 내려야 했던 때를 생각해보고 PLUS 모델을 그 결정에 적용하라. 다음 사항에 대해 2쪽 분량의 리포트를 작성하라.
   a. 그 결정이 윤리적 관점에서 불분명한 이유
   b. PLUS 모델의 효과성

참고 문헌

Bélanger, F., and R. E. Crossler. 2011. "Privacy in the Digital Age: A Review of Information Privacy Research in Information Systems ." *MIS Quarterly* 35(4): 1017–42.

Bélanger, F., J. S. Hiller, and W. J. Smith. 2002. "Trustworthiness in E-Commerce: The Role of Privacy, Security, and Site Attributes." *Journal of Strategic Information Systems* 11(3/4): 245–70.

Bushnell, M. 2019. "10 Ways to Secure Your Smartphone Against Hackers." *Business News Daily*, June 7. https://www.businessnewsdaily.com/11197-protect-your-smartphone-from-hackers.html.

Crossler, R. E., and F. Bélanger. 2019. "Why Would I Use Location-Protective Settings on My Smartphone? Motivating Protective Behaviors and the Existence of the Privacy Knowledge-Belief Gap." *Information Systems Research* 30(3), 995–1006. https://doi.org/10.1287/isre.2019.0846.

Hern, A. 2017. "'Anonymous' Browsing Data Can Be Easily Exposed, Researchers Reveal." *The Guardian*, August 1. https://www.theguardian.com/technology/2017/aug/01/data-browsing-habits-brokers.

ITRC. 2019. "2019 End-of-Year Data Breach Report." *Identity Theft Resource Center*. https://notified.idtheftcenter.org/s/resource#annualReportSection.

Insider Intelligence. 2020. "The Security and Privacy Issues That Come with the Internet of Things." *Business Insider*, January 6. https://www.businessinsider.com/iot-security-privacy.

Internet Society. 2019. "Policy Brief: IoT Privacy for Policymakers." September 19. https://www.internetsociety.org/policybriefs/iot-privacy-for-policymakers/.

Mason, R. O. 1986. "Four Ethical Issues of the Information Age." *MIS Quarterly* 10(1): 5–12.

Price, E. 2017. "Your 'Anonymous' Browsing Data Is Not Very Anonymous." *Lifehacker.com*, August 3. https://lifehacker.com/your-anonymous-browsing-data-is-not-very-anonymous-1797490806.

Smith, H. J., S. J. Milberg, and S. J. Burke, 1996. "Information Privacy: Measuring Individuals' Concerns about Organizational Practices." *MIS Quarterly* 20(2): 167.

Van Slyke, C., and F. Bélanger, 2003. *Electronic Business Technologies*. New York: John Wiley & Sons.

Vijayan, J. 2020. "2017 Data Breach Will Cost Equifax at Least $1.38 Billion." *Dark Reading*, January 15. https://www.darkreading.com/attacks-breaches/2017-data-breach-will-cost-equifax-at-least-$138-billion-/d/d-id/1336815.

용어 사전

PAPA 프레임워크: 정보 사용에 대한 네 가지 주요 우려 사항(프라이버시, 정확성, 소유, 접근성)을 파악하는 프레임워크

공정한 정보 관행(FIP) 원칙: 통지/인식, 선택/동의, 액세스/참여, 무결성/보안, 시행/구제를 포함하여 개인 정보를 다루는 방법에 대한 지침

데이터 수집 위협: 자신도 알지 못하는 사이에 이전보다 더 빠른 속도로 더 많은 양의 데이터가 수집·집계·분석됨으로써 발생하는 프라이버시 위협

데이터 오류: 데이터의 부정확성으로 인해 발생하는 프라이버시 위협

보안 보증: 기업이 보안에 대한 약속을 표시하기 위해 웹사이트에 게시할 수 있는 보증

보증 프로그램: 기업이 따라야 하는 규칙을 게시하는 조직에서 참여자에게 제공하는 프로그램

부적절한 데이터 액세스: 허가받지 않은 사람이 다른 사람의 개인 정보에 접근하는 프라이버시 위협

소유: 데이터를 소유하는 사람

신원 도용: 다른 사람의 개인 정보를 이용하여 사기를 저지르는 것

옵트아웃: 프라이버시 옵션 중 하나로, 사용자가 자신의 데이터를 다른 사람들과 공유하거나 다른 목적으로 사용하는 것을 원치 않는다고 명시해야 하는 것

옵트인: 프라이버시 옵션 중 하나로, 사용자가 기업으로부터 특별한 거래나 정보를 수신하는 것과 같은 데이터 수집 목적과는 다른 이유로 데이터가 사용될 수 있다는 것에 대해 구체적으로 동의를 구해야 하는 것

자율 규제: 규제 목표를 달성하기 위해 정부가 아니라 규제 대상인 사업자가 스스로 규제를 이끌어갈 수 있다고 주장하는 것

접근성: 정보 시스템과 데이터에 접근할 수 있는 사람

정보의 무단 2차적 사용: 원래의 수집 목적 이외의 용도로 데이터를 사용함으로써 발생하는 프라이버시 위협

정보 프라이버시: 자신에 대한 정보를 통제할 수 있는 능력

정확성: 데이터에 오류가 포함되지 않는 것

쿠키: 사용자, 사용자의 계정, 사용자의 컴퓨터에 대한 정보를 저장하기 위해 사용자의 컴퓨터에 있는 작은 텍스트 파일

쿠키 관리자: 사용자의 컴퓨터에 어떤 쿠키가 저장되고 어떤 것이 저장되어 있는지 자세한 정보를 얻을 수 있으며, 쿠키를 삭제할 수도 있는 소프트웨어 애플리케이션

클릭스트림 데이터: 온라인 브라우징 활동을 추적하는 것

평판 보증: 기업이 신뢰성에 대한 약속을 표시하기 위해 웹사이트에 게시할 수 있는 보증

프라이버시 보증: 기업이 프라이버시에 대한 약속을 표시하기 위해 웹사이트에 게시할 수 있는 보증

프라이버시 정책: 고객의 프라이버시와 관련하여 조직의 관행을 기술한 성명서

PART 03

정보 활용

CHAPTER

10

정보 시스템 개발

학습목표

- 소프트웨어 개발 방법론의 장점을 이해할 수 있다.
- 전통적 시스템 개발 수명 주기를 설명할 수 있다.
- 전통적 시스템 개발 수명 주기를 대체 방법론과 비교하여 설명할 수 있다.
- 맞춤형 소프트웨어를 구축할지, 기성 상업용 소프트웨어를 구매할지 결정하는 데 영향을 미치는 요소를 파악할 수 있다.
- 오픈 소스 소프트웨어를 설명할 수 있다.
- 주요 아웃소싱 모델을 이해할 수 있다.
- 아웃소싱의 장단점을 이해할 수 있다.

시간, 비용, 품질

모든 소프트웨어 개발 프로젝트에서는 시간, 비용, 품질 사이에 긴장 관계가 존재한다. 모든 종류의 프로젝트가 피할 수 없는 이 현실은 프로젝트 삼각형, 엔지니어링 삼각형, 설계 삼각형 등으로 불린다. 기본 아이디어는 세 가지 차원 사이에 장단점이 있다는 것이다. 세 가지 제약 조건은 다음과 같다.

- 시간: 프로젝트를 완료하는 데 얼마나 걸리는가?
- 비용: 프로젝트를 완료하는 데 필요한 자원은 부엇인가?
- 품질: 완료된 프로젝트는 사용자 요구 사항을 얼마나 잘 충족하는가?

삼각형의 일부 버전에는 품질 대신 범위(프로젝트의 일부로 수행되는 작업)가 사용된다. 범위와 품질은 특히 전체 프로젝트를 고려할 때 밀접한 관련이 있다. 품질은 사용자 요구 사항과 관련이 있으며, 소프트웨어 개발 프로젝트의 범위를 늘리면 충족해야 할 요구 사항이 새로이 추가된다. 따라서 프로젝트의 범위를 늘리면 (비용이 많이 들고 기간이 길어지기 때문에) 품질 목표를 달성하기가 더 어려워진다.

"빠르고, 좋고, 싼 것을 원한다면 아무거나 두 개를 골라라"라는 옛 속담이 있다. 프로젝트의 완료 속도를 높이면 품질이나 비용을 낮춰야 한다. 비용을 낮추려면 작업 기간을 늘리거나 더 낮은 품질을 받아들여야 한다. 소프트웨어 개발을 결정할 때는 이러한 장단점을 이해하는 것이 중요하다. 일반적으로는 세 가지 제약 조건 중 하나가 고정되어 있으면 결과적으로 나머지 두 제약 조건을 조정해야 한다. 예를 들어 예산이 고정되어 있는 경우 완료 날짜를 앞당기려면 품질이나 범위를 변경해야 한다.

주목할 만한 사례

60억 달러 규모의 소프트웨어 버그

2003년 8월, 북미 역사상 최대 규모의 정전이 미국 북동부와 캐나다 남동부를 강타했다. 5,000만 명 이상이 전기를 사용할 수 없었으며, 일부에서는 이러한 상황이 2일간 지속되었다. 정전으로 최소 11명이 사망하고 총피해액이 60억 달러에 달했다. 조사관들은 오하이오주의 전력선이 늘어져 나무에 부딪히면서 문제가 시작되었다고 결론지었다.

일반적으로 이것은 개별 사건이다. 이러한 일이 발생하면 경보 시스템은 전력 시스템 운영자에게 경고하여 그 사건이 다른 문제로 이어지지 않고 개별 사건으로 끝나도록 적절한 조치를 취하게 한다. 그러나 당시에 소프트웨어 버그로 인해 경보 시스템이 작동하지 않아 전력이 끊기는 일련의 오류가 발생했다. 이는 물 공급 중단과 철도, 항공 등 주요 교통 시스템의 마비로 이어졌다. 유선 전화는 사용 가능했으나 휴대폰 서비스가 중단되고 주유소에서 기름을 넣을 수도 없었다.

적절하게 유지·보수를 하지 않은 것이 근본적인 원인이었지만, 소프트웨어 버그가 없었다면 그 영향이 미미하고 일부 사람들에게만 국한되었을 것이다. 소프트웨어 오류로 인해 수천만 명이 피해를 입고 수십억 달러의 경제적 비용이 발생했다.

소프트웨어 결함으로 심각한 결과를 초래한 경우는 이뿐만이 아니다. 다음은 최근의 몇 가지 예이다.

- 2020년 2월, 영국 런던의 히드로 공항에서 기술적인 문제로 체크인 시스템과 출발 안내판에 결함이 발생하여 수많은 항공편이 중단되었다.
- 2019년 7월, 일상적인 소프트웨어 유지·보수 수행 시 실수로 생긴 소프트웨어 결함으로 페이스북 사용자는 뉴스 피드에 사진을 업로드할 수 없었다. 또한 인스타그램의 스토리를 보지 못하고, 와츠앱으로 메시지를 보낼 수 없었다.
- 2018년 4월, TSB라는 영국 은행은 시스템 업그레이드를 수행하기 위해 주말 동안에만 인터넷 및 모바일 뱅킹 서비스를 중단할 계획이었다. 그러나 새로운 시스템을 가동한 후 수백만 명의 고객이 최대 2주 동안 계정에 접근할 수 없었다.
- 2017년, 픽업트럭인 램(Ram)은 전복 사고 시 에어백과 안전벨트가 작동하지 않는 소프트웨어 결함으로 인해 125만 대를 리콜했다.
- 2017년, 영국항공은 핵심 소프트웨어의 오류로 인해 상당수의 국내 항공편이 취소되고 국제 항공편이 여러 차례 지연되었다.

생각해보기

1. 제대로 작동하지 않는 소프트웨어를 경험한 적이 있는가? 어떤 결과를 초래했는가?
2. 소프트웨어 오류를 방지하려면 어떻게 해야 하는가?
3. 개발 프로세스 초기에 소프트웨어 오류를 발견하는 것이 왜 중요한가?

출처: Computerworld UK Staff. 2020. "Top Software Failures in Recent History." *Computerworld*, February 17. https://www.computerworld.com/article/3412197/top-software-failures-in-recent-history.html

소프트웨어 개발 방법론

소프트웨어 개발은 복잡하고 시간과 비용이 많이 드는 작업이다. 따라서 소프트웨어 개발 프로젝트를 계획·구조화·통제하기 위한 프레임워크를 갖추는 것이 유용한데, 이러한 프레임워크를 **소프트웨어 개발 방법론**software development methodology이라고 한다. 소프트웨어 개발 방법론은 소프트웨어 개발과 관련된 프로세스, 역할, 산출물을 정의하여 소프트웨어 개발 프로세스에 원칙을 제공한다. 일반적으로 소프트웨어 개발 방법론에서는 소프트웨어 개발이 여러 단계로 분류되며, 각 단계에는 고유한 프로세스, 역할, 산출물이 있다. 일부 방법론에서는 한 단계의 산출물이 다음 단계에 대한 입력을 제공한다.

대부분의 대규모 조직에는 조직 전체에서 사용되는 표준 소프트웨어 개발 방법론이 있지만, 특정 프로젝트에 대해 별개의 방법론을 사용할 수 있는 경우도 많다. 예를 들어 웹 기반 시스템 개발 프로젝트는 거래 처리 시스템 개발 프로젝트와는 다른 방법론을 따를 수 있다. 공식적인 소프트웨어 개발 방법론은 프로젝트 진행 방법, 수행해야 하는 작업, 해당 작업 수행 방법, 산출물을 명확하게 정의하여 원칙을 제공한다. 이것이 바로 소프트웨어 개발 방법론을 사용하는 주된 이유이다. 조직에서 표준 방법론을 사용하면 구성원이 진행 중인 프로젝트에 보다 쉽게 참여할 수 있다. 새로운 팀원은 표준화된 역할, 프로세스, 문서, 산출물을 통해 프로젝트의 작업에 더 쉽게 익숙해지고 관련 정보를 더 잘 찾을 수 있다.

학습 활동 10-1

요구 사항 결정

시스템 요구 사항을 결정하는 것은 소프트웨어 개발 프로세스의 주요 단계이며, 요구 사항을 발견하는 한 가지 방법은 소프트웨어를 사용하게 될 사용자를 인터뷰하는 것이다. 동아리에서 회원을 관리하는 시스템을 만든다고 가정하자. 두 사람이 한 팀을 이루어 한 명은 요구 사항을 발견하려는 면접관 역할을 하고, 또 한 명은 사용자 역할을 하라. 적어도 10개의 시스템 요구 사항을 찾아내어 정리하라.

전통적 시스템 개발 수명 주기

많은 시스템 개발 프로젝트는 전통적으로 **시스템 개발 수명 주기**Systems Development Life Cycle(SDLC)라는 준순차적semisequential이고 단계적인 접근 방식을 따랐다. 시스템 개발 수명 주기는 시스템 개발에 대한 체계적인 접근 방식을 제공한다. 프로젝트는 관련 목표, 프로세스, 산출물로 구성되고 잘 정의된 일련의 단계를 따른다. 전통적 시스템 개발 수명 주기는 한 단계의 결과가 다음 단계의 입력값이 되기 때문에 폭포수 방법waterfall method이라고도 한다.

전통적 시스템 개발 수명 주기에는 다양한 버전이 있으며, 단계가 어떻게 나뉘는가에 차이가 있다. 일부 버전에는 단계가 더 많고, 단계가 적은 버전은 더 복잡한 버전의 여러 단계가 하나로 축소되어 있다. 이 장에서는 [그림 10-1]과 같이 6단계로 구성된 일반적인 버전을 기준으로 설명하겠다. 그림에서 점선으로 나타낸 피드백에 주목하라. 이처럼 새로운 정보를 바탕으로 이전 단계로 돌아가 수정해야 하는 경우도 있다.

그림 10-1 전통적 시스템 개발 수명 주기

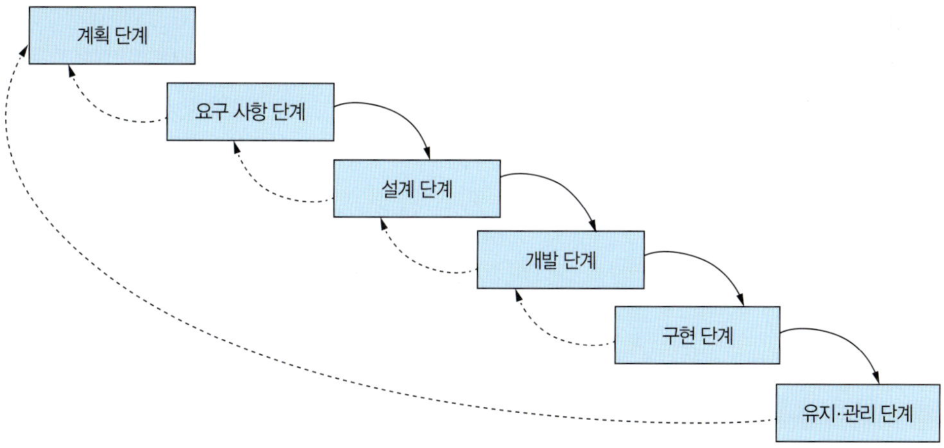

계획 단계

계획 단계의 목표는 시스템의 전반적인 목표와 범위를 정의하고 프로젝트의 타당성을 결정하는 것이다. 기본적으로 '왜 시스템을 구축해야 하는가?'라는 질문에 답할 수 있어야 한다. 또한 프로젝트가 실현 가능한지 확인해야 한다. 타당성에는 다음과 같은 측면이 있다.

- 기술적 타당성: 제안된 시스템이 기술적 관점에서 완성될 수 있는지에 관한 것이다. 시스템이 기존 기술 인프라에 적합한지 고려하는 것이 중요하다.
- 경제적 타당성: 제안된 시스템이 수용 가능하고 투자 가치가 있는지와 관련된다.
- 조직적 타당성: 프로젝트가 조직의 기존 전략 및 관행에 부합하는지와 관련된다. 시스템이 현재의 운영 방식과 맞지 않는다면 조직은 변경해야 할 사항과 변경 가능 여부를 결정해야 한다. 또한 조직이 프로젝트를 완료하는 데 필요한 인적 자원에 접근할 수 있는지도 고려해야 한다.
- 법적 타당성: 제안된 프로젝트가 법률이나 규정을 위반하는지와 관련된다.
- 윤리적 타당성: 시스템이 조직과 업계의 윤리적 지침과 관행에 부합하는지와 관련된다.

계획 단계의 주요 산출물은 타당성 분석, 프로젝트 시작 문서, 프로젝트 관리 계획이다. 프로젝트 시작 문서는 높은 수준의 시스템 목표를 규정하고 시스템의 경영 사례를 설명하며, 타당성 분석 결과는 종종 경영 사례에 포함된다(경영 사례는 시스템 및 시스템이 필요한 이유를 설명한다). 또한 프로젝트 관리 계획은 프로젝트의 범위를 문서화하고, 주요 작업과 자원을 파악하며, 다른 프로젝트와의 상호 관계를 설명한다.

요구 사항 단계

요구 사항 단계의 목표는 시스템이 제공해야 하는 기능과 원하는 성능 수준을 파악하고 문서화하는 것이다. 즉 요구 사항 단계에서는 시스템이 수행해야 하는 작업을 파악하고 문서화한다.

요구 사항은 **기능적 요구 사항**functional requirement과 **비기능적 요구 사항**nonfunctional requirement으로 구분된다. 기능적 요구 사항은 시스템이 사용자 및 다른 시스템과 상호 작용하는 방법을 설명한 것이고(예: 시스템은 고객이 제품 가격을 조회할 수 있도록 허용해야 한다), 비기능적 요구 사항은 시스템의 제약 조건(예: 시스템이 얼마나 잘 수행되어야 하는지)과 관련이 있다(예: 하루에 최소 23시간 동안 시스템을 사용할 수 있어야 한다).

요구 사항 도출requirements elicitation은 다양한 이해관계자로부터 요구 사항을 수집하는 것과 관련되며, 이는 요구 사항 단계의 주요 작업이다. 시스템에 대한 요구 사항 수집은 종종 어렵고, 시간이 많이 걸리며, 오류가 발생하기 쉬운 프로세스이다. 설상가상으로 프로세스 수행 중에 요구 사항이 변경될 수도 있다. 이러한 어려움에도 불구하고 시스템 요구 사항을 완전히 이해하는 것은 매우 중요하다. 그래야 나머지 개발 프로젝트의 토대를 형성하기 때문이다.

요구 사항 단계의 산출물은 기능적·비기능적 시스템 요구 사항의 사양이다. 일반적으로 산출물은 일련의 요구 사항 서술서(시스템 의무 서술서system shall statement라고도 함) 또는 텍스트나 다이어그램 형식으로 표현된 **사용 사례**use case의 묶음 형식을 띤다. 시스템 의무 서술서는 '시스템은 강사가 학생 성적을 입력할 수 있도록 허용해야 한다'와 같은 요구 사항을 간단히 정의한다. 또한 사용 사례에는 어떤 참여자를 위한 산출물을 도출하는 일련의 작업을 기술하는데, 참여자는 사용자 또는 다른 외부 시스템일 수 있다. [그림 10-2]는 사용 사례 다이어그램의 한 예이다(사용 사례 다이어그램은 소프트웨어 시스템과 관련된 모델을 지정하는 표준 방법으로 개발된 통합 모델링 언어Unified Modeling Language(UML)의 일부이다).

그림 10-2 사용 사례 다이어그램의 예

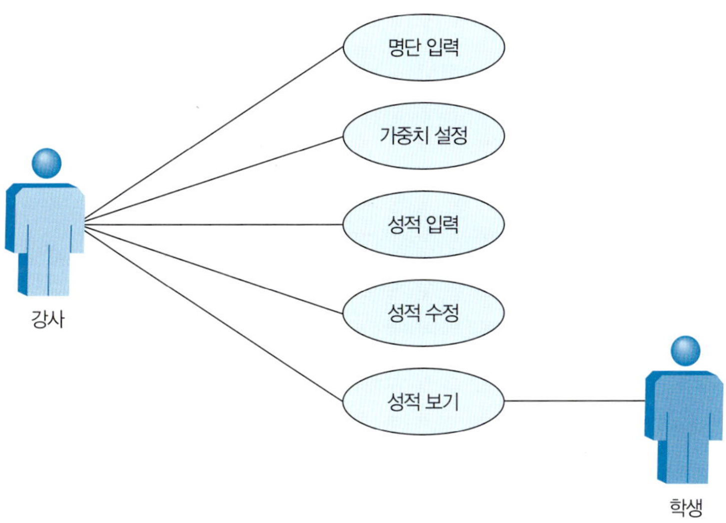

요구 사항은 시스템이 무엇을 수행해야 하는지를 규정한 것이지, 어떻게 요구 사항을 충족하는지를 규정한 것이 아님을 이해해야 한다. 그럼으로써 시스템 설계자는 다음 단계에서 다룰

시스템 설계의 유연성을 확보할 수 있다.

설계 단계

설계 단계의 주요 목표는 시스템이 이전 단계에서 파악된 요구 사항을 어떻게 충족할 것인지를 자세히 설명하는 것이다. 요구 사항은 시스템 설계의 기초를 형성한다. 여기서 초점은 설계 단계의 요소인 시스템이 수행하려는 작업이라기보다는 시스템이 어떻게 요구 사항을 충족할 것인가이다. 이러한 요소는 시스템이 수행하려는 작업에 대한 추상 모델을 포함한 논리 시스템 설계logical system design로 알려져 있으며, 5장에서 살펴본 데이터베이스 다이어그램이 그 예이다([그림 5-4] 참조).

설계 단계에서는 데이터베이스 모델뿐만 아니라 시스템에서 수행하는 사용자 인터페이스와 비즈니스 규칙을 설계해야 한다. 또한 시스템 구현 및 테스트 계획도 지정해야 한다. 시스템 설계 문서는 설계 단계의 주요 결과물로, 여기에는 시스템 요구 사항, 운영 환경, 데이터베이스 설계, 사용자 인터페이스, 프로세싱 논리가 자세히 설명되어 있다. 기타 산출물에는 구현 계획과 교육 계획이 포함된다.

개발 단계

설계 단계의 결과물이 실제 정보 시스템으로 전환되는 개발 단계는 시스템이 실제로 구축되는 단계이다. 즉 소프트웨어를 작성하고, 데이터베이스를 생성하며, 필요한 하드웨어를 설치한다. 새 시스템을 기존 정보 시스템과 통합해야 하는 경우가 종종 있는데, 필요시 개발 단계에서 이러한 통합이 이루어진다.

시스템 테스트는 개발 단계의 중요한 부분으로, 소프트웨어 개발 도중 그리고 전체 시스템이 완성되고 통합될 때 테스트를 실시한다. 소프트웨어 테스트는 복잡하고 시간이 많이 소요되지만 시스템 개발의 중요한 측면이다. 시스템을 실제로 구현하기 전에 테스트를 철저히 해야 한다. 시스템이 구현될 때까지 오류가 발견되지 않으면 수정하는 데 많은 비용이 들며, 이러한 오류는 사업 중단으로 이어질 수도 있다. 개발 단계의 결과물에는 애플리케이션 소프트웨어, 테스트용 데이터 및 파일, 소프트웨어 구성 요소가 서로 그리고 외부 시스템과 상호 작용하는 방법에 대한 문서가 포함된다.

구현 단계

구현 단계의 목표는 생산 환경에서 시스템을 작동하는 것이다. 중요한 구현 단계 활동 중 하나는 새 시스템의 출시를 사용자에게 알리는 것이다. 이러한 알림에는 새로운 시스템에 따른 구현 일정, 업무 프로세스와 책임의 차이점, 새 시스템에 대한 기술 지원을 받는 프로세스가 포함되어야 한다. 사용자 교육도 구현 단계의 중요한 활동이다. 기존 시스템의 데이터를 새 시스템으로 전환해야 하는 경우도 종종 있다. 기존 제품 카탈로그 시스템의 데이터를 새 시스템으로 옮기는 것을 예로 들 수 있다. 또한 현재까지의 프로젝트를 문서화하고 향후 프로젝트에 대한 개선 사항을 제안하는, 구현 후 검토를 수행하는 것이 좋다. 구현 단계의 주요 결과물은 올바르게 설치되어 실행되는 시스템 자체이고, 또 다른 결과물은 구현 후 검토 보고서이다.

시스템 전환의 일반적인 접근 방식은 다음과 같다.

- 직접 전환(즉시 전환): 특정 시점에 기존 시스템의 사용을 멈추고 새 시스템으로 교체하는 것으로, 이는 신속하다는 이점이 있지만 매우 위험하다. 새 시스템에 문제가 있으면 이전 시스템에서 사용할 수 있었던 기능도 사용할 수 없게 된다.
- 병렬 작동: 기존 시스템과 새 시스템 모두 일정 기간 동안 작동한다. 병렬 방식은 직접 전환보다 위험이 적지만 오래 걸리고 비용이 많이 든다. 기존 시스템을 새 시스템으로 변경하는 동안 서비스를 중단할 수 없다면 병렬 접근 방식이 필요하다.
- 단계적 구현: 직접 접근 방식과 병렬 접근 방식의 절충안으로, 새 시스템이 단계별로 구현된다. 단계적으로 구현할 수 있는 명확한 모듈이 있는 시스템에 가장 적합하며, 모듈 간의 상호 의존성이 큰 시스템에는 적합하지 않다.
- 파일럿 운영: 새 시스템이 비즈니스 단위(예: 상점 또는 부서) 또는 위치(예: 지역 또는 국가)로 구현된다. 초기 파일럿 이후에 다른 파일럿 전환 또는 새 시스템으로의 완전 전환이 이어지며, 각 파일럿 전환에는 다른 접근 방식 중 하나를 사용해야 한다.

유지·관리 단계

시스템 개발 수명 주기의 마지막 단계로, 보통은 수명 주기 가운데 기간이 가장 길고 비용이 가장 많이 든다. 전체 시스템 비용의 절반 이상이 유지·관리 단계에서 발생하는 것은 흔한 일이다. 이 단계의 목표는 시스템이 현재 요구 사항을 충족하도록 적절히 작동하는지 확인하는 것이다. 여기에는 발견되지 않은 문제를 수정하는 것이 포함되며, 새로운 요구 사항을 충족하기 위해 프로그램을 수정하거나 추가하는 것도 포함될 수 있다. 또한 성능을 개선하거나 새로운 기술을 활용하기 위해 시스템을 수정할 수도 있다(예: 고객이 스마트폰으로 주문할 수 있도록 온라인 주문 시스템을 수정한다).

이 책에서는 시스템 개발 수명 주기를 한 단계가 다음 단계를 질서 정연한 방식으로 따르는 매우 선형적인 프로세스로 제시했지만 현실은 그렇게 깔끔하지 않다. 시스템 개발 프로세스 도중에 새로운 요구 사항이 발생하거나 문제가 발견되면 초기 단계로 되돌아가야 하는 경우가 많다.

[학습 활동 10-2]에서 보듯이 시스템 개발 수명 주기에는 장단점이 있으며, 그 결점으로 인해 대체 방법론이 개발되었다. 다음 절에서는 이러한 대체 접근 방식 중 몇 가지를 살펴보자.

학습 활동 10-2

시스템 개발 수명 주기의 장단점

전통적 시스템 개발 수명 주기는 오랫동안 사용되었으며(그래서 '전통적'이라고 함), 많은 시스템 개발 프로젝트에서 이를 성공적으로 사용했다. 그러나 단점이 없는 것은 아니다. 시스템 개발 수명 주기 접근 방식을 조사하고 장단점에 대해 리포트를 작성하라(장점과 단점을 각각 세 가지 제시하라).

대체 방법론

프로토타이핑

프로토타이핑은 전체 방법론의 한 측면을 다루는 접근 방식으로, 완전한 독립 실행형 방법론이 아니다. 시스템 개발과 관련된 프로토타이핑 접근 방식에서는 시스템의 주요 요구 사항에 대한 초기 조사부터 시작한다. 모든 요구 사항을 완전히 이해할 필요는 없다. 초기 조사 후 시스템의 소규모 시제품(**프로토타입**prototype)을 구축하고 이해관계자가 이를 검토한다. 이해관계자는 새롭거나 잘못 이해된 요구 사항으로 인한 결함을 파악하며, 이해관계자가 모든 요구 사항이 충족되었다고 할 때까지 프로토타입을 다듬고 검토하는 작업이 반복된다. 그런 다음에야 전체 시스템이 구현된다.

일부 프로토타입은 '일회용'이다. 즉 최종 시스템의 일부로 구현되지 않는다. 이러한 프로토타입의 목적은 요구 사항과 문제를 발견하는 것이다. 그러나 경우에 따라 프로토타입이 최종 시스템의 일부가 되기도 하는데, 이를 진화 프로토타이핑evolutionary prototyping이라고 한다.

이해관계자의 참여 증가는 프로토타이핑 접근 방식의 주요 이점이다. 이해관계자는 시스템이 다루는 특정 사업 영역을 시스템 개발자보다 훨씬 더 잘 알고 있기 때문에, 개발 프로세스 전반에 걸쳐 이들을 참여시키면 요구 사항을 더욱 충족하는 시스템이 될 수 있다. 또한 이해관계자의 참여는 최종 시스템에 대한 만족도를 높일 수 있다. 프로토타이핑은 시스템 요구 사항을 밝히는 데 더 효과적일 가능성이 있다. 이는 요구 사항이 명확하지 않거나, 모호하거나, 정의하기 어려울 때 특히 중요하다. 경우에 따라서는 프로토타이핑 접근 방식이 기존 시스템 개발 수명 주기 방식보다 더 저렴할 수도 있다.

하지만 프로토타이핑 접근 방식에도 단점이 있다. 프로토타이핑은 실제 사용을 위해 확장하려 할 때 제대로 작동하지 않는 잘못된 시스템으로 이어질 수 있다. 또한 얼마나 많이 반복해야 하는지 예측하기 어려워 비용과 일정을 가늠하기도 어렵다. 일반적으로 프로토타입을 만들면 문서화가 덜 된 시스템이 생성되어 나중에 문제가 발생할 수 있다(예: 시스템을 수정하거나 새 시스템과 통합해야 하는 경우). 그리고 비기능적 요구 사항(예: 성능 요구 사항)은 프

숫자로 이해하기 10-1

IT 실패

취소되거나 실패한 IT 프로젝트와 잘못된 소프트웨어는 매년 세계 경제에 수십억 달러의 비용을 초래한다. [주목할 만한 사례]에서 소개한 소프트웨어 실패 외에도 다음과 같은 프로젝트 실패의 예가 있다.

- 2015년 3월, 독일 농구팀은 스코어보드에 연결된 컴퓨터가 윈도우 자동 업데이트를 시작했기 때문에 17분 늦게 경기를 시작해야 했다. 이렇게 경기가 지연되어 경기의 흐름이 바뀌는 바람에 이기고 있던 팀이 역전패당하여 하위 리그로 강등되었다.
- 2015년, 타깃(Target)은 매장 전체에 SAP를 구현하려던 시도가 실패로 돌아가는 바람에 공급망 문제로 매장 선반이 비게 되었고, 결국 캐나다에서 사업을 종료했다. 캐나다의 133개 매장이 문을 닫아 직원 1만 7,600명이 일자리를 잃었다.
- 2016년 8월, 호주 사람들은 온라인 시스템 장애로 인해 지정된 날짜에 인구 조사를 완료할 수 없었다.
- 2018년 8월, 주택 소유자 400명은 웰스파고(Wells Fargo)에서 사용하는 회계 소프트웨어의 계산 오류로 인해 모기지가 우발적으로 압류되었음을 발견했다.
- 2018년 3월, 우버의 자율주행 자동차가 '물체'에 대해 잘못된 결정을 내려 애리조나주 피닉스에서 보행자가 사망했다.

이러한 실패와 [주목할 만한 사례]의 실패는 대부분 대기업의 사례이지만 소프트웨어 및 프로젝트 실패는 정부 기관을 비롯해 전 세계 모든 유형의 조직에 영향을 미친다. CISQ(Consortium for IT Software Quality)는 소프트웨어 오류로 인한 손실(37.46%), 레거시 시스템 문제(21.42%), 결함 발견 및 수정(16.87%), 문제가 있거나 취소된 프로젝트(6.01%)와 같은 낮은 소프트웨어 품질로 인한 비용이 2018년 미국에서만 약 2조 2,600억 달러라고 추정했다. 나머지 18.22%는 소프트웨어 코드에 있는 문제를 수정하는 데 드는 예상 비용인 기술 부채였다. 또 다른 연구에 따르면 2016년에 기업들은 IT 프로젝트에 투자한 10억 달러마다 실패를 해결하기 위해 평균 9,700만 달러를 지출해야 했다(Florentine, 2017). 프로젝트가 실패한 이유는 무엇인가? 경우에 따라 비용, 리소스, 종료 날짜의 초기 추정치가 비현실적이었기 때문이다. 또 다른 원인으로는 요구 사항에 대한 오해, 기능 추가(요구 사항 확장), 부적절한 테스트를 꼽을 수 있다.

출처: Florentine, S. 2017. "IT Project Success Rates Finally Improving." *CIO Magazine*, February 27. https://www.cio.com/article/3174516/it-project-success-rates-finally-improving.html; Krasner, H. 2018. *The Cost of Poor Quality Software in the US: A 2018 Report*. Consortium for IT Software Quality, September 26. https://www.it-cisq.org/the-cost-of-poor-quality-software-in-the-us-a-2018-report/The-Cost-of-Poor-Quality-Software-in-the-US-2018-Report.pdf; Hamrouni, W. 2017. "5 of the Biggest Information Technology Failures and Scares." Exo, August 1. https://www.exoplatform.com/blog/2017/08/01/5-of-the-biggest-information-technology-failures-and-scares/; Head, B., and D. Walker 2016. "The Enormous Cost of IT Project Failure." *In the Black*, November 1. https://www.intheblack.com/articles/2016/11/01/enormous-cost-it-project-failure

로토타입을 사용하여 설정하기 힘들다.

프로토타이핑은 광범위한 사용자 상호 작용이 필요하고, 분석가가 특히 기능적 요구 사항을 잘 이해하지는 못하더라도 해결해야 할 경영 문제를 어느 정도 이해하고 있는 시스템에 가장 적합하다. 프로토타이핑은 요구 사항이 잘 정의된 시스템, 비기능적 요구 사항이 특히 중요하거나 향후 확장성이 중요한 경우에는 적합하지 않다.

신속 애플리케이션 개발

그 이름에서 알 수 있듯이 신속 애플리케이션 개발Rapid Application Development(RAD)은 기존 방법보다 더 빠르게 시스템을 개발하기 위한 것이다. 광범위한 선행 계획에 참여하는 대신 프로토타입의 신속한 개발을 사용하는 반복적인 방법이다. 신속 애플리케이션 개발은 일반적으로 전체 프로젝트 위험을 줄이기 위해 소프트웨어 개발 프로젝트를 더 작은 청크chunk로 나눈다. 또한 신속 애플리케이션 개발은 프로젝트의 요구 사항을 파악했을 때 변경이 촉진되게 하며, 보통은 기술적으로 완벽한 시스템을 만드는 것보다 조직의 요구 사항을 맞추는 데 초점을 둔다.

활성 사용자의 참여는 신속 애플리케이션 개발의 핵심 요소이다. 신속 애플리케이션 개발의 핵심 아이디어는 사용자와 협력하여 높은 수준의 요구 사항을 결정한 뒤, 이러한 요구 사항을 기반으로 프로토타입을 구축하는 것이다. 개발자는 피드백을 제공하는 사용자와 함께 프로토타입을 검토하고, 피드백을 기반으로 프로토타입이 개선된다. 이러한 프로세스는 전체 시스템이 개발될 때까지 계속된다. 전통적 시스템 개발 수명 주기 접근 방식에 사용되는 것과 동일한 방법 중 일부를 신속 애플리케이션 개발에도 적용할 수 있다. [그림 10-3]은 신속 애플리케이션 개발 프로세스를 보여준다.

그림 10-3 신속 애플리케이션 개발 주기

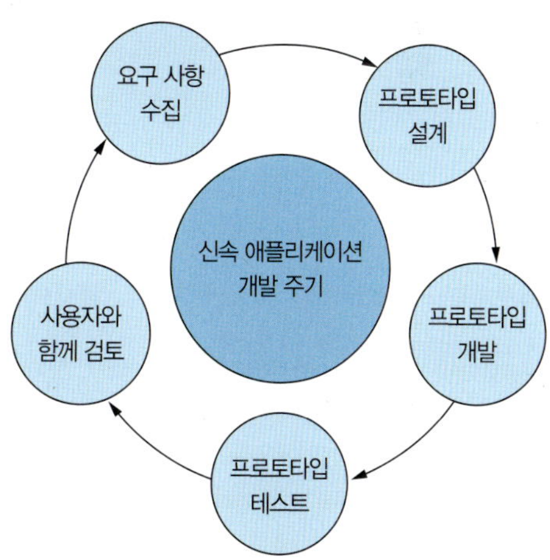

개발 도구는 신속 애플리케이션 개발 시스템의 필수적인 부분이다. 예를 들어 CASEComputer-Aided Software Engineering 도구는 많은 소프트웨어 설계 및 개발 작업을 자동화한다. 그래픽 사용자 인터페이스를 빠르게 개발하기 위한 도구가 신속 애플리케이션 개발 환경에 흔히 포함되며, 이러한 도구를 통해 개발자는 소프트웨어 코드를 작성하는 대

학습 활동 10-3

모델링을 통한 개발화

대규모 조직 애플리케이션에 대한 시스템 개발은 매우 노동 집약적일 수 있다. 그러나 오늘날 쉽게 이용할 수 있는 개발 모델러를 사용하면 기본 개발 지식만 있는 사람도 애플리케이션을 만들 수 있다. 강사가 할당한 앱을 Mendix(www.mendix.com) 모델러를 사용하여 만들어보자.

1. 강사가 할당한 앱 유형에 대한 자습서(https://docs.mendix.com/howto/tutorials/)를 살펴보라.
2. https://signup.mendix.com/link/signup/에서 EDU 계정에 등록하라(무료 접근 권한 획득).
3. 할당된 앱을 개발하라.

신 인터페이스 요소를 화면에 끌어다 놓는 방식으로 사용자 인터페이스를 구축할 수 있다.

신속 애플리케이션 개발은 전통적 시스템 개발 수명 주기보다 더 빠르게 시스템을 구축할 수 있을 뿐만 아니라 비용이 절감되는 경우가 많다. 사용자 참여는 신속 애플리케이션 개발의 중요한 측면이므로, 신속 애플리케이션 개발을 통해 만들어진 시스템은 종종 사용자로부터 더 많은 지지를 얻는다. 또한 신속 애플리케이션 개발은 진화하는 요구 사항을 잘 지원한다. 그러나 신속 애플리케이션 개발의 속도로 인해 소프트웨어의 품질이 저하될 수 있다. 사용자는 점점 더 많은 기능을 원하기 때문에 신속 애플리케이션 개발에서 '기능 크립feature creep'이 더 많이 발생할 수 있다. 비기능적 요구 사항에 대한 관심이 적어서 더 많은 사용자 또는 더 많은 처리량으로 확장될 때 시스템이 제대로 작동하지 않을 수 있다.

신속 애플리케이션 개발은 잘 집중된 조직 목표와 헌신적인 사용자가 있는 소규모 프로젝트에 가장 적합하며, 성능과 품질이 중요한 대규모 프로젝트나 시스템에서는 제대로 작동하지 않는다. 예를 들어 항공 교통관제 시스템과 같이 안전이 중요한 시스템에 신속 애플리케이션 개발을 사용하는 것은 바람직하지 않다.

데브옵스

데브옵스DevOps(Development-Operations)는 애플리케이션과 서비스의 신속한 개발에 중점을 둔 소프트웨어 개발 접근 방식으로, 전통적인 접근 방식과 달리 소프트웨어 운영이 소프트웨어 개발과 분리되지 않기 때문에 이러한 이름이 붙었다. 그 아이디어는 소프트웨어 제품을 신속하게 구축·테스트·출시하고, 출시된 소프트웨어를 지속적으로 모니터링하는 것이며, [그림 10-4]는 데브옵스의 주요 요소를 보여준다.

그림 10-4 데브옵스

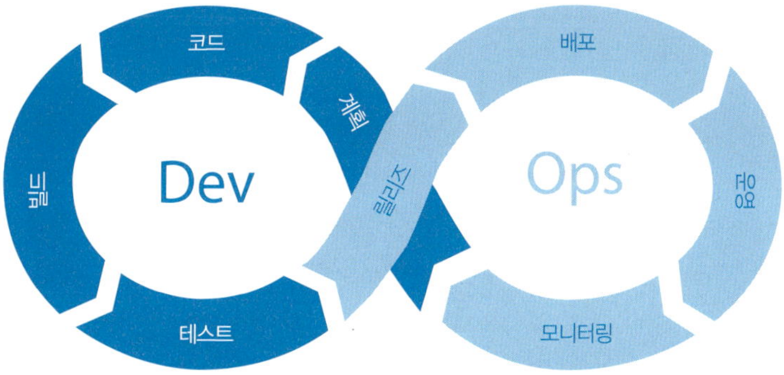

최근 몇 년 동안 데브옵스는 소프트웨어에 대해 빈번하지만 작은 업데이트 제공(지속적 제공), 대규모 프로젝트를 더 작은 프로젝트로 나누는 것(애플리케이션 구축을 위해 작은 서비스 집합을 구축하는 것으로, 마이크로서비스라고도 함), 지속적 통합의 개념과 같은 몇 가지 원칙을 기반으로 성공을 이루었다. 지속적 통합은 개발자가 새로 개발한 코드 또는 코드 변경 사항을 테스트가 실행되는 중앙 리포지토리repository에 배치하여 가능한 한 소프트웨어 오류를 보다 신속하게 파악하는 것이다. 출시된 소프트웨어의 로깅 및 모니터링 역할에 주목하는 것도 매우 중요하다. 데브옵스의 일환으로 기업은 소프트웨어의 성능 관련 데이터를 지속적으로 수집하고 해당 데이터를 분석·기록하여 소프트웨어 변경 사항이 사용자에게 어떤 영향을 미치는지 더 잘 이해할 수 있다.

데브옵스는 이점이 많다. 첫째, 운영 및 개발 회사에서 일하는 직원이 소프트웨어 개발·운영·모니터링에 공동으로 참여하기 때문에 협업과 의사소통이 더 잘 이루어진다. 물론 데브옵스의 목표인 개발 속도와 신속한 제공도 이점이다. 또한 많은 사람은 데브옵스가 보다 안정적이고 안전한 소프트웨어로 이어진다고 주장한다.

DORA DevOps Research Assessment와 구글 클라우드의 데브옵스에 대한 2019년 보고서(https://services.google.com/fh/files/misc/state-of-devops-2019.pdf)에서는 기업의 데브옵스 사용 성능 측정을 위한 네 가지 주요 지표로 배포 빈도, 변경 리드타임, 서비스 복원 시간, 변경 실패율을 제안했다. 그리고 최고의 '엘리트' 데브옵스 실행자는 하루에도 수차례 온디맨드 서비스를 배포할 수 있고, 배포 준비가 된 코드를 실제 배포하기까지 채 하루도 걸리지 않으며, 정전과 같은 사고 후 서비스를 복원하는 데 걸리는 시간이 1시간 미만이고, 출시된 변경 사항 중 서비스 저하로 이어지는 경우가 15% 미만이어야 한다고 주장했다.

이러한 대체 방법론은 보다 일반적인 시스템 개발 방법론의 일부에 불과하며, 그 밖에도 많은 방법이 있다. 그중 일부는 애자일 개발Agile development 방법론의 범주에 속한다. 애자일 개발은 정보 시스템 전문가와 사용자 대표 등으로 구성된 자체 관리self-managed, 복합 기능cross-functional 팀에서 진행된다. 애자일 방식은 프로세스 중심이 아니라 사람 중심이다. 애자일 방식은 사용자 대표의 반복적·지속적 피드백을 강조한다. 많은 특정 방법론이 애자일 방법론에 속하며, 여기에는 짧은 개발 주기로 빈번하게 같은 제품을 새롭게 만드는 익스트림 프로그래밍eXtreme Programming(XP)과 '스프린트'라 불리는 작업 단위를 사용하여 1주에서 몇 주 동안 작업한 후 개발 팀이 이해관계자와 만나 진행 상황을 평가하고 다음에 수행해야 할 작업을 계획하는 것이 특징인 스크럼Scrum이 포함된다. 또 다른 접근 방식은 핵심 시스템을 개발할 때 위험을 파악하고 줄이는 데 초점을 맞추는 반복적 시스템 개발 수명 주기와 유사한 나선형 모델spiral model이다. 소프트웨어와 그 용도가 계속 발전함에 따라 소프트웨어 개발 방법론도 함께 발전할 것으로 예상된다.

지금까지 살펴보았듯이 다양한 시스템 개발 방법론이 있으며, 올바른 방법론을 선택하는 것은 많은 요인에 따라 달라진다. 그러나 조직에 새 시스템이 필요할 때 시스템을 새로 구축하는 것이 유일한 선택지는 아니다. 시스템을 구축하는 것보다 구매하는 것이 더 나을 수도 있는데, 다음 절에서 이에 대해 알아보자.

학습 활동 10-4

방법론 비교화

이 장에서 설명한 대체 소프트웨어 개발 방법론 중 하나를 선택하라. 전통적 시스템 개발 수명 주기와 비교하여 유사점과 차이점을 각각 세 가지 이상 찾아보고 리포트를 작성하라.

구축 또는 구매 결정

새로운 소프트웨어 기반 시스템이 필요할 때 관리자는 소프트웨어를 만들 것인지, 아니면 기성 상업용Commercial, Off-The-Shelf(COTS) 소프트웨어를 구매할 것인지 장기적인 결정을 해야 한다. 이 결정은 잘못되면 복잡하고 비용이 많이 든다. 피상적으로는 새로운 시스템을 만들기 위해 시간, 비용, 노력을 쏟는 것보다 기존 시스템을 구입하는 것이 항상 더 나은 것처럼 보일 수 있다. 그러나 이는 그리 쉬운 결정이 아니다. COTS 소프트웨어는 비즈니스 요구 사항을 충족하기 위해 상당한 맞춤화customization가 필요한 경우가 있는데, 이럴 때는 시스템을 새로 구축하는 것이 더 효과적일 수 있다. 맞춤형 소프트웨어와 COTS 소프트웨어의 극단 사이에는 하이브리드 접근 방식이 있다. 이러한 하이브리드 접근 방식에는 COTS 소프트웨어를 수정하여 조직의 요구 사항을 더 잘 충족하는 솔루션을 만들거나, COTS 구성 요소를 결합하여 원하는 솔루션을 만드는 것이 포함된다.

맞춤형 소프트웨어는 상업용으로 구입한 몇 가지 구성 요소를 사용하여 처음부터 새로 만든 소프트웨어이다. 맞춤형 접근 방식의 주요 이점은 구축된 시스템이 비즈니스 요구 사항에 더 적합할 가능성이 높고, 결과적으로 맞춤형 시스템을 사용하여 경쟁우위를 확보할 수 있다. 또한 조직은 초기 시스템이 구현된 후 기능을 추가하거나 수정하는 데 더 많은 권한을 가지게 된다. 그러나 일반적으로 맞춤형 솔루션은 COTS 또는 하이브리드 솔루션보다 개발하는 데 훨씬 더 오래 걸리고 비용도 더 많이 들며, 오류가 발생하기 쉬워 비용과 납품 기간이 더 늘어날 수 있다.

COTS 소프트웨어는 서드파티에서 얻은 완전한 솔루션이다. 이러한 소프트웨어의 예는 사무 자동화 시스템부터 ERP 시스템에 이르기까지 다양하다. COTS 소프트웨어는 대개 맞춤형 또는 하이브리드 방식보다 저렴하다. COTS 소프트웨어는 특히 널리 사용되는 시스템인 경우 품질이 더 높을 수 있다. 일반적으로 COTS 기반 솔루션은 맞춤형 또는 하이브리드 솔루션보다 훨씬 짧은 기간 내에 제공할 수 있다.

그러나 COTS 소프트웨어에도 단점이 있다. 첫째, COTS 소프트웨어에 맞게 기존 비즈니스 관행을 변경해야 하는 경우가 많다. 둘째, 기업은 개선, 수정과 같은 지원을 받기 위해 공급업체나 컨설턴트에 크게 의존하게 된다. 또한 재정적으로 영세한 공급업체는 적절한 지원이나 유지·관리를 제공하지 못할 수도 있고, 극단적인 경우 폐업하기도 한다.

하이브리드 솔루션에는 다른 공급업체의 구성 요소를 사용하여 완전한 솔루션을 만들거나, 프로그래밍 코드를 수정하거나 스크립트를 추가함으로써 COTS 소프트웨어를 맞춤화하는 작업이 포함될 수 있다. 이상적인 경우 하이브리드 솔루션은 최고의 맞춤형 및 COTS 접근 방식을 제공한다. 일반적으로 하이브리드 솔루션은 비즈니스 요구 사항과 기존 프로세스에 더 적합하며, 맞춤형 솔루션보다 더 저렴하고 빠르게 제공될 수 있다. 그러나 맞춤형 시스템 및 COTS 솔루션의 단점과 동일한 단점이 몇 가지 있다. 또한 COTS 구성 요소를 수정하거나 결합하는 데 필요한 전문 지식을 찾기 어려울 수 있다. [그림 10-5]는 세 가지 접근 방식의 일부 특성을 요약하여 나타낸 것이다.

그림 10-5 COTS와 맞춤형 개발의 비교

출처: http://www.baselinemag.com/c/a/Application-Development/Buy-vs-Build-Software-Applications-The-Eternal-Dilemma를 수정

시스템을 구축할지, 구매할지 결정할 때는 다음 질문을 확인해야 한다.

- 비즈니스 요구 사항을 충족하는 COTS 소프트웨어가 있는가? COTS 소프트웨어가 없다면 맞춤형 개발 또는 하이브리드 접근 방식으로 선택 범위가 좁아진다. COTS 소프트웨어가 조직의 요구 사항을 충족할 수 없는 경우 소프트웨어를 개발하거나 COTS 소프트웨어를 맞춤화해야 하며, 이때 개발 또는 맞춤화를 아웃소싱할 수 있다(이 장의 뒷부

분에서 아웃소싱에 대해 설명하겠다).

- 소프트웨어가 경쟁우위를 제공하는가? 만약 COTS 소프트웨어가 옵션이라면 시스템이 조직에 경쟁우위를 제공하는지 고려해야 한다. 경쟁우위를 제공한다면 맞춤화 소프트웨어를 구축하는 방향으로 기울어지고, 경쟁우위를 제공하지 않는다면 COTS 소프트웨어가 더 나은 선택일 수 있다. 예를 들어 호텔 체인의 급여 시스템은 어떤 경쟁우위도 제공하지 않기 때문에 COTS 소프트웨어를 사용하기에 적합하다. 그러나 단골손님의 행동과 선호도를 분석하기 위한 맞춤형 시스템의 경우 경쟁 호텔보다 우위를 점할 수 있으므로 맞춤형 시스템 구축이 더 나은 대안이다.
- COTS 소프트웨어가 비즈니스 프로세스에 적합한가? COTS 소프트웨어는 기존 비즈니스 프로세스와 정확히 일치하는 경우가 거의 없으므로, COTS 소프트웨어를 사용하려면 대개는 일부 비즈니스 프로세스를 수정해야 한다. 이것은 일반적으로 문제가 되지 않지만 때로는 변경 사항이 너무 광범위하여 맞춤형 시스템을 구축하는 편이 더 나을 수도 있다. 핵심 문제는 COTS 소프트웨어가 작동하는 방식에 맞게 기존 프로세스를 변경하는 것이 실용적인지 여부이다.
- COTS 소프트웨어가 기존 IT 아키텍처 및 인력에 적합한가? COTS 소프트웨어가 성공적이려면 조직의 기존 IT에 적합해야 한다. 예를 들어 조직에서 윈도우 기반 PC만 사용한다면 매킨토시 전용 COTS 소프트웨어는 적합하지 않다. IT 직원이 사용하는 모든 COTS 소프트웨어를 지원할 수 있는지도 중요하다. 기존 IT 직원이 지원할 수 없다면 외부 회사와 계약하여 지원을 받거나, 기존 직원을 교육하거나, 새 직원을 고용해야 한다. 이 모든 것이 COTS 소프트웨어의 구현 비용과 복잡성을 증가시킨다.
- 필요한 시스템을 만들 수 있는 능력이 있는가? 단순히 조직이 요구 사항을 충족하는 시스템을 만들 수 있는 능력이 없는 경우라면 COTS 소프트웨어는 매력적인 옵션이다. 또 다른 옵션은 시스템 개발을 아웃소싱하는 것이다.
- 시스템이 언제 필요한가? COTS 솔루션은 대체로 맞춤형 시스템보다 빠르게 구현할 수 있다. 시스템을 구축할지, 구매할지 결정할 때는 새 시스템의 '가동' 목표를 고려해야 한다.
- 각 접근 방식을 소유하는 데 드는 총비용이 얼마인가? 시스템 구매 또는 구축 비용만이 아니라 각각을 소유하는 데 드는 총비용total cost of ownership(TCO)을 비교해야 한다. 여기에는 지원 및 유지·관리 비용, 시스템을 기존 아키텍처에 통합하는 비용, 향후 시스템

개선과 관련된 비용이 포함된다. 일반적으로 COTS 시스템이 맞춤형 시스템보다 훨씬 더 자주 변경된다는 것을 명심해야 한다. 공급업체가 소프트웨어의 새 버전을 출시하면 배포 관련 비용이 추가로 발생할 수 있다. 물론 이전 버전을 계속 사용할 수도 있지만, 공급업체가 이전 버전에 대한 지원을 중단하면 문제가 된다.

학습 활동 10-5

앱 개발자가 필요하다!

많은 학생이 스마트폰으로 사용하는 다양한 앱은 누가 개발할까? 앱 개발자의 수입은 어느 정도일까? 애플 iOS 또는 안드로이드 등의 앱 개발자에 대한 수요와 대규모 시스템을 위한 전통적 앱 개발자에 대한 수요를 조사하라. 현재 수요는 어떠한가? 앱 개발자는 얼마나 버는가? 앱이 시장에 출시되어 스마트폰으로 다운로드하기까지 얼마나 걸리는가?

오픈 소스 소프트웨어

오픈 소스 소프트웨어open source software는 사용자가 애플리케이션의 기본 **소스 코드**source code에 접근할 수 있는 소프트웨어를 말한다. 사용자가 프로그램의 소스 코드를 가지고 있으면 프로그램의 기능을 수정할 수 있다. 소스 코드는 사람이 읽을 수 있는 소프트웨어 프로그램 형식이며, 일반적으로 소스 코드는 컴파일을 통해 컴퓨터 명령으로 변환된다. 컴파일된 코드는 사람이 쉽게 이해할 수 있는 형태가 아니다. 사용자는 오픈 소스 소프트웨어의 라이선스를 통해 일부 조건에 따라 프로그램을 수정할 수 있다. 오픈소스이니셔티브Open Source Initiative는 오픈 소스에 대한 자세한 정의를 제공한다(http://www.opensource.org/docs/osd).

오픈 소스 소프트웨어는 무료로 사용할 수 있지만, 일반적으로 기업은 지원 계약 또는 기타 개선 사항과 함께 오픈 소스 소프트웨어를 유료로 배포한다. 오픈 소스 소프트웨어는 몇 년 전부터 존재해왔으나 널리 알려지지 않다가 모질라 파이어폭스Mozilla Firefox(웹 브라우저), 오픈오피스OpenOffice(생산성 제품군)와 같은 대중적인 오픈 소스 애플리케이션과 리눅스 운영체제, 아파치 웹 서버와 같은 운영 및 시스템 소프트웨어의 등장으로 이에 대한 인식이 높아졌다. 스마트폰 세계에서는 구글의 오픈 소스 안드로이드 운영체제를 사용하는 스마트폰의 수가 급격히 증가했다. 이와 관련된 몇 가지 통계를 [실제 경영 사례 10-1]에 제시했다.

기업은 다양한 용도로 오픈 소스 소프트웨어를 채택하고 있다. 예를 들어 2020년 8월을 기준으로 아파치 웹 서버는 전 세계 웹사이트의 36.5%에서 사용되었고, 엔진엑스Nginx 웹 서버는 32.5%에서 사용되었다(W3Techs, 2020). 아파치와 엔진엑스는 모두 오픈 소스 소프트웨어이다. 가장 순위가 높은 비오픈non-open 소스 웹 서버 소프트웨어는 웹사이트의 7.9%에서 사용되는 마이크로소프트 IISInternet Information Services이다.

그렇다면 기업은 왜 오픈 소스 소프트웨어를 사용하는가? 다양한 이유가 있겠지만 가장 분명한 것은 잠재적인 비용 절감이다. 대부분의 오픈 소스 소프트웨어는 무료로 구입할 수 있다.

실제 경영 사례 10-1

오픈 안드로이드 대 폐쇄 iOS

당신은 어떤 스마트폰을 가지고 있는가? 시중에는 다양한 스마트폰이 나와 있지만 선두 리더는 구글의 안드로이드 기반 휴대폰과 애플의 iOS 기반 휴대폰이다. 둘은 외적인 디자인뿐 아니라 운영체제에도 큰 차이가 있다. 안드로이드는 오픈 소스이지만 iOS는 그렇지 않다. 시장 및 소비자 데이터를 분석하는 스태티스타(Statista)에 따르면 iOS는 2019년 글로벌 시장 점유율이 13%에 불과한 반면 안드로이드는 87%를 차지했다. 삼성, 모토롤라, LG 등 안드로이드 운영체제를 사용하는 휴대폰이 더 많기 때문이다. 2020년 5월을 기준으로 아이폰은 미국 스마트폰 판매의 약 절반을 차지하고 가입자가 1억 500만 명이다. 한편 2019년의 스마트폰 앱 수는 안드로이드 앱이 250만 개, 아이폰 앱이 180만 개였다.

출처: https://www.statista.com/statistics/266572/market-share-held-by-smartphone-platforms-in-the-united-states/; https://www.digitaltrends.com/mobile/android-vs-ios/

그러나 이는 비용을 들이지 않고 소프트웨어를 구축할 수 있다는 의미가 아니다. 설치, 지원, 지속적인 교육과 관련된 비용이 계속 발생하는데, 이러한 비용을 무시하면 안 된다.

기업이 오픈 소스 소프트웨어를 사용하는 또 다른 이유는 지속적인 개발 및 지원을 위해 독점적인 소프트웨어 공급업체에 의존하지 않기 위해서이다. 예를 들어 마이크로소프트 오피스 사용자는 현재 개발(예: 오류 수정, 소프트웨어 향상)에 대해 마이크로소프트에 전적으로 의존하게 된다. 그러나 오픈 소스 소프트웨어를 사용하면 더 큰 커뮤니티에서 이러한 기능을 수행할 수 있다. 이는 소프트웨어 개발자가 폐업하더라도 지속적인 개발 및 지원이 가능하다는 것을 의미한다. 그리고 꾸준히 업그레이드된 오픈 소스 소프트웨어는 독점 소프트웨어보다 더 신뢰성이 있다는 증거도 있다. 또한 오픈 소스 소프트웨어는 파일 형식과 같은 것에 개방형 표준을 사용할 가능성이 더 높다. 따라서 특정 소프트웨어 공급업체에 대한 의존도가 줄어든다. 사용자가 필요에 따라 소프트웨어를 수정할 수 있다는 것은 유연성이 크다는 것을 의미하는데, 이는 독점 소프트웨어로는 불가능한 일이다(대부분의 사용자는 소프트웨어를 수정하는 데 필요한 기술이 부족하여 그 이점을 누리지 못한다).

오픈 소스 소프트웨어의 흥미로운 점 중 하나는 종종 자원봉사 프로그래머 커뮤니티가 지속적인 개발을 수행한다는 것이다. 오픈 소스 개발 커뮤니티의 구조는 양파와 같다. 핵심 개발자가 중심에 있고 수동 사용자가 가장 바깥 계층에 있다. 핵심 개발자는 원본을 작성하고 진행 중인 개발과 관련된 대부분의 프로그래밍을 수행한다. 외부 계층의 개발자는 오류를 보고하고 기능을 요청하며 오류 수정에 기여할 수 있다. 활성 사용자도 문제를 보고하지만 코드를 제공하지는 않으며, 커뮤니티 포럼에서 경험이 적은 사용자를 돕는 경우가 많다. 따라서 커뮤니티는 현재 사용자를 지원할 뿐만 아니라 지속적인 개선을 위한 플랫폼을 제공한다.

학습 활동 10-6

오픈 소스 소프트웨어가 구축 또는 구매 의사결정에 미치는 영향

오픈 소스 소프트웨어는 프로그램의 소스 코드에 대한 접근을 제공하는 소프트웨어이므로 자유롭게 수정할 수 있다. 조직은 종종 맞춤형 소프트웨어를 구축할지, 상용 소프트웨어 패키지를 구매할지 결정해야 한다. 두 명이 짝을 이루어 오픈 소스 소프트웨어가 구축 또는 구매 의사결정에 미치는 영향을 논의하고 그 결과를 리포트로 작성하라.

정보 시스템 아웃소싱

IT **아웃소싱**outsourcing은 조직이 이전에 내부적으로 제공하던 IT 서비스를 외부 조직이 제공하는 것을 말한다(아웃소싱은 IT에만 국한된 것이 아니며, 판매하는 제품의 제조를 아웃소싱하는 경우도 있다).

아웃소싱 모델

아웃소싱의 정도와 대상에 따라 다양한 아웃소싱 모델이 있다. 일부 조직은 모든 IT 관련 서비스의 제공을 위해 서비스 공급업체와 계약을 맺는데, 이를 **전체 아웃소싱**full outsourcing 또는 **완전 아웃소싱**complete outsourcing이라고 한다. 전체 아웃소싱을 통해 조직은 핵심 활동에 집중하고 IT 비용을 절감할 수 있다. 또한 서비스 공급업체는 규모의 경제로 인해 서비스를 보다 저렴하게 제공할 수 있다. 반면 **선택적 아웃소싱**selective outsourcing 또는 **부분 아웃소싱**partial outsourcing의 경우 IT의 특정 부분만 서비스 공급업체에 아웃소싱한다. 예를 들어 AT&T는 한때 ERP 시스템의 유지·관리를 액센추어Accenture에 아웃소싱했다.

무엇을 아웃소싱할지 결정하는 방법도 여러 가지이다. **프로세스 기반 아웃소싱**process-based outsourcing에서는 특정 기능 또는 비즈니스 프로세스를 아웃소싱한다. 아웃소싱되는 기능은 헬프 데스크 지원, 급여 및 혜택 처리, 통신 서비스 등이며, 특정 기능을 아웃소싱하는 것은 이제 흔한 일이다. 예를 들어 ADP(adp.com)는 70년 이상 많은 조직에 급여 서비스를 제공해 왔다.

역사가 오래된 **인력 아웃소싱**personnel outsourcing은 또 다른 형태의 아웃소싱이다. 이러한 아웃소싱을 통해 조직은 정규직 고용과 관련된 장기적인 비용 없이 인력 수요를 충족할 수 있다. 단기적으로 특정 전문 지식이 필요하거나 내부 IT 직원이 현재 업무량을 처리하기 버거울 때는 임시 직원을 고용하는 것이 효과적이다. 인력 아웃소싱은 시스템 배포 시간을 단축하고 직원 교육 비용을 절약해준다.

또 다른 방식은 **프로젝트 기반 아웃소싱**project-based outsourcing이다. 이름에서 알 수 있듯이 이는 특정 프로젝트를 위해 공급업체와 계약하는 것이다. 프로젝트에는 정해진 시작과 끝이 있으므로 프로젝트가 완료되면 아웃소싱 계약이 종료된다. 조직은 프로젝트를 완료하는 데 필요한 내부 리소스가 부족할 때 프로젝트를 아웃소싱한다. 앞에서 맞춤형 시스템 개발을 위한 대안으로 아웃소싱을 언급했는데, 이것이 바로 프로젝트 기반 아웃소싱의 예이다. 시스템이 개발 및 배포되면 아웃소싱 계약이 종료되며, 시스템 업그레이드가 또 다른 아웃소싱 계약으로 이어질 수 있다.

애플리케이션 아웃소싱application outsourcing에는 유료로 특정 소프트웨어 애플리케이션과 관련된 활동을 처리하는 서비스 공급업체가 포함된다. 애플리케이션 아웃소싱의 형태는 다양하다. 애플리케이션 호스팅을 사용하면 클라이언트 조직은 애플리케이션과 관련된 IT 인프라를 운영할 책임이 있지만, 소프트웨어를 구입하고 소프트웨어 퍼블리싱 업체에 연간 라이선스 또는 유지·관리 비용을 지불해야 한다. 아마존의 웹 서비스는 애플리케이션 호스팅의 한 예이다. 조직은 아마존의 시스템상에서 애플리케이션을 배포할 수 있으며, 아마존은 서버의 가동 및 실행을 처리하지만 애플리케이션 유지에 대한 책임이 없다. 이러한 방식은 특히 수요 급증으로 추가 서버 용량이 필요할 때 비용 면에서 매우 효율적이다. SaaS는 사용 또는 사용자 기

학습 활동 10-7

아웃소싱 대상

아웃소싱은 조직이 일부 서비스를 제공하기 위해 외부 공급업체에 의지하는 것을 말한다. 아웃소싱의 정의는 이해하기 쉽지만 무엇을 아웃소싱할지 결정하는 것은 훨씬 더 어렵다. 다음 다섯 가지 시나리오에 대해 시스템 또는 운영의 아웃소싱 여부를 결정하고, 그 이유를 설명하라.

조직	시스템/기능
1. 엔지니어링 회사	급여 및 복리후생 관리 시스템
2. 지역 맥주 양조장	고객관계 관리 시스템
3. 대학	학습 관리 시스템(예: Blackboard, Moodle)
4. 재무 포트폴리오 관리 회사	투자 분석 소프트웨어
5. 공공 라디오 방송국	기부자 관리 시스템

준으로 애플리케이션에 대한 주문형 웹 기반 접근을 제공한다. 대표적인 SaaS 제공업체인 세일즈포스닷컴은 사용자당 월간 요금으로 고객관계 관리 소프트웨어를 제공한다. 기능에 따라 추가 수수료가 적용되는데, 2020년의 고객관계 관리 사용료는 서비스 수준에 따라 사용자당 월 25달러부터 300달러까지 다양했다. 따라서 SaaS는 상당한 유연성을 제공하고 비용 면에서 효율적이다. 클라이언트 조직은 소프트웨어 또는 서버 유지·관리에 대해 걱정할 필요가 없다. 또한 SaaS는 매우 우수한 확장성을 제공하지만 보안 및 프라이버시 문제가 있다.

아웃소싱의 장단점

아웃소싱을 잘 활용하면 다양한 이점을 얻을 수 있다. 아웃소싱의 주요 상점은 조직 내에서 사용할 수 없는 특정 전문 지식에 접근할 수 있고 비용을 절감할 수 있다는 것이다. 이는 일반적으로 규모의 경제 또는 낮은 임금률을 통해 비용 구조를 낮추는 데 영향을 미친다. 그리고 아웃소싱은 직원 관련 고정 비용을 가변 비용으로 전환하며, 추가 전문 지식과 인력을 통해 프로젝트를 보다 신속하게 수행할 수 있다. 또한 아웃소싱은 역량을 관리하는 효과적인 수단이 될 수 있는데, 일반적으로 다른 방법보다 계약을 통해 역량을 추가하기가 더 쉽다. 경영진은 선택적 아웃소싱을 통해 핵심 경영 활동에 집중할 수 있다. 아웃소싱 사이트가 여러 시간대에 분산되어 있는 경우에는 역외 아웃소싱을 통해 24시간 업무를 진행할 수 있다.

그러나 경우에 따라서는 아웃소싱으로 인해 조직의 역량이 손실될 수도 있는데, 이러한 손실이 조직의 핵심 활동과 관련될 때는 특히 문제가 된다. 아웃소싱 관계와 관련된 위험도 있다. 서비스 공급업체에 의존하게 되면 추후의 협상에서 경쟁력이 떨어질 수 있다. 또한 공급업체가 기회주의적으로 행동하고 조직의 전문성 부족이나 부적절한 모니터링을 이용할 위험이 있다. 아웃소싱 계약이 제대로 구성되지 않으면 기회주의의 위험이 특히 커진다. 아웃소싱은 남은 인력의 사기를 떨어뜨릴 수도 있고, 기밀 유지에 문제가 발생할 수도 있다. 아웃소싱 공급

표 10-1 아웃소싱의 장단점

장점	단점
• 조직 내에 없는 전문 지식을 이용할 수 있다. • 잠재적 비용을 절감할 수 있다. • 고정 비용을 변동 비용으로 전환할 수 있다. • 역량을 효율적으로 관리할 수 있다. • 핵심 활동에 집중할 수 있다. • 24시간 업무 활동이 가능하다.	• 조직의 역량을 상실할 수 있다. • 서비스 공급업체에 의존함으로써 협상력이 떨어질 수 있다. • 서비스 공급업체가 기회주의적으로 행동할 수 있다. • 남은 직원의 사기가 떨어질 수 있다. • 기밀이 유출될 수 있다.

업체는 중요한 정보를 보호해야 하는데, 이것은 기술적 문제이자 인적 문제이다. 적절한 기술 보안 조치가 마련되어 있더라도 직원이 기밀을 누설할 수 있기 때문이다. 아웃소싱의 이러한 장단점을 [표 10-1]에 요약했다.

아웃소싱 결정하기

아웃소싱을 결정하는 것은 매우 복잡한 일이며, 이러한 결정은 특정 상황에 따라 크게 달라진다. 그러나 아웃소싱을 결정할 때 고려해야 할 몇 가지 공통 요소가 있다(Grover와 Teng, 1993).

실제 경영 사례 10-2

아웃소싱 결정 번복

휴스턴에 본사를 둔 릴라이언트에너지(Reliant Energy)는 2005년에 일부 IT 작업을 액센추어에 아웃소싱하여 IT 관련 일자리 340개 중 약 1/3을 줄였다. 그러나 2009년에 릴라이언트에너지는 이 결정을 번복하고 아웃소싱 작업을 다시 사내로 들여오기 위해 IT 직원을 고용하기 시작했다. 릴라이언트에너지와 액센추어는 번복한 이유를 밝히지 않았다.

백소싱(backsourcing, 아웃소싱한 기능을 다시 사내로 가져오는 것)의 예는 이뿐만이 아니다. 2012년, 스코틀랜드왕립은행(Royal Bank of Scotland)은 시스템 업데이트로 인해 수백만 명의 고객이 자신의 계정을 볼 수 없거나 자금 인출과 같은 거래를 수행할 수 없게 된 후 IT 제공업체와의 계약을 취소했다. 또 다른 예로 제너럴모터스(General Motors)는 2012년에 아웃소싱 서비스를 제공하던 HP 직원 3,000명을 고용하여 HP로부터 IT를 백소싱했다. 이렇게 함으로써 제너럴모터스는 잃어버린 전문 지식을 되찾아올 수 있었다.

기업은 왜 백소싱을 할까? 대부분의 경우 기대에 못 미치는 제품에 대한 시간 또는 비용 초과 때문이다. 예를 들어 2007년에 IBM은 호주 퀸즐랜드주 보건부와 600만 달러에 계약을 맺었으나 2008년 중반에 비용이 2,700만 달러에 달한다는 것을 알게 되었다. 그러나 현실은 더 나빴다. 몇 년이나 더 걸려 개발된 제품은 결함이 있었고, 예상 비용보다 16,000%나 많은 12억 달러가 소요되었다.

출처: Flinders, K. 2013. "Insourcing+Outsourcing–Outsourcing=Backsourcing—The Academic's View." *Computer Weekly*, April 30. https://www.computerweekly.com/blog/Investigating-Outsourcing/Insourcing-outsourcing-outsourcing-backsourcing-the-academics-view; Flinders, K. 2012. "General Motors Recruits 3,000 HP IT Workers." *Computer Weekly*, October 19. http://www.computerweekly.com/news/2240167895/General-Motors-recruits-3000-HP-IT-workers; Nead, N. 2020. "6 Examples of Outsourcing Failure." *Hacker Noon*, April 22. https://hackernoon.com/6-examples-of-outsourcing-failure-yv223y4u; Thibodeau P. 2010. "Reliant Energy Takes Back Outsourced IT Project." *Computerworld*, January 29. https://www.computerworld.com/article/2523204/reliant-energy-takes-back-outsourced-it-projects.html; Sealock, A., and C. Stacy. 2013. "Why Some U.S. Companies Are Giving Up on Outsourcing." *Forbes*, January 16. https://www.forbes.com/sites/ciocentral/2013/01/16/why-some-u-s-companies-are-giving-up-on-outsourcing/#4975b0bb65af

- 고려 중인 IT 시스템이 얼마나 안정적인가? 오랫동안 사용되어온 시스템이 아웃소싱에 더 적합하다. 그 이유는, 첫째, 시스템이 안정적이면 조직은 시스템에서 경쟁우위를 얻을 가능성이 적다. 둘째, 안정적인 시스템의 경우 유능한 공급업체를 찾기가 더 쉽다. 이는 조직이 공급업체를 선택할 수 있는 가능성이 더 높다는 것을 의미하며, 첫 협상과 미래의 협상 과정에 도움이 된다.
- 시스템이 조직의 경쟁우위에 얼마나 중요한가? 아웃소싱을 하는 일반적인 이유 중 하나는 조직이 핵심 활동에 집중하기 위함이다. 아웃소싱은 경쟁우위를 제공하지 않는 시스템에 더 적합하다. 또한 전략적인 시스템을 아웃소싱할 때 통제력을 잃을 위험이 더 크다. 전략적인 시스템의 문제는 대개 심각한 결과를 초래한다.
- 조직의 IT 역량이 경쟁업체와 비교하여 어느 정도 수준인가? 조직의 IT 역량이 상대적으로 약한 경우에는 아웃소싱을 하는 것이 더 나을 수 있다. 조직이 해당 시스템과 관련된 IT에 취약한 경우 특히 그렇다.
- 아웃소싱에 비용 이점이 있는가? 당연히 비용 문제도 중요하다. 비용 절감 효과가 없더라도 아웃소싱을 통해 조직이 중요한 영역에 집중할 수 있거나 조직에 필수 역량이 부족할 때는 아웃소싱이 좋은 선택일 수 있다.

지리적 고려 사항

어디서 아웃소싱을 하느냐는 아웃소싱의 중요한 부분이다(공급업체를 선택하는 것도 중요하지만 여기서는 위치에 초점을 둔다). **역외 아웃소싱**offshore outsourcing에는 조직이 위치한 나라 밖의 공급업체로부터 서비스를 제공받는 것이 포함된다. 한 예로 비용을 줄이기 위해 인도에 기술 지원을 아웃소싱하는 미국 컴퓨터 제조업체를 들 수 있다. 개발도상국은 선진국보다 임금이 훨씬 낮기 때문에 역외 아웃소싱이 매우 비용 효율적일 것이다. 그러나 해외로 빼앗긴 일자리에 고객이 불만을 품거나 언어적·문화적 차이로 인해 역외 아웃소싱에 대한 반발이 일어날 수도 있다. 또한 역외 아웃소싱 계약은 물리적인 거리와 언어적·문화적 차이로 관리하기가 어려운 경우도 있다.

근해 아웃소싱nearshore outsourcing은 역외 아웃소싱과 유사하나, 고객의 나라와 가까운 곳에 있는 공급업체로부터 서비스를 제공받는 것이 차이점이다. 미국 회사가 캐나다 회사에 아웃소싱하는 경우를 예로 들 수 있다. 근해 아웃소싱은 이동 시간이 단축되어 관리하기가 더 쉬울 수 있다. 또한 문화적·언어적 차이가 줄어들 수 있지만 항상 그런 것은 아니다. 멕시코로 아웃소싱하는 미국 회사는 상당한 언어적·문화적 장벽에 부딪힐 수 있다. 기업은 관리 및 언어적·문화적 어려움을 줄이면서 역외 아웃소싱의 비용 절감 효과를 얻고자 할 때 종종 근해 아웃소싱을 이용한다.

국내 아웃소싱onshore outsourcing은 같은 나라에 있는 다른 회사에 아웃소싱을 하는 것이다. 국내 아웃소싱은 역외 아웃소싱의 문화적·언어적 장벽을 제거하면서 상당한 비용 절감을 누릴 수 있다. 또한 일자리가 국내를 벗어나지 않기 때문에 고객의 반발을 일으킬 가능성이 적다. 흔히 농촌의 임금이 도시보다 낮은데, 비용 절감은 이처럼 지역에 따른 임금의 차이에 기인한다. 따라서 농촌 아웃소싱으로 상당한 비용을 절약할 수 있는데, 이는 역외 아웃소싱보다 약간 더 비싸다.

단원 요약

이 장에서는 정보 시스템 개발에 대한 다양한 접근 방식을 살펴보았다. 시간, 비용, 품질의 균형으로 시작하여 전통적 시스템 개발 수명 주기와 대체 방법론 등 다양한 소프트웨어 개발 방법론에 대해 설명했다. 또한 구축 또는 구매의 결정과 오픈 소스 소프트웨어 사용의 장단점에 대해 알아보고 아웃소싱에 대한 설명으로 마무리 지었다. 이 장에서 설명한 주요 내용은 다음과 같다.

- 소프트웨어 개발 방법론은 프로세스, 역할, 산출물을 정의하여 개발 프로세스에 원칙을 제공한다.
- 전통적 시스템 개발 수명 주기는 준순차적이고 단계적인 접근 방식이며, 다양한 버전이 있다.
- 이 장에서 설명하는 시스템 개발 수명 주기는 계획 단계, 요구 사항 단계, 설계 단계, 개발 단계, 구현 단계, 유지·관리 단계로 구성된다.
- 전통적 시스템 개발 수명 주기의 대안으로는 프로토타이핑, 신속 애플리케이션 개발, 데브옵스, 기타 애자일 방법론이 있다.
- 맞춤형 소프트웨어를 구축할지, 기성 상업용 소프트웨어를 구매할지 결정하는 것은 복잡하다.
- 오픈 소스 소프트웨어는 사용자가 애플리케이션의 기본 소스 코드에 접근할 수 있어 프로그램 수정이 가능하다.
- 오픈 소스 소프트웨어는 무료이지만 일부 회사는 지속적인 지원에 대해 비용을 부과한다.
- 아웃소싱은 조직이 이전에 자체적으로 제공하던 IT 서비스를 외부 조직에 맡기는 것을 말한다.
- 아웃소싱 모델에는 전체(완전) 아웃소싱, 프로세스 기반 아웃소싱, 인력 아웃소싱, 프로젝트 기반 아웃소싱, 애플리케이션 아웃소싱 등이 있다.
- 아웃소싱을 결정하는 데 영향을 미치는 요소는 시스템의 성숙도, 조직의 경쟁우위에 대한 시스템의 중요성, 조직의 IT 기능, 비용 등이다.
- 역외 아웃소싱은 조직이 위치한 나라 밖에서 서비스를 제공하는 공급업체에 아웃소싱하는 것이다.
- 근해 아웃소싱은 고객의 위치와 가까운 곳에서 서비스를 제공하는 공급업체에 아웃소싱하는 것이다.
- 국내 아웃소싱은 같은 나라에 있는 서비스 공급업체에 아웃소싱하는 것이다.

학습 정리 질문

1. 소프트웨어 개발 방법론의 주요 이점은 무엇인가?
2. 소프트웨어 개발 방법론은 소프트웨어 개발의 어떤 측면을 규정하는가?
3. 이 장에 제시된 시스템 개발 수명 주기 단계를 나열하고 간략히 설명하라.
4. 이 장에 제시된 타당성의 측면을 나열하고 간략히 설명하라.

5. 전통적 시스템 개발 수명 주기에 대한 세 가지 대안을 나열하고 설명하라.

6. 이 장에서 설명한 여러 가지 소프트웨어 개발 방법론의 장단점을 각각 설명하라.

7. 소프트웨어 개발 시 맞춤형, COTS, 하이브리드 접근 방식의 장단점을 각각 설명하라.

8. 맞춤형 소프트웨어와 COTS 소프트웨어의 주요 특징을 각각 설명하라.

9. 시스템을 구축할지, 구매할지 결정할 때 고려해야 할 주요 요소는 무엇인가?

10. 오픈 소스 소프트웨어란 무엇인가?

11. 경영 측면에서 오픈 소스 소프트웨어를 통해 얻을 수 있는 이점은 무엇인가?

12. 이 장에 제시된 아웃소싱 모델을 나열하고 간략히 설명하라.

13. 아웃소싱의 장단점을 간략히 설명하라.

14. 아웃소싱 여부를 결정할 때 조직이 고려해야 할 요소는 무엇인가?

15. 역외 아웃소싱, 근해 아웃소싱, 국내 아웃소싱의 차이점을 설명하라.

생각해보기

1. 이 장에서 배운 내용 중 가장 중요한 것은 무엇인가? 그것이 왜 중요한가?

2. 잘 이해되지 않는 주제는 무엇인가? 어떤 내용이 잘 이해되지 않는가?

3. 이 장에서 배운 내용과 1~9장에서 배운 내용은 어떤 관련이 있는가?

4. 전통적 시스템 개발 수명 주기는 2장에서 다룬 정보 시스템의 주요 기능과 어떤 관련이 있는가?

5. 기능적 요구 사항과 비기능적 요구 사항의 차이점은 무엇인가? 왜 둘 다 중요한가? 어느 것이 결정하기가 더 어렵다고 생각하는가? 그 이유는 무엇인가?

6. 조직이 사용자가 조직 고유의 비즈니스 프로세스를 수행하는 데 도움이 되는 시스템을 구축해야 한다고 가정하자.

a. 조직은 이 시스템을 새로 구축해야 하는가, 아니면 COTS 시스템을 사용해야 하는가? 그 이유는 무엇인가? 이러한 결정을 내리는 데 도움이 되는 추가 정보는 무엇인가?

b. 시스템을 아웃소싱해야 한다고 생각하는가? 그 이유는 무엇인가? 이러한 결정을 내리는 데 도움이 되는 추가 정보는 무엇인가?

7. COTS 소프트웨어는 맞춤형 소프트웨어보다 품질이 더 좋은 경우가 많다. COTS 소프트웨어가 널리 사용되는 경우 특히 그렇다. 다음 질문에 답하라.

a. COTS 소프트웨어의 품질이 더 좋은 이유는 무엇인가?

b. 널리 사용되는 COTS 소프트웨어의 품질이 더 좋은 이유는 무엇인가?

8. 특정 기능을 아웃소싱하려는 결정과 관련된 윤리적 문제는 무엇인가? 이러한 문제는 역외 아웃소싱, 근해 아

웃소싱, 국내 아웃소싱에 따라 다른가?

9. 원래는 독점 소프트웨어였던 것을 오픈 소스로 바꾼 소프트웨어 개발 회사가 여럿 있다(오픈 소스로 전환된 독점 소프트웨어의 일부 목록은 http://en.wikipedia.org/wiki/List_of_fore_proprietary_software를 참조하라). 이렇게 오픈 소스로 바꾸는 이유는 무엇인가? 소프트웨어 개발 회사는 잠재적으로 무엇을 얻고, 무엇을 잃는가?

10. 두 가지 소프트웨어 개발 방법을 선택하고 정보 보안과 프라이버시에 미칠 수 있는 영향을 설명하라.

추가 학습 활동

1. 두세 명이 집단을 구성한다.
   a. 한 명(설명자)이 '요구 사항이 부정확하거나 부실하게 기술된 경우 발생할 수 있는 결과는 무엇인가?'에 답한다.
   b. 설명자가 답하고 나면 다른 사람(질문자)이 설명자에게 설명을 부탁하고 자신의 아이디어를 말한다.
   c. 서로 주고받은 내용을 정리하여 리포트를 작성하라.

2. 이 장에서 설명한 소프트웨어 개발 방법론 중에서 다음 각 프로젝트를 위한 방법론을 선택하고 그 이유를 간략히 설명하라.
   a. 전력망에서의 전기 서지 모니터링 시스템: 시스템 요구 사항을 잘 이해하고 있으며, 시스템의 사용이 필수적이다.
   b. 연락처 관리 시스템: 잠재적인 시스템 사용자는 시스템이 무엇을 해야 하는지 정확히 알지 못하며, 시스템 사용이 자발적이다.
   c. 소규모 주문 추적 시스템: 시스템의 목표가 명확하며, 잠재적인 사용자가 이러한 시스템을 매우 원한다.

3. 다음 각각의 경우에 대해 시스템 구축 또는 구매 중에서 추천하고 그 이유를 간략히 설명하라.
   a. 건축업자에게 지붕재를 판매하는 중견 기업이 고객이 재고를 확인할 수 있는 시스템을 필요로 한다.
   b. 잘 숙련된 대규모 IT 부서를 둔 대규모 소매업체(《포천(Fortune)》 500대 기업)가 단골 고객의 구매 습관을 추적하는 시스템을 필요로 한다.
   c. 대규모 방위산업체(《포천》 500대 기업)가 공급업체에 대한 지불을 추적하는 시스템을 필요로 한다.

4. 3번의 각 시스템에 대한 권장 사항을 만드는 데 유용한 추가 정보는 무엇인가? 시스템을 구축할지, 구매할지 결정하는 데 그러한 정보가 도움이 되는 이유를 설명하라.

5. 다음 각각에 대한 오픈 소스 대안을 찾아보라.
   a. 마이크로소프트 액세스 데이터베이스 관리 시스템
   b. 마이크로소프트 아웃룩(이메일)
   c. 어도비 포토샵
   d. 세일즈포스닷컴 고객관계 관리 시스템
   e. 아이튠즈 미디어 플레이어

6. 사물 인터넷용 소프트웨어 개발 프로젝트의 예를 들라. 사물 인터넷에서 사용되는 것과 같은 센서, 개인 기기, 인터랙티브 기기를 위한 소프트웨어를 개발할 때 개발자가 직면하는 추가 문제는 무엇인가?

7. 아웃소싱의 두 가지 예를 들고(이 책에서 소개한 예는 제외) 아웃소싱 계약에 대해 간략히 설명하라. 해당 기업이 그 일을 아웃소싱한 이유는 무엇인가? 해당 아웃소싱 모델이 어떤 예시에 가장 적합한지 설명하라.

8. 인터넷에서 구하거나 강사가 제공하는 정보 시스템 개발 아웃소싱 프로젝트의 사례를 분석하라.

참고 문헌

Boehm, B. 1988. "A Spiral Model of Software Development and Enhancement." *IEEE Computer* 21(5): 61–72.

Grover, V., and J. T. C. Teng. 1993. "The Decision to Outsource Information Systems Function." *Journal of Systems Management* 44(11): 34–38.

W3Techs. 2020. "Usage Statistics of Web Servers." August 26. Retrieved from https://w3techs.com/technologies/overview/web_server.

용어 사전

국내 아웃소싱: 같은 나라에 있는 서비스 공급업체와 계약을 맺는 아웃소싱

근해 아웃소싱: 고객의 위치와 가까운 곳에서 서비스를 제공하는 공급업체와 계약을 맺는 아웃소싱

기능적 요구 사항: 시스템이 사용자 및 다른 시스템과 상호 작용하는 방법을 설명한 것

데브옵스: 소프트웨어 운영과 소프트웨어 개발을 통합하여 애플리케이션과 서비스의 신속한 개발에 중점을 둔 소프트웨어 개발 접근 방식

비기능적 요구 사항: 시스템의 제약 조건

사용 사례: 참여자를 위한 결과물을 도출하는 일련의 작업

선택적(부분) 아웃소싱: IT의 특정 부분만 서비스 공급업체에 아웃소싱하는 것

소스 코드: 사람이 읽을 수 있는 텍스트 기반의 컴퓨터 프로그래밍 언어 문장

소프트웨어 개발 방법론: 소프트웨어 개발 프로젝트를 계획·구조화·통제하기 위한 프레임워크

시스템 개발 수명 주기: 시스템 개발의 준순차적이고 단계적인 접근 방식

아웃소싱: 조직이 IT 관련 서비스를 제공하기 위해 서비스 공급업체와 계약을 맺는 것

애플리케이션 아웃소싱: 특정 소프트웨어 애플리케이션과 관련된 활동을 처리하는 서비스 공급업체와 계약을 맺는 아웃소싱

역외 아웃소싱: 조직이 위치한 나라 밖에서 서비스를 제공하는 공급업체와 계약을 맺는 아웃소싱

오픈 소스 소프트웨어: 사용자가 애플리케이션의 기본 소스 코드에 접근할 수 있는 소프트웨어

요구 사항 도출: 다양한 이해관계자로부터 시스템 요구 사항을 수집하는 것

인력 아웃소싱: 서비스 공급업체가 계약에 따라 임시로 직원을 조직에 배치하는 아웃소싱

전체(완전) 아웃소싱: 모든 IT 관련 서비스의 제공을 위해 서비스 공급업체와 계약을 맺는 것

프로세스 기반 아웃소싱: 조직이 특정 기능 또는 비즈니스 프로세스를 아웃소싱하는 것

프로젝트 기반 아웃소싱: 특정 프로젝트를 위해 서비스 공급업체와 계약을 맺는 아웃소싱

프로토타입: 시스템 또는 시스템 일부의 소규모 시제품

CHAPTER

11

정보 기반 비즈니스 프로세스

학습목표

- 비즈니스 프로세스를 이해할 수 있다.
- 비즈니스 프로세스 모델링을 수행할 수 있다.
- 비즈니스 프로세스에 대한 기술의 영향을 설명할 수 있다.
- 비즈니스 프로세스 리엔지니어링을 통해 어떻게 비즈니스 프로세스 혁신이 이루어지는지 이해할 수 있다.

프로세스의 개요

프로세스process는 특정 목표를 달성하는 데 필요한 일련의 단계 또는 과업을 의미한다. 조직에서 발생하는 모든 과업은 일련의 프로세스 또는 핵심 활동을 기반으로 한다. 이러한 프로세스는 흔히 '비즈니스 프로세스'라고 불리지만, 기업뿐만 아니라 정부 기관, 단체, 학교 및 기타 비상업적 기관에서도 볼 수 있으므로 '조직적 프로세스'가 정확한 명칭일 것이다.

[그림 11-1]은 기업의 주요 제품 생산에 필요한 원자재를 확보하는 구매 프로세스의 예를 보여준다. 프로세스에서는 여러 활동이 동시에 이루어질 수 있기 때문에 반드시 순차적으로 진행되는 것은 아니다. 프로세스는 조직의 기능적인 경계를 넘나든다. 예를 들어 [그림 11-1]에서 생산 부서는 원자재를 요청하고, 회계 부서는 공급업체에의 지불을 처리한다. 이러한 사실은 매우 중요하다. 프로세스는 여러 조직 영역을 넘나들며 여러 사람을 포함하는 경향이 있다.

그림 11-1 원자재 구매 프로세스의 예

프로세스의 또 다른 주요 특징은 **전부 아니면 전무 개념**all-or-nothing concept이다. 이는 프로세스가 완전히 수행되거나 아예 수행되지 않는다는 것을 의미한다. [그림 11-1]에서는 원자재를 요청하려면 구매 주문, 원자재 수령 등의 단계를 거쳐야 하며, 지불 요청이나 결제 과정이 이

주목할 만한 사례

프로세스 혁신은 모두를 위한 것!

이 책은 정보에 관한 내용을 담고 있어 본문에서 다루는 대부분의 사례가 기술 기반 기업의 사례로 여겨질 것이다. 그러나 비즈니스 프로세스 또는 조직에서 업무가 잘 수행되는 방식의 경우, 시멘트 산업과 같은 기초 제조업에 속하는 기업을 비롯한 모든 분야의 기업이 혁신에 따른 혜택을 얻을 수 있다.

100년의 역사를 가진 시멕스(Cemex)는 멕시코 몬테레이에 본사를 둔 다국적 시멘트 회사이다. 시멕스는 여러 공장 간에 의사소통이 제한되고, 주문 정보가 지속적으로 변경되며(악천후에는 고객이 콘크리트를 이용하지 못함), 날씨·교통·노동 문제로 인해 정확한 배송을 확인하는 데 어려움을 겪는 등 수년간 다른 시멘트 회사와 거의 동일하게 운영되었다. 당연히 해당 업계의 고객 만족도는 형편없는 상황이다.

CEO로 임명된 시멕스 창립자의 손자 Lorenzo Zambrano는 프로세스를 혁신할 방법을 찾고 있었다. 예측할 수 없는 요구와 변화하는 상황을 처리하기 위해 시멕스는 더 나은 실시간 의사소통이 필요하다는 것을 깨달았다. 이를 위해 먼저 자사의 모든 시멘트 공장을 연결하는 위성통신 시스템(Cemexnet)을 구현했다. 또한 위성과 인터넷을 통해 모든 사무실을 연결하고 통제하기 위해 중앙 사무실을 마련함으로써 공장은 공급과 수요의 변동을 지속적으로 확인할 수 있게 되었다. 두 번째 혁신은 새로운 방식의 물류 추적, 스케줄링, 라우팅 시스템[시멕스는 이를 동적 운영 동기화(Dynamic Synchronization of Operations)로 명명함]을 개발하는 것이었다. 이 물류 응용 방식은 각 트럭에 GPS 송신기를 달아 배차 담당자가 지정된 시간에 가장 가까운 공장에 트럭을 할당할 수 있게 한다. 교통 상황, 재고, 고객의 위치에 대한 세부적인 정보를 통해 수요에 따른 트럭 경로 변경을 수행할 수 있다. 또한 공급업체, 유통업체, 고객은 온라인 애플리케이션을 사용하여 주문 상태를 확인할 수 있다. 이로써 시멕스는 3시간에서 20분으로(98%) 배송 시간 단축, 고객 만족도 증가, 순매출 대폭 증가, 배달 트럭 수 감소(첫해 35% 감소), 전반적인 비용 절감(예: 연료, 유지·보수, 급여) 등의 결과를 얻었다.

생각해보기

시멕스의 신기술은 다음 항목에 각각 어떻게 적용되었는가?

1. 고객이 시멕스와 거래하는 방법
2. 배달 트럭 운전사의 업무 방식
2. 사무실 직원의 근무 방식
2. 공장 관리자의 업무 처리 방식

출처: Kaplan, S. 2001. "Business Process Improvement at Concrete Co. Cemex." *CIO Magazine*, August 15. http://www.cio.com/article/2441369/process-improvement/business-process-improvement-at-concete-co---cemex.html

루어지지 않으면 프로세스가 완료되지 않는다.

모든 비즈니스 프로세스는 일반적으로 여러 개의 **하위 프로세스**subprocess로 분해될 수 있다. 프로세스 진행 중에 다양한 결정과 조치가 필요하기 때문이다. 보통은 하위 프로세스에 여러 수준이 있으며, 실제 활동이나 작업으로까지 분해될 수 있다. 예를 들어 [그림 11-1]의 프로세스에서 송장 확인이라는 하위 프로세스는 송장 검토, 주문 정보 확인, 송장과 주문 정보 비교, 할인 확인 등의 작업으로 분해될 수 있다. 또한 할인 여부를 확인하는 작업에 여러 단계(예상 할인 검토, 송장의 수량 확인 등)가 포함될 수도 있다. 더 자세한 하위 프로세스의 예는 [그림 11-2]를 참조하라.

그림 11-2 하위 프로세스의 예

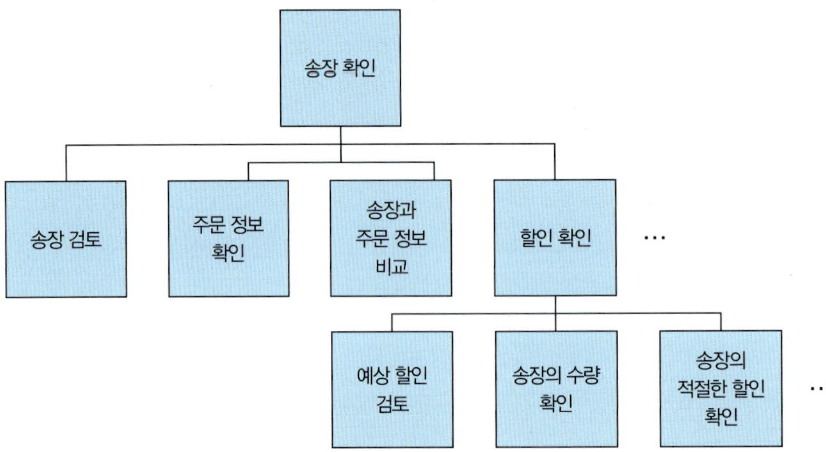

프로세스와 하위 프로세스의 관계를 명시하는 작업을 **프로세스 모델링**process modeling이라고 한다. 실제로 프로세스임에도 그것을 인식하지 못하는 경우가 종종 있는데, 한 예로 수강 신청 프로세스를 생각해보자. 이 프로세스에는 다음과 같은 다양한 단계가 포함될 수 있다. 먼저 수강할 과목을 파악하고 각 과목의 요구 사항을 확인한다. 그런 다음 수강 신청 시스템에 로그인하여 개인 정보, 선택한 과목 등을 입력하고 수강 신청 내역을 제출한다. 그 이후에는 신청한 내용에 대한 결과에 따라 거부에 대응하거나, 이의를 제기하거나, 추가 조치를 취해야 할 수도 있다. 또한 수강 신청 후에는 과목 변경, 과목 추가, 성적표 요청, 개인 정보 업데이트, 교수의 성적 입력과 같은 다양한 하위 프로세스가 존재한다.

학습 활동 11-1

프로세스의 단계 계획하기

다양한 고객군에 대학 브랜드 제품(의류, 기념품 등)을 공급하는 조직에 몸담고 있다고 가정하자. 조직은 주로 서점을 통해 제품을 유통해왔으나 현재는 온라인 플랫폼을 통해 제품을 판매하는 전략을 추구하고 있다. 이러한 전환을 지원하기 위해 당신은 온라인 제품 판매를 강화·효율화하는 재고 관리 절차를 조사하고 있다. 이 과정에서 당신은 조직 관리자로 구성된 팀을 대표한다. 필요한 모든 절차와 하위 절차를 식별하여 전체 프로세스를 세밀하게 계획하고, 이에 따라 고려해야 할 모든 절차를 나열하라.

프로세스 모델링

프로세스 모델링은 조직이나 부서에서 사용되는 프로세스 및 하위 프로세스의 구조와 상호 작용을 시각적으로 나타내는 과정을 말한다. [그림 11-1]과 같이 기업의 주요 제품 생산을 위해 원자재를 구매하는 프로세스를 살펴보자. 이때 관련된 단계만을 고려하며, 프로세스 모델링에서는 이러한 단계를 자세히 분석하여 각 단계의 발생 시기와 관련된 결정 포인트를 파악해야 한다. 또한 프로세스 간에 어떤 관계가 있는지도 파악해야 한다. 결국 조직에서 어떤 프로세스가 발생하고 어떻게 상호 작용하는지를 이해하는 것은 조직의 실제 운영 방식을 파악하는 데 필수적이다. [그림 11-3]은 고객이 원자재를 구매하는 프로세스 모델을 보여준다.

프로세스 모델에는 프로세스 수행 중에 발생하는 사항이 명확히 서술되어야 한다. 분석가가 프로세스를 모델링할 때는 프로세스 개선을 위한 분석을 사전에 진행하면 안 된다. 프로세스 모델링의 목적은 현재 상황을 프로세스에 정확히 담아내는 것이며, 왜 프로세스가 그러한 방식으로 수행되는지와 같은 프로세스의 동작 원리를 확인함으로써 설명적인 목적을 달성할 수 있다. 개별 프로세스는 모델링의 대상이 되고, 조직은 종종 복수의 프로세스를 동시에 모델링한다. 또한 프로세스가 하위 프로세스로 구성된다는 것을 유념해야 한다. 이러한 이유로 프로세스 모델링에서는 대개 여러 수준의 프로세스 모델이 생성된다.

학습 활동 11-2

모델링하기

[학습 활동 11-1]에 이어지는 활동이다. 당신이 속한 관리자 팀이 조직의 재고 관리 프로세스에서 파악한 단계를 모델링하라. 프로세스 모델을 가능한 한 완전하게 작성하라.

그림 11-3 원자재 구매 프로세스 관련 프로세스 모델

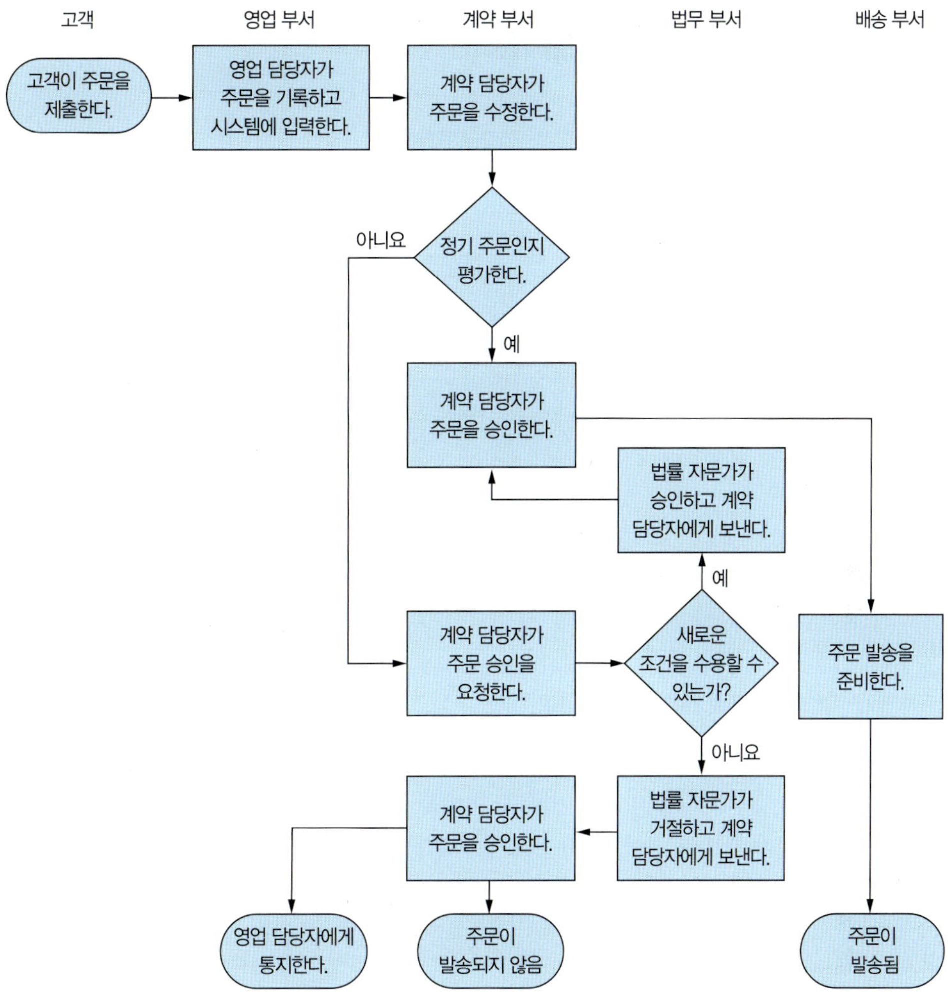

[그림 11-4]는 [그림 11-3]에 제시된 주문 입력 하위 프로세스의 상세 모습을 보여준다.

그림 11-4 고객 제품 구매의 하위 프로세스 모델

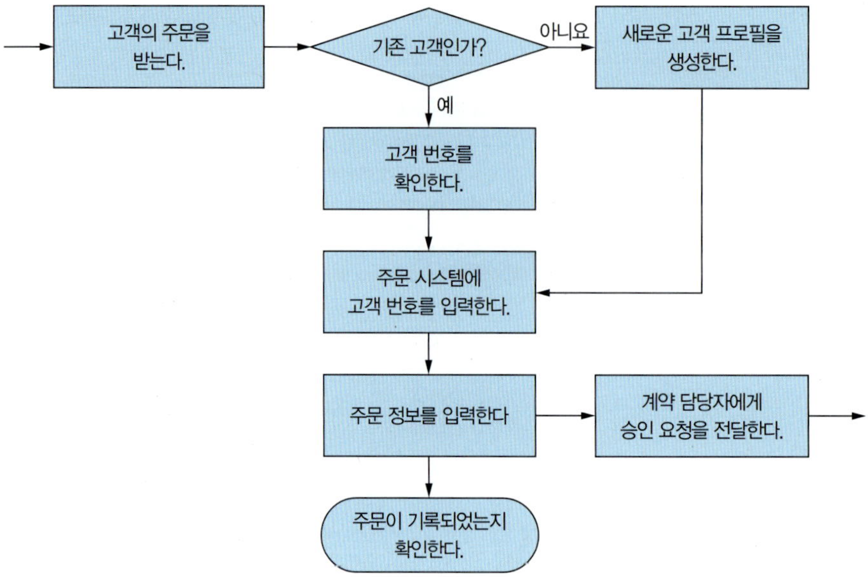

비즈니스 프로세스 모델링 도구

분석가가 비즈니스 프로세스를 설명하고 비즈니스 프로세스 모델 또는 다이어그램을 작성하는 데 도움이 되는 **프로세스 모델링 도구**process modeling tool 및 소프트웨어가 시중에 다양하게 나와 있다. Milie 등(2010)은 네 가지 유형의 도구를 확인했는데, 이는 전통적 프로세스 모델링 언어, 객체 지향 모델링 언어, 동적 프로세스 모델링 언어, 프로세스 통합 언어이다. 이러한 범주에 속하는 언어의 예를 [표 11-1]에 정리했다.

일부 분석가는 [표 11-1]에 제시된 언어에 익숙하겠지만, 비즈니스 프로세스 모델링을 용이하게 하기 위해 일부 기업은 특화된 비즈니스 프로세스 모델 생성 소프트웨어를 개발해왔다. 널리 사용되는 프로세스 모델링 소프트웨어의 몇 가지 예는 [표 11-2]와 같다.

표 11-1 비즈니스 프로세스 모델링 도구의 예

유형	설명	예
전통적 프로세스 모델링 언어	주로 비즈니스 프로세스 엔지니어링에서 사용되는 소프트웨어 공학과 정보 시스템 모델링 언어	• 이벤트 기반 프로세스 체인(Event-Driven Process Chain, EPC) • 역할 활동 다이어그램(Role Activity Diagram, RAD) • 리소스-이벤트-에이전트(Resource-Event-Agent, REA) • 엔터프라이즈 재설계를 위한 아키텍처 모델링 박스(Architectural Modeling Box for Enterprise Redesign, AMBER)
객체 지향 모델링 언어	소프트웨어 개발을 위한 객체 지향 접근 방식을 지원하는 프로세스 모델링 언어	• 객체 지향 역할 분석 방법론(Object-Oriented Role Analysis Methodology, OORAM) • 기업 분산 객체 컴퓨팅(Enterprise Distributed Object Computing, EDOC) • 통합 모델링 언어 1 및 2[Unified Modeling Language (UML) 1 and 2]
동적 프로세스 모델링 언어	다양한 조직(주로 산업체)에서 제안한 프로세스 모델링 언어 표준	• 워크플로 프로세스 설명 언어(Workflow Process Description Language, WPDL) • 비즈니스 프로세스 모델링 언어(Business Process Modeling Language, BPML) • 웹 서비스 비즈니스 프로세스 실행 언어(Web Services Business Process Execution Language, WS-BPEL) • 비즈니스 프로세스 모델링 표기법(Business Process Modeling Notation, BPMN) • 비즈니스 프로세스 정의 메타 모델(Business Process Definition Metamodel, BPDM)
프로세스 통합 언어	전자상거래에서 사업 파트너 둘 이상의 프로세스 통합을 위한 프로세스 모델링 언어	• 로제타넷(RosettaNet) • ebXML(Electronic Business Extensible Markup Language) • WS-CDL(Web Services Choreography Description Language)

출처: Mili 등(2010)

표 11-2 비즈니스 프로세스 모델링 소프트웨어 업체 및 제품의 예

업체	제품	웹사이트
CSG International	Ascendon Communications(플랫폼)	https://www.csgi.com/portfolio/ascendon/
Interfacing Technology	엔터프라이즈 프로세스 센터	http://www.interfacing.com
KBSI(Knowledge Based Systems Inc.)	비즈니스 프로세스 솔루션	http://www.kbsi.com/solutions-and-services/improve-business-processes
Microsoft	비지오 모델링 소프트웨어	https://www.microsoft.com/en-us/microsoft-365/visio/flowchart-software
OpenText	비즈니스 프로세스 관리	https://www.opentext.com/products-and-solutions/products/digital-process-automation/business-process-management-bpm
Oracle	오라클 비즈니스 프로세스 관리	https://www.oracle.com/middleware/technologies/bpm.html
Grandite	실버런(Silverrun) 모델링 도구	https://www.grandite.com/
Software AG	ARIS 비즈니스 프로세스 분석	http://www.softwareag.com

기술과 프로세스

비즈니스 프로세스는 조직이 업무 활동을 과제로 구성하기 시작한 이래로 존재해왔다. 그러나 오늘날에는 IT가 대부분의 작업 환경에 통합되어 있기 때문에 비즈니스 프로세스가 수행되는 방식뿐만 아니라 수정 또는 개선되는 방식에도 점점 더 큰 영향을 미치고 있다. 다음 절에서는 이러한 비즈니스 프로세스의 개선에 대해 알아보자. 그러나 더 효율적인 업무 처리 방법을 고려하기 전에, 기술이 새로운 비즈니스 프로세스를 실현할 뿐만 아니라 비즈니스 프로세스를 개선하는 데 장애물이나 제약으로 작용할 수 있음을 알아야 한다.

조직에서 사람들이 수행하는 작업이 기술에 얼마나 의존적인지 생각해보라. 특정한 데이터 입력 방식이 더 효율적일 수 있지만 시스템이 그것을 허용하지 않을 수도 있다. 새로운 보고서를 생성하는 것이 더 유용할 수 있지만 시스템이 그것을 허용하지 않을 수도 있다. 이러한 상황은 **레거시 시스템**legacy system에 대해 논할 때 더 명확하게 드러난다. 종종 중요한 역할을 수행하는 레거시 시스템은 오래된 대규모 애플리케이션으로, 이러한 시스템은 대체하기가 어렵고 유연성이 부족할 수 있다. 또한 핵심 비즈니스 프로세스를 지원하는 데 여전히 사용되곤 한다. 조직이 그래픽 친화적인 새로운 인터페이스를 구축한다 하더라도 작업 가능한 정보는 데이터 웨어하우스나 애플리케이션의 유형에 따라 달라질 수 있다.

비즈니스 프로세스 개선

비즈니스 프로세스가 적절하게 모델링되면 개선을 위한 분석이 가능하다. 비즈니스 프로세스를 개선하는 것은 기업의 경영진에게 중요한 목표이며, 이는 변경의 범위에 따라 **비즈니스 프로세스 리엔지니어링**Business Process Reengineering(BPR) 또는 **비즈니스 프로세스 개선**Business Process Improvement(BPI)으로 분류된다.

BPR은 조직의 여러 기능을 효과적으로 개선하기 위해 비즈니스 프로세스를 재설계하는 것을 의미한다. 반면에 BPI는 기능 내에서의 단순한 프로세스 개선을 의미하며, 다른 경영 기능과 깊이 연관되지 않는다. 조직이 BPR을 사용하든 BPI를 사용하든 상관없이 프로세스를 개선하기 위해서는 먼저 비즈니스 프로세스 모델링이 정확히 이루어져야 한다는 것이 중요하다. 또한 BPR과 BPI는 대개 작업을 자동화하는 것이 아니라 작업 수행 방식 자체를 개선하고 변경하는 데 초점을 둔다는 것을 알고 있어야 한다. 프로세스를 개선하려면 무엇이 수행되는지, 어떻게 수행되는지를 (그리고 수행해야만 하는지도) 재고해야 한다.

Michael Hammer와 James Champy(2003)는 비즈니스 프로세스 개선에 관한 책에서 비즈니스 개선은 근본적인 재사고(조직이 왜 특정한 방식으로 작업을 수행하는지를 의심)를 수반하고, 비즈니스 프로세스의 급진적인 재설계(단순하고 사소한 변화가 아니라 새로운 발명이나 재창조)를 의미한다고 제안했다. 이러한 개선은 비약적 성과 향상을 이루기 위해 수행된다(비용, 효율성, 만족도 또는 기타 중요한 측면에서 상당한 향상을 달성하는 것이 목표임을 의미한다). 일반적으로 비즈니스 프로세스 개선을 위한 핵심 영역은 효과성, 효율성, 내부 통제, 규정 준수이며, 이를 [표 11-3]에 정리했다.

요컨대 비즈니스 프로세스 개선에는 여러 단계가 포함되며, 4장에서 다룬 전략적 계획과 마찬가지로 목표를 재설계하기 위한 명확한 비전에서 출발한다. 그리고 현재 프로세스의 특성, 작동 방식, 수행자, 결과물 사용자에 대한 이해가 더해진다. 동시에 재설계는 비즈니스 프로세

표 11-3 비즈니스 프로세스 리엔지니어링의 일반적 목표

효과성	예상대로 프로세스의 결과를 얻는 정도
효율성	프로세스를 완료하는 데 걸리는 평균 시간
내부 통제	프로세스 수행에 사용되는 정보와 데이터가 오류나 불법적인 방법으로 변경될 수 없는 정도
규정 준수	프로세스가 조직의 규정 또는 법적 의무를 준수하는 정도

스를 새롭게 생각하는 작업이므로 분석가는 스스로 어떻게 해야 하는지 집중하는 대신에 완료되어야 할 작업에 과도하게 초점을 맞추어 제한하지 않도록 주의해야 한다. 또한 재설계 프로세스의 핵심 부분은 개선 사항이 실제로 구현되는지 알아보기 위한 측정 지표가 있는지 확인하는 것이다. 물론 BPR은 나중 단계에서 수행되는 내용이나 새로운 발견으로 인해 이전 단계를 재검토해야 하는 반복적인 과정을 초래할 수 있다. [그림 11-5]는 BPR의 예를 보여 준다.

그림 11-5 비즈니스 프로세스 리엔지니어링의 단계 개선

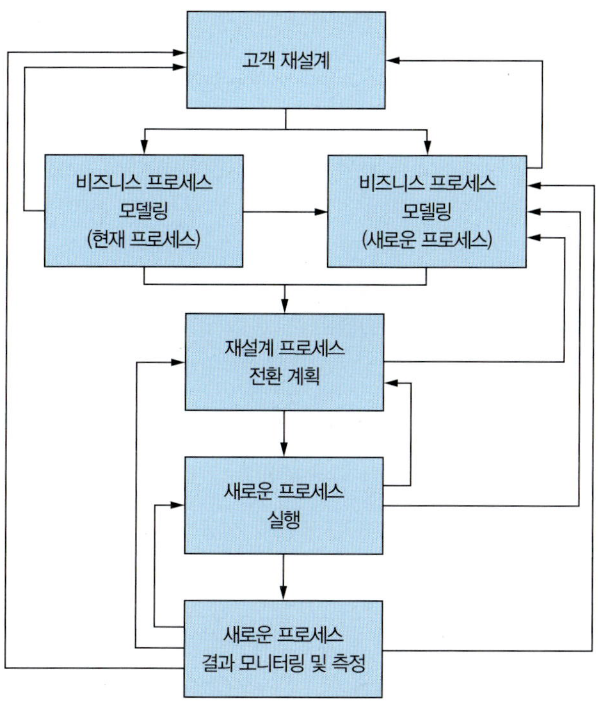

실제 경영 사례 11-1

블록체인을 통해 개선된 뱅킹 프로세스

블록체인이 은행 프로세스 개선에 기여한다는 맥락에서 가장 먼저 떠오르는 것은 아마도 비트코인일 것이다. 그러나 비트코인은 블록체인의 한 예에 불과하며, 유일한 활용 방식이 아니다. 비즈니스 프로세스를 개선하기 위해 블록체인을 이용하려면 일단 블록체인의 본질적인 기능을 이해해야 한다. 블록체인은 상호 신뢰가 부족한 상황에서도 개방적인 소통을 허용하는 기술이며, 이는 암호화와 분산된 정보 저장을 통해 가능하다. 블록체인의 암호화와 분산 기술 조합으로 인해 정보의 불변성이 유지되는 동시에, 관련된 모든 참여자가 상호 작용한 내용을 열람할 수 있다. 이로써 블록체인에 저장된 정보의 신뢰성을 보증할 수 있다.

은행에서는 다른 은행, 개인, 정부 등 다양한 주체 간의 거래가 빈번하게 이루어진다. 규정 준수의 필요성으로 인해 은행은 적절한 지침을 준수하도록 보장하는 역할도 수행한다. 은행은 거래 처리 시스템에 규칙을 추가하여 지침 준수를 보장하고 규정 준수를 강화한다. 은행은 이러한 거래 처리에 블록체인을 도입함으로써 지침 준수를 확보하고 불법 조작 가능성을 줄일 수 있었다. 즉 기존의 거래 처리 시스템에 블록체인을 통합함으로써 비즈니스 프로세스를 개선했다.

출처: ProcessMaker. "How Blockchain is Reinventing BPM for Banking." March 26. https://www.processmaker.com/blog/how-blockchain-is-reinventing-bpm-for-banking/

학습 활동 11-3

비공식 비즈니스 프로세스

조직에는 공식적인 비즈니스 프로세스와 비공식적인 비즈니스 프로세스가 있게 마련이다. 공식적인 비즈니스 프로세스는 이 장에서 설명했듯이 문서화되고 정의된 프로세스이다. 공식적인 비즈니스 프로세스는 경영 활동에 녹아 있는데, 이는 문서화되거나 공식적으로 정의되지 않은 경우가 많다. 따라서 공식적인 비즈니스 프로세스와 비공식적인 비즈니스 프로세스가 일치하지 않을 수도 있다. 다음 질문에 답하고 이에 대해 토론하라.

1. 두 프로세스가 항상 동일하지 않다고 생각하는가? 그 이유는 무엇인가?
2. 어떤 것을 모델링해야 하는가? 그 이유는 무엇인가?

비즈니스 프로세스를 개선하는 경영자는 다음과 같은 핵심 질문을 생각해보아야 한다.

- 주요 비즈니스 프로세스는 무엇인가?
- 각 프로세스를 실행해야 할 필요가 있는가?
- 어떻게 IT를 활용하면 비즈니스 프로세스를 더 나은 방식으로 수행할 수 있는가?
- 비즈니스 프로세스 재설계는 어떤 영향을 미칠 것인가?

비즈니스 프로세스 개선의 결과물은 어떻게 새로운 비즈니스 프로세스가 수행되어야 하는지 또는 수행 가능한지를 정의하는 문서여야 하며, 프로세스가 따라야 하는 명확한 규칙과 지침을 명시해야 한다. 비즈니스 프로세스 재설계의 결과물은 종종 조직이 비즈니스 프로세스를 보다 단순하고 더욱 효율적으로 수행할 수 있게 한다. [그림 11-6]은 온라인 주문 과정을 개선한 후 [그림 11-4]의 비즈니스 프로세스를 재설계한 예이다.

그림 11-6 온라인 주문 재설계

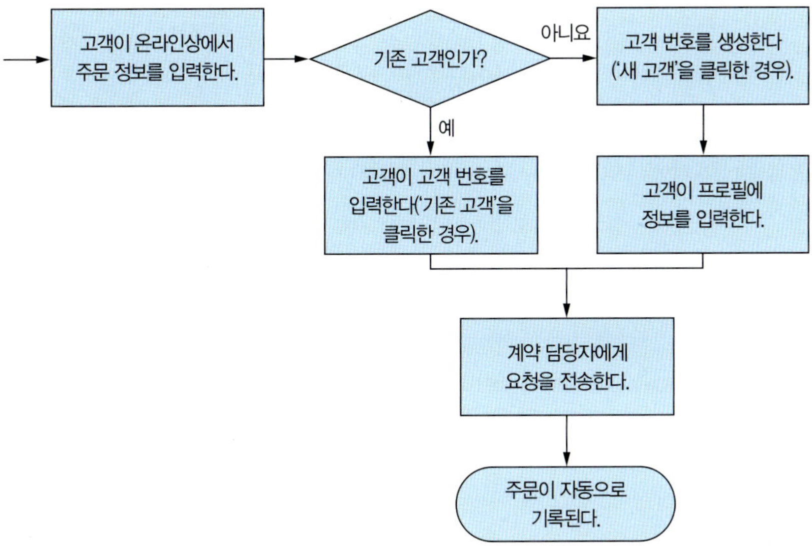

변화의 수준

이 장에서는 조직이 전략적 목적을 달성하기 위해, 즉 경쟁우위를 창출하기 위해 IT를 구현할 수 있음을 알아보았다. 새로운 IT를 구현하는 경우, 그것이 조직에 미치는 영향은 비즈니스 프로세스의 변화나 지원 역할에 따라 다양하게 나타날 수 있으며, 이러한 영향은 조직을 자동

> **학습 활동 11-4**
>
> **재설계하기**
>
> [학습 활동 11-2]의 내용을 바탕으로 재설계를 해보자. 이제 관리자 팀이 재고 관리 시스템에 더 익숙해지고 비즈니스 프로세스를 개선하는 데 필요한 지식을 얻었으니 앞에서 완료한 비즈니스 프로세스 모델을 다시 설계하라.

화하는지, 정보화하는지, 변형하는지에 따라 다음과 같이 구분된다(Dehning, Richardson과 Zmud, 2003; Schein, 1992).

- 자동화(1차 변화): 기술을 활용하여 프로세스를 더욱 효율적으로 수행하는 것을 의미하며, 흔히 기술에 의한 인력 대체를 말한다. 일반적으로 이러한 유형의 변화는 수치화가 가능하여 경영자가 임금 절감, 오류 감소 등과 같은 혜택을 측정할 수 있다.
- 정보화(2차 변화): 기술을 활용하여 사람들에게 더 나은 정보를 제공함으로써 비즈니스 프로세스 수행 방식을 변경하는 것을 의미한다. 비즈니스 프로세스를 변화시키는 것은 기술 시스템을 구현하는 것보다 복잡할 수 있다. 앞에서 언급했듯이 사람들은 작업 습관을 바꿔야 할 때 기술 도입에 저항하곤 한다.
- 변형(3차 변화): 비즈니스 프로세스나 작업 방식의 근본적인 재정의를 필요로 한다. 비즈니스 프로세스 개선에는 비즈니스 프로세스 재설계가 포함되므로 3차 변화에 해당한다. 이러한 유형의 변화는 정보 시스템을 구현할 때 가장 어려운 수준에 해당한다.

실제 경영 사례 11-2

퀴큰론스의 로켓 모기지: 주택담보대출 과정의 온라인화

집을 사기 위해 거액의 주택담보대출을 받는 경우가 흔한데, 이 프로세스에는 전통적으로 많은 서류 작업이 뒤따랐다. 신청자는 2년 이상의 세금 자료, 2개월치 은행 명세서, 신용 보고서, 서류 신청서 등을 대출 기관에 제출해야 했으며, 이로 인해 많은 시간이 소요되었다.

퀴큰론스(Quicken Loans)는 이를 해결하기 위해 로켓 모기지(Rocket Mortgage)라는 상품을 개발했다. 즉 금융기술(핀테크) 개념을 적용하여 이 프로세스를 온라인으로 전환했다. 대출 기관은 여전히 신청자의 정보가 필요하지만, 퀴큰론스는 대부분의 정보를 온라인으로 제출할 수 있게 했다. 그 결과 로켓 모기지 앱 또는 웹사이트를 통해 8분 만에 대출 신청이 가능하게 되었다. 신규 대출의 경우에는 평가와 같은 대면 서비스가 필요한 프로세스가 포함되기도 하여 예전의 주택담보대출과 같은 시간이 소요될 수 있다. 그러나 주택담보대출 재융자는 소요 시간이 크게 줄어들고 대출 신청이 간소화되었다. 금융 산업에서는 기술을 활용한 프로세스 개선에 대한 관심이 커지면서 더욱더 개선될 것으로 예상된다.

출처: Greene, M. 2016. "Will Rocket Mortgage Flameout?" *Forbes*, February 14. https://www.forbes.com/sites/markgreene/2016/02/14/will-rocket-mortgage-flameout/

단원 요약

이 장에서는 비즈니스 프로세스의 개념, 모델링 방법, 조직이 비즈니스 프로세스 리엔지니어링과 비즈니스 프로세스 개선을 통해 비즈니스 프로세스를 개선하는 방법을 깊이 있게 다루었다. 이 장에서 설명한 주요 내용은 다음과 같다.

- 비즈니스 프로세스는 조직의 특정 목표를 달성하는 데 필요한 일련의 단계 또는 과업을 의미한다.
- 비즈니스 프로세스 모델링은 조직 또는 부서에서 사용되는 프로세스와 하위 프로세스를 매핑하는 것이다. 원자재 구매 프로세스와 해당 하위 프로세스의 그래픽 모델을 사용하여 비즈니스 프로세스 모델링을 시연했다. 비즈니스 프로세스 모델링은 조직의 여러 수준에서 발생하는 다양한 프로세스 및 그 상호 관련성을 이해하는 데 도움이 된다.
- 오늘날에는 기술이 대부분의 작업 환경에 통합되어 있기 때문에 비즈니스 프로세스에 영향을 미친다. 특히 레거시 시스템이 관련된 경우 기술은 비즈니스 프로세스의 제약 요인이 될 수 있다.
- 비즈니스 프로세스 개선은 BPR 또는 BPI를 통해 달성할 수 있으며, 여기에는 작업 방식을 개선하기 위해 비즈니스 프로세스를 재설계하는 것이 포함된다. BPR과 BPI는 작업을 자동화하는 대신 작업 방식을 변경하는 경우가 많다. 일반적으로 비즈니스 프로세스 개선을 위한 핵심 영역은 효과성, 효율성, 내부 통제, 규정 준수이다.

학습 정리 질문

1. 비즈니스 프로세스가 무엇인지 설명하고 대학 환경에서의 예를 들라.
2. 프로세스의 중요한 특성 중 몇 가지를 간략히 설명하라.
3. 비즈니스 프로세스 모델링이란 무엇인가? 그 목적은 무엇인가?
4. 프로세스 모델의 중요한 특성 중 몇 가지를 간략히 설명하라.
5. 비즈니스 프로세스 모델링에 사용할 수 있는 도구를 나열하라.
6. 기술은 비즈니스 프로세스에 어떤 영향을 미치는가?
7. 비즈니스 프로세스 리엔지니어링이란 무엇인가? 어떤 내용이 포함되는가?
8. 비즈니스 프로세스 개선을 위한 네 가지 핵심 영역은 무엇인가?
9. 비즈니스 프로세스 재설계 수행과 관련된 주요 단계를 간략히 설명하라.
10. 비즈니스 재설계로 기대되는 결과는 무엇인가?

생각해보기

1. 이 장에서 배운 내용 중 가장 중요한 것은 무엇인가? 그것이 왜 중요한가?
2. 잘 이해되지 않는 주제는 무엇인가? 어떤 내용이 잘 이해되지 않는가?
3. 대학에 입학한 첫 주에 학생들이 경험하는 프로세스를 모두 나열하라.
4. 이 장의 비즈니스 프로세스 관련 내용과 8장의 보안은 어떤 관련이 있는가?
5. 이 장의 비즈니스 프로세스 관련 내용과 9장의 개인 정보 보호는 어떤 관련이 있는가?
6. 모든 비즈니스 프로세스는 재설계될 수 있는가? 그 이유를 설명하라.
7. 이 장의 프로세스 모델링과 5장에서 다룬 데이터 모델링의 유사점과 차이점은 무엇인가?
8. 비공식적인 비즈니스 프로세스(조직이 인정하거나 문서화하지 않은 절차를 따르지 않더라도 실제로 수행되는 방식)를 모델링해야 할지, 아니면 공식적인 비즈니스 프로세스(조직이 문서화한 프로세스)만 모델링해야 할지 설명하라.
9. 대학에서 기술이 재설계의 장벽이 되는 예를 들라.
10. 비즈니스 프로세스 리엔지니어링은 왜 CIO에게 중요한 관심사인가?

추가 학습 활동

1. 비즈니스 프로세스 재설계를 추가로 연습해보자. 먼저 https://www.smartsheet.com/workflow-templates에서 비즈니스 프로세스 템플릿 중 하나를 다운로드하라(강사가 템플릿을 지정해줄 것이다). 소집단을 구성하여 템플릿을 살펴본 뒤, 비즈니스 프로세스 재설계를 고려하여 다운로드한 비즈니스 프로세스를 개선하라.
2. 대학 웹사이트, 아이비경영대학원 경영 사례 웹사이트(https://www.iveycases.com) 또는 하버드경영대학원 사례 웹사이트(https://hbsp.harvard.edu/home/)에서 구하거나 강사가 제공하는 비즈니스 프로세스 사례를 분석하라.
3. [그림 11-2]를 검토하여 주문 입력 프로세스의 하위 프로세스 중 하나를 확인하고, 영업 부서의 주문 입력 부분을 [그림 11-4]와 같이 모델링하라.
4. 대학에 필요한 다음 프로세스 중 하나를 선택하여 모델링하라.
   - 수강 신청
   - 기말 성적 부여
   - 학생 등록
   - 등록금 납부
   - 성적표 요청
5. 비지오 소프트웨어의 프로세스 모델링 도구를 사용하여 3번 또는 4번의 모델을 생성하라.

6. 대학의 비즈니스 프로세스를 파악하고 그것이 어떻게 작동하는지 생각해보라. 블록체인으로 이 비즈니스 프로세스를 어떻게 변화시킬 수 있겠는가? 블록체인을 프로세스의 주요 구성 요소에 포함한다면 프로세스는 어떻게 되겠는가?

7. 대학의 여러 기능을 넘나드는 프로세스(예: 동문 관계, 재정 지원)와 비교적 독립적인 프로세스(예: 인적 자원, 학과 과정 일정)를 파악하라. 각 프로세스를 설명하고 관련 기능을 확인하라. 두 가지 프로세스를 비교해보고 비즈니스 프로세스 리엔지니어링이 필요한 것은 무엇이고, 비즈니스 프로세스 개선이 필요한 것은 무엇인지 설명하라.

참고 문헌

Dehning, B., V. J. Richardson, and R. W. Zmud. 2003. "The Value Relevance of Announcements of Transformational Information Technology Investments." *MIS Quarterly* 27(4): 637–56.

Hammer, M., and J. Champy. 2003. *Reengineering the Corporation: A Manifesto for Business Revolution*. New York: HarperCollins.

Mili, H., G. Tremblay, G. Bou Jaoude, É. Lefebvre, L. Elabed, and G. El Boussaidi. 2010. "Business Process Modeling Languages: Sorting through the Alphabet Soup." *ACM Computing Surveys* 43(1): 7–62.

Schein, E. H. 1992. "The Role of the CEO in the Management of Change: The Case of Information Technology." In *Transforming Organizations*, edited by T. A. Kochan and M. Useem, 325–45. Oxford: Oxford University Press.

용어 사전

객체 지향 모델링 언어: 소프트웨어 개발을 위한 객체 지향 접근 방식을 지원하는 프로세스 모델링 언어

규정 준수: 비즈니스 프로세스 리엔지니어링의 목표 중 하나로, 프로세스가 조직의 규정 또는 법적 의무를 준수하는 정도

내부 통제: 비즈니스 프로세스 리엔지니어링의 목표 중 하나로, 프로세스 수행에 사용되는 정보와 데이터가 오류나 불법적인 방법으로 변경될 수 없는 정도

동적 프로세스 모델링 언어: 다양한 조직(주로 산업체)에서 제안한 프로세스 모델링 언어 표준

레거시 시스템: 중요한 역할을 수행할 수 있는 오래된 대규모 애플리케이션

비즈니스 프로세스 개선(BPI): 조직의 한 기능 내에서 작업 수행 방식을 개선하기 위해 비즈니스 프로세스를 재설계하는 것

비즈니스 프로세스 리엔지니어링(BPR): 조직의 여러 기능을 효과적으로 개선하기 위해 비즈니스 프로세스를 재설계하는 것

전부 아니면 전무 개념: 프로세스가 완전히 수행되거나 아예 수행되지 않는다는 개념

전통적 프로세스 모델링 언어: 주로 비즈니스 프로세스 엔지니어링에서 사용되는 소프트웨어 공학과 정보 시스템 모델링 언어

프로세스: 특정 목표를 달성하는 데 필요한 일련의 단계 또는 과업

프로세스 모델링: 프로세스와 하위 프로세스의 관계를 명시하는 작업

프로세스 모델링 도구: 분석가가 비즈니스 프로세스를 설명하고 비즈니스 프로세스 모델 또는 다이어그램을 작성하는 데 사용하는 도구와 소프트웨어

프로세스 통합 언어: 전자상거래에서 사업 파트너 둘 이상의 프로세스 통합을 위한 프로세스 모델링 언어

하위 프로세스: 비즈니스 프로세스를 여러 작업으로 분해한 것

효과성: 비즈니스 프로세스 리엔지니어링의 목표 중 하나로, 예상대로 프로세스의 결과를 얻는 정도

효율성: 비즈니스 프로세스 리엔지니어링의 목표 중 하나로, 프로세스를 완료하는 데 걸리는 평균 시간

CHAPTER

12

전사적 정보 시스템

학습목표

- 전사 시스템의 주요 특징과 유형을 설명할 수 있다.
- 전사적 자원 관리 시스템의 목적을 이해할 수 있다.
- 공급망 관리 시스템의 목적과 기능을 이해할 수 있다.
- 고객관계 관리 시스템의 구성 요소를 파악할 수 있다.
- 고객 생애주기 개념을 고객관계 관리에 적용할 수 있다.

전사 시스템

개별 시스템과 전사 시스템

개인과 기업은 작업을 수행하기 위해 다양한 정보 시스템 애플리케이션을 사용한다. 예를 들어 개인용 애플리케이션의 경우 퀴큰Quicken은 재정을 관리하는 데 사용하고, 마이크로소프트 워드는 리포트를 작성하는 데 사용할 수 있다. 이러한 애플리케이션은 **개인 정보 시스템**personal information system의 일부로 간주된다. 한편 **전사 시스템**enterprise system은 조직 전체 또는 일부 부문의 요구를 충족하기 위한 정보 시스템을 말한다. 예를 들어 조직은 SAP의 전사적 자원 관리ERP 관련 애플리케이션을 사용하여 비용 지불, 송장 접수, 직원 급여 지급과 같은 재무를 관리할 수 있다. [학습 활동 12-1]에서는 ERP 시스템의 구성 요소를 자세히 다룬다. ERP 시스템은 조직의 다양한 부서가 필요로 하는 기능을 수행할 수 있는 모듈을 제공한다.

전사 시스템을 개발하는 관점은 계층적 관점, 기능적 관점, 프로세스 관점으로 구분된다(Piccoli, 2008). **계층적 관점**hierarchical perspective에서 소프트웨어 개발자는 조직의 구조를 모방하여 정보 시스템을 설계하고, 특정 조직 수준에서 개인의 요구를 충족하는 애플리케이션을 개발한다. 이 관점은 최고경영진이 전략적 의사결정에 활용할 수 있는 정보를 필요로 하고, 중간 관리자는 전술적 정보에, 운영 관리자는 운영적 정보에 중점을 둘 필요가 있다는 것

학습 활동 12-1

전사 시스템의 구성 요소

월마트의 공급망 관리 시스템은 기업이 효율적으로 사업을 운영하기 위해 사용할 수 있는 전사 시스템의 유형 중 하나이다. 조직에서 가장 인기 있는 전사 시스템 중 하나는 ERP 시스템이다. 뒤에서 엔터프라이즈 시스템과 ERP 시스템에 대해 설명하겠지만, 여기서는 SAP, 오라클의 피플소프트(PeopleSoft), 마이크로소프트의 다이내믹스(Dynamics)와 같이 대기업이 제공하는 ERP 시스템의 구성 요소를 알아보자. ERP 시스템을 판매하는 기업, 기업의 배경, ERP 시스템의 구성 요소에 대해 1~2쪽 분량의 리포트를 작성하라.

주목할 만한 사례

월마트의 공급망 혁신

미국에서 저렴한 청바지나 아이폰용 여행용 스피커를 구매하려면 어디로 갈까? 세계적으로 유명한 저가 소매업체인 월마트 매장을 찾을 것이다. 그렇다면 월마트는 어떻게 경쟁업체가 따라올 수 없을 만큼 낮은 가격을 붙이는 것일까? 다양한 요인이 영향을 미치겠지만 그중에서도 가장 중요한 것은 매장에서 판매되는 제품의 관리 방식, 즉 공급망이다. 월마트는 이를 '생산성 루프(productivity loop)'라고 부른다. 더 낮은 비용의 제품을 더 낮은 가격으로 제공하고, 이는 더 많은 판매로 이어져 수익이 증가하며, 이러한 루프는 빠르게 반복된다. 또한 월마트와 공급망 파트너들은 그 밖에도 다양한 혜택을 얻는다.

월마트는 혁신적인 공급망 전략과 철저한 유통 채널 관리로 잘 알려져 있다. 2010년까지 월마트는 15개국의 매장을 위해 제품 및 의류 주문(소싱이라고도 함)을 담당하는 대규모 글로벌 머천다이징 센터를 네 개 설립했다. 또한 전통적인 공급업체를 거치지 않고 글로벌 기반의 생산자로부터 신선한 과일과 채소를 직접 구매한다.

월마트의 공급망 전략은 다양한 측면을 다룬다. 2009년 CSCMP(Council of Supply Chain Management Professionals) 연례 회의에서 월마트 국제 공급 부문 부사장 Gary Maxwell은 효과적인 재고 관리가 효율적인 공급망에 가장 중요한 요인일 것이라고 설명했다.

2003년, 월마트는 공급망의 효율성을 더욱 높이기 위해 주요 공급업체의 **RFID 태그**(Radio-Frequency IDentification tag) 사용을 의무화했다. 공급업체가 제품 팔레트에 전자 태그를 삽입함으로써 월마트와 공급업체는 팔레트가 다양한 유통 센터를 거쳐 매장까지 이동하는 과정을 추적할 수 있게 되었다. 이로써 월마트는 RFID 기술의 선도자가 되었다. 월마트는 품절 품목을 성공적으로 줄이고(전 세계적으로 8%) 전체 재고 데이터를 개선함으로써(세 배 빠르게 재공급) 좋은 결과를 얻었지만, 많은 기업의 경우 RFID 기술을 도입하는 비용(소기업은 10만~30만 달러, 대기업은 2,000만 달러 이상)이 상당히 부담스러워 RFID 기술의 채택이 예상보다 더디게 진행되었다. 2003년에는 1세대 칩이 개당 1.25달러에 판매되었으나 2009년에는 2세대 칩이 7~10센트로 저렴해졌다. 2008년 말에는 월마트의 6만 개 공급업체 중 600개, 월마트가 소유한 샘스클럽(Sam's Club)의 750개 공급업체가 어느 정도 RFID를 도입했다. 미국 내 약 4,000개 월마트 매장과 샘스클럽 매장 중 1,000개 정도에서 RFID 기술을 사용하고 있는 것으로 알려져 있다.

오늘날 공급업체와 월마트는 매장의 프로모션 영역에서 제품이 판매되는 데 걸리는 시간을 실시간으로 파악하는 등 RFID를 유용하게 이용하고 있다. 이러한 추적 정보를 활용하면 특정 매장의 어디서 어떤 제품이 가장 잘 팔리는지 파악할 수도 있다. 일부 공급업체는 RFID 태그 사용을 제품 획득부터 판매 및 보충까지 전 IT 인프라에 통합하기도 했다.

또한 월마트는 온라인으로 주문받은 제품을 4일이 아닌 1일 내에 배송하는 등 공급망을 추가로 혁신하여 아마존과의 경쟁에서 경쟁력을 확보했다. 이를 통해 월마트는 재고량을 최소화하고 시장의 변화에 신속하게 대응할 수 있게 되었다. 그러나 공급업체와 원활하게 협력하기 위해 월마트는 수요를 미리 예측하고 이를 공급망에 효과적으로 통합하는 능력을 향상해야 했다.

월마트는 계속해서 공급망의 혁신을 추구하고 있다. 최근에는 제품 배송 과정에서 배출 가스를 줄이고 더 친환경적으로 변화하면 수익성과 지속 가능성을 얻을 수 있다고 공급업체를 설득하기도 했다. 월마트는 일부 공급업체에 제품 생산 시 사용되는 에너지 소비를 보고하게 하면서 엄격한 품질 및 환경 기준을 준수하도록 요구하고 있다.

월마트는 원래 공급 과정의 백엔드에 중점을 두었으나 지금은 매장 직원이 'My Productivity'라는 스마트폰 앱을 통해 공급망 데이터에 접근할 수 있다. 직원은 My Productivity를 통해 재고량과 그 흐름을 확인할 수 있으며, 이는 매장의 재고를 보충하고 고객에게 재고를 정확히 알려주는 데 도움이 된다. 또한 창고에 가서 제품을 찾아볼 필요가 없기 때문에 많은 노동 시간을 절약할 수 있다.

생각해보기

1. 월마트가 공급망을 성공적으로 구현하는 데 영향을 미친 주요 성공 요인은 무엇인가? 월마트의 공급망 혁신을 모방하려는 다른 기업의 경우에는 무엇이 성공 요인이 될 수 있는가?
2. 월마트가 선도적으로 RFID 기술을 도입한 것에 대해 어떻게 생각하는가? 최첨단 기술을 가장 먼저 도입하는 경우 어떤 문제가 발생할 수 있는가?
3. 기술은 월마트의 친환경 공급망 구축에 어떻게 활용될 수 있는가?
4. 직원이 공급망 내 제품의 실시간 위치 정보에 쉽게 접근할 수 있다면 작업 효율성이 어떻게 개선되겠는가?

출처: Compiled from Berman, J. 2009. "Walmart's Maxwell Cites Keys to Developing Best-in-Market Global Supply Chains." *Logistics Management* 48(10): 18; Birchall, J. 2010. "Walmart Takes Aim at Supply Chain Cost." *Financial Times*, January 4: 1; Cassidy, W. B. 2010. "Walmart Squeezes Costs from Supply Chain." *Journal of Commerce*, January 5; Lopez, E. 2017. "Behind the Scenes of Walmart's New On-Time, In-Full Policy." Supply Chain Dive. https://www.supplychaindive.com/news/Walmart-OTIF-inventory-flow-ecommerce-supply-chain/507301/; McCrea, B. 2010. "This Is Why 'Green' Equals Good Business." *Supply Chain Management Review* 14(2): 56; Webster, J. S. 2008. "Walmart's RFID Revolution a Tough Sell." *Network World* 25(36): 34–36; Ibbotson, M. 2016. "How Real-Time Data Is Putting Success at Our Fingertips." Walmart. https://corporate.walmart.com/newsroom/innovation/20160602/how-real-time-data-is-putting-success-at-our-fingertips

을 강조한다. 각 수준이 필요로 하는 정보의 유형과 해당 정보의 특성을 [표 12-1]에 정리했으며, [그림 12-1]은 이를 시각적으로 보여준다. 따라서 운영적·전술적·전략적 관리를 위해 시스템이 구축되며, 이러한 시스템 간의 상호 작용과 일관성이 간혹 제약을 받을 수 있다. 중복성도 문제가 되고, 때로는 다른 시스템이 상당히 유사한 기능을 수행하기도 한다.

기능적 관점functional perspective에서는 인적 자원 또는 마케팅과 같은 기능적 영역의 개인적 요구를 충족하기 위해 정보 시스템 애플리케이션을 개발한다. 이 관점에서 정보 시스템 개발자는 재무 시스템, 마케팅 시스템, 생산 시스템, 인적 자원 시스템 등을 설계한다. 이러한 시스템은 해당 기능적 영역에 적합하게 조정되어 부서의 요구를 충족한다. 다시 말해 조직의 다양한 기능적 영역(보통은 부서로 구분됨)을 고려할 때 이렇게 구성된 정보 시스템 애플리케이션은 데이터 중복성 및 부정확성을 야기할 수 있다(예: 동일한 고객 정보를 다섯 개 부서에서 업

표 12-1 계층적 수준이 필요로 하는 정보의 유형

활동	시간 흐름	계층적 수준	특징
전략적	장기	최고경영진	• 외부 지향적 • 구조화되지 않음
전술적	중기	중간 관리자	• 반구조화 • 주기적
운영적	단기	운영 관리자와 직원	• 고도로 구조화됨 • 거래 중심

출처: Piccoli(2008)를 수정

그림 12-1 계층적 정보 시스템

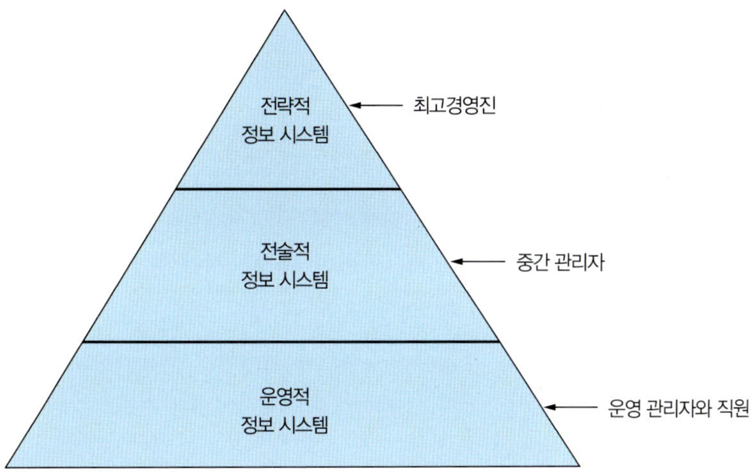

데이트해야 하는 경우). 또한 기능적 관점은 기능적 영역 간의 의사소통을 제한할 수도 있다.

프로세스 관점process perspective에서는 조직 수준이나 기능적 영역과 상관없이 개별 사용자가 수행하는 작업(또는 프로세스)을 지원하기 위해 정보 시스템 애플리케이션을 설계한다. 여기서 프로세스란 필요한 작업을 수행하기 위한 연속적인 단계들의 집합을 의미한다.

통합 및 전사 시스템

전사 시스템 개발의 세 가지 관점에 관한 논의에서는 조직 전반적인 측면을 고려하지 않고 시스템을 개발할 때 나타나는 문제를 강조한다. 여기에는 데이터 중복성(동일한 데이터가 여기저기에 중복 저장되는 것), 부서 간 의사소통 부족과 관련된 문제가 포함된다. 이러한 문제를 극복하기 위해 프로세스 관점에서는 통합을 강조한다. 통합은 조직의 자원과 자산을 효율적으로 통합하는 것을 의미하며, 이는 비즈니스 프로세스 간의 통합 또는 정보 시스템 간의 통합을 위해 설계된 전사 시스템의 주요 장점 중 하나이다.

비즈니스 통합business integration은 이전에 별개로 수행되던 비즈니스 프로세스들을 통합하여 효율적이고 일관된 비즈니스 프로세스를 구축하는 개념이다. 즉 비즈니스 통합은 기능적 부서나 계층적 수준 사이의 장벽을 없애고 프로세스가 최적의 방식으로 수행되게 한다. 이를 통해 프로세스가 최상의 위치에서 수행되고, 필요한 모든 사람이 정보에 접근할 수 있다. 이러한 개념은 **데이터 통합**data integration이라고도 한다. 비즈니스 통합을 제공하는 전사 시스템의 예로는 고객관계 관리 시스템Customer Relationship Management(CRM) system과 지식 관리 시스템knowledge management system을 들 수 있다.

시스템 통합systems integration은 이전에 별개로 운영되던 정보 시스템과 데이터베이스를 통합하는 개념이다. 시스템 통합은 정보 시스템의 기술적 구성 요소에 중점을 둔다. 시스템 통합을 위해 사용되는 전사 시스템의 예로는 **전사적 자원 관리**Enterprise Resource Planning(ERP), **콘텐츠 관리 시스템**Content Management System(CMS), **공급망 관리 시스템**Supply Chain Management(SCM) system, **통합 커뮤니케이션**Unified Communication(UC), **전사적 애플리케이션 통합**Enterprise Application Integration(EAI) 등이 있다. 이러한 전사 시스템은 조직 내 모든 경영 기능 간의 정보 흐름을 용이하게 하고 외부 이해관계자와의 연결을 효과적으로 관리하기 위해 설계되었다. 이러한 전사 시스템 중 일부를 [표 12-2]에 간략히 소개했으며, 이 장에서는 가장 인기 있는 ERP, SCM, CRM에 대해 자세히 다룰 것이다.

전사 시스템의 특성

[표 12-2]에 제시된 전사 시스템은 몇 가지 공통된 특징을 가지고 있다. 첫째, 이러한 시스템은 대개 모듈식으로 구성되어 있다. 이는 조직이 필요에 따라 모듈을 단계적으로 구현할 수 있는 기능을 제공한다는 것을 의미한다. 조직은 필요한 모듈을 순차적으로 구현함으로써 노력과 비용을 효율적으로 관리하고 직원의 업무 중단을 최소화할 수 있다. 그러나 이러한 모듈은 서로 협력하여 효율적으로 작동하도록 설계되어 있기 때문에 함께 사용될 때 최적의 성능을 발휘한다. **애플리케이션 통합**application integration은 하나의 모듈에서 발생하는 이벤트가 또 다른 모듈에서 자동으로 관련 이벤트를 발생시키도록 작동한다는 개념으로, 이는 시스템 내 다양한 모듈 간의 신속하고 자동적인 상호 작용을 가능하게 한다. 또한 데이터가 하나의 중앙

표 12-2 전사적 정보 시스템의 예

전사적 정보 시스템	설명
고객 관계 관리(CRM) 시스템	고객과 조직의 상호 작용을 관리하기 위한 조직 차원의 전략으로, 기술과 고객 서비스의 철학이 모두 포함된다. 맞춤형 서비스와 자가 서비스 도구를 제공함으로써 고객관계를 유치·유지·관리할 수 있다. 또한 조직은 고객 데이터를 분석하여 가장 이윤이 큰 제품 및 서비스, 고객을 찾을 수 있다.
비즈니스 인텔리전스(BI)	트렌드, 이슈, 기회를 발견하기 위해 데이터를 분석하는 데 사용되는 도구 세트이다. 조직은 매출, 수익, 비용과 같은 대량의 데이터를 축적하며, 의사결정자는 BI 도구를 통해 이러한 데이터를 한눈에 파악할 수 있다. BI 도구에는 온라인 분석 처리, 비즈니스 분석, 데이터 및 텍스트 마이닝 등의 다양한 분석 접근 방식이 포함된다.
전사적 자원 관리(ERP)	어떤 경영 기능이 자원을 제어하건 상관없이 조직 전반에 걸쳐 자원을 관리할 수 있게 해준다. ERP 소프트웨어의 전형적인 모듈에는 재무 관리, 주문 처리, 인적 자원 관리 등이 포함된다.
콘텐츠 관리 시스템(CMS)	조직이 저장한 다양한 유형의 대량 정보(콘텐츠)를 관리할 수 있게 해준다. CMS는 콘텐츠 관리를 위한 기술, 전략, 접근 방식을 말하며, 여기에는 콘텐츠 수집·저장·보존·제공이 포함된다.
통합 커뮤니케이션(UC)	조직이 사용하는 다양한 통신 방식(이메일, 음성 메일, 화상회의, 인스턴트 메시지, 문자 메시지, 음성 전화 등)을 통합하는 프레임워크이다. 예를 들어 고객이 음성 메일을 남기면 자동으로 계정 담당자에게 이메일로 전송할 수도 있고, 인스턴트 메시지로 전송할 수도 있다.
전사적 애플리케이션 통합(EAI)	다양한 전사 시스템(ERP, CRM 등)이 데이터를 공유하게 해주는 도구 및 서비스의 집합이다(단일 기술이 아닌 프레임워크). 미들웨어(7장 참조)를 활용하여 이러한 통신을 수행한다.
공급망 관리(SCM) 시스템	조직이 물자 또는 제품의 이동을 공급부터 생산, 소비까지 관리하는 데 도움을 준다. 조직의 업스트림 및 다운스트림 파트너 간의 협업이 포함된다(업스트림 및 다운스트림 흐름은 [그림 12-3] 참조).

출처: Pearlson and Saunders(2010), Piccoli(2008), Wikipedia.com을 수정

데이터베이스에 통합적으로 저장되기 때문에, 조직은 계층적 또는 기능적 정보 시스템에서 발생하는 데이터 중복성 및 부정확성 문제를 효과적으로 해결할 수 있다.

전사적 자원 관리 시스템

ERP 시스템은 조직의 자원을 효율적으로 관리하고 프로세스 내부 및 부서 간의 정보 흐름을 원활하게 하는 데 사용되는 정보 시스템 도구이다. 이전에는 조직이 기능적 영역별로 다양한 애플리케이션을 개발하여 정보 처리 및 관리를 해결했으나, ERP의 등장으로 다양한 모듈을 통해 자원을 통합적으로 관리함으로써 효율성이 증대되었다. 대표적인 ERP 모듈로는 재무(미수금, 총계정원장, 미지급금 등), 유통 서비스, 인적 자원, 제품 수명 주기 관리(마케팅) 등이 있다. 일부 ERP 시스템의 경우 CRM, SCM, 창고 관리 시스템Warehouse Management System(WMS) 등 다른 전사 시스템 애플리케이션이 통합될 수도 있다.

다른 전사 시스템과 마찬가지로 ERP 시스템은 [그림 12-2]와 같이 중앙 집중식 데이터베이스 위에 구축되어 시스템과 비즈니스의 통합을 제공한다. ERP 시스템은 중앙 서버에 위치할 수도 있고, 연결된 모듈식 하드웨어와 소프트웨어 단위로 분산될 수도 있다. 컨설턴트의 경험이 포함된 상용 ERP 패키지가 다양하게 나와 있으며(예: SAP, 피플소프트, 다이내믹스 등), 이러한 패키지는 업계의 모범 사례를 제공한다. 그러나 ERP 시스템의 경우 조직의 요구 사항, 조직에서 사용되는 컴퓨팅 플랫폼에 맞게 맞춤화하는 것이 가장 큰 문제이다.

ERP 시스템의 장단점

성공적으로 ERP 시스템을 구현한 조직은 여러 가지 이점을 얻을 수 있다. 그중에서 가장 중요한 것은 측정 가능한 효율성의 향상이다. ERP 시스템은 데이터 중복성을 줄이고(운영 직접비용 절감), 의사소통을 개선하며(프로세스 간소화로 간접비용 절감), 복잡한 시스템을 통합적으로 운영하여(운영 간소화, 표준화된 방식으로 작업 수행) 효율성을 달성한다. ERP 시스템이 적절하게 구현되면 고객, 공급업체와 같은 다양한 이해관계자에게 정확한 정보를 제공하고 신속하게 응답할 수 있다. 또한 ERP 시스템은 조직의 필요에 따라 유연하게 구성할 수 있다. 그러나 조직에 너무 맞춤화하여 ERP 시스템을 구현하면 표준 패키지가 제공하는 통합 및

그림 12-2 ERP 공유 데이터베이스

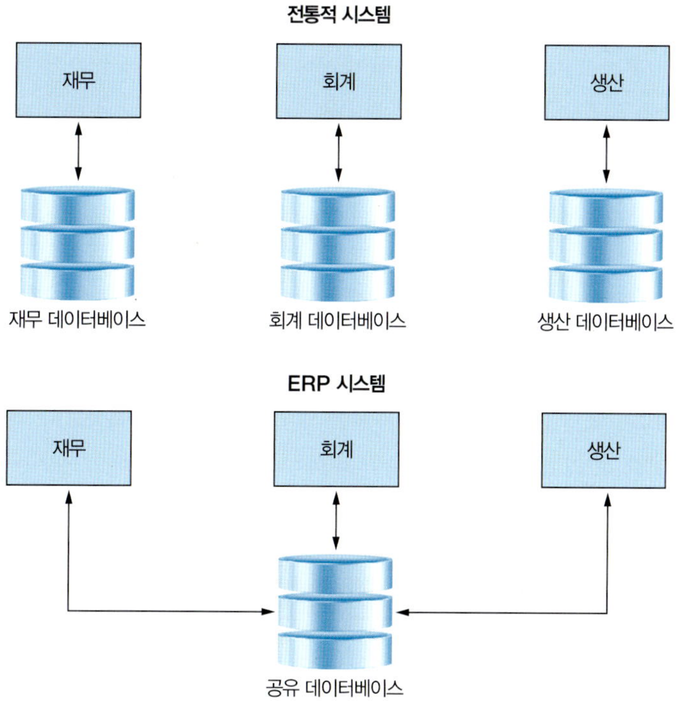

표준화의 이점을 일부 잃을 수도 있다. 한편 ERP 소프트웨어에는 현재 업계에서 사용되는 최신 프로세스가 내장되어 있는데, 이는 ERP 소프트웨어 공급업체와 컨설턴트의 전문 지식을 바탕으로 한 것이다.

ERP 시스템은 몇 가지 단점도 있다. 일단 상당한 양의 작업과 매우 큰 비용이 필요하다. 대부분의 조직은 기성품 애플리케이션을 바로 사용하지 않고 실질적으로 맞춤화하기 때문에 ERP 시스템을 구현하는 데 짧게는 6개월(일부 모듈)에서 길게는 6년(완전한 구현)까지 소요될 수 있다. 심지어 12년이 걸린 사례도 있다. 한 연구에 따르면 최근에 72%의 조직이 예상보다 오래 걸렸다고 밝혔다(Panorama Consulting Group, 2017). ERP 시스템 구현 비용은 규모에 따라 다르지만 수십만 달러부터 수천만 달러에 이를 수 있다.

또한 ERP 시스템을 구현하는 것이 소프트웨어를 설치하는 것만큼 간단하지 않은 이유 중 하나는 구현으로 인해 사업 수행 방식이 변경되기 때문이다. 오랫동안 사용해온 비즈니스 프로세스를 재설계해야 하는 경우도 있는데, 이로 인해 직원들이 저항할 수도 있다. 특정 데이터나 애플리케이션의 통제권을 포기해야 하는 일부 부서의 반대에 부딪힐 수도 있다. 그러나 ERP 시스템은 약간의 위험과 복잡성이 따르더라도 그것을 극복할 만한 가치가 있다.

최근의 연구 결과에 따르면 전통적인 ERP 시스템 구현의 단점이 여전히 존재하는 것으로 밝혀졌다. 즉 ERP 시스템을 구현하는 데 예상보다 더 오랜 시간, 더 많은 비용이 소요되고 경영의 가치를 충분히 얻지 못하는 경우가 많다. 또한 이 연구는 조직이 ERP 시스템 구현으로 인해 발생하는 조직 변화를 효과적으로 관리하지 못하는 문제도 지적했다(Panorama Consulting Group, 2017).

ERP 시스템의 구현이 어려운 이유는 무엇일까? 앞서 언급했듯이 기존 프로세스와 사용자들의 업무 방식에 변화를 가져오기 때문이다. 이로 인해 조직에 큰 변화를 초래하는데, 이는 3차 변화라고 할 수 있다(11장 참조). 또한 ERP 시스템의 구현은 범위가 매우 넓고 예상보다 더 많은 맞춤화가 필요할 수도 있다. 그리고 구현 결과를 충분히 예상하여 다양한 장애와 장기간의 노력을 극복하고 이끌어나갈 수 있는 강력한 지지자가 필요하다.

숫자로 이해하기 12-1

상위 ERP 공급업체

2018년을 기준으로 ERP 업계에서는 상위 10대 공급업체가 전체 시장 점유율의 31.9%를 차지했다. 이러한 공급업체를 순서대로 나열하면 SAP, 오라클, 인튜이트(Intuit), FIS글로벌(FIS Global), 파이서브(Fiserv), 마이크로소프트, 서너코퍼레이션(Cerner Corporation), 아이큐비아(IQVIA), 콘스텔레이션소프트웨어(Constellation Software Inc.), 인포(Infor)이다. 그러나 ERP 분야에서는 특정 요구 사항과 일치하는 공급업체를 선택하는 것이 경쟁우위를 얻는 데 중요하다. 이는 상위 10개 사 외의 공급업체가 시장 점유율의 68.1%를 차지하고 있다는 사실에서 확인할 수 있다.

출처: Pang, A., M. Markovski, and A. Micik. 2020. "Top 10 ERP Software Vendors, Market Size and Market Forecast 2019-2024." Apps Run the World, November 5. https://www.appsruntheworld.com/top-10-erp-software-vendors-and-market-forecast

학습 활동 12-2

온라인 맥주 게임

[주목할 만한 사례]에서 보았듯이 SCM 시스템은 제조 또는 재판매에 필요한 원자재나 제품을 공급받는 조직에 매우 중요한 전사 시스템이다. 이러한 개념을 더 깊이 알아보기 전에 SCM과 관련된 맥주 게임을 해보자. 이는 MIT 교수들이 개발한 것으로 https://beergameapp.com/에서 이용할 수 있다. 계정을 설정하면 무료 게임을 생성할 수 있는데, 기본 설정을 선택하고 네 가지 포지션 중 하나를 골라 게임을 진행한다. 게임을 완료한 후 다음 질문에 답하고 이에 대해 토론하라.

1. 정보는 공급망 결정에 어떤 영향을 미치는가?
2. 정보 시스템은 SCM에 필요한 정보를 어떻게 지원할 수 있는가?

공급망 관리 시스템

[주목할 만한 사례]에서 월마트의 SCM을 소개하면서 공급업체와 유통 채널의 제품 흐름을 관리함으로써 재고를 엄격하게 통제하고 비용을 절감하는 방법에 대해 설명했다. 그러나 SCM은 제품뿐만 아니라 서비스, 금융 상품, 지식, 관계에도 적용될 수 있다.

일반적인 **공급망**supply chain에는 제조업체로부터 도매상, 소매상, 소비자로의 제품 흐름이 포함된다. [그림 12-3]은 전형적인 공급망을 보여준다. 제품 또는 서비스를 공급하거나 제공하는 조직은 업스트림에 해당하고, 제품 또는 서비스를 유통하거나 소비자에게 제공하는 조직은 다운스트림에 해당한다.

그림 12-3 전통적인 공급망

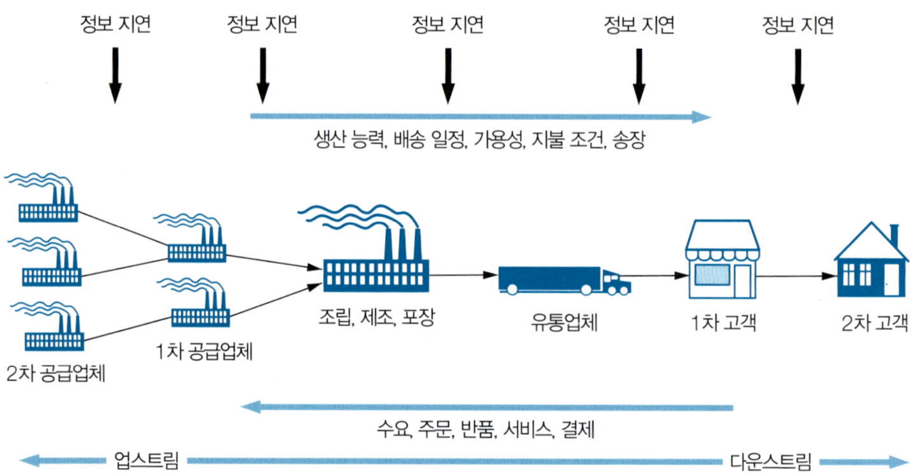

[학습 활동 12-2]의 맥주 게임에서 경험했듯이 공급망 내 구성원 간의 협력은 서로에게 이익을 가져다주는 중요한 요소이다. 또한 제품의 흐름을 제대로 관리하지 않으면 기업에 재앙을

초래할 수 있다는 것을 확인했다(수행 방식에 따라 달라질 수 있다). [표 12-3]에 최악의 공급망 사례를 몇 가지 제시했다.

표 12-3 공급망 (및 기타) 실패 사례

연도	기업	설명
1999년 할로윈	Hershey	새로운 주문 관리 및 배송 시스템(ERP와 SCM을 동시에 구현)으로 중요한 할로윈 대목의 주문을 맞출 수 없었다. 주가가 30% 하락하여 1억 5,000만 달러의 손실을 입었다.
1999년 크리스마스	ToysRUs.com	온라인 소매 사업부가 수천 건의 크리스마스 배송 약속을 지키지 못했다. 악명 높은 사과 이메일이 12월 23일에 발송되었다. 결국 아마존이 배송을 대행했다.
2001년	Cisco	시장이 둔화되면서 수요와 재고 가시성의 부족으로 22억 달러의 재고 손실이 발생하여 주가가 반토막 났다.
2001년	Nike	새로운 계획 시스템 때문에 재고 및 주문 문제가 발생하여 1억 달러의 매출 손실을 입고 주가가 20% 하락했다. 그 결과 집단 소송이 제기되었다.
2005년	Loblaws	대규모 물류 네트워크 개편 계획이 제대로 실행되지 않았다. 높은 비용과 이로 인한 매출 손실로 두 분기 동안 부진을 겪어 CEO가 주주들에게 사과했다. 2006년 초에 물류 문제는 어느 정도 안정화되었지만 주가가 회복되지 않았다.
2007년 9월	Boeing	새로운 드림라이너 787의 공급망을 근본적으로 개편하기 위한 계획은 좋아 보였지만, 부품 공급 문제로 2년간 출시가 지연되고 공급업체 문제를 해결하는 데 약 20억 달러를 쏟아부었다.
2013년 크리스마스	UPS	당시의 물량 급증을 처리할 능력이 부족했다. 특히 2013년 12월 23일 주문이 63% 급증하여 토이저러스, 아마존 등은 크리스마스 전에 제품이 배송되지 않는다는 것을 고객에게 알려야 했다.
2016년 4월	Toyota, Honda, Sony	당시 두 차례의 지진이 일본을 강타했다. 공급업체가 제품을 공급하지 못하고 자사 공장도 피해를 입었기 때문에 생산 속도를 늦추거나 생산을 일시 중단했다.
2020년	Amazon	COVID-19 팬데믹으로 대부분의 사람들이 집에만 머물면서 제품 주문이 크게 증가했다. 그 결과 공급망에서 고객 수요의 기대치를 충족할 수 있는 역량을 갖출 수 없었다. 고객은 배송 지연에 불만을 드러냈으나, 아마존은 그 규모와 제한된 경쟁력 덕분에 대응할 시간을 확보하여 팬데믹 동안 시장 점유율이 증가했다.

출처: Gilmore(2009); Reuters(2016); SCDigest(2014)

전사 시스템은 SCM의 핵심 요소로 작용한다. 효율적으로 관리되는 공급망의 경우 제품을 필요한 시점에 주문하기 때문에 장기간 재고를 보유할 필요가 없어 재고 비용이 낮아진다. 따라서 더 나은 재고 정보를 통해 반품 품목을 줄일 수 있다. 또한 SCM은 정확하고 신속한 제품 흐름(제품 이동 등), 정보 흐름(주문, 배송 상태 등), 결제 흐름(신용 조건, 결제 일정, 위탁 및

실제 경영 사례 12-1

정해진 시간과 예산 내에 구현된 시스코의 ERP

본문에서 설명했듯이 ERP 시스템의 구현은 예산을 크게 초과하고 몇 달, 때로는 몇 년이 지연되기 때문에 IT 및 경영 관리자에게는 골치 아픈 일이다. 그러나 바람직한 사례도 있다. 시스코는 계획된 예산과 시간 안에 ERP를 성공적으로 구현했다.

1984년에 설립된 시스코는 통신 장비를 생산하며, 인터넷과 함께 급성장하여 《포천》 500대 기업이 되었다. 시스코는 1990년대 중반에 핵심 사업 운영을 지원하기 위해 핵심 재무, 제조, 주문 입력 기능을 처리하는 유닉스 기반 소프트웨어 패키지를 사용했다. 당시에는 각 기능 영역(사업부)에서 시스템을 사용했지만 IT 시스템의 미래에 대해 자체적으로 결정했다. 그 결과 각 부서에서 자체적으로 필요에 따라 시스템을 업그레이드했다. 시스코의 CIO였던 Pete Solvik은 소프트웨어 애플리케이션을 분석하기로 결정할 당시, 사용 중인 소프트웨어 패키지에 필요한 신뢰성, 유지·보수 가능성, 백업이 부족하다는 것을 발견했다. 1994년에 레거시 시스템의 장애로 2일 동안 운영이 중단되어 새로운 시스템이 필요했다.

다른 CIO들과 마찬가지로 Solvik은 ERP 솔루션이 구현 문제가 있고 예산을 초과할 것이라고 우려하며 ERP를 피하려고 했다. 특히 독립적인 부서 구조가 통합된 ERP와 잘 맞지 않을 것이라고 생각했다. 그러나 시스코의 필요에 가장 적합한 솔루션이었기 때문에 컨설팅 회사를 고용하여 공급업체를 선택하고 ERP 시스템을 구현하기로 결정했다. KPMG컨설팅(KPMG Consulting)은 ERP 제안서를 준비하고, 오라클을 ERP 공급업체로 선택하는 데 도움을 주었다. 이 계약에는 오라클이 주어진 예산과 시간 안에 성공적으로 구현할 수 있도록 잠재 고객에 대한 새로운 릴리스 마케팅을 시스코가 지원한다는 내용이 포함되어 있었다.

그 후 예산과 일정을 준비한 구현 팀은 1,500만 달러를 들여 9개월 이내에 완료할 것이라고 최고경영진에게 약속했다. ERP를 구현하기 위해 30명의 개발자가 빠르고 반복적인 프로토타이핑을 통해 3개월 동안 오라클 ERP 시스템을 수정하여 시스코의 비즈니스 프로세스를 지원했다. 분석, 개발, 구현, 수정, 교육 등의 단계를 거친 최종 구현은 정해진 일정과 예산 내에 완료되었다. 목표를 달성한 시스코 경영진은 구현 팀에 20만 달러 이상의 보너스를 주었다.

출처: Datta, A. 2009. "Cisco Systems: Implementing 'Customized' ERP in Nine Months and within Budget." *Journal of Cases on Information Technology* 11(2): 56ff

소유권 계약 등)에 관한 의사소통을 통해 공급망 내 파트너와의 포괄적인 관계를 강화할 수 있다.

우수한 SCM 시스템은 JITJust-In-Time 재고를 실현하는 데 기여할 수도 있다. 이는 기업이 수요를 충족하는 동시에 최소한의 재고만 유지할 수 있는 상황을 의미한다. 그리고 실시간으로 재고 소진 상황을 파악하는 SCM 시스템은 직원 또는 시스템이 바로 새로운 재고를 주문할 수 있는 환경을 조성한다.

SCM의 성공은 업스트림과 다운스트림 간의 정보 공유에 달려 있다. 현재 많은 기업은 웹 기반 인터페이스를 통해 SCM 시스템에서 재고, 배송 및 기타 정보에 접근한다. 또한 SCM 시스템은 점점 ERP 및 CRM 시스템과 통합되는 추세이다.

숫자로 이해하기 12-2

공급망이 기업의 성과에 미치는 영향

통계적 증거에 따르면 공급망의 개선은 기업의 성과를 개선하는 데 중요한 역할을 할 수 있다. 다음은 이를 뒷받침하는 일부 통계 자료이다.

- 특히 인구 밀집 지역에서는 드론을 사용하여 당일 배송을 할 수 있다. 드론은 시속 50마일로 이동하고 최대 5파운드를 운반할 수 있다. 아마존에서 판매되는 제품 중 86%가 5파운드 미만이므로 드론 배송은 잠재력이 크다.
- 2014년에 60%의 조직이 자동화된 공급망을 추구하여 기계화가 향상되었다. 이는 2018년까지 83%로 증가할 것으로 예상된다.
- 사물 인터넷은 RFID 기술을 활용하여 2012~2014년에 RFID 시장 가치가 69억 6,000만 달러에서 88억 9,000만 달러로 증가했으며, 2024년에는 273억 1,000만 달러에 이를 것으로 예상된다. RFID 기술은 가정, 자동차 등의 스마트 기기가 인터넷을 통해 다른 기기와 원활하게 통신하게 함으로써 공급망의 효율성을 개선하는 데 도움이 된다.

한편 공급망에 예기치 않은 중단이 발생하면 기업의 성과에 부정적인 영향을 미칠 수 있다. 이는 2020년의 COVID-19 팬데믹으로 상당수 제조업체가 폐업한 것을 통해서도 확인할 수 있다. 이러한 현상은 특히 자동차 산업에서 두드러졌다. 소비자는 계속 차를 구매했지만 공급망에 물량이 부족하여 대리점에 차가 없었다. 재고를 채우기까지 몇 달이 걸렸으며, 그동안 대리점은 몇십억 달러의 매출 손실을 입었다.

출처: Cerasis, https://cerasis.com/supply-chain-facts/

학습 활동 12-3

블록체인과 공급망 관리

블록체인은 SCM을 비롯한 많은 비즈니스 프로세스에 적용되고 있는 최신 기술 솔루션이다. IBM이 블록체인을 사용하여 공급망을 관리하는 방법을 소개하는 동영상(https://www.ibm.com/blockchain)을 시청한 후 다음 질문에 답하라.

1. IBM은 SCM에 블록체인을 어떻게 사용하고 있는가?
2. 블록체인을 사용함으로써 얻는 이점은 무엇인가?
3. 다른 사업 분야에서 블록체인을 어떻게 활용할 수 있는가?

고객관계 관리 시스템

고객관계 관리 시스템CRM system은 고객과의 다양한 상호 작용을 관리하기 위한 조직 차원의 전략이다. 예를 들어 제품을 구매할 때 수신자 부담 전화로 직원과 대화를 하거나, 이메일을 보내거나, 고객 담당자와 채팅을 하거나, 온라인에서 주문을 하는 것은 모두 상호 작용 채널이다.

CRM에는 기업이 현재 고객과 잠재 고객의 요구를 이해하는 데 도움이 되는 일련의 활동(고객 서비스 철학 포함)과 기술(CRM 시스템)이 포함된다. CRM 시스템을 통해 조직은 고객을 획득·유지하고 고객관계를 관리할 수 있으며(예: 개인화된 서비스 및 셀프서비스 도구 제공), 고객 데이터를 분석하여 가장 수익성이 큰 제품 및 서비스, 고객을 찾을 수 있다.

CRM에는 다음과 같은 주요 목표가 포함되어 있다(META Group, 2001). 첫째, CRM 시스템은 다양한 상호 작용 채널을 조화롭게 관리하여 고객이 편한 방식으로 접근하고 상호 작용할 수 있도록 돕는다. 둘째, CRM 시스템은 다양한 부서와 고객의 상호 작용을 통합하여 일관된 경험을 제공한다. 셋째, CRM 시스템은 고객 관련 정보의 분석을 가능하게 한다. 이 정보는 외부 데이터(예: 인구 조사 데이터)와 결합되어 조직이 고객을 더 잘 이해하고 개인화된 서비스를 제공하며 전략을 구축하는 데 활용된다.

고객 서비스 수명 주기

고객 서비스 수명 주기 Customer Service Life Cycle(CSLC)는 CRM 시스템이 수행할 수 있는 다양한 작업을 이해하는 데 도움을 주는 프레임워크이다. CSLC는 고객이 조직과 상호 작용하는 과정을 이해하는 데 도움이 되는 일련의 단계로 이루어지며, 각 단계는 다양하게 변형되지만 모두 비슷하다. 단순화된 CSLC에서는 고객과 조직의 상호 작용이 네 가지 주요 단계, 즉 참여, 거래, 충족, 서비스로 분류된다. 이러한 각 단계에 필요한 작업과 유용한 CRM 관련 애플리케이션을 [표 12-4]에 정리했다.

표 12-4 고객 서비스 수명 주기의 단계

단계	설명	CRM 시스템 사용의 예
참여(engage)	제품 또는 서비스에 대한 고객의 인식을 창출하는 단계이다. 이 단계의 목표는 잠재 고객을 발굴하여 고객으로 전환하는 것이다.	캠페인 관리 이메일 마케팅 잠재 고객 처리 영업 자동화 웹 기반 카탈로그
거래(transact)	구매 프로세스와 관련된 모든 활동이 이루어지는 단계이다. 이 단계의 목표는 고객이 포기하지 않고 효율적·효과적으로 구매 과정을 완료하게 만드는 것이다.	주문 관리 결제 프로세스 및 옵션 제품 구성 제품 가격
충족(fulfill)	고객에게 제품 또는 서비스를 제공하는 단계이다.	주문 추적 공급망 통합
서비스(service)	고객이 제품 또는 서비스를 소유하는 동안 고객을 지원하는 단계이다.	콜센터 자동화 고객 문제 관리 고객 셀프서비스

출처: Van Slyke and Bélanger(2003)를 수정

[그림 12-4]에서 보듯이 CSLC의 각 단계는 주기를 형성하며, 한 주기가 끝나면 다음 주기가 이어진다. 이러한 주기는 제품뿐만 아니라 서비스에도 유사하게 적용할 수 있다.

그림 12-4 고객 서비스 수명 주기

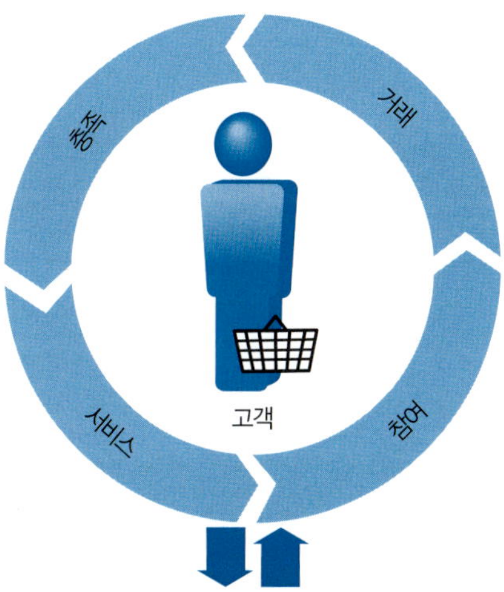

출처: Van Slyke and Bélanger(2003)를 수정

학습 활동 12-4

고객관계 관리

최근 몇 년 동안 더욱 중요해진 전사 시스템은 CRM이다. 다음 웹사이트에서 CRM에 대해 알아보자.

- 세일즈포스: https://www.youtube.com/watch?v=9CcZHLESFcE
- 마이크로소프트 다이내믹스: https://dynamics.microsoft.com/en-us/crm/what-is-crm/

다음 질문에 답하고 이에 대해 토론하라.

1. CRM 시스템의 목적은 무엇인가?
2. CRM 시스템으로 수행할 수 있는 작업의 유형은 무엇인가?
3. CRM 시스템의 혜택을 받는 것은 누구인가?
4. CRM 시스템의 각 이해관계자에게 어떤 이점이 있는가?
5. 어떤 유형의 기업이 CRM 시스템을 갖추어야 하는가? 그 이유는 무엇인가?

CRM 시스템의 구성 요소

CRM 시스템의 주요 구성 요소는 운영, 협업, 분석이다(Van Slyke와 Bélanger, 2003). [그림 12-5]는 이러한 구성 요소가 상호 작용하는 방식을 보여준다.

CRM의 운영 구성 요소operational components of a CRM는 조직이 고객과의 일상적인 상호 작용을 개선하는 데 도움을 준다. 이러한 요소는 주로 판매나 수리와 같은 운영 관련 작업과 관련이 있다.

CRM의 협업 구성 요소collaborative components of a CRM는 조직이 고객과의 상호 작용과 협력을 개선하는 데 도움을 준다. 여기에는 이메일, 자동 응답 시스템과 같은 애플리케이션뿐만 아니라 고객 서비스용 채팅 기능, 대화형 음성 응답Interactive Voice Response(IVR) 시스템, 온라인상에서 고객 서비스 담당자와 실시간으로 대화할 수 있는 인터넷 전화VoIP도 포함된다.

CRM의 분석 구성 요소analytical components of CRM는 조직이 고객 데이터를 분석하는 데 사용할 수 있는 기술과 프로세스로 이루어져 있다. 대부분의 CRM 시스템에서 핵심적인 분석 구성 요소는 데이터 웨어하우스이며, 데이터 웨어하우스에 저장된 데이터에서 패턴과 그룹을 발견하는 데에는 **데이터 마이닝**data mining 기술과 방법이 종종 사용된다. 데이터 마이닝에는 대용량 데이터 세트의 분석을 수행하기 위해 소프트웨어를 사용하여 반복적인 패턴을 찾는 것이 포함된다. 예를 들어 슈퍼마켓은 중요한 축구 경기가 있는 날에 특정 제품이 함께 판매된다는

그림 12-5 CRM 아키텍처의 예

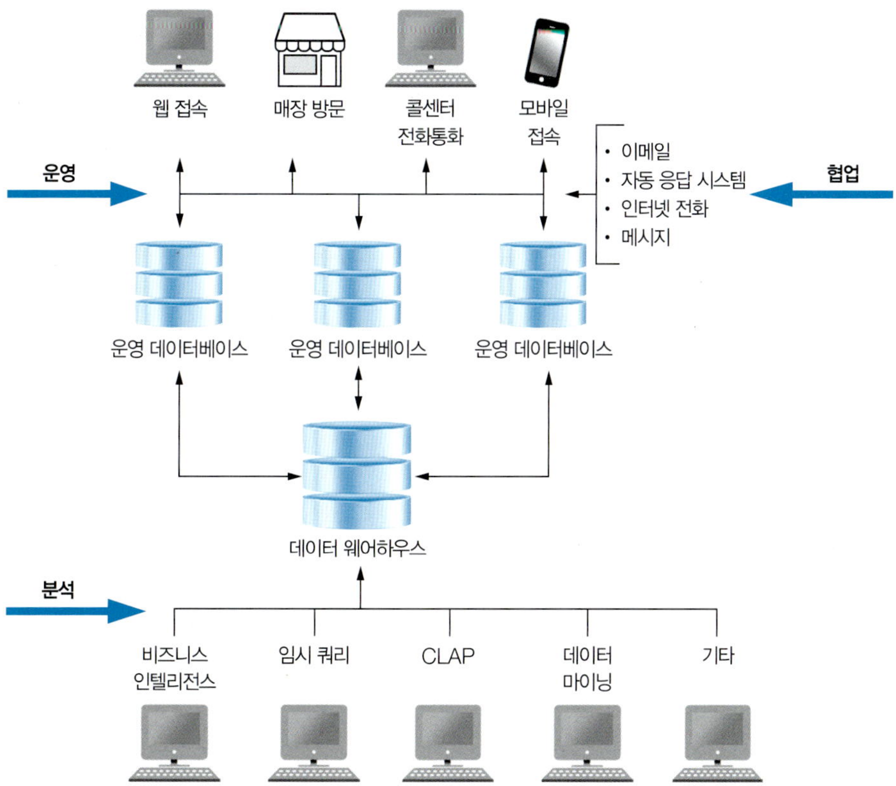

것을 알고는 해당 제품을 나란히 진열하여 판매할 수 있다. 이것은 단순한 예시에 불과하며, 데이터 마이닝은 훨씬 더 복잡하고 세밀한 패턴을 찾을 수 있다.

많은 조직에서 유용하게 활용하는 분석 중 하나는 고객 세분화(고객 클러스터링customer clustering이라고도 함)이며, 이를 통해 어떤 특성을 공유하는 고객을 묶을 수 있다. 예를 들어 대학생을 대상으로 마케팅 서비스를 제공하는 스튜던트어드밴티지Student Advantage는 대학생 회원을 작은 세그먼트로 분류한다. 이처럼 고객을 세분함으로써 특정한 마케팅 전략에 활용할 수 있으며, 이는 다양한 고객에게 맞춤 서비스를 제공하는 데 도움이 된다.

또한 데이터 마이닝은 **고객 프로파일링**customer profiling에 유용하게 활용된다. 조직은 고객과의 상호 작용에서 수집된 데이터를 토대로 고객 정보를 구축할 수 있으며, 이러한 고객 프로파일링을 통해 수요를 더 잘 예측하고 고객의 행동을 더 정확히 파악할 수 있다.

학습 활동 12-5

셀프서비스

조직이 CRM 애플리케이션을 통해 고객 정보를 수집하고 고객과의 의사소통을 관리하는 방법을 살펴보았다. CRM 애플리케이션의 추가 기능 중 하나는 고객의 셀프서비스를 허용하여 고객이 스스로 서비스 문제를 해결하는 것이다. 셀프서비스의 장단점을 알아보기 전에 먼저 셀프서비스를 경험해보자.

- 시나리오: 여행 갈 때 사용하기 위해 노이즈 차단 헤드폰을 아마존에서 65달러에 구매했다. 배송 상자는 바로 뜯어보았지만 제품의 포장은 뜯지 않은 채 2개월이 지났고, 똑같은 헤드폰을 선물로 받게 되어 아마존에서 구매했던 헤드폰을 반품하고자 한다.
- 아마존 웹사이트(http://www.amazon.com)에 접속하라.
- 환불 금액을 확인하라(세금이 있는 경우 제외).
- 아마존에 헤드폰을 반품한 후 환불받기까지 걸리는 시간을 예상하라. 또한 그러한 시간이 왜 필요한지 파악하라.
- 헤드폰을 반품하기 위해 무엇을 해야 하는지 확인하라.

다음 질문에 답하고 이에 대해 토론하라.

1. 필요한 정보를 찾는 데 어려움이 있는가?
2. 실제로 반품을 완료하는 것이 얼마나 어렵다고 생각하는가?
3. 아마존 직원에게 전화하는 대신 이 셀프서비스 애플리케이션(리턴 센터)을 사용할 가능성은 얼마나 되는가? 그 이유는 무엇인가?
4. 셀프서비스 CRM 애플리케이션은 고객에게 어떤 이점이 있는가?
5. 셀프서비스 CRM 애플리케이션은 조직에 어떤 이점이 있는가?

CRM 구현 옵션

대부분의 전사 시스템과 마찬가지로 CRM 시스템은 주로 온프레미스 또는 온디맨드 방식으로 구현된다. **온프레미스 CRM**on-premise CRM을 구현하는 것은 조직에서 CRM 시스템을 획득하거나 개발하여 로컬 서버에 설치하는 것을 의미한다. 이는 맞춤형 솔루션을 제공할 수 있다는 것이 장점이지만 개발 및 유지·관리 비용이 많이 들 수 있다. **SaaS CRM**Software-as-a-Service CRM이라고도 하는 **온디맨드 CRM**on-demand CRM은 인터넷을 통해 CRM 시스템 공급업체의 애플리케이션을 원격으로 사용하는 것을 의미한다. 이는 최신 애플리케이션을 사용할 수 있고 유지·관리 또는 구현 비용이 들지 않는다는 것이 장점이다. 물론 조직은 표준 기능, 즉 플레인 바닐라plain vanilla 소프트웨어를 사용해야 한다.

숫자로 이해하기 12-3

CRM 공급업체

수년간 성장해온 CRM 시장은 2017년에 417억 달러, 2018년에 482억 달러의 매출을 올렸다. 최대 공급업체인 세일즈포스닷컴은 2018년에 CRM 시장의 약 20%를 차지했으며, 그 뒤를 잇는 SAP는 약 8%, 오라클은 약 6%의 점유율을 기록했다.

출처: https://softwarestrategiesblog.com/category/crm-market-share/

CRM의 장단점

조직에서 CRM 시스템을 사용함으로써 기대되는 장점은 여러 가지이다. CRM 시스템은 고객에게 개인 맞춤형 서비스 및 제품, 신속한 응답, 원활한 상호 작용을 제공함으로써 고객 만족도를 높여 고객관계 향상 및 고객 유지로 이어질 것이다. 또한 CRM 시스템은 고객 확보, 서비스 비용 절감, 전체 수익 증대에 기여할 수 있다. 수익은 고객 충성도에 따라 발생하기도 하지만 교차 판매 또는 다른 제품 기반의 판매에 따라 증가하기도 한다. 예를 들어 아마존은 과거 구매 내역을 기반으로 고객에게 맞춤형 책을 추천함으로써 매출을 올리고 있다.

그러나 CRM 시스템에도 몇 가지 잠재적인 단점이 있다. CRM 시스템을 구현하는 데에는 단

실제 경영 사례 12-2

고객 서비스를 통해 경쟁우위를 확보한 더플

더플(DUFL)은 고객의 비즈니스 복장을 배송·보관·세탁하여 여행 부담을 덜어주는 회사이다. 고객이 더플에 의류를 맡기면 더플은 이를 보관한다. 여행할 때 고객은 여행 가방을 공항에 가져가는 대신 호텔, 도착 날짜, 여행 중 입을 옷을 더플에 알려준다. 그러면 더플은 해당 의류를 고객이 묵는 호텔로 보내주고, 여행이 끝나면 의류를 회수하여 세탁 및 보관한다.

더플의 성공 요인 중 핵심은 고객 서비스 수준을 높이는 동시에 비용을 낮춘 것이다. 이를 위해 더플은 세일즈포스닷컴을 이용하여 각 고객의 요구 사항을 추적하고 있다. 세일즈포스닷컴은 더플의 고객과 직원에게 모든 거래와 상호 작용을 추적하는 사용자 친화적 인터페이스를 제공한다. 따라서 고객이 유사한 요청을 할 때 일관된 솔루션을 제공할 수 있다. 세일즈포스닷컴의 소프트웨어는 더플이 기존 고객을 만족시키는 데 도움을 줄 뿐만 아니라 향후 매출을 예측할 수 있는 기능도 제공한다. 이 모든 것은 더플이 비즈니스 여행을 강화하고 사업을 성장시키는 핵심 역량에 집중할 수 있는 방식으로 이루어진다. 그 결과 더플은 매달 10%씩 성장하면서 직원 수 25명을 유지하고 있다.

출처: https://www.dufl.com/; https://www.salesforce.com/customer-success-stories/dufl/

순히 소프트웨어 애플리케이션을 설치하는 것 이상의 과정이 필요하다. CRM 시스템을 성공적으로 구현하려면 조직의 모든 구성원이 고객 지향적인 태도를 지녀야 하며, 기술적 문제를 담당하는 직원뿐만 아니라 고객과의 직접적인 상호 작용을 담당하는 직원이 있어야 한다. 또한 조직은 고객과 상호 작용하는 모든 채널을 고려해야 한다. 조직 내에서 다양한 분야의 지지를 얻는 능력은 성공적인 구현의 핵심 요소이다. 물론 복잡한 기술적 문제도 처리해야 한다. 우선 조직은 고객의 다양한 요구에 대응할 수 있도록 확장 가능한 CRM 아키텍처를 구축해야 한다. ERP 시스템과 마찬가지로 CRM 시스템은 조직의 특정 요구 사항에 맞게 맞춤화할 수 있다. 기술적·비기술적 문제를 처리하는 능력은 거의 모든 전사 시스템을 성공적으로 구현하는 데 필수적이다.

고객 관리형 상호 작용

CRM 시스템의 한 가지 문제는 주로 기업과의 상호 작용을 바탕으로 형성된 기존 거래 및 행동 데이터에 초점을 두고 있다는 것이다. 따라서 고객과 기업의 상호 작용을 토대로 한 과거 및 현재 데이터가 주로 수집되는데, 이는 매우 기업 중심적인 접근 방식을 의미한다. 트렌드 예측을 통해 미래의 구매 동향을 예상할 수는 있지만, 고객이 기업에 알리지 않은 구매 및 활동을 예측하기 어려운 경우가 있다. 예를 들어 고객이 결혼하는 친구에게 선물하기 위해 어떤 제품에 관심을 가지더라도 기업이 그 수요를 사전에 파악하기는 어렵다. 이러한 정보 부족 문제를 해결하기 위해 몇몇 기업은 **고객 관리형 상호 작용**Customer-Managed Interaction(CMI)에 더욱 중점을 두고 있다.

CMI는 고객이 자신에 대한 데이터를 저장 및 관리할 수 있게 하는 것을 의미한다. 왜 고객은 자신의 구매 의도를 기업에 자발적으로 알리려 할까? 편의를 위해, 돈을 벌기 위해, 또는 맞춤화된 서비스를 받기 위해서이다. 아마존이나 타깃닷컴(target.com)과 같은 온라인 쇼핑몰에서 위시리스트를 만드는 경우를 생각해보라. 심지어 위시리스트 작성을 돕는 전용 사이트(wishlist.com)도 있다. 고객은 구매할 의향이 있는 제품을 기업에 알려주는데, 이 고객 정보는 대개 정확하다. 이러한 고객의 의도를 파악하면 기업은 특정 할인 혜택을 제공하여 고객을 구매 단계로 이끄는 타깃 마케팅을 수행할 수 있다.

창고 자동화와 로봇 공학

기업은 고객과의 상호 작용을 개선하는 한편, 최신 기술을 활용하여 창고 운영을 자동화하고 있다. 이러한 혁신을 로봇 공학을 통해 이루어졌다. 로봇이 인간 대신 육체적으로 힘들고 지루한 작업을 수행함에 따라 인간은 창고 운영에서 육체적으로 덜 힘든 부분에 집중할 수 있게 되었다. 로봇 기술을 도입함으로써 일자리가 감소하는 현상이 나타났지만, 아마존의 경우 로봇을 사용함으로써 새로운 일자리가 창출되었다. 로봇이 육체적으로 힘든 작업을 수행하기 때문에 인간의 일자리가 더 안전해진 것은 또 다른 이점이다.

단원 요약

이 장에서는 전사 시스템에 대해 알아보았다. 먼저 전사 시스템의 주요 구성 요소와 특성, 다양한 유형을 살펴본 뒤 주요 전사 시스템인 ERP, SCM, CRM을 자세히 다루었다. 이 장에서 설명한 주요 내용은 다음과 같다.

- 전사 시스템은 조직 전체 또는 일부 부문의 요구를 충족하는 정보 시스템이다.
- 전사 시스템은 모듈식이며, 서로 통합되고(애플리케이션 통합) 중앙 데이터베이스를 사용한다(데이터 통합).
- ERP 시스템의 목적은 조직의 자원을 효율적으로 관리하고, 통합 정보 시스템 도구를 사용하여 프로세스 내부 및 부서 간의 정보 흐름을 원활하게 하는 것이다.
- SCM 시스템은 조직이 공급 및 유통 채널의 제품 흐름을 관리하여 재고를 효율적으로 관리하고 비용을 절감하며 사업 파트너와의 의사소통을 개선하는 데 도움을 준다.
- CRM 시스템의 주요 구성 요소는 운영, 협업, 분석이다. 운영 구성 요소는 조직이 고객과의 일상적인 상호 작용을 개선하는 데 도움을 주고, 협업 구성 요소는 조직이 고객과의 상호 작용과 협력을 개선하는 데 도움을 준다. 또한 분석 구성 요소는 조직이 고객 데이터를 분석하는 데 사용할 수 있는 기술과 프로세스로 이루어져 있다.
- 고객 서비스 수명 주기는 고객이 조직과 상호 작용할 때 경험하는 일련의 단계이며, 중요한 CRM 애플리케이션을 식별하는 데 사용할 수 있다.

학습 정리 질문

1. 개인 정보 시스템과 기업 정보 시스템의 차이점은 무엇인가?
2. 기능적 관점을 사용하여 애플리케이션을 개발하는 방법은 무엇인가? 계층적 관점을 사용하여 애플리케이션을 개발하는 방법은 무엇인가?
3. 비즈니스 통합과 시스템 통합을 간략히 설명하라.
4. ERP 시스템이란 무엇이고, 시스템 통합을 어떻게 지원하는가?
5. SCM 시스템의 목적은 무엇인가?
6. 고객관계 관리란 무엇인가?
7. CRM 시스템의 주요 구성 요소를 나열하고 간략히 설명하라.
8. CRM 시스템의 주요 목표는 무엇인가?
9. 온프레미스 CRM 시스템과 온디맨드 CRM 시스템의 차이점은 무엇인가?
10. 고객 관리형 상호 작용이란 무엇인가? 고객관계 관리와 어떻게 다른가?

생각해보기

1. 이 장에서 배운 내용 중 가장 중요한 것은 무엇인가? 그것이 왜 중요한가?
2. 잘 이해되지 않는 주제는 무엇인가? 어떤 내용이 잘 이해되지 않는가?
3. 프로세스 관점은 어떻게 통합을 제공하는가? 어떤 유형의 통합이 제공되는가?
4. 클라우드 컴퓨팅은 ERP 및 CRM 시스템과 어떤 관련이 있는가?
5. 이 장의 내용은 4장의 전략적 정보 시스템과 어떤 관련이 있는가?
6. ERP, SCM, CRM 시스템을 성공적으로 구현하기 위해 데이터 통합이 필수적인 이유를 설명하라.
7. 전사 시스템 개발의 프로세스 관점과 계층적 관점의 문제 중 무엇이 유사한가? 그 이유는 무엇인가?
8. 조직은 프로세스 모델링(11장 참조)을 통해 어떻게 전사 시스템을 성공적으로 구현할 수 있는가?
9. 이 장에서는 다양한 유형의 통합(시스템 통합, 비즈니스 통합, 데이터 통합)에 대해 설명했다. 이러한 유형의 통합은 서로 어떤 관련이 있는가?
10. 아주 작은 소기업도 CRM 시스템을 구현할 수 있는가? 소기업이 CRM 시스템을 구현했을 때의 장단점은 무엇인가?

추가 학습 활동

1. 대학 웹사이트, 아이비경영대학원 경영 사례 웹사이트(https://www.iveycases.com) 또는 하버드경영대학원 사례 웹사이트(https://hbsp.harvard.edu/home/)에서 구하거나 강사가 제공하는 ERP 획득 사례를 분석하라.
2. 인공지능을 사용하여 부동산 중개인 대상 CRM에 데이터를 제공하고 분석하는 방법을 설명하는 동영상(https://www.youtube.com/watch?v=XxJoPUVd3Yo)을 시청하라. 이 동영상의 요점을 설명하는 짧은 리포트를 작성하고 다음 질문에 답하라.
   a. 부동산 중개인은 인공지능 기반 CRM을 사용하여 어떤 이익을 얻을 수 있는가?
   b. CRM 공급업체가 시스템에 공급되는 다양한 데이터에 액세스하는 방법은 무엇인가?
   c. CRM은 시스템 사용자가 더 효율적으로 작업할 수 있도록 어떻게 도와주는가?
   d. CRM 시스템을 부동산 중개인이 사용하지 않는다면 어떻게 해야 하는가?
3. 부모님이나 친구, 자신이 몸담은 회사 등 잘 알고 있는 소기업을 선택하라. 본문 내용과 학습 활동에서 얻은 지식을 바탕으로 CRM 시스템에 대한 소기업의 요구를 평가하라. 해당 소기업을 위한 추천 기능, 애플리케이션, 전략을 포함하여 짧은 리포트를 작성하라.
4. [학습 활동 12-3]을 완료한 후 세일즈포스닷컴의 'Salesforce Marketing Cloud: Overview Demo'(https://www.youtube.com/watch?v)를 시청하라. 이 동영상의 정보를 기반으로 3번에서 작성한 리포트에 변경 사항을 추가하라.

5. 전사 시스템을 개발하는 관점인 계층적 관점, 기능적 관점, 프로세스 관점의 장단점을 비교하는 표를 작성하라.

6. 노트북을 가지고 있고, 무선 네트워크를 사용하며, 기본 오피스 프로그램과 통계 분석 기능을 갖추고 있어야 한다는 것을 제외하고는 지침을 제공하지 않는 대학교의 신입생이라고 가정하자. 노트북은 3년 동안 사용할 수 있어야 한다. 이 상황에 적용할 수 있는 고객 서비스 수명 주기의 활동 목록을 작성하라. 각 활동에 사용할 수 있는 CRM 애플리케이션을 포함하라.

7. 자율주행 자동차는 이제 공상과학 영화에만 등장하는 것이 아니라 현실화되고 있다. 제품을 배송하는 트럭도 결국 무인 차량이 될 것이라는 아이디어를 제기한 기사(http://www.scdigest.com/ontarget/20-07-28_MIT_Autonomous_Trucking.php)는 이러한 변화와 관련된 도전과 문제점도 제시했다. 이 기사를 읽고 다음 질문에 관한 리포트를 작성하라.

   a. 운전자 없이도 어떻게 트럭을 운행할 수 있는가?

   b. 무인 트럭을 운행하려면 어떤 문제를 해결해야 하는가?

   c. 무인 트럭이 현실화된다면 사회에 어떤 영향을 미치겠는가?

참고 문헌

Gilmore, D. 2009. "The Top Supply Chain Disasters of All Time." *Supply Chain Digest*, May 7. http://www.scdigest.com/assets/FirstThoughts/09-05-07.php?cid=2451&ctype=content.

Panorama Consulting Group. 2017. *2017 ERP Report*. https://www.panorama-consulting.com/resource-center/erp-industry-reports/2017-report-on-erp-systems-and-enterprise-software/.

Pearlson, K., and C. Saunders. 2010. *Managing and Using Information Systems*. 4th ed. Hoboken, NJ: Wiley.

Piccoli, G. 2008. *Information Systems for Managers*. Hoboken, NJ: Wiley.

Reuters. 2016. "Toyota, Other Major Japanese Firms Hit by Quake Damage, Supply Disruptions." *Fortune*, April 17. http://fortune.com/2016/04/17/toyota-earthquake-disruptions/.

SCDigest Editorial Staff. 2014. "Supply Chain News: The Factors behind the UPS Failure to Deliver Christmas Goods." *SCDigest*, January 6. http://www.scdigest.com/ontarget/14-01-06-2.php?cid=7717.

Van Slyke, C., and F. Bélanger. 2003. *Electronic Business Technologies*. New York: John Wiley & Sons.

Zornes, A. 2001. "META Group Report: Five CRM Trends for 2001–'02." *Datamation*, May 18. https://www.datamation.com/datbus/article.php/769281/META-Group-Report-Five-CRM-Trends-for-2001---02.htm. 2008.

추가 참고 자료

SAP

- https://www.sap.com/products/enterprise-management-erp.html
- https://www.sap.com/products.html

공급망 관리

- https://www.sap.com/products/supply-chain-management/supply-chain-planning.html
- http://www.youtube.com/watch?v=dDmGtPQAI24(MS Dynamics)

CRM

- http://www.youtube.com/watch?v=-_6c018ZI2g

용어 사전

CRM의 분석 구성 요소: 조직이 고객 데이터를 분석하는 데 사용할 수 있는 기술과 프로세스

CRM의 운영 구성 요소: 판매, 수리 등 고객과의 일상적인 상호 작용을 개선하는 데 도움이 되는 기술과 프로세스

CRM의 협업 구성 요소: 조직이 고객과 상호 작용하고 협력하는 데 도움이 되는 기술과 프로세스

RFID 태그: 무선 네트워크를 사용하여 원격으로 추적할 수 있는 전자 태그

SaaS CRM: 인터넷을 통해 CRM 시스템 공급업체의 애플리케이션을 원격으로 사용하는 것

개인 정보 시스템: 개인이 사용하는 정보 시스템 애플리케이션

계층적 관점: 소프트웨어 개발자가 조직의 구조를 모방하여 정보 시스템을 설계하고, 특정 조직 수준에서 개인의 요구를 충족하는 애플리케이션을 개발하는 접근 방식

고객관계 관리(CRM) 시스템: 고객과의 다양한 상호 작용을 관리하기 위한 조직 차원의 전략

고객 관리형 상호 작용: 고객이 자신에 대한 데이터를 저장 및 관리할 수 있게 하는 애플리케이션

고객 문제 관리: 예약, 배치, 현장 서비스 직원과의 의사소통과 같은 업무에 도움을 주는 애플리케이션

고객 서비스 수명 주기(CSLC): 고객이 조직과 상호 작용할 때 경험하는 일련의 단계

고객 셀프서비스: 고객이 고객 서비스 담당자와 상호 작용하지 않고 문제의 해결책을 찾게 해주는 소프트웨어

고객 프로파일링: 조직이 인구통계학적 특성이나 행동에 따라 고객을 묶는 데 도움을 주는 애플리케이션

공급망: 제조업체로부터 도매상, 소매상, 소비자로의 제품 흐름에 관여하는 개체

공급망 관리(SCM) 시스템: 조직이 공급, 생산, 소비에 이르는 원자재 또는 제품의 이동을 관리하는 데 도움을 주는 소프트웨어

기능적 관점: 인적 자원 또는 마케팅과 같은 기능적 영역의 개인적 요구를 충족하기 위해 정보 시스템 애플리케이

션을 개발하는 접근 방식

데이터 마이닝: 데이터를 분석하여 트렌드, 패턴 및 기타 유용한 정보를 파악하여 예측하는 프로세스

데이터 통합: 데이터가 하나의 중앙 데이터베이스에 저장되는 것

비즈니스 인텔리전스(BI): 사용자가 더 나은 경영 의사결정을 내리기 위해 데이터 수집·저장·분석·액세스에 사용하는 일련의 애플리케이션, 기술, 프로세스

비즈니스 통합: 이전에 별개로 수행되던 비즈니스 프로세스들을 통합하여 효율적이고 일관된 비즈니스 프로세스를 구축하는 것

시스템 통합: 이전에 별개로 운영되던 정보 시스템과 데이터베이스를 통합하는 것

애플리케이션 통합: 모듈이 서로 통합되도록 설계된 애플리케이션

영업 자동화: 영업 담당자가 보다 효율적·효과적으로 일하게 해주는 애플리케이션

온디맨드 CRM: 인터넷을 통해 CRM 시스템 공급업체의 애플리케이션을 원격으로 사용하는 것

온프레미스 CRM: 조직을 위해 특별히 개발되어 조직의 로컬 서버에 설치된 CRM 애플리케이션

잠재 고객 처리: 잠재 고객이 판매로 전환될 가능성을 극대화하기 위해 검증·할당·추적하는 데 사용되는 애플리케이션

전사 시스템: 조직 전체 또는 일부 부문의 요구를 충족하기 위한 정보 시스템

전사적 애플리케이션 통합(EAI): 다양한 전사 시스템(ERP, CRM 등)이 데이터를 공유하게 해주는 도구 및 서비스의 집합

전사적 자원 관리(ERP): 어떤 경영 기능이 자원을 제어하건 상관없이 조직 전반에 걸쳐 자원을 관리할 수 있게 해주는 소프트웨어

제품 구성: 복잡한 제품을 적절하게 구성하거나 선택하는 데 사용되는 애플리케이션

주문 추적: 고객이 주문 상태를 확인할 수 있는 애플리케이션

캠페인 관리: 조직이 마케팅 캠페인을 계획하고 실행하며 결과를 분석하는 데 도움을 주는 애플리케이션

콘텐츠 관리 시스템(CMS): 조직이 저장한 다양한 유형의 대량 정보(콘텐츠)를 관리할 수 있게 해주는 애플리케이션으로 콘텐츠 수집·저장·보존·제공이 포함됨

콜센터 자동화: 조직과 고객 사이의 주요 접점인 콜센터를 지원하는 애플리케이션

통합 커뮤니케이션(UC): 조직이 사용하는 다양한 통신 방식(이메일, 음성 메일, 화상회의, 인스턴트 메시지, 문자 메시지, 음성 전화 등)을 통합하는 프레임워크

프로세스 관점: 조직 수준이나 기능적 영역과 상관없이 개별 사용자가 수행하는 작업(또는 프로세스)을 지원하기 위해 정보 시스템 애플리케이션을 개발하는 접근 방식

CHAPTER

13

e-비즈니스의 정보

학습목표

- e-비즈니스의 개념과 다양한 모델을 이해할 수 있다.
- e-비즈니스 모델, 촉진, 영향을 설명할 수 있다.
- 검색 엔진 최적화를 설명할 수 있다.
- B2B를 위한 주요 촉진을 설명할 수 있다.
- e-비즈니스와 관련된 주요 동향을 이해할 수 있다.

e-비즈니스의 개요

인터넷의 성장은 우리의 일상생활을 변화시켰으며, 기업과 정부가 소비자와 상호 작용하고 거래하는 방식도 변화시켰다. 이러한 디지털 상호 작용은 디지털 시장이라고도 하는 **e-비즈니스**e-business 현상으로 이어졌다. 이 장에서는 조직과 개인이 온라인에서 상호 작용하는 다양한 방식과 디지털 상호 작용이 우리에게 미치는 영향을 살펴본다.

지금까지 배운 내용만으로도 오늘날의 경제에서 e-비즈니스가 얼마나 중요한지 쉽게 이해할 수 있을 것이다. 그러나 e-비즈니스의 중요성은 단순한 온라인 통계를 넘어서며, 실제로 e-비즈니스는 대부분의 조직과 고객, 공급업체, 정부 간의 상호 작용 방식을 변화시켰다. 더욱이 e-비즈니스 애플리케이션의 출현으로 인해 다양한 산업이 크게 변화했다. 예컨대 음악 산업은 e-비즈니스로 인해 엄청난 변화와 혁신을 겪었으며 여행, 출판, 교육 등의 분야에도 일대 변혁이 일어났다. 이 장의 후반부에서는 e-비즈니스가 다양한 산업에 미친 영향을 자세히 다룰 것이다.

주목할 만한 사례

아이팟과 음악 산업

아이팟과 아이튠즈를 출시한 애플이 음악 산업에 혁명을 일으킬 것이라고 누가 상상이나 했을까? 하지만 그런 일이 실제로 일어났다. 음악 산업은 e-비즈니스를 활용하여 노래와 앨범을 파는 새로운 방식으로 인해 큰 영향을 받았다.

음반 회사가 음악 산업의 주역이던 과거에는 아티스트가 음반 회사를 통해 노래를 녹음하여 앨범을 발매했다. 음반 회사는 사람들에게 CD(그 전에는 LP와 카세트테이프)를 판매하여 상당한 수익을 올렸고, 아티스트는 저작권료를, 유통업자와 소매업자는 일정 수수료를 가져갔다. 수수료에 대한 부담으로 결국 음반 회사들은 싱글 앨범을 발매하지 않고 정규 앨범만 발매하기로 결정했는데, 이는 음악 애호가들이 바라는 일이 아니었다. 그러다 2001년 10월 23일에 아이팟이 등장했다. 아이팟 사용자들은 원하는 노래만 다운로드하여 휴대할 수 있었다.

이후 음악 산업은 큰 변화를 겪었다. 인터넷에서의 디지털 음악 다운로드가 증가함에 따라 음악 산업은 두 가지 문제에 부딪혔다. 첫째, 디지털 음악은 쉽게 유출되었고 사용자들이 불법으로 음악을 다운로드하여 공유하기 시작했다. 이로 인해 음악 산업 종사자 모두가 손해를 입었다. 1999~2001년에 무료 불법 다운로드를 허용한 냅스터(Napster)에 의해 이미 불법 다운로드가 이루어졌지만, 아이팟 때문에 노래를 쉽게 복제할 수 있게 되었다. 한편 많은 사용자는 정말 듣고 싶은 노래를 합법적으로 다운로드하기 위해 소액을 기꺼이 지불했다. 덕분에 애플은 2009년 말까지 아이튠즈를 통해 60억 곡 이상의 판매고를 올렸다.

인터넷에서 노래를 다운로드할 수 있게 된 이후로 나타난 두 번째 문제는 일부 아티스트들이 자신의 음악을 온라인으로 판매하게 되었다는 것이다. 이 경우 아티스트는 전자상거래 웹사이트에만 비용을 지불하면 되기 때문에 소비자에게 더 저렴하게 음악을 제공하고, 더 많은 이익을 얻을 수 있었다. 아이튠즈에서의 판매 수익 중 30%가 애플의 몫이고 나머지는 아티스트에게 돌아간다. 예를 들어 노래를 1.29달러에 판매한다면 애플이 약 0.39달러, 제작자와 아티스트가 약 0.90달러를 얻고, 아티스트가 직접 제작하는 경우에는 0.90달러를 모두 가질 수 있다. 음반 회사들은 이러한 위협에 대응하기 위해 라이선싱 방식을 변경했지만 온라인 스트리밍을 예상하지는 못했다.

이제 많은 사람은 듣고 싶은 노래를 언제든 온라인 스트리밍을 통해 들을 수 있기 때문에 노래를 따로 소유하지 않을 것이다. 이는 우리가 인터넷에 항상 연결된 스마트폰을 가지게 되면서 가능해진 일이다. 판도라, 애플뮤직, 아마존뮤직, 스포티파이와 같은 서비스는 대부분의 노래를 무료 또는 저렴한 가격에 제공한다. 이 서비스 중 일부는 오프라인에서도 음악을 들을 수 있도록 노래나 재생 목록을 다운로드하는 기능도 제공한다.

이처럼 사람들이 음악을 구매하는 대신 온라인 스트리밍으로 듣기 때문에 매년 음반 판매량이 감소하고 있다. 2000년에는 음악 산업의 총매출이 약 140억 달러였으나 2008년에는 100억 달러로 줄어들었다. 2014년에는 스트리밍 서비스의 수익이 CD의 매출을 넘어섰다. 아이팟 판매량은 아이폰과 다른 스마트폰의 인기 상승으로 크게 감소했다. 오늘날에는 많은 사람이 아이팟 대신 스마트폰으로 음악을 듣지만, 아이팟이 음악 산업에 끼친 영향은 여전히 남아 있다.

생각해보기

1. 스트리밍 방식이 음악 산업을 한 번 더 변화시킬까? 어떻게 변화시킬지 설명하라.
2. 스트리밍 비즈니스 모델은 어떻게 성공할 수 있었는가?
3. 기업이 디지털 음악을 활용할 수 있는 방법을 제시하라.

출처: Woollaston, V. 2013. "15,000 Songs a MINUTE Downloaded on iTunes as Apple's Music Service Celebrates Its Tenth Birthday." *Daily Mail*, April 29. http://www.dailymail.co.uk/sciencetech/article-2316473/A-decade-iTunes-How-Apple-revolutionised-way-buy-music.html; MacMillan, D. 2009. "The Music Industry's New Internet Problem." *Bloomberg BusinessWeek*, March 6. http://www.bloomberg.com/bw/stories/2009-03-06/the-music-industrys-new-internet-problembusinessweek-business-news-stock-market-and-financial-advice; Mansfield, B. 2015. "Streaming Revenue Passes CDs for First Time." *USA Today*, March 19. http://www.usatoday.com/story/life/music/2015/03/19/streaming-revenue-passes-cds-riaa-report/25023773/

학습 활동 13-1

e-비즈니스는 왜 중요한가?

독자는 이 장의 주제인 e-비즈니스를 통해 제품을 구매한 경험이 있을 것이다. 그러나 e-비즈니스는 단순히 온라인으로 무언가를 구매하는 것보다 훨씬 더 광범한 개념이다. 이 학습 활동을 통해 e-비즈니스가 무엇인지 폭넓게 생각해보고, e-비즈니스의 규모에 대한 흥미로운 두 가지 온라인 통계를 알아보자. 이 통계는 인터넷 사업의 부분집합(예: B2C 또는 B2B) 또는 시장 요소에 대한 것일 수 있다. 통계 자료가 최신인지 확인하고, 최근 2년 이내의 자료를 찾아보기 바란다. 인터넷에는 지난 정보도 많이 있으니 주의해야 한다. 예를 들어 5년 전의 e-비즈니스 매출 예측은 현재의 실제 매출과 다를 수 있다. e-비즈니스와 관련된 두 가지 통계에 대해 짧은 리포트를 작성하고(출처를 반드시 명시), 오늘날 e-비즈니스가 중요하다고 생각하는 이유에 대해 토론하라.

그렇다면 e-비즈니스란 무엇인가? 다양한 정의가 있으나 쉽게 말해 디지털 환경에서 이루어지는 경영 활동을 의미한다. e-비즈니스, 디지털 시장과 관련된 다양한 용어를 [표 13-1]에 정리했다. **전자 자금 이체**Electronic Funds Transfer(EFT)와 **전자 데이터 교환**Electronic Data Interchange(EDI)은 조직 간에 문서 또는 금융 정보를 전송하기 위한 도구를 제공한다. 이 밖에도 웹을 활용한 비즈니스 거래, 협업 소프트웨어와 키오스크 기술 같은 다양한 전자적 수단이 있다. 이러한 전자적 수단을 통해 이루어지는 경영 활동 전반을 e-비즈니스라고 한다. e-비즈니스는 다양한 전자적 방법으로 경영 활동을 수행하는 것을 포괄적으로 나타낸다.

표 13-1 e-비즈니스 관련 용어

용어	설명
전자 자금 이체(EFT)	결제, 송금 등 금융 거래를 전자적으로 수행하는 것이다.
전자 데이터 교환(EDI)	조직 간에 전자적으로 문서를 전송하는 것이다.
인터넷 상거래	인터넷을 이용하여 사업을 수행하는 것이다(예: 이메일, 웹, 파일 전송).
전자상거래	인터넷, 전자 데이터 교환 또는 사설 네트워크를 활용하여 고객, 공급업체, 외부 파트너와 거래를 수행하는 것이다.
전자정부	정부 기관과 전자적으로 상호 작용하거나 거래를 수행하는 것이다.
e-비즈니스	전자상거래 및 생산, 재고 관리 등 업무 수행을 용이하게 하는 내부 업무 처리를 전자적으로 수행하는 것이다.

숫자로 이해하기 13-1

미국의 소매 전자상거래

[학습 활동 13-1]에서 확인했듯이 e-비즈니스 관련 통계는 일관성이 없는 경우가 많다. 미국 통계의 좋은 출처 중 하나는 분기별 소매 전자상거래 통계를 제공하는 미국통계국(U.S. Census Bureau)이다. 다음 표는 2020년 8월 기준 자료이며, www.census.gov/retail/#ecommerce/에서 최신 통계를 확인할 수 있다. 2020년 2분기의 소매 매출은 감소했지만 소매 전자상거래 매출은 크게 증가했다. 이는 COVID-19 팬데믹으로 사람들이 주로 집에 있었기 때문에 나타난 결과이다. 팬데믹이 완전히 종식된 후의 수치 변화를 살펴보면 흥미로울 것이다.

2019~2020년 미국의 분기별 예상 총 소매 매출 및 소매 전자상거래 매출

분기	소매 매출 합계 (100만 달러)	소매 전자상거래 매출 (100만 달러)	전체 대비 전자상거래의 비율(%)
2020년 2분기	1,310,973	211,505	16.1
2020년 1분기	1,364,197	160,414	11.8
2019년 4분기	1,381,250	156,581	11.3
2019년 3분기	1,374,212	153,274	11.2
2019년 2분기	1,359,250	146,394	10.8
2019년 1분기	1,335,812	139,713	10.5

2016년 1분기~2020년 2분기 미국의 예상 소매 전자상거래 매출(분기별 총 소매 매출의 비율)

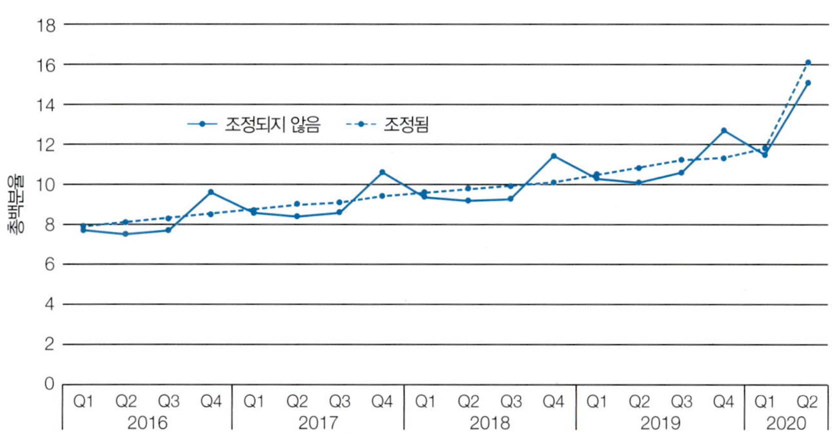

출처: U.S. Census Bureau, http://www.census.gov/retail/#ecommerce

e-비즈니스의 유형

[표 13-1]에서는 상업과 정부를 구분했지만, 다양한 유형의 e-비즈니스를 분류하는 다른 방법도 있다. 가장 일반적인 분류는 다음과 같다.

- **B2C**Business-to-Consumer: 소비자와 기업 간에 상호 작용이 일어나는 경우이다. 예를 들어 아마존에서 책을 구매하면 B2C 전자상거래가 이루어진다.
- **B2B**Business-to-Business: 두 기업 간에 상호 작용이 일어나는 경우이다. 예를 들어 월마트가 재고에 대한 전자적 요청을 공급업체에 보내면 B2B 전자상거래가 이루어진다.
- **C2C**Consumer-to-Consumer: 두 소비자 간에 상호 작용이 일어나는 경우이다. 예를 들어 이베이에서 다른 사람에게 상품을 구매하면 C2C 전자상거래가 이루어진다.
- **G2C**Government-to-Constituent: 정부 기관과 구성 요소 간에 상호 작용이 일어나는 경우로, 구성 요소는 국민, 기업, 기타 기관이다. 예를 들어 온라인으로 세금을 납부하면 G2C 전자상거래가 이루어진다. 오늘날에는 흔히 **전자정부**e-government라고 일컫는다.

[표 13-2]는 대표적인 e-비즈니스의 유형을 보여주며, 이 밖에도 C2BConsumer-to-Business, B2EBusiness-to-Employee, G2GGovernment-to-Government 등이 있다.

표 13-2 e-비즈니스의 유형

유형	설명	관련 당사자
B2C	소비자와 기업 간의 상호 작용	소비자, 기업
B2B	두 기업 간의 상호 작용	기업
C2C	두 소비자 간의 상호 작용	소비자
G2C(전자정부)	정부 기관과 구성 요소 간의 상호 작용	국민, 기업, 정부 기관

e-비즈니스 모델

다양한 유형의 e-비즈니스는 누가 e-비즈니스 상호 작용에 참여하는지에 따라 분류한 것이다. 그런데 e-비즈니스를 분류하는 중요한 방법이 또 있다. 바로 **비즈니스 모델**business model에 따라 분류하는 것이다.

비즈니스 모델

비즈니스 모델은 조직이 기능하고 가치를 창출하는 방식을 말한다. 즉 조직이 돈을 버는 방법이다. 비즈니스 모델은 종종 조직이 활동하는 시장, 제공하는 제품 또는 서비스, 해당 시장에서 경쟁우위를 추구하기 위해 사용하는 전략과 주요 활동을 식별하는 데 쓰인다. 중요한 것은 비즈니스 모델이 조직의 주요 비즈니스 프로세스 그리고 비즈니스가 수익을 창출하게 하는 조직의 기능을 식별해야 한다는 점이다.

e-비즈니스 모델

e-비즈니스 세계에는 다양한 비즈니스 모델이 있다. 그중 일부는 다른 것보다 더 인기가 있으며, 비즈니스를 위한 인터넷 사용이 증가하기 전에는 존재하지 않았던 모델도 많다. [표 13-3]에 다양한 e-비즈니스 모델을 정리했다.

이러한 e-비즈니스 모델은 개인이 인터넷을 사용하는 새로운 방법을 찾고, 모바일 기술을 사용하여 수익을 얻는 새로운 접근 방식을 창출함에 따라 계속 진화하고 있다. 사실 모바일 기기로 **위치 기반 서비스**Location-Based Service(LBS)(스마트폰의 위치를 기반으로 사용자의 위치를 알 수 있음)를 사용하면 새로운 많은 비즈니스 모델이 가능해진다. 대표적인 예로 차량 서비스를 제공하는 사람과 차량 서비스가 필요한 사람을 연결하는 우버, 리프트와 같은 차량 공유 비즈니스 모델이 있다. 이러한 비즈니스 모델은 거의 모든 사람이 정확한 위치 파악 및 거래

표 13-3 e-비즈니스 모델

모델	설명	중요한 점	예
온라인 소매	온라인에서 소비자에게 제품 또는 서비스를 판매한다. 일부 기업은 재판매를 위해 제품을 구입하고, 일부 기업은 제품 판매를 위한 전자중개자 역할을 한다.	제품을 효율적·효과적으로 유통하는 능력(주문 처리 및 물류 기능)이 매우 중요하다.	• llbean.com • bestbuy.com • staples.com
정보 중개인	여러 공급자의 제품 또는 서비스를 종합하거나 분석하여 인터넷을 통해 소비자에게 전문적인 정보를 제공한다.	제품 또는 서비스를 직접 판매하지 않으며 재고도 없다. 최신 정보를 유지하는 능력이 매우 중요하다.	• mysimon.com(소비재) • kayak.com(여행) • edmunds.com(자동차)
콘텐츠 제공	소비자에게 콘텐츠 또는 관련 정보를 제공하고 공급업체의 광고나 다운로드 또는 소비자의 구독에서 수익이 발생한다.	콘텐츠는 조직이 생성·게시하거나 비즈니스에서 게시하는 사용자 생성 콘텐츠일 수도 있다.	• bloomberg.com(뉴스) • eonline.com(엔터테인먼트) • britannica.com(역사 및 참조) • tripadvisor.com(여행)
교환	구매자와 판매자가 거래할 수 있는 온라인 시장을 제공한다. 판매자 또는 구매자의 수수료나 판매 수수료에서 수익이 발생한다.	수익이 발생할 수 있을 만큼의 많은 구매자와 판매자를 확보하는 것이 매우 중요하다.	• ebay.com • ubid.com
온라인 커뮤니티 또는 소셜 미디어	유사한 관심사나 목표를 가진 사람들에게 상호 작용할 수 있는 온라인 만남 장소를 제공한다. 비영리로 시작하는 경우가 많지만, 결국 특정 서비스나 정보에 대해 비용을 청구하거나 커뮤니티에 광고를 게시한다.	만남 장소가 온라인이므로 온라인 커뮤니티는 가상이다.	• facebook.com • delphiforums.com
e-비즈니스 인프라 제공	다른 조직에 e-비즈니스용 하드웨어, 소프트웨어 또는 서비스를 제공한다. 서비스에 대한 수수료에서 수익이 발생한다.	클라우드 컴퓨팅 또는 공급자를 통해 인프라를 사용할 수 있다. e-비즈니스 시작 비용을 상당히 절감할 수 있다.	• paypal.com(온라인 결제 서비스) • squareup.com(신용카드 처리 서비스) • rackspace.com(웹 및 데이터베이스 호스팅 서비스) • godaddy.com(도메인 이름 등록 및 웹·데이터베이스 호스팅 서비스) • 우버, 리프트(모바일 상거래 플랫폼)

를 용이하게 해주는 스마트폰을 가지고 있기 때문에 가능한 일이다. 집 임대(예: 에어비앤비Airbnb, VRBO), 수공예품 판매(예: 엣시Etsy), 베이비시터 찾기(예: https://dogvacay.com/)와 같은 e-비즈니스 모델도 있다. 또한 LBS는 마케팅 회사가 현재 위치에 따라 특정 시점에

필요한 타깃 광고 및 서비스를 제공하는 것과 같은 e-비즈니스 모델을 가능하게 한다.

인터넷은 페이팔PayPal, 벤모Venmo, 캐시앱CashApp 등의 인프라 서비스와 페이스북, 델파이포럼스Delphi Forums 등의 소셜 미디어 웹사이트를 제공하는 비즈니스 모델을 위한 기능을 제공한다. 프라이스라인닷컴Priceline.com의 name-your-own-price 모델과 같은 매우 독특한 비즈니스 모델도 있다.

비즈니스 모델은 오늘날의 급속한 기술 변화와 개인이 상호 작용하는 방식의 변화에 따라 진화해야 한다. 예를 들어 많은 학생이 알고 있듯이 소셜 네트워킹 사이트에서 온라인 프로필을 변경하면 사이트에 액세스할 때 표시되는 광고 유형이 변경된다. 소셜 미디어 비즈니스 모델의 이러한 변화는 지난 몇 년 동안 발생했다. 그러나 기술적·사회적 변화에 발맞추는 것도 중요하지만 성공을 위한 가장 중요한 요소는 적절한 비즈니스 모델에서 시작하는 것이다.

실제 경영 사례 13-1

아마존의 비즈니스 모델 적응

2000년대 초반에 닷컴 붕괴가 일어났을 때 많은 e-비즈니스 업체는 비용을 감당할 만큼의 수익을 창출할 수 없었기 때문에 사업을 접었다. 그러나 일부는 살아남아 번창했는데, 그중 하나가 아마존이다. 또한 성장 기간 동안 웹사이트로만 존재했던 아마존은 이제 소매 부문에서 경쟁우위를 유지하기 위해 적응하고 있다.

2015년에 아마존은 퍼듀대학 캠퍼스에 첫 소매점을 열었다. 학생들은 필요한 것을 이 매장에서 주문할 수 있고, 배송 주소를 캠퍼스로 지정하면 하루 만에 물건을 받을 수도 있다. 아마존은 앞으로 다른 대학 캠퍼스에도 소매점을 열 계획이다. 또한 아마존은 오프라인 매장을 캠퍼스 외 지역으로 확장했다. 아마존은 시카고, 뉴욕, 시애틀, 포틀랜드, 로스앤젤레스, 샌디에이고 등에 매장을 가지고 있으며, 여기서는 고객이 계산원을 거치지 않고 결제할 수 있다.

2017년에 아마존은 고급 식료품점 체인인 홀푸드마켓을 인수하여 세상을 놀라게 했다. 인수 완료 직후 아마존은 홀푸드마켓에서 가장 잘 팔리던 품목의 가격을 인하했다. 아마존 프라임 회원은 할인뿐만 아니라 매장에서의 혜택을 받을 수 있다. 또한 아마존은 홀푸드마켓 매장을 창고로 활용하여 직접 식료품을 배송하기도 한다.

아마존은 또한 패키지 배송을 위한 드론 또는 무인 비행기 테스트 및 허가를 얻는 중이다. 무인 비행기를 활용할 수 있다면 배송 기사 없이 제품을 고객의 집에 가져다주게 될 것이다.

출처: Smith, A. 2015. "Amazon Opens Its First Store." *CNN Money*, February 4. http://money.cnn.com/2015/02/04/technology/amazon-purdue/; Lapowsky, I. 2015. "Amazon Can Now Test Its Delivery Drones in the U.S." *Wired*, April 10. http://www.wired.com/2015/04/amazon-drone-faa-green-light/; "Whole Foods Market @ Amazon." https://www.amazon.com/b?ie=UTF8&node=17235386011; "Why Amazon Is the World's Most Innovative Company of 2017." *Fast Company*, February 13. https://www.fastcompany.com/3067455/why-amazon-is-the-worlds-most-innovative-company-of-2017 e-비즈니스 초기에 많은 기업가는 적절한 비즈니스 모델 없이 e-비즈니스의 유행에 편승했다. 당연히 그들 중 대다수가 실패했다. 단순 참가는 많은 개인과 기업이 e-비즈니스에서 실패한 소위 닷컴 붕괴의 원인 중 하나이다. 하지만 오늘날에는 e-비즈니스의 성공 사례가 너무 많아 단순 요약이 불가능한 정도이다. 일부는 매우 혁신적인 반면 일부는 단순하고 견고한 비즈니스 모델을 따른다.

e-비즈니스 활성화 요인

앞서 제시한 통계와 [학습 활동 13-1]의 통계는 전 세계적으로 B2C e-비즈니스의 가치가 계속해서 증가하고 있음을 분명히 보여준다. 그렇다면 무엇이 이러한 성장을 이끌었을까? 기술적 요인과 사회적 요인의 조합은 B2C e-비즈니스가 수년에 걸쳐 크게 성장한 이유를 이해하는 데 도움이 될 것이다.

기술적 활성화 요인

소비자가 온라인에서 제품 또는 서비스를 구매하려면 몇 가지 기술적 요구 사항이 충족되어야 한다. 첫째, 탐색하기 쉬운 웹사이트나 스마트폰 앱이 있어야 한다. 오늘날의 브라우저 및 앱의 그래픽 사용자 인터페이스Graphical User Interface(GUI)와 검색 도구는 e-비즈니스의 성장을 가능하게 한 기술의 예이다.

둘째, 소비자가 e-비즈니스의 콘텐츠에 액세스할 수 있는 네트워크 대역폭이 필요하다. 구매하려는 제품의 이미지를 다운로드하는 데 시간이 얼마나 걸리는지 생각해보라. 대부분의 경우 이미지와 동영상을 즉시 확인할 수 있다. 반대로 다운로드하는 데 너무 오래 걸리면 다른 웹사이트로 떠나버릴 수도 있다. 필요한 대역폭은 웹사이트의 이미지와 기타 기능에 따라 다르며, 전체 대역폭은 공급업체의 네트워크 대역폭(및 서버 처리 기능)과 소비자의 인터넷 액세스 대역폭의 전달함수이다. 최근 몇 년 동안 인터넷 액세스를 위한 광대역 네트워크(7장 참조)는 대역폭의 전반적인 가용성과 소비자의 온라인 쇼핑 경험을 크게 향상했다. 그러나 안정적인 초고속 인터넷 서비스가 부족한 시골 지역이 여전히 많다.

상호 운용성interoperability은 눈에 잘 띄지 않지만 중요한 기술적 요구 사항이다. 7장에서는 상호 운용성을 서로 다른 시스템이 통신할 수 있는 능력으로 정의했다. e-비즈니스의 정의에 따라 상호 운용성은 다양한 플랫폼(PC, 맥, 랩톱, 태블릿, 스마트폰 등)을 사용하는 개인이 다양한 플랫폼(운영체제, 데이터베이스, 웹 서버 등)을 사용하는 비즈니스에 액세스할 수 있게 하므로 e-비즈니스가 성공하는 데 핵심적이다.

임계 사용자 수

기술적 요소 외에 e-비즈니스의 성장에 큰 영향을 미치는 주요 사회적 요소 중 하나는 **임계 사용자 수**critical mass 확보이다. 임계 사용자 수의 영향은 **네트워크 효과**network effect의 개념과 함께 살펴보면 더 잘 이해할 수 있다. e-비즈니스에서 임계 사용자 수를 달성한다는 것은 공급업체의 비즈니스를 유지하기에 충분한 구매자가 있고, 구매자를 인터넷으로 끌어들이기에 충분한 공급업체가 있음을 의미한다.

네트워크에서 가치가 생성되는 방식을 논의할 때 네트워크 효과 또는 **네트워크 경제학**network economics을 이용할 수 있다. 기업이 희귀하거나 고유한 자원을 소유할 때 경쟁우위를 얻을 수 있다고 4장에서 설명했던 것을 상기하라. 이것은 희소성의 가치로 간주된다. 그러나 네트워크에는 완전히 반대되는 것, 즉 풍요의 가치가 있다. 네트워크(사람들로 이루어진 집단을 생각해보라)에 새로운 구성원이 추가될 때마다 네트워크의 가치가 증가한다. 한 예로 이메일을 살펴보자. 두 사람만 이메일을 사용한다면 링크가 하나뿐이라 각자 한 명에게만 이메일을 보낼 수 있다. 그런데 여기에 한 사람이 추가되면 네트워크의 링크는 세 개가 되고, 각자 두 명에게 이메일을 보낼 수 있다. 즉 세 번째 사람이 추가됨으로써 네트워크에 가치를 더한다. 이제 [그림 13-1]의 네트워크를 보라. 가능한 링크가 몇 개인가?

그림 13-1 사람들의 네트워크

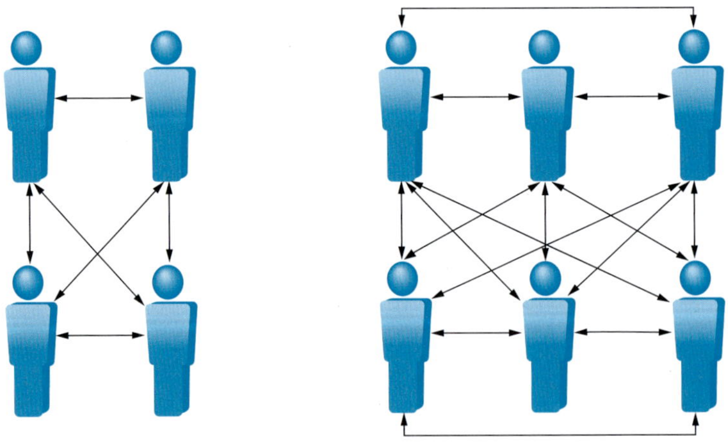

이 개념을 e-비즈니스로 확장하면 인터넷에 공급업체가 많을수록 온라인 쇼핑이 더 흥미진진해진다는 것을 알 수 있다. 공급업체의 경우도 마찬가지이다. 온라인 쇼핑을 하는 소비자가 더 많을수록 인터넷을 통한 제품 또는 서비스 판매에 대한 관심이 커진다. 오늘날 인터넷에는 10억 개 이상의 호스트(서버)가 있고 46억 명 이상이 인터넷에 액세스한다(Clement, 2020a). 따라서 이제는 인터넷과 웹이 임계 사용자 수에 도달했다고 말할 수 있다.

e-비즈니스의 영향

이 장의 초반부에서 e-비즈니스가 산업을 어떻게 변화시켰는지 설명했다. 어떤 사람들에게는 이러한 변화가 매우 긍정적이지만(비용 절감), 변화를 매우 부정적으로(수익 손실 또는 일부 비즈니스의 소멸) 인식하는 사람들도 있다. e-비즈니스의 이러한 두 가지 영향을 설명하는 데 사용되는 용어는 채널 압축과 채널 확장이다.

채널 압축(탈중개화)

채널 압축channel compression은 공급망의 다운스트림 부분에 미치는 영향이다. 12장에서는 공급망이 초점 기업(제품 생산자)의 업스트림과 다운스트림에 포함된 유통업체와 소매업체로 이루어진다고 설명했다. 유통 채널에서의 유통업체와 소매업체를 중개자intermediary라고 하며, 채널 압축은 초점 기업과 최종 소비자 사이의 중개자 중 일부 또는 전부를 제거하여 유통망이 단축되는 상황을 말한다. 이러한 이유로 채널 압축을 **탈중개화**disintermediation라고도 한다.

유통 구조의 이러한 변화는 음악, 출판, 여행 등 다양한 산업에서 구조조정을 초래했다. 조직은 유통 채널의 구성원 제거 여부를 결정해야 할 때 또는 유통업체를 제거하고 언제 협력해야 할지를 결정해야 할 때 종종 채널 압축을 겪는다. 예를 들어 델이 소매업체를 통해 제품을 공급하면서 동시에 온라인으로 직접 판매하기로 결정한 경우 리셀러가 이익을 얻도록 제품 가격을 책정할 수 있지만, 소비자는 온라인에서 직접 구매할 때 가격이 가장 저렴하다고 느낄 수도 있다.

채널 확장

채널 압축으로 인해 일부 산업에서는 공급망과 관련된 조직이 줄어들었지만 **채널 확장**channel expansion은 그 반대의 영향을 미친다. 채널 확장은 정보를 수집 및 제공하거나 기능을 중개하는 것이 목적인 산업에 중개자를 추가하는 것이다. 즉 중개자는 구매자와 판매자를 하나로 모으거나 구매자와 판매자에게 관련 정보를 제공하는 것을 용이하게 한다. 카약Kayak의 역할을 생각해보라. 카약은 자체 항공편을 제공하지 않지만 공급업체(항공사)와 다른 검색 엔진(예: 익스피디아Expedia, 프라이스라인닷컴)에서 정보를 가져온다.

이러한 중개자는 공급업체의 수수료 또는 광고로 돈을 벌 수 있다. 즉 사용자 수가 많을수록 광고 배치(웹사이트의 뷰어 수에 따른 광고 판매)로 더 큰 수익을 올릴 수 있다. 이러한 중개자의 중요한 효과는 검색 비용과 인터넷 및 e-비즈니스 이전에 존재했던 정보 비대칭성을 줄이는 것이다. 대표적인 예는 부동산 전자중개자이며, [그림 13-2]는 2020년 1월의 부동산 웹사이트 방문자 수를 보여준다. 그중 e-비즈니스 시대 이전에 설립된 업체는 몇 개인가?

그림 13-2 부동산 웹사이트 방문자 수(2020년 1월)

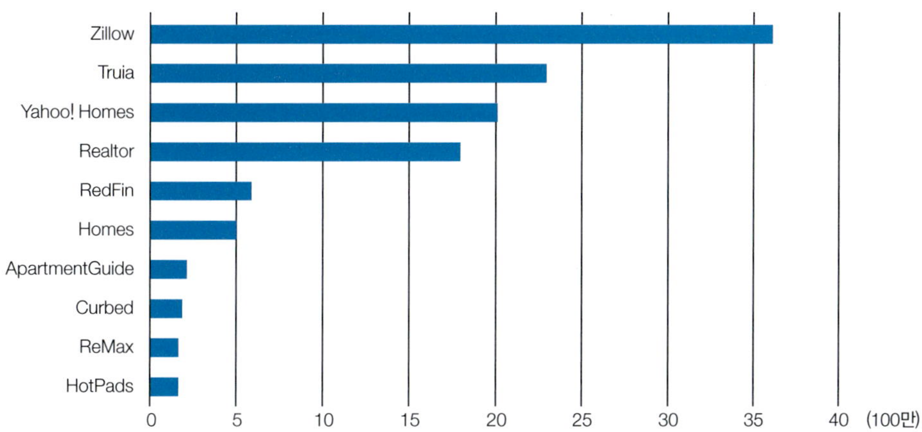

출처: https://www.statista.com/statistics/381468/most-popular-real-estate-websites-by-monthly-visits-usa/

e-비즈니스를 위한 디자인

e-비즈니스 웹사이트를 성공적으로 만들 수 있는 중요한 디자인 기능이 많이 있다. [학습 활동 13-2]에서는 그중 몇 가지를 확인할 수 있다. 많은 사람은 웹사이트의 보안을 웹 판매자를 신뢰하기 위한 요구 사항으로, 개인 정보 보호 관행을 웹사이트와 기꺼이 정보를 공유하기 위한 요구 사항으로 생각할 것이다. 8장과 9장에서는 정보 시스템의 보안 및 개인 정보 보호를 강화하는(또는 고객을 안심시키는) 다양한 기능을 다루었다. 실제로 많은 연구자는 웹사이트에서 구매를 결정하게 만드는 핵심 요소 중 하나가 신뢰라는 것을 확인했다.

학습 활동 13-2

판매자를 신뢰하고 구매하는 이유

다음 웹사이트 중 두 곳에 접속하여 웹 판매자를 신뢰하게 만드는 요소, 구매로 이끄는 요소, 정보를 공유하게 하는 요소를 파악하라.

- 델(www.dell.com)
- 아마존(www.amazon.com)
- 베스트바이(www.bestbuy.com)
- 시에라(www.sierra.com)
- 로드러너(www.roadrunnersports.com)
- 무라드(www.murad.com)

구분	신뢰	구매	정보 공유
사이트 A	특징 1 특징 2 ⋮	특징 1 특징 2 ⋮	특징 1 특징 2 ⋮
사이트 B	특징 1 특징 2 ⋮	특징 1 특징 2 ⋮	특징 1 특징 2 ⋮

탐색, 체크아웃, 정보 접근 측면에서의 시스템 사용 용이성은 일반적으로 중요한 디자인 기능이다 웹사이트의 전체적인 모양새도 온라인 구매 결정의 한 요소이다. 정보가 너무 많은 웹사이트는 사용자의 주의를 흐트러뜨릴 수 있고, 반대로 너무 단순한 기능과 그래픽으로 이루어진 웹사이트는 전문가답게 보이지 않을 것이다.

반품 정책, 배송 정책, 통신 도구 등 웹사이트의 성공과 관련된 비기술적 기능도 있다. 연구에 따르면 고객 리뷰를 제공하는 웹사이트는 사이트 트래픽과 전체 전환율이 증가하는 것으로 나타났다(http://www.eMarketer.com). 전환율은 웹사이트를 탐색하는 소비자가 웹사이트에서 구매하는 비율을 말한다. 한편 웹사이트에서 고객을 성가시게 만드는 기능은 팝업 광고, 추가 소프트웨어의 필요성, 작동하지 않는 링크, 혼란스러운 탐색, 콘텐츠를 보기 위해 로그인을 해야 하는 필요성, 느린 페이지 로딩 속도, 구식 콘텐츠 등이다(eMarketer.com, 2015).

B2B

지금까지는 주로 B2C의 예를 언급했다. 이러한 유형의 e-비즈니스에 더 익숙할 뿐만 아니라, 많은 기본 원칙이 B2B e-비즈니스에도 적용되기 때문이다. 그러나 B2C와 B2B e-비즈니스는 관련된 참여자의 유형 말고도 상당한 차이가 있다. 그것은 바로 관련된 시장의 규모이다. B2B e-비즈니스의 시장은 개별 거래 규모와 개별 거래로 상호 작용하는 전체 시장 점유율이 B2C보다 훨씬 더 크다.

B2B와 B2C는 몇 가지 차이점이 있다. 물론 B2B에는 개인 소비자가 아닌 둘 이상의 조직이 포함되며, 이러한 조직은 일반적으로 거래 파트너를 상당히 잘 알고 있다. 결과적으로 B2B는 뒤에서 설명할 시장을 제외하고 관계 기반인 경우가 많다.

B2B e-비즈니스 활성화 요인

B2B e-비즈니스에는 거래가 발생하기 위한 조직 간의 전자 문서, 자금, 정보 공유가 포함되며, 이를 구현하는 방법은 [표 13-4]와 같다. 첫째, B2B e-비즈니스는 12장에서 다룬 **공급망 관리**Supply Chain Management(SCM)를 통해 구현이 가능하다. 공급망을 통해 전자적으로 지식을 공유하여 재고 관리를 촉진하고, 청구 과정의 시간 지연을 줄이며, 고객 처리를 개선하는 조

학습 활동 13-3

B2C 대 B2B

미국통계국은 매년 전자상거래 관련 데이터를 수집하며, 이에 따르면 전자상거래에 지출되는 금액이 계속 증가하고 있다. 미국통계국 웹사이트(https://www.census.gov/programs-surveys/e-stats.html)에 접속하여 지난 3년간의 전자상거래 매출액 자료를 수집하고, B2C와 B2B 채널의 매출을 구분하라. B2C와 B2B의 매출액을 비교해보고 간략하게 리포트를 작성하라.

표 13-4 B2B e-비즈니스 가능 요인

요인	설명
전자 데이터 교환(EDI)	표준 형식을 사용하여 둘 이상의 조직 간에 정보를 전자적으로 교환한다.
공급망 관리(SCM)	조직이 공급, 생산, 소비에 걸쳐 자재 또는 제품의 이동을 관리할 수 있다. 여기에는 핵심 조직의 업스트림 및 다운스트림 파트너 간 협업이 포함된다.
전자시장	'교환'이라고도 한다. 자판기 회사와 구매 회사가 거래를 수행하기 위해 전자적으로 만날 수도 있다.

직은 곧 B2B e-비즈니스를 수행하는 것이다. B2B e-비즈니스의 또 다른 모델인 전자 데이터 교환EDI과 **전자시장**e-marketplace에 대해서는 추가적인 설명이 필요하다.

EDI는 표준 형식을 사용하여 둘 이상의 조직 간에 정보를 전자적으로 교환하는 것이다. 교환되는 정보의 유형은 사용되는 표준 내에서 정의되고, 일반적으로 청구서, 구매 주문서, 지불 전표, 송장 등과 같은 비즈니스 문서를 포함한다. EDI는 아주 오래전부터 존재해왔으며, 거래 파트너가 더 빠른 청구 주기, 오류 감소, 고객 응답 개선을 통해 거래 비용을 낮추고 수익을 개선할 수 있게 한다. [그림 13-3]은 EDI 거래의 단순화된 예를 보여준다.

그림 13-3 전자 데이터 교환의 예

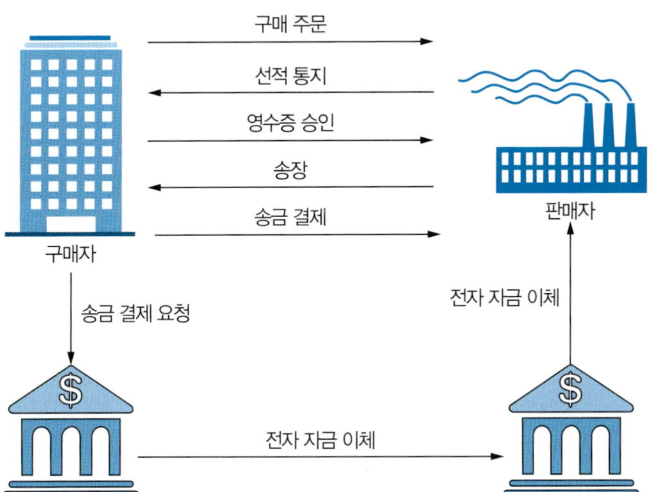

EDI의 중요한 전제 조건 중 하나는 조직이 교환하는 문서에 표준화된 형식을 사용해야 한다는 것이다. 실제로 모든 조직에는 구매 주문서, 송장 및 기타 비즈니스 문서를 처리하는 자체

내부 시스템이 있다. 따라서 각 조직은 각기 다른 형식으로 데이터를 저장하고 처리한다. EDI 거래는 조직의 내부 시스템에서 사용하는 형식의 문서와 데이터를 EDI 형식으로 변환하는 것에서 시작되는데, 이를 **아웃바운드 변환**outbound transformation이라고 한다. 이렇게 변환된 EDI 문서는 파트너 조직으로 전송되며, 회사 시스템은 EDI 문서를 해당 조직의 내부 시스템에서 사용하는 형식으로 변환하는 **인바운드 변환**inbound transformation을 수행해야 한다. EDI에 가장 많이 사용되는 표준 형식은 **ANSI X.12**와 **EDIACT**이다.

과거의 EDI는 두 거래 파트너 간의 일대일 통신으로 국한되어 있었다. 오늘날에는 EDI 문서 자체가 매우 엄격한 형식이어야 하므로, 하드웨어와 소프트웨어 측면에서 호환되지 않더라도 나양한 정보 시스템을 통해 문서를 전송할 수 있는 다중 파트너 환경으로 발전했다. 엄격한 형식을 사용하는 것은 EDI 시스템의 장점이자 단점이다. 즉 빠른 처리와 다양한 플랫폼 지원이 가능한 반면, 조직이 원하는 데이터 전송의 유연성을 제한한다.

오늘날 조직은 비즈니스 프로세스를 지원하기 위해 단순히 문서를 교환하는 것보다 더 복잡한 활동을 수행하고자 하며, 독점 네트워크가 아닌 인터넷을 사용하여 전송하려 한다. 여기서 **확장성 마크업 언어**eXtensible Markup Language(XML)는 B2B 거래를 수행하는 대중적인 방법이다. XML은 조직이 문서 내에 데이터를 설명하는 태그를 삽입하여 데이터에 의미를 부여하게 하는 **마크업 언어**markup language이다. 마크업 언어(예: HTML, XML)는 정보 주위에 시작 및 끝 태그를 배치하여 정보에 의미를 부여하는 데 사용된다. 예를 들어 HTML에서는 볼드 태그(〈b〉굵게 표시〈/b〉)를 사용할 수 있다.

조직이 고유한 태그를 정의할 수 있기 때문에 XML은 매우 유연하다. 문서에 XML 태그가 지정되면, 시스템이 태그의 정의를 알고 있는 한 다양한 시스템에서 문서를 읽고 이해할 수 있다. 따라서 B2B를 수행할 때 조직은 태그의 의미에 동의해야 한다. 예를 들어 한 기업이 '클라이언트(〈CLIENT〉 Mr. Jones 〈/CLIENT〉)'라는 용어를 사용하여 표준화된 문서를 XML로 코딩하기로 결정했지만 거래 파트너가 '고객(〈CUSTOMER〉 Mr. Jones 〈/CUSTOMER〉)'이라는 용어를 사용한다면 두 조직의 시스템은 상대의 데이터를 읽을 수 없다. 일부 산업에서는 **e-비즈니스용 ebXML**electronic business eXtensible Markup Language for e-business과 같은 업계 전반의 XML 정의 또는 표준을 개발하여 이 문제를 해결한다.

한편 B2B는 **교환**exchange이라는 시장에서 수행될 수도 있다. 공급업체 또는 판매자는 교환을 통해 전자적으로 만날 수 있다. 제한된 수의 구매자 또는 판매자가 시장을 사용하는 경우에는 컨소시엄 시장consortia marketplace 또는 개인 시장private market이라고 한다. 구매자와 판매자가 다수일 때는 **중립 경매**neutral auction로 간주된다. 또한 많은 구매자가 단일 판매자의 제품에 입찰하거나(**판매자 지향 경매**seller-oriented auction 또는 **순경매**forward auction), 많은 판매자가 단일 구매자에게 제품을 제공하는(**구매자 지향 경매**buyer-oriented auction 또는 **역경매**reverse auction) 경우도 있다. 지난 몇 년 동안 많은 B2B 시장이 등장했다 사라졌고 일부는 성공을 거두었다. 예를 들어 바이어존BuyerZone은 소기업들이 서로 제품을 사고팔 수 있게 해준다. 그러나 시장의 성장을 보장하기 위해서는 충분한 수의 구매자와 판매자가 필요하기 때문에 시장이 지속적으로 유지되기가 어렵다.

검색 엔진 최적화

오늘날 e-비즈니스에 종사하는 사람이라면 누구나 가장 중요한 성공 요소 중 하나로 **검색 엔진 최적화**Search Engine Optimization(SEO)를 꼽는다. 실제 조사 결과에 따르면 조직의 링크가 상위 30위 안에 없으면 존재하지 않는 것으로 나타났다. 또 다른 연구는 결과의 첫 페이지가 중요하다고 밝혔다. 개인이 검색 결과 페이지에서 클릭하는 링크에 대한 연구에 따르면 개인의 42%가 첫 번째 유기적 링크를 클릭하고, 12%가 두 번째, 8%가 세 번째, 그리고 6%, 5%, 4%가 해당 링크를 클릭했으며, 검색 결과의 첫 페이지에 있는 나머지 링크를 3%가 클릭했다(http://www.redcardinal.ie/search-engine-optimisation/).

e-비즈니스에서는 검색 결과 페이지의 상단에 노출되는 것이 중요하다. 그런데 어떻게 하면 상단에 노출될 수 있을까? 이것이 바로 검색 엔진 최적화의 역할이다. 이는 조직이 검색 결과 페이지에 웹페이지 또는 웹사이트가 표시되는 방식을 최적화하거나 가시성을 개선하기 위해 사용할 수 있는 일련의 방법이다. 검색 엔진 최적화에는 웹페이지 디자인 방식, 웹페이지에서 사용되는 키워드와 언어, 특정 대상이 가장 많이 사용하는 검색 엔진을 조합하여 이용한다.

검색 엔진이 요구 사항을 자주 변경하고, 사람들이 검색 패턴을 변경하며, 경쟁사도 자체 웹사이트를 최적화하려고 하기 때문에 검색 엔진 최적화는 일회성 노력이 아니다. 디자인 측면

학습 활동 13-4

내 웹 페이지는 어디에 있을까?

두 가지 인터넷 검색 엔진을 선택하여 다음 항목을 검색하고 그 결과를 리포트로 작성하라.

1. '지식재산권'을 검색하여 상위 세 개 스폰서(있는 경우), 검색된 상위 세 개 링크를 파악하라.
2. '트렉(Trek) 산악자전거'와 '애플 에어팟 프로'를 검색하라.

사용한 검색 엔진, 찾은 링크, 선호하는 검색 엔진을 밝히고, 특정 검색 엔진을 선호하는 이유를 설명하라.

에서 조직의 가장 중요한 첫 번째 단계 중 하나는 조직이 타깃으로 삼은 사용자가 키워드를 찾는 데 사용할 대상을 가장 잘 나타내는 키워드를 명확하게 식별하는 것이다. 즉 타깃 사용자가 온라인에서 검색할 때 무엇을 생각하는지를 파악하는 것이 중요하다.

또한 키워드는 '주택담보대출 기관' 또는 '최고의 식당'과 같은 문구일 수 있다는 점에 유의해야 한다. 이 정보를 이용하여 웹 디자이너는 페이지의 순위를 매기는 데 도움이 되는 몇 가지 작업을 수행할 수 있다. 페이지와 눈에 잘 띄는 위치(예: 제목)에 주요 키워드를 더 자주 포함할 수도 있고, 페이지에 들어 있지만 웹에서는 볼 수 없는 정보인 메타태그에 키워드를 포함할 수도 있다.

다른 웹사이트가 조직에 연결되는 인링크 또는 인바운드 링크, 웹사이트 도메인 사용 기간(오래될수록 좋음), 웹사이트의 전체 크기 등 그 밖에도 많은 요소가 순위에 영향을 미친다. 웹사이트 순위가 어떻게 더 높은지에 대한 정확한 세부 정보는 시간과 검색 엔진에 따라 다르다. 많은 컨설턴트가 중소기업, 심지어 대규모 e-비즈니스에 검색 엔진 최적화 서비스를 제공하기 시작한 이유가 바로 이것이다.

조직의 웹사이트 순위를 끌어올리는 또 다른 방법은 배치 비용을 지불하는 것이다. 이는 **단순 검색 링크**organic link(디자인과 검색 엔진 최적화로만 순위 지정)와 대조적인 **스폰서 링크**sponsored link이다. 일부 연구에 따르면 대부분의 사람들은 단순 검색 링크를 선호하며, 모든 클릭의 67.6%가 처음 다섯 개 검색 링크에서 발생한다(www.zerolimitweb.com/organic-vs-ppc-2020-ctr-results-best-practices/). 스폰서 링크는 검색 결과와 별도로 표시되며, 검색 엔진에 입력된 키워드를 기반으로 한다. 한 예로 [그림 13-4]는 구글의 스폰서 링크 서비스인 구글 애즈Google Ads이다.

순위를 높이기 위해 비용을 지불하는 또 다른 형태로 **키워드 입찰**keyword bidding 또는 **클릭당 지불**Pay-Per-Click(PPC)이 있다. 이는 누군가가 검색 결과 페이지에서 해당 링크를 클릭할 때만 조직이 검색 엔진 소유자에게 비용을 지불하는 방식이다. 대부분의 조직은 키워드 입찰을 이용하며, 가장 높은 입찰가를 제시한 조직은 누군가가 해당 키워드를 검색할 때 더 높은 순위로 나타나게 된다. 한편 키워드 가격이 정해진 정액 클릭당 지불flat-rate PPC과 같은 유형도 있다.

구글 애즈, 야후, 서치마케팅Search Marketing, 빙 애즈Bing Ads 등의 중요한 수익원은 이러한 클릭당 지불이다. 사용자가 링크를 클릭할 때마다 조직은 검색 엔진에 비용을 지불한다. 사실

그림 13-4 검색 결과 페이지의 단순 검색 링크와 스폰서 링크

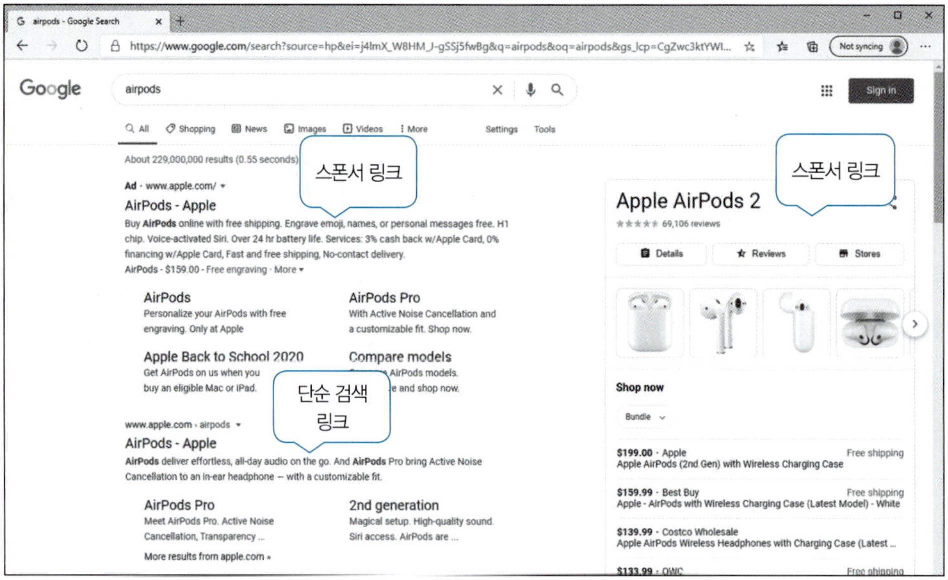

많은 기업은 연휴 기간의 유료 검색 엔진 사용을 늘리며, 그에 따른 온라인 판매로 연휴 기간 동안 수익이 약 50%나 증가한다(Enright, 2011; Stambor, 2019).

그렇다면 검색 엔진에서 키워드를 구매하는 데 드는 비용은 얼마일까? 이는 해당 시기의 상황에 따라 크게 달라진다. 2014년 5월의 가장 비싼 키워드는 '보험(클릭당 54.91달러)'과 '대출(클릭당 44.28달러)'이었으나, 2017년 12월의 가장 비싼 키워드는 '비즈니스 서비스(클릭당 58.64달러)'와 '보석금(클릭당 58.48달러)'이었다. 그리고 [표 13-5]에서 보듯이 2020년 9월에는 '보험(클릭당 54.91달러)'과 '가스/전기(클릭당 54.62달러)'가 각각 1, 2위를 차지하고 있다. 이처럼 클릭당 지불에는 상당한 비용이 들기 때문에 조직은 해당 사업에 가장 적합

표 13-5 가장 비싼 키워드(2020년 9월)

키워드	클릭당 비용	키워드	클릭당 비용
1. 보험	$54.91	6. 대출	$44.28
2. 가스/전기	$54.62	7. 변호사(lawyer)	$42.51
3. 주택담보대출	$47.12	8. 전화 회의	$42.05
4. 변호사(attorney)	$47.07	9. 회복	$42.03
5. 청구	$45.51	10. 기부	$42.02

출처: WordStream(https://www.wordstream.com/articles/most-expensive-keywords)

하고 가장 대표적인 키워드를 찾으며, 검색 결과에서 1위가 아닌 2위를 목표로 삼고 있다.

유료 검색 엔진은 거대한 비즈니스이며, 2020년 중반의 세계 시장 점유율은 구글이 약 70%, 빙Bing이 13%, 바이두Baidu가 12%이다. 바이두는 중국 시장을 거의 독식함으로써 3위에 이름을 올렸다(https://www.netmarketshare.com/search-engine-market-share.aspx).

숫자로 이해하기 13-2

e-비즈니스의 글로벌 특성

e-비즈니스는 세계적인 현상이다. 디지털 리서치 분야의 최대 기업인 이마케터(eMarketer)는 다음과 같은 통계를 내놓았다.

- 2012년에 B2C 전자상거래 매출이 처음으로 1조 달러를 넘어섰다.
- 2017년에 B2C 전자상거래 매출이 전 세계적으로 2조 3,000억 달러에 달했다. 2021년에는 전자상거래 매출이 거의 4조 5,000억 달러에 달할 것으로 추정된다.
- B2B 전자상거래의 규모는 여전히 B2C 전자상거래보다 훨씬 크다. 2017년 B2B 전자상거래는 7조 7,000억 달러에 달하여 B2B 전자상거래 규모가 B2C 전자상거래 규모의 세 배 이상이다.
- 2017년에 중국은 세계에서 가장 큰 전자상거래 시장(6,730억 달러)이었으며 미국(3,400억 달러), 영국(990억 달러), 일본(790억 달러), 독일(730억 달러)이 그 뒤를 이었다.
- 2020년의 COVID-19 팬데믹으로 인해 전 세계 소매 판매 성장률이 2019년 20.2%에서 2020년(예상) 16.5%로 둔화되었다.

출처: eMarketer. 2013. "Ecommerce Sales Topped $1 Trillion for First Time in 2012." *eMarketer.com*, February 5. http://www.emarketer.com/Article/Ecommerce-Sales-Topped-1-Trillion-First-Time-2012/1009649; Business.com Editorial Staff. 2020. "10 of the Largest Ecommerce Markets in the World by Country." *Business.com*, April 14. https://www.business.com/articles/10-of-the-largest-ecommerce-markets-in-the-world-b/; Orendorff, A. 2019. "Global Ecommerce Statistics and Trends to Launch Your Business Beyond Borders." *ShopifyPlus*, February 14. https://www.shopify.com/enterprise/global-ecommerce-statistics; Cramer-Flood, E. 2020. "Global Ecommerce 2020." *eMarketer.com*, June 22. https://www.emarketer.com/content/global-ecommerce-2020

전자정부

전자정부는 정부 서비스가 국민, 기업, 기관에 제공되는 효율성을 가능하게 하고 개선하기 위해 정보 기술을 사용하는 것으로, 이는 국가는 물론이고 지방 자치 단체, 구, 동과 같은 다양한 수준의 정부에서 이루어진다. 전자정부는 정부 기관으로부터 정보를 얻는 것뿐만 아니라 세금 납부, 면허 갱신, 정부 양식 다운로드, 정부 제공 공과금 납부와 같은 거래를 수행하는 데에도 널리 사용된다.

유엔이 제시한 57개국은 전자정부 개발 지수가 매우 높은데, 이는 정부가 온라인 및 인프라를 잘 갖추어 국민이 정보에 접근할 수 있고 정기적으로 정부 서비스를 사용한다는 것을 의미한다(Clement, 2020b). 전자정부는 트위터, 페이스북, 유튜브, 인스타그램 등의 다양한 플랫폼을 통해 제공된다. 미래의 전자정부에는 국민이 인터넷을 통해 전자 투표를 할 수 있는 일종의 **인터넷 투표**Internet voting도 포함될 가능성이 높다. 실제로 일부 국가에서는 이미 인터넷 투표를 실시하고 있다.

단원 요약

이 장에서는 e-비즈니스에 대해 알아보았다. 먼저 e-비즈니스를 분류하는 다양한 방법을 살펴본 뒤 비즈니스 모델에 대해 깊이 있게 다루었다. 구체적으로 e-비즈니스가 수행되는 방식과 요소, 영향 그리고 B2B와 B2C의 차이를 설명했다. 또한 검색 엔진 최적화와 전자정부에 대해서도 다루었다. 이 장에서 설명한 주요 내용은 다음과 같다.

- e-비즈니스에는 개인, 기업, 정부 기관과 상호 작용하거나 사업을 수행하기 위한 전자적 수단이 포함된다. e-비즈니스의 유형은 B2C(소비자와 기업 간의 상호 작용), B2B(기업 간의 상호 작용), C2C(소비자 간의 상호 작용), G2C(정부 기관과 구성원 간의 상호 작용)로 구분된다.
- e-비즈니스 모델에는 온라인 소매(온라인에서 소비자에게 제품 또는 서비스 판매), 정보 중개인(여러 공급자의 제품 또는 서비스를 종합하거나 분석하여 인터넷을 통해 소비자에게 전문적인 정보 제공), 콘텐츠 제공(소비자에게 콘텐츠 또는 관련 정보 제공), 교환(구매자와 판매자가 거래할 수 있는 온라인 시장 제공), 온라인 커뮤니티 또는 소셜 미디어(유사한 관심사나 목표를 가진 사람들에게 상호 작용할 수 있는 온라인 만남 장소 제공), e-비즈니스 인프라 제공(다른 조직에 e-비즈니스용 하드웨어, 소프트웨어 또는 서비스 제공) 등이 있다. e-비즈니스의 기술적 활성화 요인은 사용 용이성, 대역폭, 상호 운용성이고, 사회적 활성화 요인은 임계 사용자 수이다. 또한 e-비즈니스의 영향에는 채널 압축과 채널 확장이 포함된다.
- B2B e-비즈니스에는 거래가 발생하기 위한 조직 간의 전자 문서, 자금, 정보 공유가 포함된다. B2B e-비즈니스 모델은 전자 데이터 교환(EDI), 공급망 관리(SCM), 전자시장 등이다. EDI는 표준 형식을 사용하여 둘 이상의 조직 간에 정보를 전자적으로 교환하는 것이다. EDI에 가장 많이 사용되는 표준 형식은 ANSI X.12와 EDIFACT이지만, B2B 거래를 수행하기 위해 확장성 마크업 언어(XML)를 사용하는 조직이 증가하고 있다.
- 검색 엔진 최적화는 조직이 검색 결과 페이지에 웹페이지 또는 웹사이트가 표시되는 방식을 최적화하거나 가시성을 개선하기 위해 사용할 수 있는 일련의 방법이다. 검색 엔진 최적화에는 웹페이지 디자인 방식, 웹페이지에서 사용되는 키워드와 언어, 특정 대상이 가장 많이 사용하는 검색 엔진을 조합하여 이용한다. 검색 결과의 순위를 높이는 방법에는 배치 비용을 지불하는 것, 키워드 입찰을 통한 스폰서 링크를 이용하는 것이 있다.

학습 정리 질문

1. e-비즈니스를 정의하고 이를 전자상거래, 전자정부, 인터넷 상거래와 비교하라. 인터넷 상거래는 e-비즈니스로 볼 수 있는가?
2. e-비즈니스 모델에 대해 설명하라. e-비즈니스 모델에는 무엇이 포함되는가?
3. B2C, B2B와 같이 e-비즈니스 모델을 분류하는 다양한 방법을 설명하라.
4. e-비즈니스의 성장을 이끈 주요 기술적 요인은 무엇인가? 모바일 기기 사용의 증가는 e-비즈니스의 성장에 어떤 영향을 미쳤는가?

5. 네트워크 효과 또는 네트워크 경제학의 개념과 e-비즈니스에 대한 중요성을 설명하라.

6. e-비즈니스가 어떻게 탈중개화로 이어졌는지 설명하고 예를 들라.

7. e-비즈니스가 어떻게 채널 확장으로 이어졌는지 그리고 그 영향을 설명하고 예를 들라.

8. 검색 엔진 최적화의 목표, 이를 수행하는 다양한 방법, 조직이 웹사이트 마케팅에 사용할 수 있는 기타 옵션을 설명하라.

9. B2B e-비즈니스와 B2C e-비즈니스를 비교하여 설명하라.

10. EDI가 어떻게 기능하는지 설명하라. 오늘날 EDI는 어떻게 진화하고 있는가?

생각해보기

1. 이 장에서 배운 내용 중 가장 중요한 것은 무엇인가? 그것이 왜 중요한가?

2. 잘 이해되지 않는 주제는 무엇인가? 어떤 내용이 잘 이해되지 않는가?

3. e-비즈니스, 전자상거래, 인터넷 상거래를 구분하는 것이 중요한가? 그 이유는 무엇인가?

4. 이 장의 내용은 7장 '정보 전송'의 내용과 어떤 관련이 있는가?

5. 네트워크 효과와 4장의 경쟁우위에 관한 내용은 어떤 관련이 있는가?

6. e-비즈니스가 성공하는 데 보안은 어떤 역할을 하는가?

7. e-비즈니스가 성공하는 데 프라이버시는 어떤 역할을 하는가?

8. 한 산업에서 e-비즈니스로 인해 채널 압축과 채널 확장이 모두 발생한다면 e-비즈니스가 해당 산업에 미치는 영향이 제한적임을 의미하는가? 그 이유는 무엇인가?

9. 한 사업가는 검색 엔진 최적화가 과학만큼이나 예술이라고 말했다. 이 말의 의미는 무엇인가?

10. 우버, 리프트와 같은 새로운 서비스는 왜 사람들이 모바일 기기를 사용하기 시작한 이후에 등장하게 되었는가? 우버와 리프트가 작은 시골 마을보다 대도시에서 더 많이 이용되는 이유는 무엇인가?

추가 학습 활동

1. 대학 웹사이트 또는 아이비경영대학원 경영 사례 웹사이트(www.iveycases.com)에서 구하거나 강사가 제공하는 e-비즈니스 사례를 분석하라.

2. e-비즈니스는 세계적인 현상이 되었으나 e-비즈니스를 지원하는 인프라, 법률, 비즈니스 관행은 나라마다 제각각이다. 이코노미스트 인텔리전스 유닛(Economist Intelligence Unit)은 디지털 경제 준비 상태에 따라 각국의 순위를 매긴다(http://country.eiu.com/AllCountries.aspx 참조). 강사가 국가를 지정해주면 다음 내용을 포함하여 e-비즈니스 준비 상태에 대한 리포트를 작성하라.
   - 디지털 경제 준비 상태의 순위

   - 해당 국가에 대해 찾을 수 있는 모든 e-비즈니스 통계
   - 해당 국가의 순위에 대한 잠재적인 설명을 임의로 작성한 내용
3. [표 13-2]에 제시된 e-비즈니스 유형의 예를 인터넷에서 찾아보라.
4. [표 13-3]에 제시된 e-비즈니스 모델을 위치 기반 서비스(LBS)를 이용하여 확장하라. 모바일 사용자가 이러한 모델을 어떻게 활용할 수 있는지 설명하라.
5. http://www.pandora.com, http://www.consumerreports.org, http://www.yahoo.com, http://www.weightwatchers.com의 비즈니스 모델을 파악하라.

참고 문헌

Clement, J. 2020a. "Global Digital Population as of July 2020." *Statistica.com*, October 29. https://www.statista.com/statistics/617136/digital-population-worldwide/#:~:text=How%20many%20people%20use%20the,in%20terms%20of%20internet%20users.

______. 2020b. "World E-Government Leaders Based on E-Government Development Index (EGDI) in 2020." *Statistica.com*, August 26. https://www.statista.com/statistics/421580/egdi-e-government-development-index-ranking.

eMarketer. 2015. "Referrals Fuel Highest B2B Conversion Rates." *eMarketer.com*, February 10. http://www.emarketer.com/Article/Referrals-Fuel-Highest-B2B-Conversion-Rates/1012000.

Enright, A. 2011. "Paid Search Pays Off over the Holidays: Budgets Were Up 52% during November and December, and Related Sales Rose 69%." *Internet Retailer*, January 13. https://www.digitalcommerce360.com/2011/01/13/paid-search-paid-over-holidays/.

Smith, A. 2010. "Government Online: The Internet Gives Citizens New Paths to Government Services and Information." *Pew Internet and American Life Project Report*, April 27. https://www.pewinternet.org/2010/04/27/government-online/.

Stambor, Z. 2019. "Retailers Expect to Increase Ad Spending This Holiday Season." *DigitalCommerce360.com*, November 7. https://www.digitalcommerce360.com/2019/11/07/retailers-holiday-ad-spending.

용어 사전

ANSI X.12: EDI에 가장 많이 사용되는 표준 형식 중 하나

B2B: 두 기업 간에 상호 작용이 일어나는 e-비즈니스

B2C: 소비자와 기업 간에 상호 작용이 일어나는 e-비즈니스

C2C: 두 소비자 간에 상호 작용이 일어나는 e-비즈니스

EDIFACT: EDI에 가장 많이 사용되는 표준 형식 중 하나

e-비즈니스: 개인, 기업, 정부 기관과 상호 작용하거나 사업을 수행하기 위한 전자적 수단

e-비즈니스용 ebXML: 해당 e-비즈니스 업계 전반의 XML 정의 또는 표준

e-비즈니스 인프라 제공: 다른 조직에 e-비즈니스용 하드웨어, 소프트웨어 또는 서비스를 제공하는 e-비즈니스 모델

G2C: 정부 기관과 구성 요소 간에 상호 작용이 일어나는 e-비즈니스

검색 엔진 최적화(SEO): 조직이 검색 결과 페이지에 웹페이지 또는 웹사이트가 표시되는 방식을 최적화하거나 가시성을 개선하기 위해 사용할 수 있는 일련의 방법

공급망 관리(SCM): 공급망에 걸친 전자적 정보 교환에 초점을 맞춘 e-비즈니스 모델

교환: 구매자와 판매자가 거래할 수 있는 온라인 시장을 제공하는 e-비즈니스 모델

구매자 지향 경매(역경매): 많은 판매자가 단일 구매자에게 제품을 제공하는 것

네트워크 효과(네트워크 경제학): 임계 사용자 수를 달성하거나 구성원이 충분히 많을 때 네트워크에서 가치가 생성되는 방식을 설명하는 개념. 네트워크에 새로운 구성원이 추가될 때마다 네트워크의 가치가 증가함

단순 검색 링크: 디자인과 검색 엔진 최적화에 의한 검색 결과의 링크

마크업 언어: 정보 주위에 시작 및 끝 태그를 배치하여 정보에 의미를 부여하는 코딩 언어(예: HTML, XML)

비즈니스 모델: 조직이 기능하고 가치를 창출하는 방식

상호 운용성: 서로 다른 시스템이 통신할 수 있는 능력

스폰서 링크: 조직이 배치 비용을 지불함으로써 검색 결과에서의 순위가 더 높게 표시되는 링크

아웃바운드 변환: 조직의 내부 시스템에서 사용하는 형식의 문서와 데이터를 EDI 형식으로 변환하는 것

온라인 소매: 온라인에서 소비자에게 제품 또는 서비스를 판매하는 e-비즈니스 모델

온라인 커뮤니티 또는 소셜 미디어: 유사한 관심사나 목표를 가진 사람들에게 상호 작용할 수 있는 온라인 만남 장소를 제공하는 e-비즈니스 모델

위치 기반 서비스(LBS): 스마트폰의 위치를 기반으로 사용자의 위치를 파악하여 특정 순간에 타깃 광고나 서비스를 제공하는 것

인바운드 변환: EDI 문서를 해당 조직의 내부 시스템에서 사용하는 형식으로 변환하는 것

인터넷 상거래: 인터넷을 이용하여 사업을 수행하는 것(예: 이메일, 웹, 파일 전송)

인터넷 투표: 국민이 인터넷을 통해 전자 투표를 하는 것

임계 사용자 수: 공급업체의 비즈니스를 유지하기에 충분한 구매자가 있고, 구매자를 인터넷으로 끌어들이기에 충분한 공급업체가 있는 시점

전자 데이터 교환(EDI): 조직 간에 전자적으로 문서를 전송하는 것

전자상거래: 인터넷, EDI 또는 사설 네트워크를 활용하여 거래를 수행하는 것

전자시장: 공급업체 또는 판매자가 전자적으로 만날 수 있는 웹사이트

전자 자금 이체(EFT): 결제, 송금 등 금융 거래를 전자적으로 수행하는 것

전자정부: 정부 기관과 전자적으로 상호 작용하거나 거래를 수행하는 것

정보 중개인: 여러 공급자의 제품 또는 서비스를 종합하거나 분석하여 인터넷을 통해 소비자에게 전문적인 정보를 제공하는 e-비즈니스 모델

중립 경매: 구매자와 판매자가 많은 시장

채널 압축(탈중개화): 초점 기업(제품 생산자)과 최종 소비자 사이의 중개자 중 일부 또는 전부를 제거하여 유통망이 단축되는 상황

채널 확장: 정보를 수집 및 제공하거나 기능을 중개하는 것이 목적인 산업에 중개자를 추가하는 것

콘텐츠 제공: 소비자에게 콘텐츠 또는 관련 정보를 제공하고 공급업체의 광고나 다운로드 또는 소비자의 구독에서 수익이 발생하는 e-비즈니스 모델

키워드 입찰(클릭당 지불): 누군가가 검색 결과 페이지에서 해당 링크를 클릭할 때만 조직이 검색 엔진 소유자에게 비용을 지불하는 방식

판매자 지향 경매(순경매): 많은 구매자가 단일 판매자의 제품에 입찰하는 것

확장성 마크업 언어(XML): 조직이 문서 내에 데이터를 설명하는 태그를 삽입하여 데이터에 의미를 부여하게 하는 마크업 언어로, B2B 거래를 수행하는 대중적인 방법

CHAPTER 14

경영 의사결정을 위한 정보와 지식

학습목표

- 지식경영이 조직에 중요한 이유를 이해할 수 있다.
- 명시적 지식과 암묵적 지식을 비교하여 설명할 수 있다.
- 지식경영의 주요 프로세스를 설명할 수 있다.
- 주요 지식경영 기술을 비교하여 설명할 수 있다.
- 의사결정 지원 시스템의 주요 범주를 파악할 수 있다.
- 비즈니스 분석의 주요 목표와 사용되는 기술을 설명할 수 있다.
- 인공지능과 로봇이 경영에 미치는 영향을 이해할 수 있다.

지식경영

궁극적으로 기업의 경쟁 능력은 직원들이 의사결정을 내리고 문제를 해결하기 위해 지식을 어떻게 적용하는지에 크게 좌우된다. 정보 시스템 및 기술은 조직이 지식을 더 잘 관리하는 데 도움이 되고 더 나은 의사결정을 촉진할 수 있다. 이 장에서는 지식 경영 및 조직이 지식을 관리하고 적용하는 데 기술이 어떻게 도움이 되는지 알아본다. 지식은 종종 의사결정에 적용되므로 의사결정 지원 시스템도 살펴본다. 조직이 점점 더 많은 양의 데이터를 수집함에 따라 이러한 데이터를 의사결정과 행동에 활용할 수 있는 능력이 경영에서 점점 더 중요해지고 있다. 이 장에서 다루는 비즈니스 분석 시스템을 통해 조직은 거대한 데이터의 바다를 이해할 수 있다. 또한 인공지능과 로봇은 데이터를 흥미롭고 중요한 방식으로 사용하도록 돕는다.

데이터는 연결되지 않은 사실이고, 정보는 유용하게 처리된 데이터이며, 지식은 의사결정이나 행동에 적용되는 정보라는 것을 앞에서 이미 배웠다. 이러한 차이점에 대해 생각해보면 데이터에서 정보, 지식으로 발전함에 따라 인간의 기여 수준이 높아지고 가치도 더 커진다는 것을 알 수 있다.

그러나 지식을 향한 계층 구조로 올라갈수록 관리하기가 더 어려운데, 여기에는 인간의 기여 수준이 높아진 탓이 일부분 영향을 미쳤다. 데이터 관리는 비교적 쉽지만 지식을 관리하기란 상당히 어렵다. 데이터, 정보, 지식의 몇 가지 특성을 [표 14-1]에 정리했다. 표에서 보듯이 지식은 구조화, 전송, 수집이 어렵기 때문에 데이터나 정보보다 관리하기가 훨씬 더 어렵다.

조직이 지식 기반 자산에서 가치를 창출하는 프로세스를 **지식경영**knowledge management이라고 한다. 지식경영에는 직원과 그 밖의 이해관계자가 알고 있는 내용을 수집·문서화하고, 해당 지식을 보다 쉽게 공유 및 사용할 수 있는 시스템을 개발하는 작업이 포함된다. 지식비즈니스 프로세스를 살펴보기 전에 먼저 지식경영이 왜 중요한지 그 이유를 알아보자.

표 14-1 데이터, 정보, 지식의 특성

데이터	정보	지식
• 구조화하기 쉽다. • 수집하기 쉽다. • 전송하기 쉽다. • 종종 정량화할 수 있다. • 단순한 사실로만 구성된다.	• 가공된 데이터로 구성된다. • 분석 단위가 필요하다. • 사람의 개입이 필요하다.	• 구조화하기 어렵다. • 수집하기 어렵다. • 종종 암묵적이다. • 이전하기 어렵다. • 어떤 결정이나 행동에 적용되는 정보이다.

출처: Pearlson and Saunders(2006)를 수정

주목할 만한 사례

문자 메시지를 통한 지식경영

몇 년 전, 나는 주요 물류 회사의 IT 전문가들을 대상으로 강의를 했다. 어느 날 나는 수업 시작 전에 한 사람이 옆 사람에게 컴퓨터 프로그램 관련 문제에 대한 문자 메시지를 받았는지 묻는 것을 듣고 놀랐다. 당시에는 문자 메시지를 보통 일적인 이유보다는 개인적으로 더 많이 사용했기 때문이다. 그래서 문자 메시지를 보냈다는 사람에게 그러한 메시지를 얼마나 자주 주고받는지 물었다. 그는 이렇게 대답했다. "늘 주고받아요. 낯선 문제에 부딪힐 때마다 우리 팀에 메시지를 보내면 비슷한 문제를 겪은 사람이 도움을 주죠." 말하자면 그 팀은 전문 지식을 공유하는 '지식 네트워크'를 비공식적으로 만든 것이다. 간단한 문자 메시지를 주고받음으로써 집단 전체의 지식을 활용할 수 있고, 그 결과 시간과 노력이 절약된다.

최근에 사람들은 다른 사람들의 지식에 접근하기 위해 링크드인, 페이스북과 같은 SNS를 사용하고 있다. 나 또한 특별한 교수직에 대한 직무 설명을 작성할 때 여러 링크드인 그룹에 조언을 구했는데, 어떤 사람들은 도움이 되는 조언을 해주었다. 결정을 해야 할 때 그 결정과 관련된 유용한 지식을 지닌 사람들에게 다가갈 필요도 있다. 이는 새 차를 구입할 때 자동차 마니아인 형제에게 전화하는 것처럼 간단한 경우도 있고, 기업 이사회가 합병 추진 여부를 결정하는 데 도움을 얻기 위해 전문가 회의를 소집하는 중대한 경우일 수도 있다. 어떤 결정이든 의도는 동일하다. 추가 지식은 의사결정에 큰 힘이 될 수 있다. 컴퓨터 문제를 해결하는 데 문자 메시지로 도움을 받든, 전 세계의 전문가들을 불러들이든 다른 사람의 지식을 활용하는 것은 매한가지이다. 다행히도 IT는 다른 사람의 지식을 이용하여 더 나은 결정을 내리는 데 도움이 될 수 있다.

생각해보기

1. 결정을 내리기 위해 다른 사람의 지식을 활용한 적이 있다면 그 결정에 대해 간략히 설명하라. 도움을 받기 위해 누구에게 연락했는가? 어떤 지식에 접근하려고 했는가?
2. 다른 사람의 지식을 활용할 목적으로 다른 사람과 연결하기 위해 IT를 어떻게 사용해왔는가? 왜 그러한 IT를 사용했는가?

학습 활동 14-1

지식경영 방법

이 장은 조직의 지식경영을 이해하는 데 도움이 되지만, 개인도 마찬가지로 자신의 지식을 관리한다. 지식경영의 목표는 올바른 지식을 그것이 필요한 사람에게 유용한 형태로 제공하는 것이다. 개인의 지식경영은 어떤 지식이 필요한지, 그 지식을 어떻게 찾고 정리하여 사용할지 결정하는 과정이다. 개인의 지식경영 방법에 대해 1~2쪽 분량의 리포트를 작성하라. 지식경영에 어떤 도구를 사용하며, 얼마나 효과적인가? 이에 대해 토론하라.

지식경영이 중요한 이유

지식은 모든 조직에서 가장 중요한 자원 중 하나이다. 지식은 행동과 의사결정을 위한 정보라는 사실을 상기하라. 성공하기 위해 조직은 정보를 효과적으로 관리해야 할 뿐만 아니라 지식도 관리해야 한다. 그러나 지식경영은 종종 혼란스럽고 복잡하다.

조직은 항상 지식경영을 해왔으며, 최근에는 지식경영을 위해 정보통신 기술을 사용하고 있다. 지식경영을 잘하는 조직은 그렇지 못한 조직보다 더 나은 결정을 내리고, 더 혁신적이며, 전반적으로 더 성공적인 경향이 있다.

효과적인 지식경영은 다음과 같은 큰 이점을 가져올 수 있다.

- 더 나은 문제 해결
- 개선된 고객 서비스
- 보다 효과적인 제품 관리
- 혁신 향상
- 보다 효율적·효과적인 프로세스
- 지적 자본 증가
- 지적 자산 활용도 향상

지식의 종류

지식에 대해 더욱더 이해하면 지식경영 시스템의 중요한 측면을 잘 이해하는 데 도움이 된다. 지식은 **명시적 지식**explicit knowledge과 **암묵적 지식**tacit knowledge으로 구분할 수 있다. 명시적 지식은 비교적 쉽게 표현할 수 있는 것으로, 예를 들면 운영 매뉴얼, 서적 및 기사, 과학 공식, 통계 분석 등이다. 명시적 지식은 쉽게 표현될 수 있기 때문에 암묵적 지식보다 공유·저장·관리가 더 쉽다. 명시적 지식은 '무엇에 대해 아는 것'이고 암묵적 지식은 '방법을 아는 것'이라고 생각하면 쉽게 이해될 것이다.

암묵적 지식은 명시적 지식과 달리 표현하거나 전달하기가 어려우며, 내면화되고 고도로 개별화된다. 개인의 암묵적 지식은 삶의 경험, 가치, 편견에 뿌리를 두고 있다. 암묵적 지식의 전형적인 예로, 예술가에게 아름다운 예술 작품을 만드는 방법을 물어본다면 예술가는 눈에 보이는 예술이 어떻게 만들어지는지 정확히 표현하기 힘들어할 것이다. 예술가는 예술 작품을 창작할 수는 있어도 그 과정을 다른 사람들에게 쉽게 전달하지 못할 수도 있다. 암묵적 지식을 가진 사람은 자신이 그러한 지식을 가지고 있다는 사실조차 인식하지 못할 수도 있다.

암묵적 지식은 더 일상적인 상황에도 존재한다. 뛰어난 영업사원은 적극적으로 판매해야 할 때와 한 발 물러나야 할 때를 안다. 지식이 풍부한 컴퓨터 프로그래머는 오류 메시지의 원인을 재빨리 알아낼 수 있다. 모든 조직과 직업에는 암묵적 지식의 예가 흔히 있다. 가장 흥미로운 예 중 하나는 병아리 감별사로, 달걀 생산업체에서는 부화 직후 병아리의 성별을 결정하는 것이 매우 중요한 일이다. 달걀을 낳을 수 있는 암컷 병아리를 선별하기 위해 달걀 생산업체에서는 병아리 감별사를 고용한다. 병아리 감별사는 한눈에 암컷과 수컷을 구별할 수 있는 묘한 능력을 지녔지만, 자신이 어떻게 병아리의 성별을 결정하는지 제대로 설명하지 못하는 경우가 많다. 이들은 암묵적 지식을 지녔지만 이를 명시적 지식으로 쉽게 전환할 수 없다. 암묵적 지식을 수집하고 공유할 수 있도록 코드화하는 것은 지식경영의 주요 과제 중 하나이다.

지식과 그 특성을 이해했을 테니 이제 지식경영의 방법에 대해 알아보자.

지식경영의 주요 프로세스

완전한 지식경영 시스템은 [그림 14-1]과 같이 지식 생성, 수집, 코드화, 저장, 검색, 이전, 적용으로 구성된다. 지식경영 프로세스는 주기를 이루고 있으며, 지식을 적용하면 종종 새로운 지식이 생성되어 지식경영 주기가 다시 시작된다. 이러한 프로세스에는 IT가 필요하지 않지만, IT는 각 프로세스의 수행을 용이하게 해준다.

그림 14-1 지식경영 주기

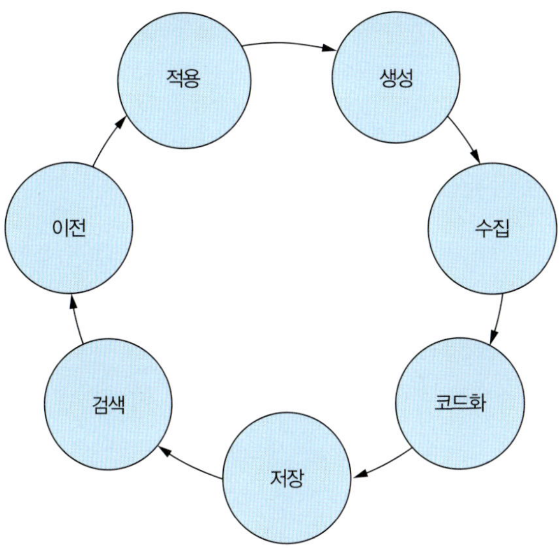

IT는 오늘날의 지식경영에 매우 중요하지만 기술만으로는 효과적인 지식경영이 이루어질 수 없다. 효과적인 지식경영에는 이를 지원하는 사회적·구조적 메커니즘도 필요하다. 예를 들어 조직이 신뢰적인 분위기라면 조직 내 지식 공유가 크게 향상되지만, 반대로 열악한 조직 프로세스와 문화는 지식경영의 실패를 초래할 수 있다.

지식 생성

개인뿐만 아니라 조직도 지식을 생성할 수 있다. Nonaka와 Takeuchi(1995)는 조직의 지식 생성에 대해 [그림 14-2]와 같은 SECI 모델을 제안했다.

그림 14-2 조직의 지식 생성에 대한 SECI 모델

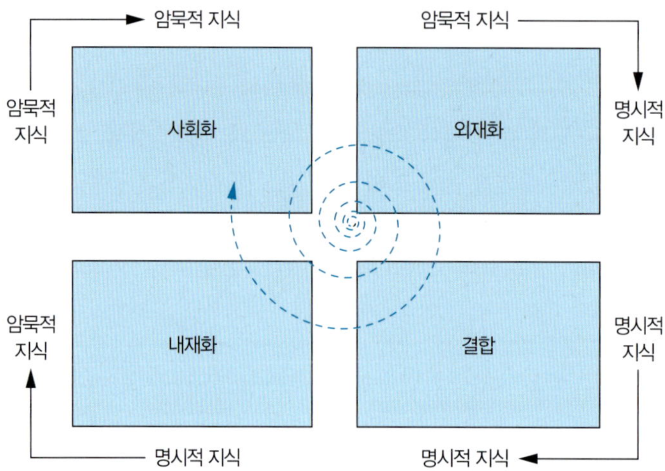

이 모델에 따르면 지식 생성은 암시적 지식과 명시적 지식의 상호 작용으로 이루어진 연속적 과정이며, 여기에는 다음과 같은 네 가지 프로세스가 포함된다.

- 사회화Socialization: 암묵적 의사소통으로서, 직접적인 의사소통이나 공유된 경험을 통해 암묵적 지식을 공유하는 것이다.
- 외재화Externalization: 암묵적 지식이 명시적 지식으로 변환되는 의사소통이다. 암묵적 지식은 구체적인 개념, 모델 등을 개발함으로써 명시적 지식으로 변환되며, 이러한 변환을 통해 다른 사람들이 지식을 이해하고 해석할 수 있다. 이는 새로운 지식을 창출하는 기반이 되기도 한다.
- 결합Combination: 외부화된 명시적 지식을 결합하여 더 넓은 개념, 모델, 이론을 형성하는 과정이다.
- 내재화Internalization: 명시적 지식이 암묵적 지식으로 변환되어 조직 내 개인에 의해 내재화되는 것이다. 새로운 암묵적 지식의 사회화로부터 새로운 주기가 시작될 수 있다.

이 네 가지 프로세스는 지식 증가의 순환을 형성한다. [그림 14-2]의 나선형이 의미하듯이 한 주기의 완료는 네 가지 프로세스를 거쳐 진행되며, 이러한 방식으로 지식의 양이 계속 증가한다.

지식이 풍부한 사람을 컨설턴트나 직원으로 고용함으로써 지식을 구매할 수도 있다. 또한 보고서를 구매하거나 회사 전체를 구매하여 지식을 얻을 수도 있다. 어떤 조직은 특정 회사의 지식 자산을 가지기 위해 그 회사를 인수하기도 한다.

지식 수집 및 코드화

일단 지식을 생성하거나 그 밖의 방식으로 획득했다면 그것을 수집하고 코드화해야 한다. 전문가 인터뷰, 결정을 내리는 집단 관찰, 포커스 그룹 구성, 프로젝트 또는 활동을 통해 얻은 교훈이나 경험에서 얻은 지식을 공유하는 회의 개최, 작업 분석 수행 등 지식을 수집하는 기술은 다양하다.

지식 코드화codifying knowledge는 암묵적 지식과 명시적 지식을 조직 구성원이 사용할 수 있는 형태로 변환하는 것을 의미한다. 즉 지식을 재사용할 수 있게 만드는 것으로, 여기에는 이전에 문서화되지 않은 지식의 문서화도 포함된다. 지식을 코드화하기 위해 조직은 다음을 수행해야 한다(Davenport와 Prusak, 1998).

- 전략적 의도를 정의한다(코드화된 지식은 조직에 어떻게 도움이 되는가?).
- 의도를 달성하는 데 필요한 지식을 파악한다.
- 기존 지식의 유용성과 체계화 능력을 평가한다.
- 지식을 체계화하고 배포하는 최선의 방법을 결정한다.

지식을 체계화하기는 어렵지만 다음과 같은 도구를 이용하면 좀 더 수월하다.

인지 지도cognitive map는 전문가가 지닌 지식의 멘탈 모델mental model(전문가가 사용 중인 시스템에 대한 개인적인 이해와 믿음)을 나타낸 것으로, 주요 개념과 그 개념들 간의 관계를 보여준다. 프리마인드Freemind, 마인드마이스터MindMeister, 비지오와 같은 소프트웨어는 인지 지도를 문서화하는 데 도움이 된다. 한 예로 [그림 14-3]은 웹 2.0의 개념 및 도구의 인지 지도이다.

의사결정 테이블decision table은 결론 또는 조치의 목록과 함께 조건 및 해당 값의 목록을 정리한 표로, 각 결론에 필요한 조건을 보여준다. 예를 들어 [그림 14-4]는 MBA 입학 결정을 위한 의사결정 테이블이다. 각 열에서 Y는 조건 충족, N은 조건 미충족, X는 적절한 조치를 나

그림 14-3 웹 2.0의 개념 및 도구의 인지 지도

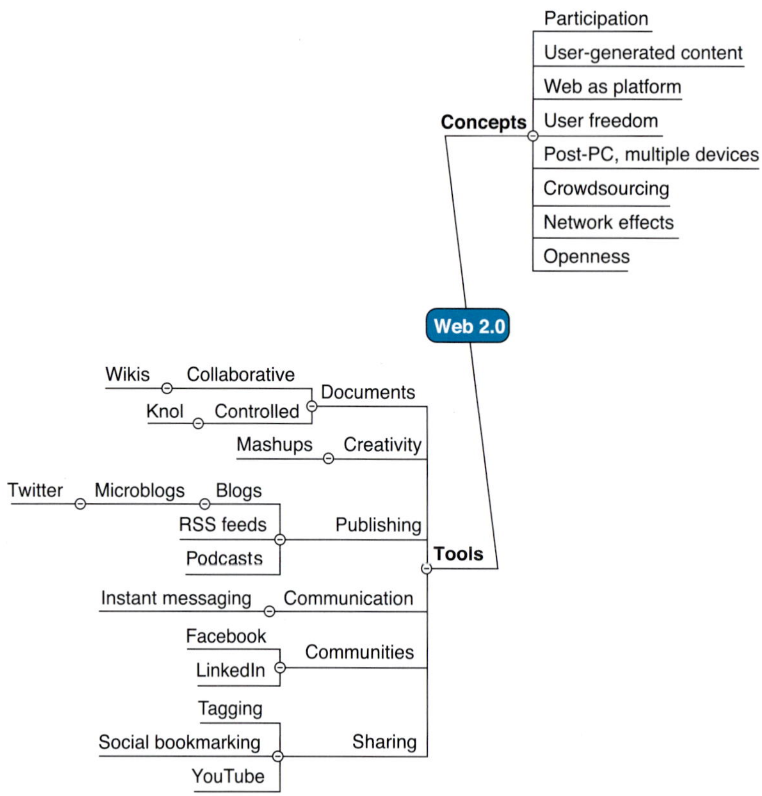

그림 14-4 의사결정 테이블의 예

조건		조건 입력						
		1	2	3	4	5	6	7
if (조건)	학사 학위 소지	Y	Y	Y	Y	Y	Y	N
	업무 경력 2년 이상	Y	Y	Y	Y	N	N	
	GMAT > 600	Y	Y	N	N	N	Y	
	학부 평점 > 3.0	Y	N	Y	N	N	Y	
Then (조치)	승인	X						
	조건부 승인		X		X			
	GMAT 재시험			X				
	입학 거절					X	X	X

타낸다.

의사결정 트리decision tree는 의사결정에 영향을 미치는 대체 경로를 나타낸 것으로, 특정 결과로 이어질 수 있는 다양한 경로를 보여준다. 즉 의사결정 방법을 문서화하기 위해 의사결정 트리를 사용한다. [그림 14-5]는 MBA 입학 결정을 위한 의사결정 트리이다. 의사결정 트리는 전문가 시스템에서 자주 사용되며, 이에 대해서는 뒤에서 자세히 설명하겠다.

그림 14-5 의사결정 트리의 예

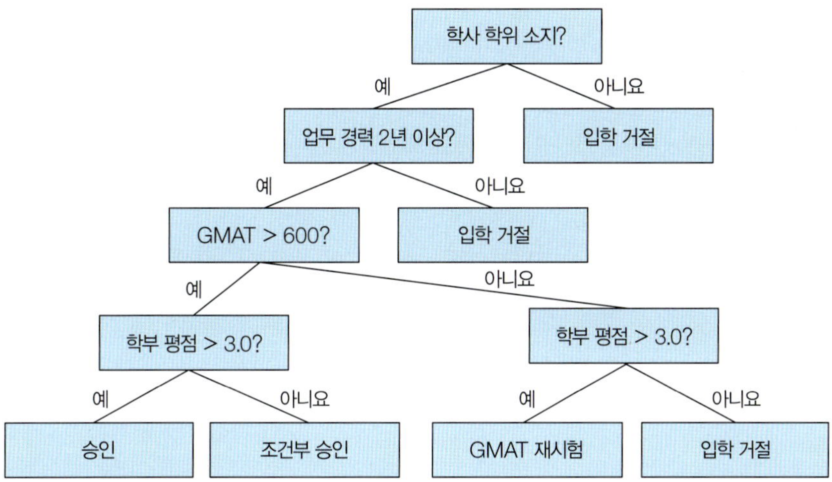

실제 경영 사례 14-1

지식경영의 신뢰 문제

좋은 지식경영 시스템을 갖추고자 하는 경영자는 지식 공유에 대해 처벌하기보다 보상하는 문화를 조성하기 위해 노력해야 한다. 지식은 모든 경영 전문가에게 중요한 자산이다. 경영 전문가들이 지식을 많이 가질수록 조직에 더 많은 가치를 부여하게 된다. 모든 자원이 그렇듯 지식 또한 희소할수록 더 가치가 있다. 다시 말해 다른 사람들이 거의 가지고 있지 않은 지식을 보유한다면 비즈니스의 가치가 더 커질 수 있다.

이러한 단순한 사실은 지식경영에 방해가 될 수 있다. 지식을 공유하면 더 널리 퍼지므로(흔한 지식이 되기 때문에) 공유는 해당 지식의 가치를 감소시킨다. 그러므로 조직의 지식경영에서는 신뢰가 중요하다. 지식을 보유한 전문가는 자신의 조직이 지식을 공유하는 개인을 부당하게 이용하지 않을 것이라고 믿어야 한다. 이렇게 신뢰하지 않는다면 전문가는 지식의 가치를 유지하기 위해 지식을 비축할 것이다.

이러한 도구와 그 밖의 목록화 도구는 전문가의 마음에 '저장된' 지식을 체계적으로 문서화하는 것이 그 목적이다. 전문가와 협력하여 이러한 도구를 사용하면 전문가의 지식을 수집하고 문서화하는 데 도움이 되며, 이렇게 지식을 문서화하면 다른 사람들이 이용하도록 지식을 저장·구성·공유할 수 있다.

지식 저장 및 검색

쉽게 접근할 수 있도록 지식을 정리하는 것은 어려운 일이다. 그 이유 중 하나는 지식이 다양한 형태로 존재하고 문서화될 수 있다는 것이다. 결과적으로 조직은 단일한 지식 기반으로 구성될 수 없다. 지식에는 새로운 것이 포함되고, 이는 다양한 형태로 저장된다. 예를 들어 전문 분야에 따라 잘 구성된 회사 디렉터리는 **지식 저장소**knowledge repository라고 할 수 있다. 이러한 디렉터리는 일종의 지식 저장소인 전문가를 효과적으로 찾는 데 도움이 된다. 문서 저장 시스템도 지식 저장소의 예이다.

지식 저장과 지식 검색은 밀접하게 연관되어 있다. 지식 소비자가 지식을 검색할 수 없다면 아무리 잘 설계된 지식 저장 시스템이라도 소용이 없다. 검색 기술은 중요한 지식 검색 도구이다. 지식을 찾기 위해 구글 등의 검색 도구를 얼마나 많이 이용하는지 생각해보라. 정확하고 빠른 검색 결과는 지식을 찾는 모든 사람에게 큰 도움이 된다.

지식 이전 및 적용

지식은 유용하기 위해 적용되어야 하며, 적용은 지식이 필요한 사람이 사용할 수 있음을 의미한다. 지식 지도knowledge map는 지식 이전을 촉진할 수 있다. 지식 지도는 조직 내 지식의 위치를 보여주며 개별 전문가, 전문가 네트워크, 문서, 데이터베이스 등을 식별할 수 있다.

지식 이전을 관리하려면 지식의 출처, 지식 이전에 사용되는 매체, 지식 소비자를 고려해야 한다. 지식의 출처에는 전문가, 지식 기반(지식 데이터베이스), 문서 저장소가 포함되고, 매체에는 컴퓨터 네트워크 및 기타 통신 매체가 포함될 수 있다. 지식 소비자는 지식을 적용하는 개인과 집단을 말한다.

이 책으로 공부하는 독자는 알아채지 못하는 사이에 지식 이전에 참여하고 있다. 교육은 지식 이전의 한 형태이며, 강사는 자신의 귀중한 지식 중 일부를 전달한다. 소셜 네트워크를 통해 친구에게 과제나 프로젝트를 도와달라고 부탁한 적이 있다면 지식 이전에 소셜 네트워크를 사용한 것이다.

사람들은 소셜 네트워크를 지식에 접근하는 데 늘 사용해왔으며, 소셜 네트워킹 기술의 출현으로 이러한 지식 이전이 증가하고 있다. [주목할 만한 사례]에서 언급한 문자 메시지는 소프트웨어를 통해 다른 사람의 지식을 활용한 초기 사례이다. 새로운 소셜 네트워킹 도구는 이러한 종류의 지식 이전을 더욱 효과적으로 할 수 있게 해준다.

학습 활동 14-2

지식경영을 위한 위키

위키는 개인이 간단한 웹 기반 인터페이스를 사용하여 어떤 주제에 대한 웹페이지를 공동으로 만들고 편집할 수 있는 웹사이트이다(7장 참조). 가장 널리 사용되는 위키는 온라인 연동 백과사전인 위키피디아이지만 그 밖에도 여러 가지 위키가 있다. 위키를 지식경영에 사용할 수 있는 방법에 대해 1쪽 분량의 리포트를 작성하라.

지식경영 기술

전화통화로 외부 지식을 활용하는 것과 같이 정보통신 기술은 오랫동안 지식경영에 도움이 되었다. 이 절에서는 몇 가지 지식경영 기술에 대해 알아보자.

지식 저장소

지식 저장소는 지식이 포함된 문서를 쉽게 찾고 검색하기 위한 것이다. Pearlson과 Saunders (2006)는 지식 지장소의 주요 유형을 다음과 같이 제시했다.

- 외부에 집중된 지식
- 연구 보고서, 마케팅 자료와 같은 구조화된 내부 지식
- 프로젝트 또는 활동을 통해 얻은 교훈이나 경험에서 얻은 지식을 요약하고 문서화한 것, 토론 데이터베이스, 자주 묻는 질문 모음과 같은 비공식적 내부 지식

의사소통 기반 도구

지식경영을 위한 의사소통 중심 도구가 많다. 이메일이 대표적인 예이다. 우리는 알지 못하는 것을 얻기 위해 동료에게 이메일을 보내곤 한다. 예컨대 영업 담당자는 특정 제품의 포지셔닝 방법에 대한 조언을 구하기 위해 다른 영업 담당자에게 이메일을 보낼 수 있다. 이메일은 효과적이지만 해당 지식을 가진 사람이 누구인지, 그리고 그 사람의 이메일 주소를 알아야 한다. 소셜 네트워크는 이러한 한계를 극복하는 데 도움이 될 수 있다. 네트워크 내의 **실천 커뮤니티**communities of practice(예: 링크드인)는 특히 도움이 된다. 이러한 집단 중 일부는 효과적인 실천 커뮤니티인데, 한 예로 '기술 사용 교수Technology-Using Professors'는 기술이 어떻게 학습을 향상할 수 있는지에 관심을 가진 대학 교수들의 네트워크이다.

협업 도구는 지식 저장소의 요소와 커뮤니케이션 기반 지식경영 도구를 결합해준다. 구글 독

스와 같은 시스템을 사용하면 문서 공유 및 공동 편집이 가능하다(7장 참조).

일부 지식경영 전문가는 지식경영을 콘텐츠 중심 관점에서 연결 중심 관점으로 보는 추세이다. 즉 지식 수집보다, 도움이 되는 지식을 가진 사람들과의 연결을 관리하는 데 도움이 되는 도구로 초점이 이동하고 있다. 앞서 언급한 소셜 네트워킹 도구는 이러한 형태의 지식경영에 도움이 되는 기술 중 하나이다. 예를 들어 링크드인, 페이스북, 구글 플러스는 그룹과 커뮤니티를 생성할 수 있다. 이러한 집단은 소셜 네트워킹 도구가 연결 중심 지식경영에 어떻게 사용될 수 있는지를 잘 보여준다.

디지털 대시보드

디지털 대시보드digital dashboard는 주요 데이터의 시각화 그래픽을 제공하며, 데이터가 주의가 필요한 영역을 나타낼 때 그래픽 경고와 함께 주요 데이터의 그래픽 보기를 제공한다. 대시보드 제품을 만드는 회사를 [표 14-2]에 정리했다. 대시보드 소프트웨어를 사용하여 데이터를 표시하는데, 시각적 개체가 사용되는 다양한 방법은 각 회사의 웹사이트에서 확인할 수 있다. 이 장의 뒷부분에서 시각화에 대해 자세히 설명할 것이다. 디지털 대시보드는 시각화를 광범위하게 사용하지만, 더 쉽고 빠르게 이해할 수 있는 테이블로 보여주기도 한다.

표 14-2 대시보드 제품

제품	웹사이트
BOARD	http://www.board.com/en/solutions-overview
ClicData	https://www.clicdata.com/
IBM	https://www.ibm.com/analytics/business-intelligence/
iDashboards	https://www.idashboards.com/solutions/
Klipfolio	http://www.klipfolio.com/guide-to-business-dashboards
SAP	https://www.sap.com/products/analytics/business-intelligence-bi.html
Tableau	http://www.tableau.com/solutions/business-dashboards

전문가 시스템

전문가 시스템expert system은 전문가의 사고 과정을 모방하는 방식으로 사용자가 문제를 해결하거나 질문에 답할 수 있도록 도와준다. 일반적으로 전문가 시스템은 특정 문제 영역에 초점을 둔다. 예를 들어 보험 회사는 고객을 위해 판매자가 적합한 상품을 선택하는 과정을 안내하는 전문가 시스템을 사용할 수 있다. 많은 조직에서는 비전문적인 직원이 기술적 문제 해결과 같은 복잡한 일을 처리할 수 있도록 전문가 시스템을 사용한다. 의학적 자가 진단 시스템도 있는데, 이는 정확한 진단이 아니라 증상에 대한 개연성을 제공하기 때문에 매우 주의해서 사용해야 한다.

이 절에서는 공식적인 지식경영 시스템이 없더라도 모든 조직이 지식경영을 해야 한다는 점을 강조한다. 조직의 지식 자원을 관리하는 것은 조직의 성공을 위해 매우 중요하다. 어떤 사람들은 지식경영을 학계에서만 선호하는 난해한 개념으로 간주하지만, 조직의 리더는 지식경영 방법에 더 많은 관심을 기울여야 한다.

일반적으로 지식은 일부 의사결정에 적용된다. 의사결정에는 지식이 필요하다. 의사결정 지원 기술은 지식경영 기술보다 훨씬 더 발전했으며, 의사결정 지원 시스템은 의사결정자가 지식을 적용하는 데 필요한 데이터와 정보를 다룰 수 있도록 도움을 주는 기술 도구를 제공한다. 다음 절에서는 이러한 도구에 대해 설명한다.

의사결정 지원 시스템과 협업 시스템

의사결정 지원 시스템 Decision Support System(DSS)은 의사결정자가 데이터와 모델을 이용하여 반구조적 또는 비구조적 문제를 해결하는 데 도움이 되는 컴퓨터 기반 시스템이다. DSS의 유형은 다양하므로 범주로 구분하는 것이 편리하다. 다음은 Alter(1977)와 Power(2001)의 DSS 프레임워크(http://www.dssresources.com)를 기반으로 구분한 것이다.

- **데이터 기반 DSS**data-driven DSS: 조직의 데이터 저장소에 저장된 데이터의 검색 및 조작에 중점을 둔다. **데이터 웨어하우스**data warehouse는 종종 중요한 데이터 기반 DSS이다. 이러한 DSS는 유용하지만 의사결정자가 결정을 내리는 데 거의 도움이 되지 않는다. 따라서 의사결정자가 데이터를 제대로 사용하지 않으면 잘못된 결정을 내릴 가능성이 높다. 그러나 구조화되지 않은 의사결정의 경우 필요한 데이터 검색량 때문에 데이터 기반 DSS가 특히 유용할 수 있다.
- **모델 기반 DSS**model-driven DSS: 의사결정자에게 분석 모델 액세스 및 조작 기능을 제공하는 데 중점을 둔다. 이러한 모델은 의사결정자가 DSS 없이는 수행하기 어렵고 시간이 많이 걸리는 정교한 분석에 도움이 된다. 모델 기반 DSS는 반구조적 의사결정에 적합하며, 어느 정도의 구조가 없으면 적절한 모델을 구축하기 어렵다. 모델 기반 DSS는 물류, 포트폴리오 관리, 수요 예측, 최적화 등 다양한 영역의 의사결정에 적용될 수 있다.
- **문서 기반 DSS**document-driven DSS: 의사결정에 도움이 될 수 있는 문서 관리 및 검색에 중점을 둔다. 여기서 문서는 채팅 세션 기록, 그래픽, 심지어 동영상 및 오디오 파일까지 포함하는 광범위한 개념이다. 문서 기반 DSS는 덜 구조화된 의사결정에 특히 유용하며, 분석적 측면이 없기 때문에 의사결정자의 분석 능력과 인지 모델에 크게 의존한다.
- **커뮤니케이션 기반 DSS**communication-driven DSS: 협업과 집단 기반 의사결정을 촉진한다. Power(2001)에 따르면 커뮤니케이션 기반 DSS는 의사소통, 정보 공유, 협업, 집단 기반 의사결정 중 하나 이상을 지원한다. 뒤에서 설명할 **그룹웨어**groupware는 커뮤니케이

학습 활동 14-3

의사결정 지원 시스템 사용하기

다음 중 하나를 선택하고, 관련 DSS를 사용하여 의사결정을 분석하라(강사가 다른 예와 DSS를 제공할 수도 있다).

- 어떤 차를 구입할까?(http://www.edmunds.com/calculators/affordability.html)
- 연료를 많이 소모하는 차를 연비가 더 좋은 차로 바꿔야 할까?(http://www.edmunds.com/calculators/gas-guzzler.html)
- 집을 살까, 임대할까?(http://www.realtor.com/mortgage/tools/rent-or-buy-calculator/)

두 명이 짝을 이루어 DSS를 사용한 경험을 공유하라. DSS가 유용했는가? 그 이유는 무엇인가?

션 기반 DSS의 한 유형이며, 이 밖에도 이메일, 문서 공유, 공동 편집 시스템(예: 구글 독스), 원격 회의 시스템이 커뮤니케이션 기반 DSS에 포함된다.

협업 시스템collaboration system(그룹웨어 또는 팀 지원 시스템이라고도 함)은 집단의 의사소통 및 협업에 도움이 되는 네트워크 기반 시스템이다. 협업 시스템을 분류하는 데에는 흔히 시간과 장소가 사용된다. 또한 동기식과 비동기식은 사용자가 동시에 공동 작업을 하는지(동기식) 또는 각기 다른 시간에 공동 작업을 하는지(비동기식)를 의미한다. 집단 구성원이 물리적으로 동일한 위치에 있으면 함께 배치된다. [표 14-3]은 일반적인 협업 시스템 기능을 분류하기 위해 시간과 장소 차원을 사용한 것이다.

표 14-3 협업 시스템의 예

구분	같은 시간(동기식)	다른 시간(비동기식)
같은 장소	집단 의사결정 지원 시스템(의사결정실), 프레젠테이션 지원	
다른 장소	집단 의사결정 지원 시스템(원격), 화상회의, 채팅 시스템, 원격 프레젠테이션, 공유 화이트보드	토론 데이터베이스, 이메일 및 이메일 목록, 워크플로 시스템, 문서 공동 편집

- 집단 의사결정 지원 시스템Group Decision Support System(GDSS): 집단 기반 의사결정을 용이하게 한다. GDSS에는 종종 브레인스토밍, 익명 논평, 투표를 위한 애플리케이션이 포함된다. GDSS의 목표는 동등한 참여를 장려하는 확립된 집단 방식을 지원함으로써 집단 의사결정을 보다 합리적으로 만드는 것이다. 일부 조직에는 프로젝션 시스템과 같은 공

유 장치 및 GDSS 소프트웨어에 액세스하는 개별 컴퓨터로 구성된 의사결정실이 있다. GDSS는 원격으로 사용할 수도 있다.

- 공유 화이트보드shared whiteboard: 화이트보드는 오래전부터 작업 집단의 의사소통에 사용되었다. 공유 화이트보드 시스템을 사용하면 한곳에 있지 않은 사용자들이 동일한 방식으로 그림이나 메모를 공유할 수 있다. 이때 각 요소를 그리는 사용자가 구분되도록 각기 다른 색깔을 할당하기도 한다.
- 화상회의videoconferencing: 사람들이 음성과 동영상을 사용하여 통신할 수 있다. 줌 또는 마이크로소프트 팀스와 같은 화상회의 시스템을 이용해보았을 것이다. 일부 조직은 특수 장비와 소프트웨어가 설치된 화상회의실을 갖추고 있다.
- 채팅 시스템chat system: 특히 집단 기반 채팅 시스템의 경우 사용자가 공용 공간에서 실시간 메시지를 작성할 수 있다. 일부 시스템에서는 중재자가 상호 작용을 이끌 수도 있다. 많은 채팅 시스템은 문서화를 목적으로 유용한 세션의 기록을 수집한다.
- 원격 프레젠테이션remote presentation: 원격 프레젠테이션 소프트웨어를 사용하면 한곳에 있지 않은 사람들이 프레젠테이션을 원격으로 볼 수 있다. 이러한 시스템은 흔히 발표자와 원격 청중이 상호 작용할 수 있는 채팅 창을 갖추고 있다.
- 이메일 및 이메일 목록email and email list: 이메일은 가장 간단한 그룹웨어 애플리케이션 중 하나로, 많은 사람이 집단에 문서나 아이디어를 배포하기 위해 이메일을 사용해왔다. 이메일 목록은 집단에 대한 대량 이메일을 쉽게 발송하여 집단 의사소통을 용이하게 한다. 일부 시스템의 경우 이메일 목록을 구독할 수 있어, 개별 메시지를 볼지 또는 집단에 전송된 모든 메시지를 단일 이메일 메시지로 표시하는 메시지 요약을 정기적으로 받을지를 선택할 수 있다.
- 토론 데이터베이스discussion database: 토론 포럼과 마찬가지로 사용자가 관련 정보를 검색할 수 있는 방식으로 모은 온라인 비동기식 토론을 저장한다. 채팅 세션 기록과 다른 점은 비동기식 토론을 지향한다는 것이다. 토론 데이터베이스는 집단 토론의 속도를 높여야 하는 새로운 구성원에게 특히 유용하다.
- 워크플로 시스템workflow system: 상대적으로 미리 결정된 방식으로 집단을 통해 문서를 라우팅한다. 관련 집단 구성원에게 적시에 문서가 제공되도록 문서가 적절히 라우팅되며, 또한 집단 내의 적절한 권한이 문서를 검토하는지 확인한다.
- 문서 공동 편집document coediting: 집단 구성원이 문서를 이메일로 주고받거나 공유하지 않고도 동시에 문서 작업을 할 수 있다. 팀 프로젝트에 구글 독스와 같은 공동 편집 시스

템을 사용하면 모든 구성원이 동일한 버전의 문서에서 작업할 수 있어 버전 관리에도 도움이 된다(다른 버전의 문서로 작업하여 시간을 허비한 적이 있다면 버전 관리의 중요성을 알 것이다). [표 14-3]에서는 문서 공동 편집을 비동기식에 포함했지만 대부분의 시스템은 동시 공동 편집이 가능하다.

이러한 기능은 독립 실행형 애플리케이션으로 제공되거나 단일 통합형 애플리케이션으로 제공된다. 예를 들어 슬랙은 토론, 채팅, 화상회의를 제공한다.

학습 활동 14-4

학생 팀 프로젝트용 슬랙

인기 있는 공동 작업 시스템인 슬랙은 팀이 보다 효과적으로 협력할 수 있게 해준다. 슬랙 웹사이트(https://slack.com/)에서 기본 기능을 살펴보고, 다음 질문에 대해 1~2쪽 분량의 리포트를 작성하라.

1. 팀 프로젝트에 가장 유용한 기능은 무엇인가?
2. 팀 프로젝트를 위해 슬랙을 사용하도록 어떻게 팀원을 독려하겠는가?

비즈니스 분석

매우 인기 있는 주제인 **비즈니스 분석**Business Analytics(BA)에 대해 많이 들어보았을 것이다. 기본적으로 비즈니스 분석은 데이터를 통찰력으로 변환하여 운영 및 의사결정을 개선하는 프로세스이다. 비즈니스 분석은 비즈니스 인텔리전스와 아주 가까운 사촌 격이라 종종 두 용어가 같은 의미로 사용된다.

비즈니스 인텔리전스가 주로 설명 작업과 관련된 것이라면, 비즈니스 분석은 예측과 더 관련된다고 볼 수 있다. 즉 비즈니스 인텔리전스는 과거에 대한 정보를 기반으로 현재 결정을 내리는 것과 관련이 있는 반면, 비즈니스 분석은 조직이 앞으로 나아갈 방법을 결정하는 데 도움이 되는 예측과 관련이 있다. 여기서는 최신 용어인 비즈니스 분석을 사용하겠다. 그러나 이 절의 내용은 주로 과거 사건에 중점을 둔 현재 운영에 대한 결정과 관련된 경우가 많기 때문에 비즈니스 인텔리전스라는 용어와도 맞닿아 있다.

비즈니스 분석의 전반적인 목표는 사람들이 데이터를 이해하도록 돕는 것이다. 기업들이 데이터의 바다에 빠져 있기 때문에 비즈니스 분석에 대한 관심은 쉽게 이해된다. 경영자는 이러한 데이터에서 파생된 정보가 잠재적인 가치를 지닌 금광이라는 것은 알고 있지만, 원재료를 보물로 바꾸는 방법을 제대로 모르는 경우가 많다. 비즈니스 분석 시스템에는 이러한 정보의 가치를 발굴하는 열쇠가 숨어 있을 수도 있다.

데이터 웨어하우스는 많은 비즈니스 분석 시스템의 중요한 요소이다. 데이터 웨어하우스에 저장된 데이터는 내부 거래 처리 시스템 등 다양한 내·외부 원천에서 가져온 것이다. 이러한 데이터 원천을 생산자로 생각하는 한 가지 방법이 있다. 데이터 웨어하우스는 의사결정을 지원하는 데 더욱 적합한 방식으로 데이터를 저장하고 구성한다. 분석가와 경영자는 데이터 마이닝 도구를 사용하여 데이터 웨어하우스의 데이터를 이해한다. 기본적인 비즈니스 분석 프레임워크를 나타낸 [그림 14-6]에서 보듯이 데이터 웨어하우스는 비즈니스 분석 시스템의 중요한 부분이다. 다음 절에서는 데이터 웨어하우징에 대해 개략적으로 살펴보겠다.

그림 14-6 비즈니스 분석 프레임워크

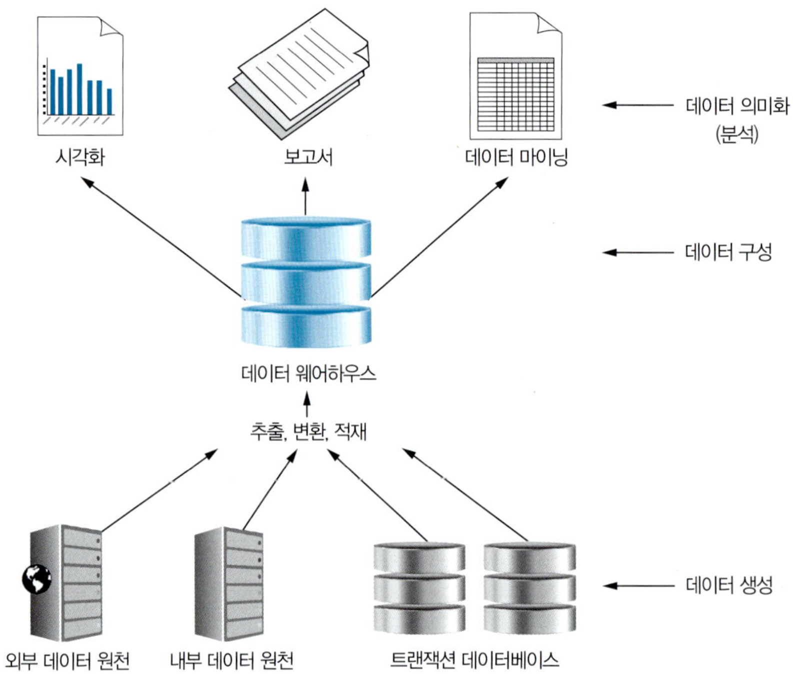

비즈니스 분석 도구는 다양한 유형의 조직이 지출을 줄이고 매출을 늘리는 데 도움이 된다. 예를 들어 온라인 데이트 비즈니스 회사인 이하모니eHarmony는 마케팅 프로그램의 효과를 평가하는 데 비즈니스 분석 소프트웨어를 이용하여 낮은 품질의 트래픽만 제공하는 제휴 프로그램을 제거함으로써 500만 달러를 절약했다. 그리고 컨설팅 회사인 딜로이트Deloitte는 글로벌 식자재 회사의 수익을 2% 증가시키는 데 도움이 되는 가격 분석 시스템을 개발했다(별거 아닌 것 같지만 수십억 달러 규모이므로 2%는 큰돈이다). 물류업체인 UPS는 비즈니스 분석을 사용하여 배송 경로를 최적화함으로써 트럭 주행 거리를 3억 마일 이상 줄이고 연료를 3,900만 갤런 이상 절약한다. 또한 마이크로소프트는 비즈니스 분석을 통해 직원을 재배치하여 공동 작업을 개선하고 회의 시간을 줄였다. 마이크로소프트의 경우 회의 이동 시간을 46% 단축하여 관련 직원들이 주당 100시간을 절약했다. 이러한 사례는 수도 없이 많은데, 비즈니스 분석으로 사기 티켓 판매를 감지하여 500만 달러를 절약한 아메리칸항공American Airlines도

여기에 포함된다.

출처: Moore, J. 2014. "Business Intelligence Meets Mobility at eHarmony." *CIO*, November 11. http://www.cio.com/article/2845557/mobile-application-management/business-intelligence-meets-mobility-at-eharmony.html; Petersen, R. 2016. "37 Big Data Case Studies with Big Results." *{grow}: Marketing, Strategy, Humanity*, December 6. https://businessesgrow.com/2016/12/06/big-data-case-studies/; Gavin, M. 2019. "3 Examples of Business Analytics in Action." *Business Insights*, January 15. https://online.hbs.edu/blog/post/business-analytics-examples; The Business Intelligence Guide. "American Airlines BI Systems." http://www.thebusinessintelligenceguide.com/industry_solutions/airline/Amercian_Airlines.php; Strain, M. "The AdvanTransactionaltages of Business Intelligence." *Chron*. http://smallbusiness.chron.com/advantages-business-intelligence-24548.html

데이터 웨어하우징

의사결정을 지원하는 데이터 웨어하우스는 비즈니스 분석에서 중요한 요소이다. 따라서 데이터 웨어하우스를 이해하면 데이터 웨어하우징의 목적을 이해할 수 있다. 트랜잭션을 지원하려면 데이터베이스에서 많은 데이터 추가·삭제·업데이트를 수행해야 한다. 반면에 의사결정 지원은 데이터 검색에 관한 것이다. 안타깝게도 데이터 업데이트에 매우 효율적인 데이터베이스는 데이터 검색 성능이 좋지 않다. 또 다른 문제는 의사결정을 위해 여러 트랜잭션 데이터베이스에서 데이터를 가져와야 하는 경우가 종종 있다는 것이다. 최종적으로 트랜잭션 데이터베이스는 일반적으로 매우 상세한 수준의 데이터로 저장된다. 합계 데이터는 종종 의사결정에 도움이 된다. 따라서 의사결정에 필요한 모든 데이터를 수집하는 것은 시간이 많이 걸리고 비효율적일 수 있다. 데이터 웨어하우징은 이러한 문제를 해결하기 위한 것으로, 데이터 웨어하우스를 사용하여 조직의 정보에서 가치를 얻는 프로세스이다. 데이터 웨어하우스는 의사결정 지원에 유용하도록 형식이 지정된 트랜잭션 데이터(및 기타 데이터)의 복사본이다.

트랜잭션 데이터베이스와 구별되는 데이터 웨어하우스의 특성은 다음과 같다.

- 데이터 웨어하우스는 주제 지향적이므로 마케팅, 인적 자원, 판매, 생산과 같은 특정 주제를 중심으로 구성된다.
- 데이터 웨어하우스의 데이터는 다양한 내·외부 원천에서 통합된 것이다.
- 일반적으로 데이터 웨어하우스의 데이터는 원래 형식에서 변환되며, 종종 자세한 데이터를 집계한다. 예를 들어 레스토랑 체인의 데이터 웨어하우스는 특정 기간(예: 시간당)의 개별 판매를 총판매로 집계한다.
- 일반적으로 데이터 웨어하우스의 데이터는 비휘발성이므로 데이터가 변경되지 않는다. 데이터 웨어하우스에 저장된 데이터는 그대로 유지되며 수정되지 않는다(더 이상 가치

가 없는 데이터는 웨어하우스에서 삭제될 수 있다).

다양한 원천의 데이터는 다음과 같은 추출, 변환, 적재 프로세스, 즉 ETL 프로세스를 통해 수집 및 준비되어 데이터 웨어하우스에 적재된다. ETL 프로세스의 개념은 쉽게 이해되지만 실제로 수행하는 데에는 종종 시간이 많이 걸리고 매우 복잡하다.

- 추출Extract: 소스 시스템(예: 트랜잭션 데이터베이스)에서 데이터를 가져온다. 추출할 데이터를 정확히 결정하는 것이 중요하다.
- 변환Transform: 의사결정 지원에 적합한 형식으로 데이터를 변환해야 하는데, 여기에는 자세한 데이터 집계가 포함되곤 한다. 데이터 정리도 변환 프로세스의 중요한 부분이며, 종종 복잡하고 비용이 많이 든다. 트랜잭션 데이터베이스의 데이터는 무질서한 경우가 많은데, 이는 여러 시스템에서 데이터를 추출할 때 문제가 된다. 이처럼 무질서한 데이터는 웨어하우스에 적재되기 전에 정리해야 한다. 예컨대 AT&T가 다양한 데이터베이스에서 AT&T, ATT, American Telephone and Telegraph, American Tel and Tel, AT and T 등으로 언급될 때 모두 한 회사로 인식되어야 한다. 그렇지 않으면 잘못된 데이터를 기반으로 결정을 내릴 수 있다.
- 적재Load: 정리된 데이터를 데이터 웨어하우스에 넣어야 하며, 이는 주기적으로 반복되어야 한다. 데이터를 얼마나 자주 적재해야 하는지 파악하기란 쉽지 않은데, 이는 올바른 의사결정을 지원하기 위해 데이터가 얼마나 최신이어야 하는지에 달려 있다. 시간에 민감한 데이터일수록 더 자주 적재해야 한다.

데이터 웨어하우스에 데이터가 있으면 그것을 검색하고 분석하여 해당 정보에서 가치를 얻을 수 있어야 한다. 다음 절에서는 데이터를 분석하는 데 사용되는 몇 가지 방법을 알아보자.

비즈니스 분석 방법

비즈니스 분석의 목표는 [표 14-4]와 같이 설명적 분석, 예측적 분석, 규범적 분석으로 구분할 수 있다. 과거에 대한 통찰력을 제공하는 설명적 분석 방법에는 보고서 작성, 데이터 마이닝, 시각화가 포함된다. 또한 예측적 분석은 과거 데이터와 기타 요인의 분석을 기반으로 결과를 예측하여 미래를 이해하고, 규범적 분석은 바람직한 결과에 대한 조언을 제공한다.

비즈니스 분석의 범주를 통해 그 목적을 알 수 있으며, 이러한 범주는 비즈니스 분석을 적용하는 방법을 이해하는 데 유용하다. 그러나 이 세 가지 범주에 모두 해당하는 특정 기법이 있

표 14-4 비즈니스 분석의 범주

범주	초점	핵심 질문
설명적 분석	과거에 대한 통찰	무슨 일이 일어났는가?
예측적 분석	미래에 대한 통찰	무슨 일이 일어날 수 있는가?
규범적 분석	결과에 대한 조언	어떻게 해야 하는가?

기도 하다. 예를 들어 데이터 마이닝은 모든 범주에 적용할 수 있다. 비즈니스 분석의 접근 방식인 시각화와 데이터 마이닝에 대해 알아보자.

시각화

6장에서 시각화에 대해 설명했는데, 여기서는 몇 가지 추가적인 내용을 살펴보자. 데이터 시각화는 이미지를 사용하여 정보를 전달하는 것이다. 흔히 볼 수 있는 차트와 그래프는 일반적인 시각화 방법이다. 앞에서 언급한 실행 대시보드에는 종종 데이터 테이블과 시각화가 포함된다. 정보를 나타내기 위해 시각화에는 위치, 모양, 색깔, 선 특성(두께와 모양), 크기 등의 심미적 디자인 요소가 사용된다. 예를 들어 간단한 막대그래프의 세로축에 매출을, 가로축에 연도를 표시하고 막대의 색깔로 제품 범주를 나타낼 수 있다. 도형, 선의 모양, 색깔은 다양한 유형의 사물(예: 소매 및 도매 고객)을 표시하는 데 자주 사용된다. 또한 모양의 크기로 값의 차이를 표현하는데, 크기가 작으면 낮은 값을 나타낸다.

엑셀, 태블로와 같은 소프트웨어를 사용하면 복잡한 시각화를 비교적 쉽게 만들 수 있지만, 효과적인 시각화를 만드는 방법을 이해하기란 훨씬 더 어렵다. 효과적인 시각화는 너무 다양한 시각적 요소를 사용하지 않고도 유용한 정보를 잘 전달하는 것이다. 다양한 시각적 요소로 가득한 시각화는 경험 부족을 나타내는 지표이기도 하다. 경험이 풍부한 분석가는 최소한의 시각적 요소를 사용한다. 물론 충분함과 과도함 사이의 경계를 이해하는 데에는 많은 경험과 전문성이 필요하다.

숙련된 분석가는 시각화 디자인을 시작하기 전에 그 목적을 이해한다. 일반적으로 시각화의 목적은 탐색, 설명, 설득 중 하나이다. 데이터 탐색에 중점을 둔 시각화는 대개 설명하려는 것보다 더 많은 정보를 보여주는 경향이 있다. 탐색적 데이터 시각화는 보유한 데이터를 이해하는 데 도움이 되며, 여기에는 데이터의 중요한 관계를 더 잘 이해할 수 있도록 많은 시각화를 만드는 것이 포함된다. 이러한 시각화의 경우 종종 많은 세부 정보가 포함되고, 그중 일부는 중요하지 않은 노이즈로 판명된다. 하지만 탐구는 과정이므로 일부 비생산적인 경로를 따라가는 것은 당연하다. 탐색적 시각화에 대한 또 다른 관점은 데이터에 내재된 스토리나 의미를 이해하는 것이라고 할 수 있다.

설명은 일반적으로 탐색을 따른다. 일단 데이터에 담긴 스토리를 알고 난 뒤 의도한 청중에게 스토리를 전달하는 시각화를 만든다. 청중을 이해하는 것은 매우 중요하다. 청중을 이해해야 적절한 세부 사항과 복잡성을 결정할 수 있다. 전문가로 이루어진 청중은 전문 지식이 부족한 청중보다 세부 사항과 복잡성을 더 잘 이해할 수 있다. 예를 들어 회계사 청중을 대상으로 하는 시각화를 만들 때는 소비자 청중을 대상으로 하는 시각화보다 더 자세한 정보를 담을 수

실제 경영 사례 14-2

수익성 문제 시각화하기

다음 시각화는 KPI(핵심 성과 지표)를 나타낸 것으로, KPI는 경영진이 조직의 성과를 평가하는 데 사용하는 중요한 지표이다. 세 가지 시각화를 보면 원하는 수준보다 낮은 수익성의 원인 중 하나가 대규모 할인 판매라는 것을 알 수 있다. 맨 위의 도표는 모든 지역-품목 조합이 하나만 '매우 좋음'으로 표시되어 경영진이 원하는 만큼 수익성이 크지 않다는 것을 보여준다. 반면에 할인 없이 판매만 고려하는 경우에는 모든 지역-품목 조합의 수익성이 '매우 좋음'이고, 반대로 30% 이상 할인 판매를 고려하는 경우에는 모든 지역-품목 조합의 수익성이 '나쁨'으로 나타났다. 따라서 목표보다 낮은 수익성의 이유 중 하나로 높은 할인율을 꼽을 수 있다. 물론 이것은 시작점에 불과하다. 경영진은 적절한 조치를 결정하기 위해 다른 데이터를 분석해야 한다. 일반적으로 비즈니스 분석에서는 초기 분석이 추가 분석으로 이어지며, 첫 번째 시도로 문제의 핵심에 도달하는 경우는 극히 드물다.

수익성 KPI
✔ 매우 좋음
! 좋음
× 나쁨

수익성은 한 품목 또는 지역에 대해 20% 이상이어야 함

품목별 수익성 KPI

	지역			
품목	중부	동부	남부	서부
가구	×	×	×	×
사무용품	×	!	!	✔
기술	!	!	!	!

할인 없이 판매

	지역			
품목	중부	동부	남부	서부
가구	✔	✔	✔	✔
사무용품	✔	✔	✔	✔
기술	✔	✔	✔	✔

할인 없이 판매하는 경우에는 지역과 품목의 수익성이 모두 높음

30% 이상 할인 판매

	지역			
품목	중부	동부	남부	서부
가구	×	×	×	×
사무용품	×	×	×	×
기술	×	×	×	×

30% 이상 할인 판매하는 경우에는 수익성 분석의 그림이 달라짐

학습 활동 14-5

효과적인 시각화

태블로는 널리 사용되는 시각화 소프트웨어이다. 태블로 공개 시각화 갤러리(https://public.tableau.com/en-us/gallery/?tab=featured&type=featured)에 접속하여 효과적인 시각화와 비효과적인 시각화를 찾아보라. (힌트: 드롭다운 상자를 사용하면 원하는 시각화를 쉽게 찾을 수 있다.)

1. 효과적인 시각화와 비효과적인 시각화의 주요 차이점에 대해 1쪽 분량의 리포트를 작성하라.
2. 시각화가 효과적인(비효과적인) 이유는 무엇인가?
3. 비효과적인 시각화를 개선할 수 있는 방법은 무엇인가?

있다. 스토리는 여러 시각화를 의미 있는 방식으로 묶는 효과적인 방법으로, 내러티브 순서로 시각화를 연결한다. 예를 들어 몇 가지 문제를 설명하는 시각화로 시작하고, 제안된 솔루션으로 끝나는 시각화를 통해 스토리를 진행할 수 있다.

시각화의 마지막 목적은 설득이다. 일부 전문가는 설득을 설명의 특수한 경우로 간주하지만, 이 책에서는 설득을 별도로 취급하려 한다. 설득력 있는 시각화는 한 사람 이상이 특정 행동이나 관점을 받아들이도록 영향을 미친다. 또한 시각적으로 제시된 데이터를 특정 행동이나 관점의 적합성에 대한 증거로 사용한다. 특히 시각화가 능숙하게 설계되었을 때 사람들은 통계보다 시각화를 더 잘 해석할 수 있다. 그러나 시각화하려는 데이터를 정확하게 표현하는 것이 중요하다. 비윤리적인 시각화 설계자는 오해의 소지가 있는 축 척도와 끝점, 크기, 불완전한 데이터 및 기타 수단을 선택하여 데이터와 추세를 잘못 나타내기도 한다. 데이터 시각화의 현명한 소비자라면 이러한 속임수를 늘 경계해야 한다.

데이터 마이닝

데이터 마이닝data mining은 추세, 패턴 등의 유용한 정보를 식별하기 위해 데이터를 분석하는 프로세스이다. 추세와 패턴을 식별하기 위해 데이터 마이닝에는 일반적으로 통계 기법의 적용이 포함된다. 어떤 사람들은 쿼리와 시각화가 데이터 마이닝과 관련된다고 생각한다. 앞 장에서 이러한 주제를 다루었으니 여기서는 통계적 데이터 마이닝에 초점을 맞춘다.

경영에서부터 프로스포츠의 드래프트에 이르기까지 다양한 분야에서 데이터 마이닝이 광범위하게 적용되고 있다. 데이터 마이닝의 기본 프로세스는 [그림 14-7]과 같다. 기존 데이터를 분석하고 적절한 데이터 마이닝 기법을 이용하여 모델을 구축한 다음 이 모델을 새 데이터에 적용하여 예측한다.

그림 14-7 고수준 데이터 마이닝

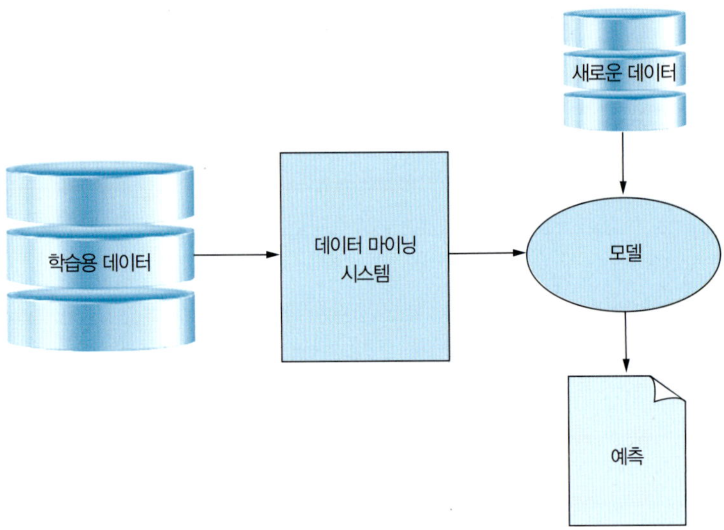

출처: http://www.thearling.com/dmintro/dmintro_2.htm/을 수정

데이터 마이닝에는 많은 통계 기법이 사용되지만, 기존의 통계 분석과 데이터 마이닝의 차이를 이해하는 것이 중요하다. 기존의 통계 분석에서는 주로 모델(예: 회귀 방정식)을 만든 다음 데이터를 사용하여 그 모델을 테스트한다. 기본적으로 가설을 세운 다음 데이터와 통계 분석을 사용하여 그 가설을 테스트한다. 이것은 종종 효과적이지만, 지식과 창의성에 의해 제한된다. 가설을 세울 수 있는 것만 테스트하기 때문이다. 반면에 데이터 마이닝은 이러한 한계를 극복하는 데 도움이 된다. 데이터 마이닝의 경우 모델을 발견한 다음 모델의 유효성을 테스트하는 데 중점을 두며, 모델로 이어지는 데이터의 관계를 밝히는 데 통계 기법이 사용된다. 일반적인 데이터 마이닝 기술은 [표 14-5]와 같다.

경영에서 사용하는 데이터 마이닝 애플리케이션은 다양하다. 마케팅 과목에서 고객 세분화에 대해 들어보았을 것이다. 클러스터 분석을 통해 고객 집단(세그먼트)을 구축할 수 있다. 클러스터 분석에서는 정보를 상호 배타적인 묶음으로 나눈다(각 구성원이 최대 하나의 집단에 속한다). 목표는 각 구성원이 집단 내 다른 모든 구성원과 최대한 비슷하고, 각 집단끼리는 최대한 다르도록 구분하는 것이다. 예를 들어 호텔 체인은 클러스터 분석을 사용하여 고객을 단기

표 14-5 일반적인 데이터 마이닝 기술

기술	설명	예
연관성 탐지	여러 이벤트의 연관 패턴을 발견한다.	고객은 달걀과 버터를 함께 구매하는 경향이 있다.
순서 분석	한 이벤트가 다른 이벤트로 이어지는 것을 발견한다.	한 학생이 대학을 졸업한 뒤 새 차를 구입한다.
분류	예측하려는 변수를 기준으로 데이터를 상호 배타적인 묶음으로 나눈다.	학생을 자퇴 가능성에 따라 분류한다.
클러스터링	(예측하려는 변수뿐만 아니라) 사용 가능한 모든 데이터를 사용하여 데이터를 상호 배타적인 묶음으로 나눈다.	호텔 투숙객을 다양한 선호도에 따라 분류한다.
예측	발견된 패턴을 사용하여 예측한다.	과거의 상환 및 고용 이력을 이용하여 대출 신청자의 채무 불이행 여부를 예측한다.

비즈니스 고객, 휴가객, 장기 비즈니스 고객 등으로 분류하고, 각 고객에 맞게 광고를 조정하여 그 효과를 높일 수 있다. CRM 시스템은 클러스터 분석을 사용하여 제품 또는 서비스 제공을 맞춤화할 수 있다.

장바구니 분석은 고객의 제품 또는 서비스 선택 간 유사성을 식별한다. 소매업체는 계산대 스캐너의 데이터를 사용하여 고객이 함께 구매하는 경향이 있는 제품을 파악하곤 한다. 예를 들어 레스토랑에서는 일반적으로 와인을 마시는 고객이 디저트를 주문하고, 맥주를 마시는 고객이 애피타이저를 주문한다는 것을 파악한 뒤, 이러한 정보를 바탕으로 특별 메뉴를 개발할 수 있다. 장바구니 분석은 연관성 탐지의 한 예이며, 연관성 분석은 데이터 집합에서 변수 간의 관련성을 파악하기 위해 변수들이 함께 발생하는 빈도를 고려한다.

스무고개를 해본 적이 있다면 분류 기법인 의사결정 트리의 개념을 이해할 수 있다. 의사결정 트리의 경우 일련의 질문을 기반으로 예측을 수행하며, 현재의 질문에 대한 답에 따라 다음 질문이 달라진다. 앞에서는 의사결정 트리를 지식 수집을 위한 방법으로 설명했으나 여기서는 지식 수집보다는 예측에 초점을 둔다.

이 밖에도 회귀 분석, 시계열 분석, 신경망, 텍스트 분석 등의 통계적 방법을 비롯해 다양한 데이터 마이닝 기술이 있다. 앞에서 언급했듯이 통계 분석은 기존 모델의 테스트를 강조하는 반면 데이터 마이닝은 모델을 발견하려고 한다. 많은 통계 기법이 모델의 테스트와 모델 발견에 모두 사용될 수 있다. 명심해야 할 점은 모델과 그 모델의 예측 결과가 합리적인지 항상 평가해야 한다는 것이다. 많은 데이터 마이닝 기술은 수학을 기반으로 하며 숫자에 관한 것이다. 수학은 기본적인 연관성이 실제로 어떤 의미가 있는지를 고려하지 않기 때문에 인간의 해석과 판단이 개입하게 된다.

6장에서 정보 보고 도구를 다루었으니 여기서는 간략하게 설명하겠다. 가장 유용하고 사용하기 쉬운 보고 도구 중 하나는 스프레드시트 피벗 테이블이다. 처음에는 복잡해 보일 수 있지만 기본 사항을 이해하면 피벗 테이블을 사용하여 데이터 세트의 다차원 보기를 빠르게 구축할 수 있다. 예를 들어 [그림 14-8]은 소규모 소매 의류 체인의 판매 데이터로, 주별·분기별로 세분화된 각 매장의 총수익을 보여준다.

그림 14-8 피벗 테이블의 예

Sum of Sales revenue	Column Labels				
Row Labels	Q1	Q2	Q3	Q4	Grand Total
⊟California	**1,899,680.30**	**1,760,147.80**	**1,930,516.50**	**1,889,224.70**	**7,479,569.30**
e-Fashion San Francisco	770,502.70	779,742.50	822,383.60	886,011.70	3,258,640.50
e-Fashion San Diego	1,129,177.60	980,405.30	1,108,132.90	1,003,213.00	4,220,928.80
⊟Colorado	**525,682.20**	**500,076.00**	**510,776.90**	**523,740.10**	**2,060,275.20**
e-Fashion Dillion	525,682.20	500,076.00	510,776.90	523,740.10	2,060,275.20
⊟DC	**766,821.70**	**706,446.60**	**692,258.20**	**796,423.40**	**2,961,949.90**
e-Fashion Washington Midtown	766,821.70	706,446.60	692,258.20	796,423.40	2,961,949.90
⊟Florida	**515,687.70**	**489,997.80**	**387,809.70**	**485,663.30**	**1,879,158.50**
e-Fashion Miami Beach	515,687.70	489,997.80	387,809.70	485,663.30	1,879,158.50
⊟Illinois	**846,408.40**	**850,595.00**	**610,765.20**	**714,889.80**	**3,022,658.40**
e-Fashion Chicago Loop	846,408.40	850,595.00	610,765.20	714,889.80	3,022,658.40
⊟Massachusetts	**312,896.40**	**291,431.00**	**249,529.00**	**429,850.20**	**1,283,706.60**
e-Fashion Boston Newbury	312,896.40	291,431.00	249,529.00	429,850.20	1,283,706.60
⊟New York	**1,987,114.70**	**2,028,090.70**	**1,672,580.70**	**1,894,434.50**	**7,582,220.60**
e-Fashion New York 5th	804,084.40	795,193.60	637,277.10	723,811.40	2,960,366.50
e-Fashion New York Midtown	1,183,030.30	1,232,897.10	1,035,303.60	1,170,623.10	4,621,854.10
⊟Texas	**2,875,569.20**	**2,499,276.80**	**2,146,302.80**	**2,596,515.50**	**10,117,664.30**
e-Fashion Dallas	555,458.70	450,588.30	467,925.90	496,061.30	1,970,034.20
e-Fashion Houston	614,284.60	560,650.20	465,677.10	662,570.90	2,303,182.80
e-Fashion DFW	775,482.70	667,850.30	581,470.40	674,869.80	2,699,673.20
e-Fashion Houston Downtown	930,343.20	820,188.00	631,229.40	763,013.50	3,144,774.10
Grand Total	**9,729,860.60**	**9,126,061.70**	**8,200,539.00**	**9,330,741.50**	**36,387,202.80**

Sheet1 / Report 1

데이터를 보는 방식에 따라 항목을 빠르게 수정할 수 있다. 가령 분석에 제품 카테고리를 추가해야 한다면 몇 초 만에 [그림 14-9]와 같이 새 차원을 포함할 수 있다(그림에는 표의 일부만 나타나 있다). 피벗 테이블은 이러한 유연성 덕분에 일반적인 경영 의사결정에서 이상적인 보고 및 분석 도구가 된다.

그림 14-9 차원이 추가된 피벗 테이블

	A	B	C	D	E	F
3	**Sum of Sales revenue**	**Column Labels**				
4	**Row Labels**	**Q1**	**Q2**	**Q3**	**Q4**	**Grand Total**
5	**⊟California**	**1,899,680.30**	**1,760,147.80**	**1,930,516.50**	**1,889,224.70**	**7,479,569.30**
6	**⊟e-Fashion San Francisco**	**770,502.70**	**779,742.50**	**822,383.60**	**886,011.70**	**3,258,640.50**
7	2 Pocket shirts	27,876.20	33,324.60	30,122.00	31,773.80	123,096.60
8	Belts,bags,wallets	49,517.90	40,896.40	17,621.40	29,908.20	137,943.90
9	Bermudas	994.90		340.30	4,883.40	6,218.60
10	Boatwear	11,091.60	2,065.60	2,040.30	8,949.70	24,147.20
11	Cardigan	36,084.10	22,446.50	14,003.60	1,176.40	73,710.60
12	Casual dresses	4,293.20	4,458.50	12,908.10	5,014.70	26,674.50
13	Day wear	4,344.90	28,676.30	29,980.00		63,001.20
14	Dry wear	1,396.10		6,236.20	10,935.60	18,567.90
15	Evening wear	26,296.00	4,699.80	32,976.70	101,981.50	165,954.00
16	Fancy fabric	4,758.00	3,607.60	3,646.70	4,964.70	16,977.00
17	Full length	1,935.50		4,459.90	15,833.50	22,228.90
18	Hair accessories	4,852.80		3,388.10	7,065.60	15,306.50
19	Hats,gloves,scarves	66,386.40	24,783.20	19,091.00	3,175.00	113,435.60
20	Jackets			6,570.00	381.30	6,951.30
21	Jeans	4,238.70	1,711.80	5,678.80	10,353.60	21,982.90
22	Jewelry	185,083.10	209,951.90	43,683.00	1,815.20	440,533.20
23	Long lounge pants	970.80	424.60	5,234.90	7,961.90	14,592.20
24	Long sleeve	17,300.00	10,490.60	40,848.40	61,425.20	130,064.20
25	Lounge wear	6,423.70	16,771.60	16,017.80	5,639.40	44,852.50
26	Mini city	818.00	3,445.20	5,697.80	1,098.40	11,059.40
27	Night wear			1,837.80	2,846.00	4,683.80
28	Outdoor	3,151.00	3,503.40	7,544.60	6,310.50	20,509.50
29	Pants	572.90		1,831.60	946.20	3,350.70
30	Party pants	8,416.00	14,143.80	59,198.40	4,208.90	85,967.10
31	Samples	1,022.80	10,618.70	12,960.80	7,878.90	32,481.20

Sheet1 / Report 1

인공지능

1장에서 언급한 세 가지 신기술 중 하나인 **인공지능**AI은 인간의 인지 능력에 가까운 기술군을 말한다. 이 절에서는 특정 AI 애플리케이션 및 기술에 대해 자세히 설명하겠다. 그러나 AI는 방대한 주제이므로 여기서 다루는 것은 극히 일부에 불과하다. AI 애플리케이션은 상상할 수 있는 거의 모든 산업에 존재한다(몇 가지 예는 [실제 경영 사례 14-3]을 참조하라). 엄청난 영향을 미치는 애플리케이션을 만들기 위해 AI를 사물 인터넷 등의 기술과 결합하기도 한다. 이러한 애플리케이션을 기능하게 하는 일부 AI 기술에 대해 일아보자.

현재 사용 가능한 AI 시스템은 협소한 AI(협소한 인공지능 또는 약한 AI라고도 함)로 분류할 수 있다. 이것은 AI 시스템이 비교적 협소한 단일 작업에 집중된다는 것을 의미한다. 예를 들어 애플의 시리Siri 또는 아마존의 알렉사Alexa와 같은 가상 비서는 가까운 태국 음식점까지의 길을 찾거나 날씨를 확인하는 등 비교적 좁은 범위의 작업을 도와준다. 많은 사람은 이러한 가상 비서가 매우 유용하다고 생각하지만, 제한된 범위를 벗어난 작업을 수행하는 데에는 어려움이 있다. IBM의 왓슨Watson처럼 훨씬 더 정교한 시스템은 지각력(자기인식이라고도 할 수 있음)이 없기 때문에 여전히 협소한 AI로 분류된다.

미래에는 딥 AI(일반적 인공지능 또는 강력한 AI라고도 함)가 등장할 것이다. 딥 AI로 분류되려면 시스템이 생각하고 행동하는 방식이 인간과 거의 같아야 한다. 공상과학 소설 마니아라면 AI 시스템이 스스로를 인식할 뿐만 아니라 인간의 능력을 훨씬 뛰어넘는 지능을 가진 인공 초지능을 들어보았을 것이다. 협소한 AI가 보편화되고 있지만 대부분의 전문가들은 딥 AI와 인공 초지능이 현실화되려면 아직 멀었다고 생각한다.

오늘날 AI는 곳곳에 쓰이고 있는데, 그중 몇 가지 예는 다음과 같다.

- 컴퓨터 비전computer vision: 이 시스템은 시각 데이터를 해석하기 위해 신경망 작업과 같은 AI 기술을 사용한다(신경망은 동물의 뇌가 작동하는 방식에 어느 정도 기반을 둔 AI

시스템이다). 얼굴을 인식하여 잠금을 해제할 수 있는 휴대폰이나 태블릿은 컴퓨터 비전 기술이 적용된 것이다. 사실 우리는 법 집행 기관과 정부가 사용하는 안면 인식 기술의 대상이었다. 의료 영상 판독, 자율주행 자동차, 로봇 공학 등은 컴퓨터 비전의 최신 애플리케이션이다.

- 자연어 처리Natural Language Processing(NLP): 자연어 처리의 목표는 컴퓨터가 인간처럼 언어를 이해하는 것이다. 자연어 처리 애플리케이션에는 고급 이메일 스팸 탐지, 언어 번역, 챗봇, 디지털 가상 비서가 포함된다.
- 추천 시스템recommendation system: 기업이 소비자에게 관심을 가질 만한 제품을 보여주는 데 널리 사용된다. 넷플릭스, 훌루Hulu 등의 스트리밍 서비스는 추천 시스템을 사용하여 이전 시청 행동을 기반으로 영화와 프로그램을 제안한다. 추천 시스템에는 종종 독점적인 머신러닝 알고리즘이 이용된다.
- 전문가 시스템expert system: 해당 영역 전문가의 판단을 시뮬레이션하기 위해 지식 기반(사실과 경험 법칙의 조직화된 결합)과 추론 엔진(지식을 적용하는 일련의 규칙)을 사용

실제 경영 사례 14-3

AI의 응용

AI는 경영 방식에 변화를 가져왔다. 예를 들어 인적 자원 관리의 경우 구직자를 모집·선별하고, 직원 복리후생을 개인화하며, 성과 관리의 일부분을 자동화하는 데 AI를 사용하고 있다. 또한 많은 기업은 AI 기반 챗봇을 사용하여 고객 서비스를 제공하고 있다. AI 애플리케이션은 에너지 회사가 유지·보수 비용을 절감하고 가동 중지 시간을 줄이는 데 도움이 된다. 예를 들어 제너럴일렉트릭(General Electric), 지멘스(Siemens), ABB 등은 산업 기계를 모니터링하여 잠재적인 문제를 탐지하고 예방 유지·보수 일정을 더 잘 계획하기 위해 AI를 사용한다. 많은 조직은 사이버 보안 전략의 일부로 고성능 AI를 사용하고 있다. 또한 AI 머신러닝 알고리즘은 직불카드나 신용카드에 대한 잠재적 사기를 감지하여 경고를 보내기도 한다. 스포티파이와 판도라는 AI를 사용하여 노래와 아티스트 추천을 개인화한다. AI가 경영에 미치는 영향은 뚜렷하며, 이는 앞으로 더더욱 커질 것이다.

출처: HR Technologist Staff. 2019. "The Beginner's Guide to AI in HR." *HR Technologist*, February 5. https://www.hrtechnologist.com/articles/digital-transformation/the-beginners-guide-to-ai-in-hr/; Phaneuf, A. 2020. "Artificial Intelligence in Financial Services: Applications and Benefits of AI in Finance." *Business Insider*, September 9. https://www.businessinsider.com/ai-in-finance; Change, E. 2019. "5 Energy Companies Using AI for Cost-Efficiency." *U.S. News and World Report*, April 12. https://money.usnews.com/investing/stock-market-news/articles/2019-04-12/5-energy-companies-using-ai-for-cost-efficiency; Faggella, D. 2020. "6 Examples of AI in Business Intelligence Applications." *Emerj.com*, March 14. https://emerj.com/ai-sector-overviews/ai-in-business-intelligence-applications/; Sennaar, K. 2019. "Musical Artificial Intelligence—6 Applications of AI for Audio." *Emerj.com*, February 9. https://emerj.com/ai-sector-overviews/musical-artificial-intelligence-6-applications-of-ai-for-audio/

한다. 전문가 시스템은 질병 진단, 금융 사기 적발, 제조 제어 등 많은 지식 영역에 적용되었다.

가장 널리 사용되는 AI 관련 기술 중 하나인 머신러닝에 대해 간략히 살펴보자.

머신러닝

머신러닝machine learning은 경험을 통해 자동으로 개선되는 애플리케이션 개발과 관련된 AI로, 기본적으로 사례를 통해 학습한다. 대표적인 예는 물체 및 물체가 아닌 항목의 사례를 보여줌으로써 물체를 인식하는 법을 배우는 것이며, 가령 개가 포함되지 않은 사진과 함께 개 사진 세트를 시스템에 제공할 수 있다. 인간은 개가 포함된 사진과 포함되지 않은 사진을 시스템에 알려주며, 시간이 지남에 따라 시스템은 이미지를 분석하여 개가 포함된 사진의 특성을 식별하고 분석을 조정하여 분류를 개선함으로써 개를 다른 동물과 구별하는 방법을 학습한다. 시스템에 개 사진을 더 많이 제공할수록 개와 다른 이미지를 더 정확히 구별하게 된다.

우리는 인터넷을 사용하면서 AI 시스템의 훈련을 돕고 있었을 수도 있다. 실제 인간임을 증명하기 위해 자전거, 교통 신호, 기차와 같은 일반적인 물체가 포함된 사진을 식별하는 구글의 reCAPTCHA 시스템('나는 로봇이 아닙니다' 상자)을 접한 적이 있을 것이다. 이 시스템에 사용된 사진은 구글 스트리트 뷰에서 가져온 것이며, 교통 신호 사진을 식별하면 AI 시스템에 교통 신호를 보다 정확히 식별하는 데 도움이 되는 훈련 데이터를 제공한다. 교통 신호를 높은 정확도로 인식할 수 있는 AI 시스템의 유용성을 상상해보라. 이는 안정적이고 안전한 자율주행 자동차에 큰 도움이 된다.

머신러닝에는 네 단계가 포함된다. 단계가 더 많은 머신러닝 프로세스 모델도 있지만, 일반적으로 이러한 모델은 일부 단계를 세부적으로 나눈 것이다.

1. 학습 데이터 세트 선택 및 준비: 학습 데이터 세트는 머신러닝 알고리즘을 훈련하는 데 사용되며, 이를 위해 먼저 알고리즘에서 사용할 수 있는 형식으로 데이터 세트를 입력해야 한다. 때로는 모델을 평가하는 데 사용할 학습 데이터 세트 중 일부를 보류한다(세 번째 단계 참조).
2. 학습 데이터 세트 분석에 사용할 알고리즘 선택: 예컨대 하나 이상의 입력 변수(독립 변수)를 사용하여 결과 변수(종속 변수)의 값을 예측하는 회귀 알고리즘을 선택할 수 있다. 가령 가격, 요일, 계절과 같은 변수를 토대로 핫도그 판매를 예측하려고 한다면 종속 변

수는 판매된 핫도그의 수이고 가격, 요일, 계절은 독립 변수이다. 이 단계의 결과는 모델이며, 이 예제에서는 회귀식이 그 결과이다.

3. 모델 평가: 새 데이터 세트 또는 원래 데이터 세트에서 보류된 데이터를 사용하여 정확도, 정밀도 또는 기타 적합한 기준을 결정하는 작업이 포함된다. 실적이 저조한 모델은 조정하기도 한다.
4. 모델 적용: 개선된 모델이 사용된다. 회귀 방정식은 핫도그의 미래 판매량을 예측하는 데 사용된다.

위의 예는 지도 학습이라는 머신러닝 방법의 범주를 보여준다. 지도 학습 알고리즘은 정답이 포함된 데이터 세트를 사용하여 훈련된다. 핫도그 판매 예측의 예에서 훈련 및 평가 데이터 세트는 실제로 판매된 핫도그의 수가 포함된 데이터이다. 한편 비지도 학습에는 '정답'을 나타내지 않는 데이터를 사용한다. 알고리즘은 데이터에서 일부 구조를 찾으려고 시도한다. 예를 들어 식료품점은 고객 충성도 데이터를 분석하여 공통된 특성을 지닌 고객 집단을 파악할 수 있다. 강화 학습 알고리즘은 가장 높은 보상을 제공하는 작업을 결정하기 위해 시행착오 방법을 사용한다. 이 알고리즘의 목표는 일정 기간 동안 가장 큰 보상을 제공하는 작업을 찾는 것이며, 어떤 세트가 가장 좋은지 결정하기 위해 다양한 조치 세트를 시도한다. 강화 학습 알고리즘은 로봇 공학, 게임, 자율주행 자동차 등에 사용된다.

흥미로운 AI 애플리케이션 중 하나는 보다 자율적인 로봇을 만드는 데 사용된다. 이어서 로봇 공학과 그 활용에 대해 간략히 설명하겠다.

로봇

로봇robot은 복잡한 작업을 수행할 수 있는 컴퓨터 제어 기계이고, 로봇 공학은 로봇의 설계·구성·작동을 연구하는 학문이다. 영화에서는 인간과 유사한 형태(휴머노이드라고 함)의 로봇이 자주 등장하지만 대부분의 로봇은 분명히 기계이다. 산업용 로봇은 수십 년 동안 사용되어왔다. 예를 들어 1980년대에 자동차 제조업체는 차체 용접, 도색과 같은 작업에 로봇을 사용했다. 오늘날 로봇은 창고 자동화, 농작물 수확, 수술 지원, 집 청소와 같은 다양한 작업에 사용되며, 저자 중 한 명은 수영장 청소 로봇을 가지고 있다. 심지어 로봇은 예술과 엔터테인먼트에도 사용된다.

우리는 부지불식간에 로봇 공학의 혜택을 받고 있다. 예를 들어 온라인으로 제품을 주문했다면 로봇이 일하는 자동화 창고에서 해당 제품이 이동했을 수도 있다. 아마존은 소형 로봇을

실제 경영 사례 14-4

농업용 로봇

농사일은 고되기 때문에 농업 인력을 구하기가 어렵다. 농부는 잡초를 없애기 위해 화학물질을 사용하고 대규모 농장과 목장에서는 식물과 가축을 모니터링하는데, 로봇은 이러한 일을 대신 해준다. 로봇은 사과, 딸기, 상추와 같은 작물을 수확하고 제초제를 뿌린다. 잡초 방제 로봇 중 일부에는 AI가 적용되어 잡초와 작물을 구분할 수 있다. 또한 토양 분석 및 환경 모니터링에도 로봇을 사용하여 작물 수확량을 높일 수 있다. 농부는 로봇의 일종인 드론을 사용하여 환경 조건을 모니터링하고 종자와 비료를 뿌린다. 목장주는 드론을 사용하여 가축을 추적하고 로봇으로 소를 몬다. 로봇은 젖소의 젖을 짜는 일도 할 수 있다.

농업용 로봇은 초기 단계이지만 로봇이 개선되고 새로운 애플리케이션이 개발됨에 따라 농업 및 목축업에의 영향이 커질 것이다. 농업에서 로봇의 사용이 증가함에 따라 식량 비용이 낮아지고 농업이 환경에 미치는 영향이 줄어들 수 있다.

출처: Gossett, S. 2020. "Farming & Agricultural Robots." *Built In.com*, April 6. https://builtin.com/robotics/farming-agricultural-robots; NT, B. 2020. "Top 9 Best Robotic Milking Machines to Consider in 2020." *Robotics Biz*, May 10. https://roboticsbiz.com/top-9-best-robotic-milking-machines/; Cargill. 2018. "Meet the Robot That's Making Cattle Herding Safer." https://www.cargill.com/story/meet-the-cowboy-robot-thats-making-cattle-herding-safer

사용하여 창고 주변의 많은 제품 스택을 옮긴다. 여전히 인간이 이러한 창고에서 많은 작업을 수행하지만 자동화 수준이 높아지고 있다.

로봇은 반복적이거나, 고도의 정밀도를 요하거나, 위험하거나, 인간의 능력을 넘어서는 작업에 특히 유용하다. 로봇은 오랜 시간 쉬지 않고 일할 수 있고, 지시를 정확히 따르고, 열악한 환경(예: 우주)에서도 작업이 가능하며, 놀라운 힘을 발휘하도록 제작될 수 있다. 예를 들어 직물 더미를 다루는 로봇은 거의 2톤을 들어올릴 수 있다. 일부 로봇은 많은 기능을 수행하지만, 대부분은 특정 엔진 부품을 정확한 위치에 놓는 것과 같은 한 가지 작업만 수행한다. 또한 어떤 로봇은 인간 조작자가 필요하고, 어떤 로봇은 인간의 직접적인 제어 없이 작동한다.

앞으로 로봇의 영향력이 커질 것이다. 머지않아 나노봇nanobot이라는 작은 로봇이 인간의 몸속에서 수술을 하고 환경을 청소하는 것과 같은 일이 보편화될 것이다. 우리는 이미 일하는 로봇에 익숙하지만 미래에는 로봇이 너무 흔해져서 그 역할이 눈에 띄지 않을 것이다.

학습 활동 14-6

AI와 로봇은 사회에 좋은가, 나쁜가?

'AI와 로봇 공학은 어떻게 우리의 삶을 변화시키는가'라는 기사(https://www.sam-solutions.com/blog/ai-and-robotics-impact-on-our-lives/)를 읽어보라. AI와 로봇이 사회에 좋은지 나쁜지에 대해 1~2쪽 분량의 리포트를 작성하라.

단원 요약

이 장에서는 조직이 지식경영을 하는 데 도움이 되는 지식과 프로세스, 도구에 대해 알아보았다. 또한 의사결정에 도움이 되고 조직이 정보 원천에서 더 많은 가치를 얻을 수 있도록 지원하는 기술을 살펴보았다. 이 장에서 설명한 주요 내용은 다음과 같다.

- 지식경영은 조직이 지식 기반 자산에서 가치를 창출하는 프로세스이다.
- 지식은 모든 조직에서 가장 중요한 자원 중 하나이므로 지식경영이 중요하다.
- 명시적 지식은 비교적 쉽게 표현할 수 있지만 암묵적 지식은 표현하거나 전달하기가 어렵다.
- 지식경영의 주요 프로세스는 지식 생성, 수집, 코드화, 저장, 검색, 이전, 적용이다.
- 지식경영에 도움이 되는 정보통신 기술에는 지식 저장소, 의사소통 기반 도구, 디지털 대시보드, 전문가 시스템 등이 있다.
- 의사결정 지원 시스템은 의사결정자가 데이터와 모델을 이용하여 반구조적 또는 비구조적 문제를 해결하는 데 도움이 되는 컴퓨터 기반 시스템이다.
- 비즈니스 분석은 데이터를 통찰력으로 변환하여 운영 및 의사결정을 개선하는 프로세스이다.
- 데이터 웨어하우스와 데이터 마이닝 시스템은 중요한 비즈니스 인텔리전스 구성 요소이다.
- 데이터 웨어하우스는 의사결정을 지원하기 위해 데이터를 저장하고 구성한다.
- 시각화는 심미적인 디자인 요소를 사용하여 데이터 전달 및 이해를 돕고 설득하기도 한다.
- 데이터 마이닝은 추세, 패턴 등의 유용한 정보를 식별하기 위해 데이터를 분석하는 프로세스이다.
- 인공지능은 머신러닝과 같은 방법을 통해 경영과 일상생활에 큰 영향을 미치고 있다.

학습 정리 질문

1. 지식과 정보는 관리 용이성과 사람에게 도움이 되는 수준에서 어떤 차이가 있는지 간략히 설명하라.
2. 지식경영이 조직에 중요한 이유는 무엇인가?
3. 효과적인 지식경영의 다섯 가지 이점을 설명하라.
4. 명시적 지식과 암묵적 지식을 비교하여 설명하라.
5. 암묵적 지식의 예를 들라.
6. 명시적 지식의 예를 들라.
7. 지식경영 주기에 포함되는 프로세스를 나열하라.
8. SECI 모델의 네 가지 지식 생성 프로세스를 간략히 설명하라.

9. 지식 코드화란 무엇이고, 지식경영에서 왜 중요한가?

10. 의사결정 테이블과 의사결정 트리를 비교하여 설명하라.

11. 검색 기술은 지식경영에 왜 중요한가?

12. 지식 저장소와 커뮤니케이션 기반 지식경영 도구의 예를 들라.

13. 디지털 대시보드란 무엇인가?

14. 이 장에서 설명한 DSS의 범주를 나열하고 간략히 설명하라.

15. 동기식 협업 시스템과 비동기식 협업 시스템을 비교하여 설명하라.

16. 이 장에서 설명한 협업 시스템을 나열하고 간략히 설명하라.

17. 비즈니스 분석 시스템의 주요 구성 요소를 나열하고 간략히 설명하라.

18. ETL 프로세스를 간략히 설명하라.

19. 비즈니스 분석의 세 가지 범주는 무엇인가?

20. 시각화의 세 가지 목적을 간략히 설명하라.

21. 데이터 마이닝의 목적은 무엇인가?

22. 데이터 마이닝 기술의 예를 세 가지 들라.

23. 협소한 AI와 딥 AI를 비교하여 설명하라.

24. AI의 세 가지 용도는 무엇인가?

25. 머신러닝의 네 단계는 무엇인가?

생각해보기

1. 이 장에서 배운 내용 중 가장 중요한 것은 무엇인가? 그것이 왜 중요한가?

2. 잘 이해되지 않는 주제는 무엇인가? 어떤 내용이 잘 이해되지 않는가?

3. 이 장에서 배운 내용과 앞에서 배운 내용은 어떤 관련이 있는가?

4. 이 장에서는 조직의 지식경영에 중점을 두었지만 개인의 지식경영도 중요하다. 자기 계발과 직업 개발에서 지식경영이 중요한 이유는 무엇인가?

5. 무언가를 하는 방법(골프, 그림, 공부 등)을 다른 사람에게 설명해본 적이 있는가? 설명하기 쉬웠는가, 어려웠는가?

6. 7장에서 다룬 클라우드 컴퓨팅은 어떻게 지식경영을 촉진할 수 있는가?

7. 데이터 웨어하우징은 어떻게 데이터 마이닝을 편리하게 만드는가?

8. 비즈니스 분석과 지식경영은 어떤 관계인가?

9. 빠른 결정의 필요성과 윤리적 결정의 필요성은 어떤 관련이 있는가?

10. 수업에서 시각화를 사용할 수 있는 세 가지 방법을 간략히 설명하라.

11. 인공지능과 로봇은 어떤 관계인가?

추가 학습 활동

1. 지식에 접근하기 위해 기술을 사용했던 경험을 생각해보라. 어떤 지식을 찾고 있었는가? 어떻게 지식을 찾았는가? 어떤 기술을 사용했는가? 얼마나 효과적이었는가?

2. 두 명이 짝을 이루어 다음 활동을 수행하라.
   a. 한 사람이 다음 질문에 답한다. 지식경영이 조직의 성공에 중요한 이유는 무엇인가?
   b. 다른 사람이 자신의 생각을 말한다.
   c. 의견을 정리하고 이에 대해 토론하라.

3. 판도라, 아이튠즈와 같은 일부 음악 서비스는 라이브러리(또는 재생 목록)의 노래를 사용하여 사용자가 좋아할 만한 스마트 재생 목록을 만들 수 있다. 이러한 서비스가 어떻게 작동하는지 조사하고, 데이터 마이닝 도구와 어떤 관련이 있는지에 대해 1쪽 분량의 리포트를 작성하라.

4. 다음 결정을 내리는 방법을 문서화하기 위해 의사결정 테이블 또는 의사결정 트리를 작성하라.
   a. 수강 과목 결정하기
   b. 전공 결정하기
   c. 동아리 가입 여부 결정하기

5. 세 명이 팀을 이루어 수강할 강의의 여러 섹션에서 어떤 부분을 선택해야 하는지 결정하는 데 도움이 되는 정보나 조언을 모아서 위키를 만들라. SlimWiki(https://slimwiki.com/), PB Works(http://pbworks.com) 등의 위키 서비스를 사용할 수 있다.

6. 태블로 공개 갤러리(https://public.tableau.com/en-us/gallery/?tab=viz-of-the-day&type=viz-of-the-day)에 접속하여 세 개 이상의 시각화를 살펴보라. 선호하는 시각화를 선택하고 간략히 설명하라.

7. 기업에서 데이터 마이닝을 사용하는 방법을 조사하라. 한 기업을 선택하고 데이터 마이닝을 어떻게 사용했는지에 대해 1~2쪽 분량의 리포트를 작성하라.

8. 전공과 관련된 AI의 예를 찾아보고 간략히 설명하라. 그것은 해당 분야에 어떤 영향을 미치는가?

참고 문헌

Alter, S. 1977. "Why Is Man-Computer Interaction Important for Decision Support Systems?" *Interfaces* 7(2): 109–15.

Davenport, T., and L. Prusak, 1998. *Working Knowledge: How Organizations Manage What They Know.*

Boston, MA: Harvard Business School Press.

Iliinsky, N., and J. Steele, 2011. *Designing Data Visualizations*. Sebastopol, CA: O'Reilly Media, Inc.

Nonaka, I., and H. Takeuchi, 1995. *The Knowledge Creating Company*. New York: Oxford University Press.

Pearlson, K., and C. Saunders, 2006. *Managing and Using Information Systems*. 3rd ed. Hoboken, NJ: John Wiley & Sons.

Power, D. 2001. "Supporting Decision-Makers: An Expanded Framework." In *E-Proceedings of the Informing Science Conference*, edited by A. Harriger, Krakow, Poland, June 19–22: 431–36.

용어 사전

데이터 기반 DSS: 조직의 데이터 저장소에 저장된 데이터의 검색 및 조작에 중점을 두는 DSS

데이터 마이닝: 추세, 패턴 등의 유용한 정보를 식별하기 위해 데이터를 분석하는 프로세스

데이터 웨어하우스: 의사결정 지원에 유용하도록 형식이 지정된 트랜잭션 데이터(및 기타 데이터)의 복사본

디지털 대시보드: 주요 데이터의 시각화 그래픽을 제공하며, 데이터가 주의가 필요한 영역을 나타낼 때 경고 메시지를 표시하는 컴퓨터 기반 시스템

로봇: 복잡한 작업을 수행할 수 있는 컴퓨터 제어 기계

머신러닝: 경험을 통해 자동으로 개선되는 애플리케이션 개발과 관련된 AI

명시적 지식: 비교적 쉽게 표현할 수 있는 지식

모델 기반 DSS: 의사결정자에게 분석 모델 액세스 및 조작 기능을 제공하는 데 중점을 두는 DSS

문서 기반 DSS: 의사결정에 도움이 될 수 있는 문서 관리 및 검색에 중점을 두는 DSS

비즈니스 분석: 데이터를 통찰력으로 변환하여 운영 및 의사결정을 개선하는 프로세스

실천 커뮤니티: 일반적으로 기술이나 직업의 공통 관심사와 지식을 공유하기 위해 상호 작용을 하는 사람들의 집단

암묵적 지식: 표현하거나 전달하기가 어려우며, 내면화되고 고도로 개별화된 지식

의사결정 지원 시스템(DSS): 의사결정자가 데이터와 모델을 이용하여 반구조적 또는 비구조적 문제를 해결하는 데 도움이 되는 컴퓨터 기반 시스템

의사결정 테이블: 결론 또는 조치의 목록과 함께 조건 및 해당 값의 목록을 정리한 표

의사결정 트리: 의사결정에 영향을 미치는 대체 경로를 나타낸 다이어그램

인공지능: 인간의 인지 능력에 가까운 기술군

인지 지도: 전문가의 지식에 대한 멘탈 모델의 그래픽 표현

전문가 시스템: 전문가의 사고 과정을 모방하는 방식으로 사용자가 문제를 해결하거나 질문에 답할 수 있도록 도와주는 시스템

지식경영: 조직이 지식 기반 자산에서 가치를 창출하는 프로세스

지식 저장소: 지식이 포함된 문서를 쉽게 찾고 검색하는 도구

지식 코드화: 암묵적 지식과 명시적 지식을 조직 구성원이 사용할 수 있는 형태로 변환하는 것

커뮤니케이션 기반 DSS: 협업과 집단 기반 의사결정을 촉진하는 DSS

협업 시스템(그룹웨어): 집단의 의사소통 및 협업에 도움이 되는 네트워크 기반 시스템

찾아보기

S ~ X

숫자